中共中央党校（国家行政学院）马克思主义学院 / 主编

马克思主义研究前沿（全六卷）

第六卷

中国道路研究

Frontiers of Research on

Marxism

Six Volumes

社会科学文献出版社
SOCIAL SCIENCES ACADEMIC PRESS (CHINA)

马克思主义研究前沿（全六卷）
编委会

·总　序·

马克思主义是我们立党立国的指导思想。中国共产党为什么能，中国特色社会主义为什么好，归根结底是马克思主义行，是中国化时代化的马克思主义行。马克思主义科学理论指导是我们党鲜明的政治品格和强大的政治优势。在任何时候，我们都要彰显这个鲜明的政治品格，都要发挥好这个强大的政治优势。中共中央党校（国家行政学院）马克思主义学院是党中央批准成立的，是全国唯一一家“党”字号、“国”字号马克思主义学院。2015 年 12 月 11 日，习近平总书记在全国党校工作会议上强调：“中央批准中央党校成立马克思主义学院，就是坚持党校姓‘马’姓‘共’之举。”习近平总书记的重要讲话和中共中央党校（国家行政学院）“四个建成”目标的提出，为我们建设好马克思主义学院指明了方向。

2022 年是中国共产党第二十次全国代表大会召开之年。为了向党的二十大献礼，集中展示党的十八大以来中共中央党校（国家行政学院）马克思主义学院标志性研究成果，我们组织专门班子编辑出版“马克思主义研究前沿”（全六卷）学术丛书。

第一卷为《当代中国马克思主义研究》。该卷聚焦习近平新时代中国特色社会主义思想，从总论、以人民为中心、中国式现代化道路、人类文明新形态、国家治理、中国经济学六个专题展开，深度解读习近平新时代中国特色社会主义思想的科学内涵、思想精髓、原创性贡献，科学回答习近平新时代中国特色社会主义思想的若干重大理论问题，展示习近平新时代中国特色社会主义思想的真理力量、实践力量、思想力量。

第二卷为《马克思主义基本原理及经典著作研究》。该卷旨在论证正本清源、返本开新是新时代中国特色社会主义事业顺利发展的理论保障。该卷立足于马克思主义经典著作，着眼于马克思主义基本原理的创造性运用与创新性发展，对实践、劳动、自由、国家、暴力革命、社会主义等核心概念，进行了条分缕析的梳理和研究，有利于我们准确理解与传播马克思主义基本原理，彰显马克思主义真理力量。

第三卷为《马克思主义发展史研究》。该卷精选了马克思主义学院在马克思主义发展史、国外马克思主义等学科的代表性研究成果，这些成果体现了“正本清源、返本开新”的学术旨趣，既有围绕经典著作对“源头”的阐释，也有结合当代问题对“潮头”的探索，体现了对马克思主义发展史、国外马克思主义多角度的观照和多维度的研究，体现和凸显了马克思主义的科学原理和科学精神的历史发展和当代意义。

第四卷为《马克思主义中国化研究》。该卷立足中国特色社会主义新时代，从总论、国家治理与制度优势、意识形态与思想文化、发展道路与发展战略、中国式现代化与发展模式五个板块探究马克思主义中国化的理论逻辑、历史逻辑与实践逻辑，深入阐释中国共产党为什么能、马克思主义为什么行、中国特色社会主义为什么好等重大理论问题，力图为开启全面建设社会主义现代化国家新征程、实现第二个百年奋斗目标提供思想启迪。

第五卷为《中国特色社会主义政治经济学研究》。该卷立足中国特色社会主义新时代，以问题为经，以理论为纬，从总论、资本与劳动关系、经济思想史、新型城镇化与经济发展、减贫与农民工市民化等五个板块研究新时代中国特色社会主义政治经济学的创新发展和学科体系，分专题深入研究新时代中国特色社会主义政治经济学一系列重大理论和现实问题，具有较强的学术性和前沿性。

第六卷为《中国道路研究》。该卷立足中国特色社会主义新时代，以问题为纲，以史实为据，从总论、中国发展道路、中国话语、中国制度、党的建设、全球治理等六个板块探究“中国奇迹”背后的逻辑，阐明中国道路背后的道理、哲理、学理，阐明中国共产党始终以实现中华民族伟大复兴为己任，团结带领全国各族人民奋力推进革命、建设、改革事业，不仅取得了举世瞩目的伟大成就，也为全球发展提供了中国智慧和中国方案。

《马克思主义研究前沿》（全六卷）收入的作品只是马克思主义学院学者发表的部分研究成果，鉴于篇幅和选题所限，还有大量优质成果未能纳入。该套丛书的出版，既是对过去成绩的回望与检阅，更是新起点、新征程上向着更高目标进发的“动员令”。中共中央党校（国家行政学院）马克思主义学院是一所年轻的学院，马克思主义学院团队是一支特别能攻坚、特别能创造、特别能奉献的队伍，我们有信心担负起推动马克思主义学院高质量发展的历史使命，以更优异成绩建功新时代，为党的理论创新创造做出更大贡献。

丛书编委会

2022 年 11 月 1 日

·目　录·

第一编　总　论

第二编　中国发展道路

第三编　中国话语

第四编　中国制度

第五编　党的建设

第六编　全球治理

第一编　总　论

中国共产党与中华民族伟大复兴*

张占斌 等

中国共产党是近代以来中华民族历史的主要书写者、伟大塑造者。没有中国共产党，就没有新中国，就没有中国特色社会主义，就没有中华民族伟大复兴。中国共产党的百年奋斗历史就是为中国人民谋幸福、为中华民族谋复兴的历史。一百年来，中国共产党历尽苦难、走向辉煌，深刻改变了近代以来中华民族的历史进程，引领中华民族迎来了从站起来、富起来到强起来的伟大飞跃，为中华民族伟大复兴作出了历史性贡献，成为民族复兴使命的合格担当者和最高政治领导力量。

一　中国共产党一经成立，就义无反顾肩负起民族复兴的历史使命，中国人民在精神上由被动转为主动，中华民族伟大复兴从此有了主心骨

历史上，古代中国是一个稳定的农业社会，农耕文明长期居于世界领先水平，为人类文明进步作出了重大贡献。但这种文明的“优越感”和社会结构的“稳定性”，束缚了近代中国社会转型的主动性和可能性。当工业革命在欧洲大陆如火如荼地开展时，古老封闭、夜郎自大的清王朝却仍沉醉在封建“盛世”的落日余晖中，与时代发展机遇失之交臂。近代以来，西方国家作为世界历史的开拓者，主导了世界历史的总体进程，全世界农民的民族从属于资产阶级的民族，东方从属于西方。在这个过程中，中华民族也难以独善其身。经过鸦片战争、第二次鸦片战争、中法战争、中日甲午战争、八国联军侵华战争等，中国一步步沦为半殖民地半封建社会，被迫从属于世界资本主义民族，中华民族精神上陷入

---

* 本文原载于《学习时报》2021 年 6 月 14 日，收入本书时有改动。本文作者为张占斌、陈曙光、黄锟、蒋茜、王文轩。

被动状态。正如毛泽东所说：“从一八四〇年的鸦片战争到一九一九年的五四运动的前夜，共计七十多年中，中国人没有什么思想武器可以抵御帝国主义。”①

精神自立是民族自立的前提。中国人的精神自立始于新文化运动和马克思主义在中国的传播，中国共产党的成立是开天辟地的大事变，意味着中国的先进分子开始走上了精神自立自强之路。20世纪初，从新文化运动、五四运动到中国共产党建立这段波澜壮阔的历史，是近代中国与现代中国的历史交汇期，中国先进分子从马克思列宁主义的科学真理中找到了解决中国问题的出路，历经百年沉沦的中华民族走进了“觉醒年代”。毛泽东指出，“自从中国人学会了马克思列宁主义以后，中国人在精神上就由被动转入主动”②。1921年中国共产党的成立，是中国人民精神上由被动转为主动的重要转折点。习近平总书记深刻指出：“从此，中国人民开始从精神上由被动转为主动，中华民族开始艰难地但不可逆转地走向伟大复兴。”③ 中国共产党从登上中国政治舞台的那一刻起，就把为中国人民谋幸福、为中华民族谋复兴作为自己的初心和使命刻在了党的旗帜上，义无反顾地接过了民族复兴的接力棒，中华民族伟大复兴从此有了主心骨。

精神自立在理论上表现为推进马克思主义中国化，用马克思主义中国化最新成果武装头脑、指导实践。中国共产党成立一百年来，我们党把马克思主义基本原理与中国具体实际相结合，先后创立了毛泽东思想、邓小平理论、“三个代表”重要思想、科学发展观、习近平新时代中国特色社会主义思想，这是中国人民精神自立的根本标志和伟大成果。精神自立在实践方略层面表现为“自力更生”。中国共产党始终坚持依靠中国人民自己的力量解决中国的革命和建设问题，解决中国人民的前途和命运问题。革命战争年代，面对帝国主义的侵略，毛泽东强调，“我们的方针要放在什么基点上？放在自己力量的基点上，叫做自

① 《毛泽东年谱（1893~1949）（修订本）》（下），中央文献出版社，2013，第574页。

② 《毛泽东选集》第4卷，人民出版社，1991，第1516页。

③ 习近平：《在党史学习教育动员大会上的讲话》，人民出版社，2021，第6页。

力更生”①。社会主义建设时期和改革开放新时期，我们始终“把国家和民族发展放在自己力量的基点上，坚持民族自尊心和自信心，坚定不移走自己的路”②。精神自立在外交政策层面表现为“独立自主”。新中国成立以后，我们党始终坚持独立自主的和平外交政策，始终依靠自己的力量建设社会主义，并在改革开放中走出了一条有中国特色的社会主义道路。邓小平指出，“中国的事情要按照中国的情况来办，要依靠中国人自己的力量来办。独立自主，自力更生，无论过去、现在和将来，都是我们的立足点”③。一百年来，在中国共产党的带领下，中国逐步克服精神自卑，走上精神自立、自信、自强之路，从任人欺辱的“东亚病夫”，发展成为独立自主、具有全球影响力的大国，一步步走近世界舞台中央，以自信身姿屹立于世界民族之林。

二　中国共产党开创了马克思主义与中国实际相结合的伟大传统，书写了马克思主义中国化的伟大篇章，中华民族伟大复兴从此有了指路明灯

中国共产党是非常重视马克思主义理论创新和理论指导的党。一百年来，中国共产党开创了马克思主义普遍真理与中国具体实际相结合的伟大传统，创立了马克思主义中国化的伟大成果，书写了中国化马克思主义的伟大篇章，党的命运、人民的命运、中华民族的命运与中国马克思主义的命运紧紧相连。有了马克思主义的科学指引，中华民族伟大复兴从此有了指路明灯。

中国共产党诞生后，中国共产党人把马克思主义基本原理同中国半殖民地半封建社会的具体实际结合起来，团结带领人民经过长期奋斗，完成新民主主义革命和社会主义革命，建立了中华人民共和国和社会主义基本制度，进行了社会主义建设的艰辛探索，实现了中华民族站起来的伟大飞跃。这一伟大飞跃的理论成果是关于中国革命和建设的正确的理论原则和经验总结，我们党把它称为毛泽东思想。毛泽东思想是马克思

---

① 《毛泽东选集》第4卷，人民出版社，1991，第1132页。

② 《习近平谈治国理政》，外文出版社，2014，第29页。

③ 《邓小平文选》第3卷，人民出版社，1993，第3页。

主义中国化的第一次历史性飞跃。

改革开放以来，中国共产党人把马克思主义基本原理同中国经济文化落后的具体实际结合起来，团结带领人民进行建设中国特色社会主义新的伟大实践，使中国大踏步赶上了时代，实现了中华民族从站起来到富起来的伟大飞跃。这一伟大飞跃产生的第一个理论成果是邓小平理论，在这一伟大飞跃中，我们党还形成了“三个代表”重要思想和科学发展观。邓小平理论是马克思主义中国化的第二次历史性飞跃。

中国特色社会主义进入新时代，中国共产党人把马克思主义基本原理同中国这个世界上最大发展中国家、最大社会主义国家的具体实际结合起来，团结带领人民进行伟大斗争、建设伟大工程、推进伟大事业、实现伟大梦想，推动党和国家事业取得历史性成就，发生历史性变革，中华民族迎来了从富起来到强起来的伟大飞跃。这一伟大飞跃的理论成果是习近平新时代中国特色社会主义思想，这是马克思主义中国化历史上又一次历史性飞跃。

习近平新时代中国特色社会主义思想，是对马克思列宁主义、毛泽东思想、邓小平理论、“三个代表”重要思想、科学发展观的继承和发展，是马克思主义中国化的最新成果，是党和人民实践经验和集体智慧的结晶，是全党全国人民为实现中华民族伟大复兴而奋斗的行动指南。这一重要思想提出一系列具有开创性意义的新理念新思想新战略，具有集大成的理论气度、原创性的理论贡献、划时代的理论意义，开创了马克思主义中国化的崭新境界，是马克思主义发展史上又一座里程碑。这一重要思想是新时代的民族复兴思想，是当代中国的强国理论。

回首百年，中国共产党开创了马克思主义中国化的伟大传统，形成了包括毛泽东思想、邓小平理论、“三个代表”重要思想、科学发展观、习近平新时代中国特色社会主义思想在内的马克思主义中国化系列理论成果，向世界贡献了深刻的思想体系，极大地丰富了人类思想宝库。中国化马克思主义是世界马克思主义理论谱系中的主流、主体和主干，是人类文明的重要组成部分，是中华民族伟大复兴的指路明灯。在当代中国，只有马克思主义与中国具体实际相结合而开辟的中国道路，而没有别的什么道路，能够通往中华民族伟大复兴的光辉彼岸；只有马克思主义与中国具体实际相结合而创立的中国理论，而没有别的什么理论，能够照亮中华民族伟大复兴的美好前程；只有马克思主义与中国具体实际相结合而创建的中国制度，而没有别的什么制度，能够为中华民族伟大复兴提供根本制度保障；只有马克思主义与中国具体实际相结合而孕育的先进文化，而没有别的什么文化，能够积蓄中华民族伟大复兴的磅礴力量。

三　中国共产党带领人民接续开创了新民主主义革命、社会主义改造、社会主义现代化建设的光辉道路，创造了彪炳史册的历史伟业，中华民族伟大复兴从此走上了历史必由之路

中国共产党团结带领中国人民完成新民主主义革命，建立了中华人民共和国，彻底结束了旧中国半殖民地半封建社会的历史，为中华民族伟大复兴奠定了坚实历史基础。近代以来，争取民族独立、人民解放和实现国家富强、人民幸福就成为中国人民的历史任务。在旧式的农民战争走到尽头，不触动封建根基的自强运动和改良主义屡屡碰壁，资产阶级革命派领导的旧民主主义革命和西方资本主义的其他种种方案纷纷破产的情况下，十月革命一声炮响，为中国送来了马克思列宁主义，给苦苦探寻救亡图存出路的中国人民指明了前进方向，提供了全新选择。在这个历史大潮中，一个以马克思主义为指导、勇担民族复兴历史大任的马克思主义政党——中国共产党应运而生。中国共产党诞生后，团结带领中国人民进行了28年浴血奋战，打败了日本帝国主义，推翻了“三座大山”，完成了新民主主义革命，建立了中华人民共和国，彻底结束了旧中国半殖民地半封建社会的历史，彻底结束了旧中国一盘散沙的局面，彻底废除了列强强加给中国的一系列不平等条约和帝国主义在中国的一切特权，中国实现了从几千年封建专制政治向人民民主政治的伟大飞跃，中华民族实现了站起来的伟大飞跃。

中国共产党团结带领中国人民完成社会主义革命，确立社会主义基本制度，实现了中国历史上最伟大最深刻的社会变革，为中华民族伟大复兴奠定了根本政治前提和制度基础。新中国成立以后，如何带领中国人民进行社会主义革命，就成为实现民族独立与人民解放之后的重要课题。在马克思主义与社会主义革命实践相结合的过程中，中国共产党团

结带领中国人民进行土地改革，消灭剥削制度，对农业、手工业和资本主义工商业进行社会主义改造，建立起以公有制为主体的基本经济制度，召开中国人民政治协商会议和全国人民代表大会，建立起人民代表大会制度、中国共产党领导的多党合作和政治协商制度、民族区域自治制度、基层群众自治制度等政治制度，完成了中华民族有史以来最为广泛而深刻的社会变革，为当代中国一切发展进步奠定了根本政治前提和制度基础，为中国发展富强、中国人民生活富裕奠定了坚实基础，实现了中华民族由不断衰落到根本扭转命运的伟大飞跃。

中国共产党团结带领中国人民进行改革开放新的伟大革命，成功开创了中国特色社会主义道路，中国大踏步赶上了时代，中华民族迎来了伟大复兴的光明前景。“文化大革命”结束后，“中国向何处去”成为摆在中国人民面前头等重要的问题。党的十一届三中全会以来，中国共产党总结党执政以来正反两方面的实践经验，紧紧抓住“什么是社会主义、怎样建设社会主义”这个基本问题，发出了“走自己的道路，建设有中国特色的社会主义”的伟大号召，作出了改革开放的伟大决策，成功走出了一条中国特色社会主义新道路。改革开放以来，中国共产党人把马克思主义基本原理同中国改革开放的具体实际结合起来，团结带领人民进行建设中国特色社会主义新的伟大实践，开辟了中国特色社会主义道路，形成了中国特色社会主义理论体系，确立了中国特色社会主义制度，发展了中国特色社会主义文化，使中国大踏步赶上了时代，彻底摆脱“被开除球籍”的危险，实现了中华民族从站起来到富起来的伟大飞跃。

中国共产党团结带领中国人民走进新时代，全面建成小康社会，开启了全面建设社会主义现代化国家新征程，中华民族前所未有地接近实现伟大复兴的目标。党的十八大以来，以习近平同志为主要代表的中国共产党人把马克思主义基本原理同新时代中国具体实际结合起来，团结带领人民进行伟大斗争、建设伟大工程、推进伟大事业、实现伟大梦想，不断解决人民日益增长的美好生活需要和不平衡不充分的发展之间的矛盾，不断实现人民对美好生活的向往，推动党和国家事业取得全方位、开创性历史成就，发生深层次、根本性历史变革，决胜全面建成小康社会取得决定性成就，开启全面建设社会主义现代化国家新征程，社会主义中国以更加雄伟的身姿屹立于世界东方，中华民族伟大复兴向前迈出了新的一大步，中华民族迎来了从富起来到强起来的伟大飞跃。

四　中国共产党以马克思主义的真理力量激活了中华民族历经千年创造的伟大文明，中华优秀传统文化在社会主义中国再次迸发强大精神力量，为中华民族伟大复兴赓续了千年文脉

中华优秀传统文化是中华民族的文明基因，建构了亿万中华儿女的独特精神世界，塑造了独步历史几千年的东方古国，以至于今天我们才有资格以“民族复兴”作为时代的主轴、继续前行的梦想、民族奋进的旗帜。中华民族的凝聚力、向心力源于共享的文化世界、共同的精神家园、共通的文化信仰，这种文化归属感是其他东西所无法替代的。

中华文化拥有辉煌的历史，近代以来饱受国运衰败的拖累，其命运一度跌入谷底。鸦片战争以来，随着西学东渐，中华民族的文化心理开始松动，文化血脉开始稀释，精神世界濒临瓦解。两种异质文化之间不可避免的冲突，从洋务运动时的体用之辨，到维新变法时的新学、旧学之争，再到五四时期的“孔家店”与“德、赛二先生”的对抗，科学与玄学的辩论，几十年间从未间断。

在中华文明的危急时刻，中国共产党人找到了马克思主义，用马克思主义的真理力量激活了中华民族历经几千年创造的伟大文明，赓续了中华民族千年文脉；中华文明也以其丰厚的思想财富滋养了马克思主义，赋予了马克思主义以中国生命。比如，“天下兴亡，匹夫有责”的爱国情怀，“刚健有为，自强不息”的奋斗精神，“民胞物与，民贵君轻”的民本思想，“民惟邦本，仁者爱人”的治国理念，“以和为贵，和而不同”的处世哲学，“上善若水，厚德载物”的道德境界，“天下为公，世界大同”的理想追求，“正心诚意，修齐治平”的心性修养，“天人合一，道法自然”的至高境界，“知行合一，躬行实践”的实践精神，“革故鼎新，与时俱进”的改革精神，“过犹不及，执两用中”的辩证智慧，“尊祖宗、重人伦、崇道德、尚礼仪”的礼治精神，等等，这些思想理念和文化精神历久弥新，不断在创造性转化和创新性发展中与社会主义先进文化相适应，与中国特色社会主义相协调，与改革开放的时代逻辑相契合，焕发出强大的文化生命力。

习近平总书记指出："中国共产党人不是历史虚无主义者，也不是文化虚无主义者。"① 一百年来，中国共产党在带领中国人民进行革命、建设、改革的历史奋斗中，始终是中华优秀传统文化的继承者、践行者、弘扬者，党的指导思想、执政理念、政党文化乃至政策方针都深受中华优秀传统文化的滋养。毛泽东指出："我们这个民族有数千年的历史，有它的特点，有它的许多珍贵品……我们是马克思主义的历史主义者，我们不应当割断历史。从孔夫子到孙中山，我们应当给以总结，承继这一份珍贵的遗产。"② 民主革命时期，"实事求是"的古语经由毛泽东的内涵再造，被确立为马克思主义的思想路线和理论精髓，开创了马克思主义与中国文化实际相结合的伟大传统，让中华文化展现出永久魅力和时代风采。改革开放新时期，邓小平借鉴中国传统文化中的"小康"思想，赋予其新的时代内涵，将建设"小康社会"作为中国未来发展的美好蓝图；江泽民十分重视以中华优秀传统文化凝聚力量，深刻阐释了"以爱国主义为核心的团结统一、爱好和平、勤劳勇敢、自强不息的伟大民族精神"；胡锦涛提出"以人为本""和谐社会""和谐世界"等理念，在继承中华优秀传统文化的基础上赋予其时代生命。党的十八大以来，习近平总书记高度肯定了中华文化的丰富内涵及历史贡献，高度重视传承中华优秀传统文化，"人类命运共同体""一带一路"等中国理念，无不脱胎于中华文明。一百年来，中华文明中蕴藏的"积极向上向善"的优质基因，"跨越时空、超越国度"的思想精华，"富有永恒魅力、具有当代价值"的文化资源，已经成为中国马克思主义的有机成分，成为中国共产党治国理政的思想资源，成为中国贡献世界、造福人类、安邦济世的珍贵财富。

五　中国共产党是民族复兴使命的合格担当者和最高政治领导力量，在当代中国，只有中国共产党而没有别的任何力量，能够担负起民族复

① 习近平：《在纪念孔子诞辰 2565 周年国际学术研讨会暨国际儒学联合会第五届会员大会开幕会上的讲话》，人民出版社，2014，第 13 页。

② 《毛泽东选集》第 2 卷，人民出版社，1991，第 533~534 页。

兴的历史大任

只有创造过辉煌的民族，才懂得复兴的意义；只有经历过苦难的民族，才对复兴有深切的渴望。在历史的反复比较中，在各种政治力量的反复较量中，中国共产党最终成为担当民族复兴重任的时代先锋、民族脊梁，成为民族复兴大业的最高政治领导力量。

中国共产党是民族复兴使命的合格担当者和最高政治领导力量，这是党的指导思想、性质宗旨决定的。中国共产党是中国工人阶级的先锋队，同时是中国人民和中华民族的先锋队，党的宗旨是全心全意为人民服务。马克思恩格斯强调，“过去的一切运动都是少数人的，或者为少数人谋利益的运动。无产阶级的运动是绝大多数人的，为绝大多数人谋利益的独立的运动”，“他们没有任何同整个无产阶级的利益不同的利益”①。根据这一思想，《中国共产党章程》明确指出，“党除了工人阶级和最广大人民群众的利益，没有自己特殊的利益”。不谋私利才能谋根本、谋大利，才能凝聚起同心共筑中国梦的磅礴伟力，才能担当起中华民族伟大复兴的神圣使命。

中国共产党是民族复兴使命的合格担当者和最高政治领导力量，这是由社会主义制度优势和中国共产党的治国理政优势来保障的。中国共产党领导是中国特色社会主义最本质的特征，是中国特色社会主义制度的最大优势。中国共产党是具有鲜明政治优势、理论优势、组织优势、作风优势和纪律优势的无产阶级政党，是具有强大政治领导力、思想引领力、群众组织力、社会号召力的马克思主义政党，是被历史和实践反复检验的具有强大治国理政优势、创造世所罕见的经济快速发展奇迹和社会长期稳定奇迹的社会主义大国执政党。在当今中国，中国共产党是民族复兴使命的唯一合格担当者，是实现民族复兴伟大梦想的最高政治领导力量。

中国共产党是民族复兴使命的合格担当者和最高政治领导力量，这是历史的结论、实践的回答。百年来，中国共产党领导人民在民族复兴路上取得的伟大胜利，使具有5000多年文明历史的中华民族全面迈向现

---

① 《马克思恩格斯文集》第2卷，人民出版社，2009，第42、44页。

代化，让中华文明在现代化进程中焕发出新的蓬勃生机；使具有500多年历史的社会主义主张在世界上人口最多的国家成功开辟出具有高度现实性和可行性的正确道路，让科学社会主义在21世纪焕发出新的蓬勃生机；使具有70多年历史的新中国建设取得举世瞩目的成就，中国这个世界上最大的发展中国家在短短40多年里摆脱绝对贫困并跃升为世界第二大经济体，创造了人类发展史和世界现代化史上惊天动地的中国奇迹，使中华民族焕发出新的蓬勃生机。

事实雄辩地证明，只有中国共产党才能肩负起民族复兴的历史使命，才能带领中国人民实现民族复兴的伟大梦想。今天，我们已走过千山万水，比历史上任何时期都更接近中华民族伟大复兴的目标；但仍需跋山涉水，向着中华民族伟大复兴的光辉彼岸继续奋勇前进。我们正在做我们的前人开创的、一代代中国共产党人继承的、极其光荣伟大的事业。我们的事业是正义的，我们的前途是光明的。我们的目的一定要达到，我们的目的一定能够达到。

中国共产党与人类进步事业*

张占斌 等

中国共产党是为中国人民谋幸福的政党，也是为人类进步事业而奋斗的政党。中国共产党始终把为人类作出新的更大的贡献作为自己的使命。一百年来，中国共产党开创了太阳底下最崇高的事业，不仅深刻改变了中华民族的前途命运，把中国历史推向了新高度，也深刻影响和改变了世界历史的进程、格局与趋势，为人类进步事业作出了伟大贡献。

一　中国共产党领导人民建立了社会主义中国，深刻改变了世界政治力量对比，领导人民成功开创、发展、壮大中国特色社会主义，捍卫了科学社会主义伟大旗帜

中国共产党在百年奋斗中，团结带领人民进行艰苦卓绝的斗争，谱写了气吞山河的壮丽史诗，为世界社会主义运动写下了彪炳史册的灿烂篇章。中国共产党领导的革命、建设、改革、复兴伟大实践，是一个持续接力、筚路蓝缕、不息奋斗的历史过程，也是一项创建、探索、巩固社会主义制度，进而引领世界社会主义运动的伟大事业。

革命时期，中国共产党团结带领人民找到一条以农村包围城市、武装夺取政权的正确革命道路，完成新民主主义革命，建立中华人民共和国，实现了中国从几千年封建专制政治向人民民主政治的伟大飞跃。这一伟大胜利，冲破了帝国主义的东方战线，深刻改变了世界政治力量对比，壮大了捍卫世界和平、民主和正义的力量，极大地促进了许多类似中国这样备受帝国主义、殖民主义剥削压迫国家的民族觉醒过程，提振

* 本文原载于《光明日报》（理论版）2021 年 6 月 4 日，收入本书时有改动。本文作者为张占斌、陈曙光、张严、唐爱军、王慧。

了为实现国家独立和民族解放而斗争的勇气、热情和信心。

中华人民共和国成立后，中国共产党团结带领人民完成社会主义革命，确立社会主义基本制度，推进社会主义建设，完成了中华民族有史以来最为广泛而深刻的社会变革，为当代中国一切发展进步奠定了根本政治前提和制度基础，实现了中华民族由近代不断衰落到根本扭转命运、持续走向繁荣富强的伟大飞跃。社会主义制度在占世界四分之一人口的中国的建立，历史性地改变了世界政治经济格局，极大地增强了世界社会主义阵营的力量，是世界社会主义运动史上一个历史性的伟大胜利。

在经历社会主义道路的曲折探索之后，中国共产党团结带领人民进行改革开放的伟大社会革命，破除阻碍国家和民族发展的一切思想和体制障碍，使中国大踏步赶上时代。20 世纪 80 年代末 90 年代初，东欧剧变、苏联解体，马克思主义和社会主义遭遇前所未有的危机，世界社会主义运动陷入低潮。在此历史关头，中国共产党坚定不移走中国特色社会主义道路，在改革开放的伟大征程中取得举世瞩目的辉煌成就，彰显了社会主义的制度优势，为世界社会主义运动的复兴和发展奠定了基础。

进入新时代，以习近平同志为核心的党中央高举中国特色社会主义伟大旗帜，书写了世界社会主义运动史的光辉篇章。今天，中国的经济实力、科技实力、国防实力居于世界前列，综合国力和国际影响力显著增强，前所未有地走近世界舞台中央，以更加雄伟的身姿屹立于世界民族之林。新时代中国特色社会主义的巨大成就，使中国成为世界社会主义运动的中流砥柱，科学社会主义在 21 世纪的中国焕发出强大生机活力。中国特色社会主义的伟大胜利，深刻影响了世界格局和人类社会发展进程，推动世界社会主义运动和社会主义发展史进入新阶段。

二　中国共产党领导人民创造了世所罕见的经济快速发展奇迹和社会长期稳定奇迹，为全球反贫困事业作出中国贡献，为促进世界共同发展注入中国动力

新中国成立 70 多年来，我们党领导人民创造了世所罕见的经济快速发展奇迹和社会长期稳定奇迹，中华民族迎来了从站起来、富起来到强起来的伟大飞跃。作为一个超大型国家，中国自身发展对人类社会发展、世界各国发展影响巨大。中国以占世界 7%的耕地，养活了占世界 22%

的人口，并成为世界粮食计划署的重要捐赠国之一，这本身就是对世界的重大贡献。再比如，改革开放以来，按照现行贫困标准计算，我国7.7亿农村贫困人口摆脱贫困；按照世界银行国际贫困标准，我国减贫人口占同期全球减贫人口70%以上，创造了人类减贫史上的伟大奇迹。《纽约时报》评价，极端贫困人口的大幅减少主要应归功于中国取得的经济进步。今天，中国共产党开启全面建设社会主义现代化国家新征程，这将不仅改变中国的面貌、东亚的面貌，还将改变世界现代化构图，乃至改变人类的前途命运。

中国是一个社会主义国家，中国共产党在发展问题上，始终坚持通过发展本国更好地兼济天下、造福世界。早在新中国成立之初，毛泽东同志就指出，“中国应当对于人类有较大的贡献”①。社会主义建设时期，虽然自身经济条件有限，但中国仍义无反顾、真诚帮助第三世界国家。根据2019年发布的《新时代的中国与世界》白皮书，中国开展对外援助60多年来，共向166个国家和国际组织提供了近4000亿元人民币援助，派遣60多万名援助人员，先后7次宣布无条件免除重债穷国和最不发达国家对华到期政府无息贷款债务，向亚洲、非洲、拉丁美洲和加勒比地区、大洋洲的69个国家提供医疗援助，先后为120多个发展中国家落实联合国千年发展目标提供帮助。

习近平总书记强调：“中国梦既是中国人民追求幸福的梦，也同各国人民追求幸福的梦想相通。”② 党的十八大以来，随着综合国力的提升，中国更好地承担起大国责任，为推动世界共同发展作出了卓越贡献。中国主导成立的亚洲基础设施投资银行（简称“亚投行”），已经为有关国家提供了约200亿美元融资，为弥合各国基础设施鸿沟、推动共同发展作出了重要贡献。据世界银行研究报告，共建“一带一路”将使相关国家760万人摆脱极端贫困、3200万人摆脱中度贫困。今天，中国还是联合国常规预算和维和预算第二大出资国、联合国安理会常任理事国中派出维和人员最多的国家，被国际社会誉为“维和行动的关键因素和

---

① 《毛泽东文集》第7卷，人民出版社，1999，第157页。

② 《习近平谈治国理政》，外文出版社，2014，第64页。

关键力量”。展望未来，中国的发展壮大必将释放出更多外溢效应，担负起更多全球责任，为促进世界共同发展注入更强动力。

三　中国共产党领导人民成功开辟中国式现代化道路，拓展了发展中国家走向现代化的途径，给既希望加快发展又希望保持自身独立性的国家和民族提供了全新选择

走向现代化是世界各国的共同追求，是人类社会发展的必然趋势。如何通往现代化？这是困扰后发国家的一个重要课题。

西方国家率先完成了现代化任务，率先享受了现代化成果，并企图掌握现代化的解释权。西方经典现代化理论认为，现代化等于西方化，人类的现代化进程不过是发展中国家向发达国家看齐的过程、东方向西方过渡的过程。在此理论下，发展中国家欲求实现现代化，不仅硬件要西方化，软件也要西方化；不仅要全盘引进欧美发展模式和现代科技，也要全盘复制欧美社会制度和价值观。但现实却是，一些仿效西方现代化模式的发展中国家并没有取得预期的成功，甚至有不少陷入停滞或混乱。广大发展中国家追寻现代化的曲折探索说明，欧美的现代化之路，绝非人类通往现代化的唯一方案；实现现代化，必须找到适合自身特点的道路。

中国共产党成立一百年来，团结带领人民为建设现代化强国矢志奋斗。在1945年党的七大上，毛泽东同志明确指出：“中国工人阶级的任务，不但是为着建立新民主主义的国家而斗争，而且是为着中国的工业化和农业近代化而斗争。”① 新中国成立后，周恩来同志在1954年召开的第一届全国人民代表大会上所作的政府工作报告中提出：“如果我们不建设起强大的现代化的工业、现代化的农业、现代化的交通运输业和现代化的国防，我们就不能摆脱落后和贫困，我们的革命就不能达到目的。”② 社会主义建设时期，我们党领导人民在一穷二白的基础上建立起独立的比较完整的工业体系和国民经济体系，为改革开放新时期的现代化建设奠定了坚实物质基础。

---

① 《毛泽东选集》第3卷，人民出版社，1991，第1081页。

② 《周恩来年谱（1949~1976）》（上），中央文献出版社，1997，第413页。

改革开放之初，邓小平同志对我国现代化建设作出战略安排，提出“三步走”的战略构想，即到20世纪80年代末解决人民温饱问题，到20世纪末使人民生活达到小康水平，到21世纪中叶基本实现现代化。党的十五大在“三步走”战略的第一步目标已经达成、第二步目标即将实现的情况下，制定了新“三步走”战略，提出“到世纪中叶建国一百年时，基本实现现代化”。党的十八大正式提出“在中国共产党成立一百年时全面建成小康社会”，“在新中国成立一百年时建成富强民主文明和谐的社会主义现代化国家”的“两个一百年”奋斗目标。党的十九大对新时代推进我国社会主义现代化建设作出新的顶层设计，提出分两步走在本世纪中叶建成社会主义现代化强国的战略安排。

在中国共产党正确领导下，中国用几十年时间走完了发达国家几百年走过的工业化进程，把无数不可能变成可能。实践证明，中国式现代化是走得通、走得好的。邓小平同志指出，“我们要实现的四个现代化，是中国式的四个现代化”①。中国式的现代化道路不是西方现代化道路的翻版，不是别的什么现代化，而是社会主义的现代化，是以人民为中心的现代化，是全体人民共同富裕的现代化，是物质文明与精神文明相协调的现代化，是人与自然和谐共生的现代化，是走和平发展道路的现代化。中国式现代化道路的成功开辟，以无可辩驳的事实证明了现代化并不等同于西方化，拓展了发展中国家走向现代化的途径，给世界上那些既希望加快发展又希望保持自身独立性的国家和民族注入了信心底气，提供了全新选择。

四　中国共产党把为人类作贡献作为自己的使命，为解决人类共同难题提供了中国方案，为构建公正合理的国际秩序提出中国主张，为建设美好世界贡献中国智慧

抗日战争时期，在民族危机空前严重的形势下，中国共产党根据毛泽东同志提出的建立国际统一战线的思想调整对外战略，提出中国的抗日民族统一战线和世界的和平阵线相结合的战略思想。在第二次世界大战东方主战场，中国共产党为世界反法西斯战争取得最后胜利作出了

① 《邓小平年谱（1975~1997）》（上），中央文献出版社，2004，第582页。

重大贡献。

新中国成立前后，毛泽东同志多次发表声明，表示中国愿意在和平、互利及相互尊重主权和领土完整的基础上同世界各国建立外交关系。1953年，周恩来同志在接见参加中印有关问题谈判的印度代表团时首次提出和平共处五项原则。和平共处五项原则已经成为国际关系基本准则和国际法基本原则，这是国际关系史上的重大创举，为推动建立公正合理的国际关系作出了历史性贡献。冷战期间，毛泽东同志提出划分“三个世界”的战略思想，确定了中国外交的立足点，中国政府把加强同第三世界的团结与合作作为自己外交政策的重要内容，坚定地站在第三世界一边，结成反对超级大国霸权主义的统一战线。

改革开放之初，邓小平同志敏锐把握国际形势的重大变化，提出和平与发展是时代主题的重要政治论断，为在复杂变幻的国际局势中徘徊不定的国家与民族提供了指针。20世纪末，江泽民同志科学把握两极格局终结和世界格局多极化的态势，提出“建立公正合理的国际政治经济新秩序”的主张，为创造世界美好未来贡献了中国智慧。21世纪初，面对全球传统安全威胁和非传统安全威胁因素相互交织的复杂形势，胡锦涛同志提出“建设一个持久和平、共同繁荣的和谐世界”的主张，为推动世界和平发展作出了中国贡献。

进入新时代，面对世界百年未有之大变局，面对“世界怎么了、我们怎么办”的时代之问，习近平总书记深刻洞察时代发展潮流和世界发展大势，提出构建人类命运共同体的中国方案。构建人类命运共同体是中国共产党对世界的重大理论贡献，也是中国引领时代潮流和人类文明进步的鲜明旗帜。

五　中国共产党领导人民走出了一条强而不霸的复兴新路，为维护世界和平增添了中国力量

国强必霸是近代西方的历史逻辑。16世纪，西班牙、葡萄牙建立了海洋霸权，瓜分世界；17世纪，荷兰取而代之，成为新的世界霸主；18、19世纪是英法两国争夺世界霸权的世纪；19世纪末20世纪初，德国和日本相继崛起，试图建立新的世界霸权；20世纪是美苏争霸的世纪；21世纪，霸权思维、冷战思维仍然是西方大国筹划国际关系的主导逻辑。

中国共产党成立以来，始终坚持和平发展道路。抗日战争时期，中国共产党领导中国人民进行了 14 年不屈不挠的浴血奋战，取得伟大胜利，为捍卫世界和平作出了贡献。新中国成立以来，中国共产党旗帜鲜明地倡导和坚持和平共处五项原则，确立和奉行独立自主的和平外交政策，向世界作出永远不称霸、永远不搞扩张的庄严承诺。当前，世界正处于大发展大变革大调整时期，不确定不稳定因素明显增多。面对变幻莫测的国际形势，中国始终高举和平、发展、合作、共赢的旗帜，恪守维护世界和平、促进共同发展的外交政策的宗旨，在不确定性中营造确定性，走出一条共建、共享、共赢的安全新路。针对西方的结盟机制和排他性安全观，中国主张共同、综合、合作、可持续的新安全观，主张营造公道正义、共建共享的安全格局；针对大国必战、国强必霸的西方逻辑，中国倡导不冲突不对抗、相互尊重、合作共赢的新型大国关系，为谋划 21 世纪新兴大国与守成大国的关系作出了新设计。

国强必霸是基于西方历史得出的结论，不能用来裁剪中国的事实，不能以此来预测中国的未来。中国以什么样的方式发展，发展起来后选择走什么样的道路，只能从中国的历史事实中来寻找答案。今天，一个强大的中国不是世界和平的威胁，而是维护世界和平的中坚力量。中国的和平发展，既改写了昔日大国霸权扩张的发展逻辑，也改写了大国崛起后称王称霸的历史宿命。

六　中国共产党赓续中华民族千年文脉，继承人类文明优秀成果，向世界贡献了深刻的思想体系，深刻影响了世界文明进程

世界的问题林林总总，归根结底在哲学、在文明。建设美好世界，关键是推动人类文明的创新发展。当今世界面临治理赤字、信任赤字、和平赤字、发展赤字等全球性挑战，中国共产党人饱含对人类发展重大问题、人类文明未来走向的睿智思考和独特洞见，积极担负起为人类做贡献的历史使命。对于已然呈现出诸多弊端的西方文明而言，未来之中国绝不是“文明之威胁”，而是治疗旧文明之良药、开启新文明之希望。

中国共产党承载铸就中华文明新辉煌的历史重任，不断推动中华优秀传统文化创造性转化和创新性发展，在时代发展中赓续千年文脉。同

时，坚持以马克思主义为指导，深刻把握“历史向世界历史转变”的逻辑，在吸收以现代文明为核心的人类文明成果基础上，用创新增添文明发展动力，激活文明进步的源头活水，向世界贡献了深刻的思想体系，体现出独特的文明特征，打下深厚的中国烙印，深刻影响了世界文明进程。比如，主张既具有统一性又具有多样性的世界观，强调各国都有自主选择社会制度和发展道路权利的制度观，倡导平等、互鉴、对话、包容的文明观，倡导创新、协调、绿色、开放、共享的发展观，倡导开放、融通、互利、共赢的合作观，倡导共商、共建、共享的全球治理观，倡导以义为先、义利兼顾的正确义利观，倡导相互尊重、公平正义、合作共赢的新型国际关系等。这些深刻思想体系所体现的中国智慧，遵循人类社会发展规律，占据道义制高点，反映大多数国家的共识，为人类文明的创新发展拓展出崭新历史空间。

中国共产党与马克思主义中国化*

牛先锋 等

中国共产党成立以来的百年历史就是党领导推进马克思主义中国化的历史。马克思主义能够实现中国化，关键在于中国共产党。中国共产党在主体层面构成了马克思主义中国化的领导力量，在实践层面确立起推进马克思主义中国化的基本遵循，实现了马克思主义中国化的历史性飞跃，使中华民族迎来了从站起来、富起来到强起来的伟大飞跃。中国共产党推进马克思主义中国化具有伟大意义。

一　中国共产党是马克思主义中国化的领导力量

马克思主义中国化，就是把马克思主义基本原理与中国实际相结合，用马克思主义的“矢”射中国实际问题的“的”，并不断用在实践中创造的新鲜经验丰富和发展马克思主义，形成中国化、时代化、大众化的马克思主义理论新成果。马克思主义中国化不是一个自发的过程，推进马克思主义中国化必须有一个坚定的领导力量。这个领导力量只能是中国共产党。

中国共产党是马克思主义政党。近代中国遭受着沉重的苦难，中国人民不畏艰难，不断探索救国救民的出路。但是，各类尝试均以失败而告终。俄国十月革命的胜利，使中国人看到了用社会主义救中国的希望。中国先进知识分子最终折服于马克思主义的真理性和科学性，将马克思

---

* 本文原载于《学习时报》2021 年 6 月 30 日，收入本书时有改动。本文作者为牛先锋、李海青、王虎学、毕照卿。

主义确立为中国革命的指导思想。随着马克思主义在中国的广泛传播以及共产党早期组织的建立与活动，中国共产党于1921年宣告成立。中国共产党是以马克思主义为指导建立起来的政党，对马克思主义的理解最为深刻透彻，对共产主义信仰也最为坚定执着。因此，中国共产党理所当然要承担起用马克思主义解决中国问题的责任，承担起推进马克思主义中国化的历史使命。

中国共产党需要推进马克思主义中国化。马克思主义基本原理具有普遍的真理性，放之四海而皆准。但是，马克思主义提供的只是解决问题的方法，对马克思主义的运用必须随时随地以当时的历史条件为转移。中国共产党在运用马克思主义解决中国问题的过程中深刻地认识到马克思主义必须与中国实际相结合，才能迸发出强大的威力。在革命战争年代，我们党就用“有的放矢”作比喻来说明马克思主义与中国革命相结合的问题。在延安时期明确提出了“马克思主义中国化”的命题，要求“按照中国的特点”去应用马克思主义。进入改革开放新时期以来，我们党对推进马克思主义中国化的重要性认识更为自觉，科学地提出“把马克思主义的普遍真理与中国具体实际相结合，走自己的路，建设有中国特色的社会主义”，开辟了马克思主义中国化的新境界。中国共产党的百年历史证明，只有不断推进马克思主义中国化，以中国化的马克思主义为指导，中国共产党才能承担起“为中国人民谋幸福，为中华民族谋复兴”的初心和使命。

中国共产党能够承担起推进马克思主义中国化领导者的责任。中国共产党向来高度重视马克思主义理论学习，在不同的时期都把党的理论建设放在重要的位置。经过坚持不懈的学习，全党对马克思主义理论和马克思主义中国化的新成果有比较准确的掌握，并能够灵活地运用到经济社会发展的实际中。我们党向来重视了解国情、掌握实际情况，把调查研究的能力作为党的领导干部的一项重要能力进行培养，切实解决改革发展稳定中出现的重大问题。中国共产党向来重视理论联系实际，经过长期努力，已经比较娴熟地掌握了马克思主义理论与实际相结合的能力，善于运用马克思主义基本原理对社会发展阶段、社会主要矛盾、社会发展战略、社会发展动力等重大问题作出科学的判断，能够制定出符合实际的路线方针和政策。正是基于理论上的自觉、实践中的自觉，中国共产党承担起了推动马克思主义中国化领导者的责任，一步一步地深化了对共产党执政规律、社会主义建设规律、人类社会发展规律的认识，形成了一系列马克思主义中国化的新成果，创造了中国化的马克思主义、21 世纪的马克思主义。

二　中国共产党推进马克思主义中国化的基本遵循

中国共产党在将马克思主义与中国具体实际相结合的过程中，形成了正确的思想路线、工作路线、政治路线和组织路线，这些路线构成了马克思主义与中国具体实际成功结合的必要前提和根本保障，是中国共产党推进马克思主义中国化的基本遵循。

坚持党的思想路线。马克思主义中国化首先要求以马克思主义为指导，将马克思主义基本原理应用于解决中国现实问题，并在这一运用中创新和发展马克思主义。中国共产党人在马克思主义中国化的百年探索历程中，深刻总结经验教训，注重解放思想、打破教条主义与经验主义，逐渐形成了实事求是的思想路线：一切从实际出发，理论联系实际，实事求是，在实践中检验真理和发展真理。思想路线是中国共产党人认识世界、改造世界的根本要求，是中国共产党人制定和执行正确的工作路线、政治路线和组织路线的思想基础，是马克思主义认识论在马克思主义中国化实践过程中的运用、丰富和发展，是中国共产党推进马克思主义中国化的首要遵循。当前我国已进入中华民族伟大复兴的关键时期，要牢牢坚持、更好贯彻实事求是的思想路线，以我国改革开放和现代化建设的实际问题、以我们正在做的事情为中心，着眼于马克思主义理论的运用，着眼于对实际问题的理论思考，着眼于新的实践和新的发展，把马克思主义中国化的伟大实践进一步推向前进。

坚持党的群众路线。在马克思主义中国化过程中，中国共产党人将马克思主义的群众史观应用于中国具体国情，经过艰辛探索与理论总结，最终形成了一切为了群众，一切依靠群众，从群众中来，到群众中去的群众路线，并将这一路线上升到党的生命线和根本工作路线的高度。群众路线作为中国共产党人依据马克思主义基本原理的伟大创造蕴含着中国共产党作为马克思主义政党的宗旨和要求，是中国共产党推进马克思主义中国化的必然要求和根本保障。新时代，我们党要续写马克思主义中国化的光辉篇章，有效应对各种重大风险挑战，仍然必须牢牢坚持群众路线，一方面传承好的经验做法，另一方面根据形势发展与时代需要不断探索和创新其实现形式。

坚持党的政治路线。形成并坚持正确的政治路线，关系到党的事业的兴衰成败，是马克思主义成功中国化的重要实践遵循。在马克思主义中国化的百年历程中，中国共产党之所以能够带领全国人民成功进行革命、建设和改革，不断开辟中国化马克思主义的新境界，根本原因之一就在于在不同历史阶段形成了正确的政治路线并根据形势的发展与任务的变化推进政治路线的与时俱进。新时代，我们要坚持党的政治路线，领导和团结全国各族人民，以经济建设为中心，坚持四项基本原则，坚持改革开放，自力更生，艰苦创业，为把我国建设成为富强民主文明和谐美丽的社会主义现代化强国而奋斗。

三　中国共产党推进马克思主义中国化的历史进程

习近平总书记指出：“历史和人民选择马克思主义是完全正确的，中国共产党把马克思主义写在自己的旗帜上是完全正确的，坚持马克思主义基本原理同中国具体实际相结合、不断推进马克思主义中国化时代化是完全正确的！”①

实现了马克思主义中国化的历史性飞跃。回首中国共产党的百年发展历程可以看出，中国共产党领导中国人民在中国革命、建设和改革的发展过程中所取得的伟大成果，是与马克思主义中国化相辅相成、相互成就的。

马克思主义中国化的第一次历史性飞跃以毛泽东思想的产生为标志。在新民主主义革命时期，产生了马克思主义中国化的第一个理论成果，即毛泽东思想。在毛泽东思想的指导下，中国共产党领导中国人民取得

① 习近平：《在纪念马克思诞辰200周年大会上的讲话》，人民出版社，2018，第14~15页。

了新民主主义革命和社会主义革命的胜利，确立了社会主义基本制度，完成了中华民族有史以来最广泛最深刻的社会变革，并初步建立起了完整的、独立的、具有中国特色的工业体系和国民经济体系，为后期中国改革开放的进一步发展奠定了根本政治前提和制度基础。

马克思主义中国化的第二次历史性飞跃以邓小平理论的形成为标志。邓小平理论以及在此基础上提出的“三个代表”重要思想和科学发展观，系统科学地回答了“什么是社会主义、怎样建设社会主义”“建设什么样的党、怎样建设党”“实现什么样的发展、怎样发展”等一系列重大问题，为中国的改革开放和社会主义现代化事业的向前推进奠定了理论基础，明确了目标框架。

习近平新时代中国特色社会主义思想是马克思主义中国化的又一次历史性飞跃。党的十八大以来，以习近平同志为核心的党中央科学地回答了“新时代坚持和发展什么样的中国特色社会主义、怎样坚持和发展中国特色社会主义”这一重大问题，创立了习近平新时代中国特色社会主义思想，开辟了21世纪马克思主义中国化的新境界，形成了马克思主义中国化的最新理论成果。习近平新时代中国特色社会主义思想符合马克思主义中国化的历史逻辑和现实逻辑，是在新的历史方位下指导党和国家事业发展的科学纲领。

迎来了从站起来、富起来到强起来的伟大飞跃。坚持以马克思主义为指导思想，制定正确的路线方针政策，是中国共产党百年历史进程中的突出特点和优良传统。中国共产党始终坚持马克思主义这一科学原则，带领全国各族人民进行波澜壮阔的实践创新，谱写出了中华民族“三个伟大飞跃”的宏伟篇章。

马克思主义理论犹如壮丽的日出，照亮了中国人民寻求自身解放的道路。20世纪初期的中国，各种腐朽陈旧思想甚嚣尘上，中国先进知识分子正苦于缺乏科学的理论指导，而无法找到国家民族的未来发展方向。十月革命的成功，使中国先进知识分子深受鼓舞，逐步认识到马克思主义的重要性，并开始在全国范围内学习传播马克思主义。马克思主义的广泛传播，为中国革命实践提供了全新的道路选择，为在黑暗中苦苦探寻救亡图存出路的中国人民指明了方向。正是由于马克思主义在中国的广泛传播，中国人民的思想意识才有了转变，中国人民才在精神上由被动转向主动；正是由于马克思主义的科学指导，中国革命才发生了翻天覆地的变化，中国革命面貌才焕然一新；正是由于中国共产党人把马克思主义基本原理同中国的具体实际相结合，制定出正确的纲领和路线，中国革命才取得了伟大胜利，实现了中华民族站起来的伟大飞跃。

马克思主义是行动的指南，必须随着实践的发展而发展。1978 年党的十一届三中全会的召开，为马克思主义中国化翻开了全新的篇章。以邓小平同志为主要代表的中国共产党人，坚持解放思想，实事求是，作出把党和国家的工作重心转移到经济建设上来，实行改革开放的伟大决策。党在这一时期的科学决策，成功破解了当时党内思想混乱的难题，开创了中国特色社会主义事业发展的新格局，有力证明了中国特色社会主义制度的优越性。正是在马克思主义的指导下，中国改革开放伟大变革才有了取之不尽的力量源泉，才有了中华民族由站起来到富起来的伟大飞跃。

马克思主义不仅深刻改变了世界，也深刻改变了中国。进入新时代以来，以习近平同志为核心的党中央坚持马克思主义的指导地位，坚持稳中求进工作总基调，迎难而上，开拓进取，制定了一系列重大方针政策，作出了一系列重大科学部署，推进了一系列重大战略举措，解决了许多长期想解决而没有解决的难题，办成了许多过去想办而没有办成的大事，推动党和国家事业发生了历史性变革，使中华民族迎来了由富起来到强起来的伟大飞跃。

中国共产党百年的历史进程一再证明，马克思主义是指导中国革命的科学纲领，马克思主义所坚持走的社会主义道路是实现中华民族从站起来、富起来到强起来的伟大飞跃的不二法宝。今天，进入新时代的中国共产党人以百年来的卓越功勋告慰马克思：“马克思主义指引中国成功走上了全面建设社会主义现代化强国的康庄大道，中国共产党人作为马克思主义的忠诚信奉者、坚定实践者，正在为坚持和发展马克思主义而执着努力！”①

---

① 习近平：《在纪念马克思诞辰 200 周年大会上的讲话》，人民出版社，2018，第 15 页。

四　中国共产党推进马克思主义中国化的伟大意义

中国共产党在推进马克思主义中国化的伟大历史进程中，不仅在理论上实现了马克思主义在当代中国、在21世纪的新发展，而且在实践上推动了现代化新道路的探索、社会主义新形态的建构以及人类新文明的发展，彰显了马克思主义中国化创新发展的伟大意义与世界影响。

伟大历史进程推动了现代化新道路的探索。中国共产党的正确领导，尤其是在推进马克思主义中国化过程中，成功引领了新型现代化道路的新探索，展现了中国模式的发展奇迹。首先，马克思主义中国化的发展，开辟了具有中国特色的现代化道路。中国特色的现代化道路，既坚持了马克思主义理论中的人民立场，始终以人民为中心推动现代化，又在推动马克思主义中国化过程中不断探寻摆脱贫困的重要理论，创造性地构建了关于走共同富裕之路的理论，实现了理论与历史、实践的具体结合与发展。其次，马克思主义中国化的发展，是对西方现代性的批判以及对现代化的“去魅”。西方社会较早地完成了资本的原始积累，推动了新技术引领下的工业革命，实现了现代化的变革与道路构建，从而创造了所谓现代化的西方模式，而这种模式与资本逻辑、代议制民主、“普世价值”等密切联系在一起。通过将现代化成果与西方模式深度绑定，西方社会成功塑造了关于西方现代化模式的“神话”。中国现代化模式的积极实践打破了这一神话，通过马克思主义中国化的一系列重要理论成果揭示了西方现代性的弊端，从实践和理论上深度揭露了西方现代化的底牌。最后，马克思主义中国化的发展，为发展中国家走向现代化提供了扎实的理论支撑。中国现代化道路的探索“拓展了发展中国家走向现代化的途径，给世界上那些既希望加快发展又希望保持自身独立性的国家和民族提供了全新选择”。在这个过程中，中国共产党推进马克思主义中国化所取得的重要成果不仅引领了现代化道路的探索，更是对现代化道路的途径、方式以及特点等的深刻总结，这为世界上探索现代化发展的国家提供了丰富的理论支撑。

伟大历史进程引领了社会主义新形态的建构。中国共产党始终坚持走独立自主的社会主义建设和发展道路，在坚持马克思主义基本原理、立场和方法的基础上，实现了当代科学社会主义理论形态的构建，推动了科学社会主义理论的创新发展，通过社会主义初级阶段理论、社会主义本质理论、社会主义市场经济理论等丰富的理论准备，最终引领了社会主义新形态的建构。马克思主义中国化的最新成果与科学社会主义理论的最新发展成果交相辉映，二者共同构成了社会主义道路、制度和文化探索的理论准备，从而为社会主义新形态的建构注入了充沛的智力支持。不仅如此，中国共产党推动马克思主义中国化的伟大进程深刻推动了世界社会主义运动的历史进程，在世界范围内彰显了科学社会主义的重大意义，照亮乃至引领了世界社会主义运动的前进方向，而这一切都离不开马克思主义中国化的一次次伟大理论飞跃。从根本而言，社会主义新形态的建构，中国特色社会主义道路、理论、制度和文化创造的一系列奇迹，是中国共产党推动马克思主义中国化的伟大胜利。

伟大历史进程促进了人类新文明的发展。中国共产党领导和推动的马克思主义中国化进程已经深刻影响了中华文明新形态的建构，促进了人类新文明的发展。马克思主义中国化的历史进程，同时也是中国现代化道路的探索过程。基于中国化与现代化的深刻互动，中华民族“迎来了从站起来、富起来到强起来的伟大飞跃，迎来了实现中华民族伟大复兴的光明前景”。这一历史进程，不仅实现了对现代文明成果的充分占有，还推动了中华文明传统的重建，更是实现了对资本主义现代文明的扬弃，从而开辟了人类文明发展的新路径。中华文明的新形态不仅是中国的，也是世界文明的重要组成部分；不仅是民族的，还体现着人类共同的价值追求。作为人类新文明的发展结果，中华文明始终坚持马克思主义文明观，始终坚信人类文明各有千秋，没有高低、优劣之分。同时，中华文明与世界各类文明的和而不同，彰显了人类文明发展的多样性，深刻展示了文明发展应有的包容性，而世界文明正是由于这种差异性才能在交融中共同进步。不仅如此，马克思主义中国化与中华文明的发展消解了世人对“文明冲突论”的顾虑。中国共产党在实践马克思主义关于未来社会理想的过程中，积极构建人类命运共同体，促进了世界文明的和平发展和充分融合，并且始终坚信，中华文明是在交融互鉴中滋养而成，将与世界文明共同发展，携手共创人类文明丰富多彩的新篇章。

科学评价新中国历史的方法论原则*

陈曙光

新中国已经走过了70年历史，正确评价新中国70年间的历史事件和历史人物，对于我们客观地总结过去、更好地走向未来具有重要意义。评价总是按照一定的标准进行的，没有标准或标准混乱，就会导致各说各话，混淆是非。现在，国内外有一些奇谈怪论，比如“中国崩溃论”“改革失败论”“社会倒退论”“道德滑坡论”“背离马克思文本论”“改革开放前后对立论”等，这类论调产生的个中原因是复杂的，但评价标准缺失、错乱是一个重要原因。历史评价必须坚持科学的世界观和方法论，坚持正确的原则和标准。

一　历史与道德相统一，历史标准优先于道德标准

评价新中国历史，既要重视历史进步的尺度，也要关注道德完善的尺度，坚持历史标准与道德标准相统一，历史标准优先于道德标准；重视道德尺度，反对道德决定论。

历史评价与道德评价，从历史发展长过程和总的趋势而言，两种尺度是一致的；但就历史发展的特定阶段或特定问题来说，历史进步并不总是伴随着道德进步。评价某一历史事件、历史人物，依据历史标准和道德标准，结论可能不尽一致甚至大相径庭，由此带来所谓历史评价与

* 国家社科基金重大项目“习近平总书记关于全面深化改革的方法论思想研究”（15ZDA003）的阶段性成果。本文原载于《马克思主义研究》2019年第12期，收入本书时有改动。

道德评价的某种“二律背反”现象：社会进步伴随着所谓道德退步。

当历史评价与道德评价出现“二律背反”时，历史标准优先于道德标准。比如，在人类历史长河中，异化是必经的阶段，也是必须承受的道德代价。作为历史现象，异化既具有历史必然性，又具有历史暂时性，是历史合理性与道德不合理性的统一。试图撇开异化来谈论历史，不过是一种“浪漫主义观点”。如何评价异化？青年马克思立足于“道德评价优先”的视角，认为异化现象是消极的，应该从道德上加以谴责，因为“物的世界的增值同人的世界的贬值成正比”“劳动生产了美，但是使工人变成畸形”①。这一时期道德评价属于“强评价”。成熟时期的马克思并未放弃道德评价的合理性，厉声控诉“资本来到世间，从头到脚，每个毛孔都滴着血和肮脏的东西”②，同时又高度肯定了“资本的伟大的文明作用”③，高度肯定了资产阶级开创世界历史的伟大意义。显然，这时的道德评价已经下降为“弱评价”，历史评价则上升为“强评价”④。在马克思看来，资产阶级尽管极度伪善、野蛮、卑鄙，也应该充分肯定其历史进步意义，这突出地体现在下面两个命题中：“资产阶级在历史上曾经起过非常革命的作用”，“资产阶级历史时期负有为新世界创造物质基础的使命”⑤。

恩格斯扬弃了黑格尔关于“恶是历史发展的动力的表现形式”⑥ 的思想，强调“恶”既是摧毁旧秩序的革命力量，又是推动社会进步的杠杆，体现了历史评价优先于道德评价的原则。他说，奴隶社会取代原始社会，这是社会的巨大进步，文化巨大的发展，人类文明的开始；但完成这一更替的手段和过程却是卑鄙的、恶劣的，因而给人的感觉是“一种退化”，是一种“道德高峰的堕落”。“最卑下的利益——无耻的贪欲、

① 《马克思恩格斯选集》第1卷，人民出版社，2012，第51、53页。

② 《马克思恩格斯全集》第42卷，人民出版社，2016，第777页。

③ 《马克思恩格斯文集》第8卷，人民出版社，2009，第90页。

④ 参见俞吾金《从“道德评价优先”到“历史评价优先”——马克思异化理论发展中的视角转换》，《中国社会科学》2003年第2期。

⑤ 《马克思恩格斯选集》第1卷，人民出版社，2012，第402、862页。

⑥ 《马克思恩格斯选集》第4卷，人民出版社，2012，第244页。

狂暴的享受、卑劣的名利欲、对公共财产的自私自利的掠夺——揭开了新的、文明的阶级社会；最卑鄙的手段——偷盗、强制、欺诈、背信——毁坏了古老的没有阶级的氏族社会，把它引向崩溃。”这里，道德的不合理性与历史的合理性并存，“正是人的恶劣的情欲——贪欲和权势欲成了历史发展的杠杆”①。

新中国70年间经历的各阶段，道德评价与历史评价结果可能不尽一致。比如，改革开放新时期，苍蝇蚊虫飞进来了，盗窃、娼妓、赌博、毒品等陈腐污浊的东西又死灰复燃，甚至有所泛滥。又比如，改革中有大量工人下岗，有很多企业破产，有不少人沦为弱势群体。不少人因此留恋改革开放前30年“路不拾遗，夜不闭户”的道德风尚，怀念那时候的绝对公平，对改革开放产生怀疑，对改革代价满腹牢骚。如何评价这些历史现象，只能根据历史标准优先于道德标准的原则作出判断。

总之，马克思主义是历史标准与道德标准的统一论者。评价新中国历史既要关注历史的发展，也要关注道德的发展，坚持二者的统一，以历史标准吞并道德标准是错误的，以道德评价淹没历史评价也是错误的。同时，二者也不是完全等价的，历史标准高于道德标准，拔高道德评价是错误的，取消道德评价也是错误的。

二　实践与本本相统一，实践标准高于文本标准

评价新中国历史，既要坚持实践标准，拿事实来说话，也要重视理论（本本）的指导作用，尊重经典的权威，坚持实践标准与文本标准相统一，实践标准高于文本标准；重视本本权威，不以本本论是非。

实践标准是最高标准，在历史评价中具有最高的权威。“历史事实是历史评价之锚。”② 新中国70年历史究竟怎么看，关键看实践，事实

---

① 《马克思恩格斯全集》第28卷，人民出版社，2018，第118、345页。

② 涂成林：《历史阐释中的历史事实和历史评价问题——基于马克思唯物史观的基本理论和方法》，《中国社会科学》2017年第8期。

胜于雄辩。这个“事实”主要就是生产力和人民利益。生产力是社会发展的最终决定力量，生产力标准是社会评价的根本标准。凡是有利于生产力发展的，凡是有利于社会进步的，就是应当肯定的；反之，则是应当否定的。列宁指出，生产力的发展是“整个社会发展的主要标准”①，是“社会进步的最高标准”②。毛泽东也指出：“中国一切政党的政策及其实践在中国人民中所表现的作用的好坏、大小，归根到底，看它对于中国人民的生产力的发展是否有帮助及其帮助之大小，看它是束缚生产力的，还是解放生产力的。”③“三个有利于”指明了评价新中国历史的总原则。看新中国历史，看改革开放史，主要是看社会生产力是否发展了，综合国力是否增强了，人民的生活水平是否提升了。今天，新中国70年特别是改革开放40多年交出的成绩单，环顾全球无出其右者，这不是中国共产党人的自我吹嘘，而是实践给出的答案，是人民作出的结论。据此，我们完全有理由高度肯定新中国历史、改革开放史。

客观地说，经过真理标准大讨论，实践标准在历史评价中的最高地位已无可撼动。现在的问题是，本本可否作为历史评价的尺度，这一尺度在何种意义、多大程度上具有合理性。

这里所说的“本本”并不是泛指一切文本，而是专指国内外公认的“经典文本”，即那些“历经最糟糕的野蛮攻击而得以劫后余生的作品”④，比如《共产党宣言》《资本论》等；那些历经后人最诚挚的颂扬而得以光景常新的作品，比如《实践论》《矛盾论》等。这些“本本”往往是历史沉淀下来的、经过长期实践反复检验的权威文本，是在历史长河中被反复淘洗后的精品，文本的权威是实践赋予的，在实践中获得的。这些文本具有理论合理性、历史合理性以及实践合理性，正因为如此，历史研究和历史评价中引经据典才具有合法性。

但是，本本标准在历史评价中的价值是有严格限度的，无限拔高的

① 《列宁全集》第41卷，人民出版社，2017，第72页。

② 《列宁全集》第16卷，人民出版社，2017，第209页。

③ 《毛泽东选集》第3卷，人民出版社，1991，第1079页。

④ 宋兆霖：《诺贝尔文学奖获奖作家散文选》，浙江文艺出版社，2005，第443页。

本本主义行不通，近似取消本本的无用论也行不通。

本本主义者无限抬高本本，将其置于实践之上，这是片面的。本本是特定历史条件下的产物，是前人认识成果的记录，不具有无条件的真理权。本本的真理性是以时间、地点、条件为转移的，同一个本本在变化了的时空条件下是否仍然具有真理性，这不是一个理论问题，而是一个实践问题，是一个有待实践检验的问题。评价新中国历史，马克思主义的“本本”是需要的，但不能拘泥于老祖宗的具体结论、个别论断，在社会主义国家搞多种所有制、发展民营经济、搞社会主义市场经济、允许生产要素参与分配、推进混合所有制改革等，马克思恩格斯的文本中都没有说过。毛泽东指出：“我们需要‘本本’，但是一定要纠正脱离实际情况的本本主义。”① 评价新中国70年历史可以参照本本，但不能以本本来框历史，再权威的文本也不能成为历史评价的最终“裁决者”。本本的权威再高，也高不过实践，实践评价的结果绝不迁就任何本本。本本主义者不懂得一切以时间、地点、条件为转移的辩证法，唯书不唯实，要么迷信圣人的本本，要么迷信马列的本本，要么迷信西方的本本，以此代替对历史事实的分析，这完全是本末倒置的。

本本无用论者否定本本，强调实践就是一切，这也是片面的。本本是历史积淀的智慧结晶，是人类前进的知识阶梯，是指引实践的思想武器。马克思主义者反对本本主义，而不是一味地反对本本。任何本本都难以避免历史的局限性，这绝不能成为我们贬低本本甚至否定本本的借口，只能成为发展本本、超越本本的理由，经过大浪淘沙留存下来的经典文本任何时候都是人类最好的朋友，是评断历史事件、历史人物的重要参照。但是，同一历史事件、历史人物，从不同的本本出发，得出的结论可能截然不同，这又是历史评价中的常态现象。对此，马克思主义认为，不同历史评价的真伪问题，不是抽象争论、坐而论道可以给出答案的，只有实践才能给出客观公正的结论，只有铁的事实才能作出最终的裁决。不同“理论的对立本身的解决，只有通过实践方式，只有借助

---

① 《毛泽东选集》第1卷，人民出版社，1991，第112页。

于人的实践力量，才是可能的；因此，这种对立的解决绝对不只是认识的任务，而是现实生活的任务”①。

三　总体与个体相统一，总体标准优先于个体标准

评价新中国历史，既要重视社会整体的评价，也要尊重每个人的感受。坚持总体标准与个体标准相统一，总体标准优先于个体标准；重视个体感受，又不为个别意见所绑架。

个人与社会的关系问题是哲学史上的一个重大问题。马克思主义认为，一方面，个人之外没有人，人首先是个体存在物。“社会，即联合起来的单个人。”② 离开了个人无所谓社会的存在，不能以社会遮蔽个人。因而，历史评价首先是对在历史中行动的个人的评价。另一方面，社会之外也没有人，个体是社会存在物。马克思认为，人不是抽象的蛰居于世界之外的存在物，人的本质是一切社会关系的总和，只能从社会关系方面来考察人。人之外无所谓社会的存在，社会之外无所谓人的存在。社会上并不存在完全自足的个人，离开共同体，个人就失去了全面发展自己的条件。因而，历史评价归根结底是通过社会总体的评价凝练社会共识。

社会进步与个人进步总体上和终极价值上是一致的，因而社会评价与个人评价总体上也是一致的。但在社会发展的一定阶段，个人为“类”的发展自觉或不自觉地承受损失或作出牺牲是无法避免的，因而社会评价与个人评价之间出现背反现象也是不可避免的。马克思早就指出，“人类的才能的这种发展，虽然在开始时要靠牺牲多数的个人，甚至靠牺牲整个阶级，但最终会克服这种对抗，而同每个个人的发展相一致；因此，个性的比较高度的发展，只有以牺牲个人的历史过程为代价”③，“类”的发展“只有通过最大地损害个人的发展，才能在作为人

① 《马克思恩格斯文集》第 1 卷，人民出版社，2009，第 192 页。

② 《马克思恩格斯全集》第 30 卷，人民出版社，1995，第 526 页。

③ 《马克思恩格斯全集》第 34 卷，人民出版社，2008，第 127 页。

类社会主义结构的序幕的历史时期，取得一般人的发展”①，“因为在人类，也像在动植物界一样，种族的利益总是要靠牺牲个体的利益来为自己开辟道路的”②。这一历史辩证法告诉我们，历史评价既要重视社会之中的个人评价，也要重视个人至上的社会评价，后者更具有根本性、优先性。

每个人对历史阶段、历史事件、历史人物都可以有自己的看法，都有自己的视角，但整个社会会自动地形成一个最大公约数，这才是历史评价的可靠指针。任何时候，社会评价与个体感受都可能出现偏差，比如经常有人吐槽“被平均”“被就业”“被增长”等，这就说明在一个拥有近 14 亿人口的大国中，每个人的感受与社会总体评价完全一致是不可能的，追求一致是理想，承认偏差是现实。我们不能只承认社会共识的合理性，完全排斥个体认知和感受的差异性；更不能只承认个体认知感受的正当性，完全无视社会总体的评价。

在社会标准与个体标准不一致的情况下，坚持社会标准优先于个体标准，重视少数人的利益诉求和表达自由，但不为个别人的评价所左右。当然，坚持社会标准优先于个体标准，不等于可以忽视个体的感受。个人之外没有人，个人的事再小也是大事，这是社会主义的制度属性所要求的。今天，我们强调社会政策要托底，守住公平正义的底线，打赢精准脱贫攻坚战，都是基于这一考虑。

四　动机与效果相统一，效果优先于动机

评价新中国 70 年的重大历史事件和历史人物，既要看初心和动机，也要看结局和效果，坚持效果与动机相统一，效果优先于动机；重视行动预期，关键拿效果来说话。

历史人物是有动机的，没有动机的历史人物是不存在的。恩格斯说：“在社会历史领域内进行活动的，是具有意识的、经过思虑或凭激情行

① 《马克思恩格斯全集》第 32 卷，人民出版社，1998，第 405 页。

② 《马克思恩格斯全集》第 34 卷，人民出版社，2008，第 127 页。

动的、追求某种目的的人；任何事情的发生都不是没有自觉的意图，没有预期的目的的。”每一历史人物都有自己的目的和愿望，“愿望是由激情或思虑来决定的。而直接决定激情或思虑的杠杆是各式各样的。有的可能是外界的事物，有的可能是精神方面的动机，如功名心、‘对真理和正义的热忱’、个人的憎恶，或者甚至是各种纯粹个人的怪想”①。毛泽东在《在延安文艺座谈会上的讲话》中以“作家”为例，深刻阐述了动机与效果的辩证关系。他指出：“检验一个作家的主观愿望即其动机是否正确，是否善良，不是看他的宣言，而是看他的行为（主要是作品）在社会大众中产生的效果。社会实践及其效果是检验主观愿望或动机的标准。”② 其实，检验一个政治人物乃至一切历史人物的标准，又何尝不是如此。

中国共产党人是动机和效果的统一论者。动机与效果完美统一是理想，偏差是事实。马克思曾指出，甚至在大多数情况下，“人们所预期的东西很少如愿以偿”，也即是说，“行动的目的是预期的，但是行动实际产生的结果并不是预期的”，甚至“完全不是预期的结果”③。毛泽东也强调：“我们是辩证唯物主义的动机和效果的统一论者。为大众的动机和被大众欢迎的效果，是分不开的，必须使二者统一起来。为个人的和狭隘集团的动机是不好的，有为大众的动机但无被大众欢迎、对大众有益的效果，也是不好的。”④ 这就告诉我们，历史评价既要考察其动机，也要考察其效果，在动机和效果之间作出权衡，纵使动机天花乱坠，预期无限美好，以实在的结果为优先。

新中国70年间发生的重大历史事件，绝大多数动机是好的，效果也是好的，是应当给予充分肯定的。然而，事与愿违的历史事件也不是没有。比如，改革开放以后，教育产业化、医疗产业化口号一度出现，其目的是加快教育医疗事业的发展，但是违背了教育医疗事业本身的公益性质和发展规律，因而是要否定的。改革开放以来，我们党作出的诸多

---

① 《马克思恩格斯全集》第28卷，人民出版社，2018，第356、357页。

② 《毛泽东选集》第3卷，人民出版社，1991，第868页。

③ 《马克思恩格斯全集》第28卷，人民出版社，2018，第356页。

④ 《毛泽东选集》第3卷，人民出版社，1991，第868页。

重大决策究竟怎么看，经济特区好不好，社会主义基本经济制度好不好，社会主义市场经济好不好，混合所有制改革好不好，不能仅仅看动机是不是好，不能看是否符合先验的标准，是否符合经典作家的本本，关键是看效果怎么样，拿事实来说话。今天，我们说社会主义好，改革开放好，党的路线方针政策好，是因为社会主义制度的优越性已经显现，改革开放的成绩不容抹杀，党的路线方针政策改变了中国，事实最有说服力。

五　进步与代价相统一，以最小代价换取最大进步

评价新中国历史，既要看社会进步的一面，也要看存在的问题甚至付出的代价，成绩与代价相统一，坚持利大于弊、得大于失的原则；重视发展代价，关键以最小代价换取最大进步。

人类社会发展史亦是一部代价史。发展蕴涵代价，代价是发展的题中之义，没有离开代价的发展，“发展通过付出代价并扬弃代价来为自己开辟道路”①。卢梭是较早论及发展代价的哲学家之一，他把不平等的产生看作一种进步，“但是这种进步是对抗性的，它同时又是一种退步”②。私有制的出现标志着人类文明的开始，这是社会的巨大进步。但人类社会从此便有了贫富对立，“平等就消失了”，这是私有制的代价；商品拜物教、货币拜物教、资本拜物教泛滥，这是社会进步的代价。

马克思恩格斯曾深刻论述进步与代价相伴相生的辩证关系。“在我们这个时代，每一种事物好像都包含有自己的反面。”③ 人类征服了自然，却受到了自然界的报复；工业产品极大丰富，却付出了高昂的环境代价；人类发明了货币，却沦为金钱的奴隶；强国征服了异族，却湮灭了多彩的文明；市场经济促进了资源合理配置，人却遭受到了

① 韩庆祥、张曙光、范燕宁：《代价论与当代中国发展——关于发展与代价问题的哲学反思》，《中国社会科学》2000 年第 3 期。

② 《马克思恩格斯全集》第 26 卷，人民出版社，2014，第 147 页。

③ 《马克思恩格斯选集》第 1 卷，人民出版社，2012，第 776 页。

“物”的宰制；物的世界无限增值，却伴随着人的世界的贬值；机器大生产创造了丰富的物质世界，人自身却成了机器的零件；科学日益昌明，人却沦为单面人；技术理性无底线膨胀，人类却遭受价值理性缺失的难以承受之重，“技术的胜利，似乎是以道德的败坏为代价换来的”①；等等。但是，人类完全没有必要悲观，“没有哪一次巨大的历史灾难不是以历史的进步为补偿的”②。没有代价就没有进步，这是文明直到今天仍遵循的规律。恩格斯曾以奴隶制为例说明，不文明的奴隶制为人类文明开辟道路，在历史进程中发挥了非常积极的作用。他说：“没有奴隶制，就没有希腊国家，就没有希腊的艺术和科学；没有奴隶制，就没有罗马帝国。没有希腊文化和罗马帝国所奠定的基础，也就没有现代的欧洲……没有古希腊罗马的奴隶制，就没有现代的社会主义。”③正是这种代价补偿机制在推动人类社会向着更高阶段跃迁中发挥着重要的作用。

进步与代价，是历史面貌呈现出来的两个方面。历史评价，必须分析事物的两面：进步的一面与代价的一面。这“两面”都要看到，“要讲两句话”，反对任何一种片面性。同时，这“两面”不是均衡的，有主次、有轻重，历史评价关键看代价是否可控，是否在社会可承受程度之内，是否以最小代价创造最大价值、取得最大进步。

中国革命、建设和改革都是要付出代价的。新民主主义革命有代价。流血牺牲就是代价，经济建设停滞也是代价。社会主义改造有代价。社会主义制度的建立是新制度取代旧制度的过程，“每一种新的进步都必然表现为对某一神圣事物的亵渎，表现为对陈旧的、日渐衰亡的、但为习惯所崇奉的秩序的叛逆”④，这一过程必然受到来自受损势力集团的疯狂抵抗，必然要与之展开殊死的阶级斗争，必然危及社会的经济运转、政局稳定、民生福祉，这就是代价。改革开放有代价。邓小平指出：“社会主义的目的就是要全国人民共同富裕，不是两极分化。如果我们

① 《马克思恩格斯选集》第1卷，人民出版社，2012，第776页。

② 《马克思恩格斯文集》第10卷，人民出版社，2009，第665页。

③ 《马克思恩格斯全集》第26卷，人民出版社，2014，第189页。

④ 《马克思恩格斯全集》第28卷，人民出版社，2018，第345页。

的政策导致两极分化，我们就失败了；如果产生了什么新的资产阶级，那我们就真是走了邪路了。”① 邓小平多次说过此类话，说明了他对改革开放可能付出的代价是有清醒认识的。改革开放以后，出现了工人下岗失业潮，腐败一度泛滥，贫富差距拉大，环境问题突出，这些就是改革的代价；有的产业被国外控制了，各种错误思潮涌进来了，意识形态多元化的挑战前所未有，这些就是开放的代价。

今天如何看待代价呢？关键是树立科学的发展代价观，既承认代价的不可避免性，又不放任代价，把握代价的适度、可控原则，坚持利弊分析，以最小的代价换取最大的进步。当然，必然性代价不可避免，但要避免人为性代价、不必要代价，避免代价扩大化，避免代价失控、得不偿失。新中国成立 70 年来，我们确实付出了代价，个别阶段代价还相当惨重，但从整个历史长过程来说，中华民族迎来了从站起来、富起来到强起来的伟大飞跃，这是铁的事实铸就的历史结论。以此来判断，新中国 70 年历史总体上是应当肯定的，十一届三中全会以来党的路线方针政策是对的，改革开放的伟大决策是正确的，借口各种代价而否定新中国历史、改革开放历史是站不住脚的。

六　把握粗细与界限，反对细节决定论

历史是过去的现实，历史可以记录，历史场景无法再现。历史具有时空上的一维性、不可逆性，无一遗漏地还原历史细节真相在主观上是可以理解的，在客观上是不现实的。英国历史学家埃尔顿说：“历史研究并不是对过去的研究，而是对过去留存至今的痕迹的研究。”② 正确评价新中国 70 年历史、党的历史、领袖人物的功过，必须把握粗与细的辩证法，坚持适度的原则，重视宏大史实，不纠缠历史旧账，不拘泥历史细节，反对历史虚无主义，反对细节决定论。

“宜粗不宜细”。历史是多方合力共同作用的结果，评价历史关键是

---

① 《邓小平文选》第 3 卷，人民出版社，1993，第 110~111 页。

② G. R. 埃尔顿：《历史学的实践》，刘耀辉译，北京大学出版社，2008，第 8 页。

分清大是大非，不纠缠枝节问题，不以碎片下结论，否则就会陷入盲人摸象的误区。由于学科分工细化①等多重原因，我们一方面对某类历史细节掌握得越来越多，越来越接近历史真相；但另一方面却对宏大叙事的大历史观越来越不以为然，整体历史图像越来越模糊，过分推崇挖掘边缘事件、边缘人物的历史价值，走向“碎片化”“多元化”的解释路径，历史评价变成了“戏说”，陷入了“没有标准、怎么都对”的历史相对主义困局，一定程度上消解了历史评价的“真实性”与“客观性”原则。对此，邓小平提出了“宜粗不宜细”的历史评价方法。比如，平反冤假错案，解决历史遗留问题，涉及错综复杂的历史事件和历史人物，可以粗一点，不要搞得太细。他指出：“对过去遗留的问题，应当解决好。不解决不好，犯错误的同志不做自我批评不好，对他们不作适当的处理不好。但是，不可能也不应该要求解决得十分完满。要大处着眼，可以粗一点，每个细节都弄清不可能，也不必要。”他后来又强调：“总起来说，对历史问题，还是要粗一点、概括一点，不要搞得太细。”② 历史事实本身不会说话，历史评价中让哪类事实说话或不让哪类事实说话，不能随心所欲、本末倒置，必须抓住大的史实，坚持整体历史观，不搞细节决定论。

把握度不出格。“度”是事物保持自身质的边界，一旦越界，一事物就变成了他事物。评价历史事件、历史人物，必须坚持适度原则，做到恰如其分，不踩线、不越界、不出格、不过分。邓小平曾提出：“对毛泽东同志晚年错误的批评不能过分，不能出格，因为否定这样一个伟大的历史人物，意味着否定我们国家的一段重要历史。这就会造成思想混乱，导致政治的不稳定。”③ 邓小平反复强调：“毛主席一生中大部分时间是做了非常好的事情的，他多次从危机中把党和国家挽救过来。没有毛主席，至少我们中国人民还要在黑暗中摸索更长的时间。毛主席最

---

① 20世纪以来，新的史学流派、史学主题、史学方法层出不穷，多元化趋势、“碎片化”倾向明显，如政治思想史、微历史、底层生活史、日常生活史、阅读史、图像史、妇女史、身体史、疯癫史等。

② 《邓小平文选》第2卷，人民出版社，1994，第147~148、294页。

③ 《邓小平文选》第3卷，人民出版社，1993，第284页。

伟大的功绩是把马列主义的原理同中国革命的实际结合起来，指出了中国夺取革命胜利的道路。”“没有毛主席就没有新中国，这丝毫不是什么夸张……没有毛泽东思想，就没有今天的中国共产党，这也丝毫不是什么夸张。”①

七　坚持评价的中国立场，反对西方中心史观

评价新中国历史，既要立足中国自身的成长，构建中国自主的中国史观；也要放眼世界，准确把握自己的国际方位，但不能为西方中心史观所左右。评价新中国历史需要兼顾自我评价与他者评价，坚持以我为主的评价原则；重视西方智慧，反对西方中心史观。

西方中心史观是一套具有进攻性的综合知识框架，以“先进的西方”为基础，以“理性宰制现实”为方法，以现代西方器物文明、制度文明和精神文明为依托，以西方的知识体系为标准，以确认西方海外殖民、主权干涉、政权颠覆、文化改造及模式输出的合理性为前提，对他国历史评头论足、裁判是非。西方中心史观思维把世界分为绝对对立的两极，把西方作为“历史理应如何发展”的设计者、主导者、推动者、裁判者，把东方国家纳入一个共同的历史进化谱系，以西方“普世”话语解构东方国家，试图参照西方的模样建构出一个新东方。这种西方中心史观在今天依然有市场，有人以此为标准强行对中国进行历史评价、话语规范甚至主权干涉，结果自然谬以千里。

西方中心史观简单地以西方的文明观和价值观来评判新中国历史，由此衍生出各种否定国史、党史、社会主义史、改革开放史的虚无化假设。历史评价上的西方话语霸权，以西方学术的是非为是非，将新中国历史纳入西方的话语体系中，结果无异于取消是非。比如，关于新中国的道路选择，“别无选择论”认为，现代化历史就是西方化的历史，“除了资本主义，他们别无选择”。以此为依据，中国道路要么被定义为“中国特色资本主义模式”，要么被视为一条走不通的“歪门邪道”。再

① 《邓小平文选》第2卷，人民出版社，1994，第344~345、148~149页。

比如，关于新中国的政治安排，“历史终结论”宣称，西式自由民主是“人类意识形态发展的终点”和“人类最后一种统治形式”①，构成历史的终结。以此来评价，中国的政治制度、政党制度都偏离了西方设计的政治文明轨道，注定是行不通的。还比如，关于新中国的价值观建构，“西方中心论”认为，西方是世界的中心，西方文化是最优秀的文化，西方价值观是普世价值观。以此来评价，中国特色社会主义文化远离西方代表的普世文明大道，中国的文化使命就是打开文化国门，自觉接受西方的文化改造。然而，西方中心史观无法回答，中国以西方不认可的发展模式、制度框架和价值体系取得了比西方更大的成功，用几十年时间走完了西方发达国家几百年走过的工业化历程，中国人民把“不可能变成了可能”，这是如何发生的？如果说中国完全选择了错的道路、理论、制度、文化，却取得了对的成果，这在逻辑上是如何推演出来的，在实践中是何以可能的？

马克思主义史学反对西方中心史观，反对以西方为尺度妄断其他国家的历史。世界上发生的历史事实都是人类“真实的过往”，西方“先进”不能够作为“中心论”的依据。各国各民族历史都是在极其特殊的背景下展开的，历史的书写必须表达文明平等的理念。

评价新中国历史，必须提升历史自我意识，构建自主的历史叙事。西方中心史观的词语概念、分析框架和话语体系产生于独特的西方历史语境下，总体上无法解释与西方发展模式全然不同的中国历史。作为西方中心史观的不同翻版，无论是费正清的“冲击—回应”话语体系还是魏特夫的“东方专制主义”历史解构模式，无论是福山的“历史终结论”认知模式还是亨廷顿的“文明冲突论”解释范式，都极大误导了西方对中国的历史认知。如果以西方的历史进步观念来评价新中国历史，必然面临诸多无法自圆其说的解释悖论。西方历史语境下“野蛮”的中国、“边缘”的中国、“没有历史”的中国、“文明冲突”的中国、“历史终结”的中国，却拥有5000年的历史、未曾断裂的文明、和谐万邦的

---

① 弗朗西斯·福山：《历史的终结及最后之人》，黄胜强、许铭原译，中国社会科学出版社，2003，第1页。

记录，开创了新的历史进步之路，以高度的自信走进新时代，走近世界舞台中央，迎来民族复兴的光明前景。

今天，如何看待中国的改革开放，自我评价与他者评价就不是完全一致的。有人蓄意兜售各种“改革药方”，诱导我国“往西方政治制度的方向改，否则就是不改革”①；有人指责我国“改革是有选择性的，有些方面的改革是滞后的”；有人炮制“党大还是法大”的伪命题，试图推动全盘西化的司法改革；有人妄言“混改的方向就是国企私有化”，妄图诱导国企改革方向；等等。面对这些噪声杂音，我们要“始终坚持以我为主，应该改又能够改的坚决改，不应改的坚决守住”②。改什么、不改什么，怎么改、怎么完善，我们要有主张、有定力、有底线。我们的改革不是为了迎合某些人的“掌声”，不能跟着西方的指挥棒走，不能把西方的理论、观点硬套在自己身上，必须牢牢把握改革评价的自主权。

总之，历史不是任人打扮的小姑娘，历史人物也不是任人涂抹的角色。评价新中国历史必须坚持马克思主义的世界观、方法论，坚持科学的原则和标准。今天，我们要审慎处理好历史与道德、实践与本本、总体与个体、效果与动机、成绩与代价、粗细与界限、自我与他者的关系，科学回应社会上存在的历史疑问，坚决反对歪曲丑化党史、国史的错误倾向，坚决纠正虚无党史、国史的历史虚无主义倾向，牢牢把握新中国历史发展的主题主线、主流本质，为推进中国特色社会主义伟大事业破除迷雾、凝聚共识，为走好新时代的民族复兴之路夯实底座、筑牢根基。

---

① 《习近平关于全面深化改革论述摘编》，中央文献出版社，2014，第 19 页。

② 《习近平关于全面深化改革论述摘编》，中央文献出版社，2014，第 19 页。

改革开放40年：中国“放管服”改革的理论逻辑与实践探索*

张占斌　孙　飞

中国“放管服”改革作为行政体制改革的核心，其实质是国家治理现代化在政府层面的贯彻与实施，是政府以“放”为核心，以“管”为抓手，以“服”为支撑的系统化、协同化的行政体制改革。党的十八大以来，新一届领导集体高度重视政府职能转变，深入推进“简政放权、放管结合、优化服务”改革，取得了历史性成就，既丰富和发展了中国行政改革理论体系和深刻内涵，又凸显了伟大的实践价值。但是，在大家津津乐道于中国经济改革的伟大成就时，却没有人关注到行政改革在这一伟大转型过程中作出的决定性贡献①。站在改革开放40年的新起点，有必要对中国“放管服”改革的理论逻辑和实践探索进行深入研究分析，把握规律、提炼经验，在彰显中国改革中的制度自信、理论自信、道路自信和文化自信的同时，进一步引领新时代“放管服”改革的实践。

一　中国推进“放管服”改革的逻辑动因

中国“放管服”改革是由行政管理逐步向公共治理绩效化导向改革的有效实践。从其内涵看，“放”就是重构政府与市场关系前提下政府职能的再定位，凸显市场配置资源的决定性作用，纠正政府职能的缺位、

---

* 本文原载于《中国行政管理》2019年第8期，收入本书时有改动。

① 蓝志勇：《深化放管服务改革加快政府职能转变——评〈加快政府职能转变的实现路径：四张清单一张网〉》，《中国行政管理》2017年第8期。

错位、越位，目的是激发市场活力和社会创造力。“管”是政府职能由单向度低效率的管理向多元共治转型。社会步入新时代，客观上要求建构政府新的治理模式和提高行政效能。“服”的核心是在放和管的基础上政府治理理念的升华，是国家治理能力现代化的体现形式。可以说，中国推进“放管服”改革是时代之需、人民之需、历史之需。

（一）“放管服”改革的演进逻辑：契合了经济发展新常态

当前，中国经济发展进入新常态体现在以下三个层面。一是中国增长阶段转换导致经济增速、发展方式、经济结构和增长动力等基本特征发生重大转变。即增速由高速增长转向中高速增长，经济下行压力较大，对微观经济主体的负面冲击超出预期，结构性失衡矛盾比较突出。这就在客观上要求政府治理必须适应新常态的变化，而“放管服”改革是新时代政府治理模式的重构，旨在推动政府职能转变，打开创新创业的源头活水，加快经济新动能的成长，顶住经济下行压力。同时，振兴实体经济需要深化“放管服”改革，为市场松绑，为企业松绑，不断降低运营的制度性交易成本，使社会投资和创新创业激情迸发。二是中美贸易摩擦成为外部经济发展的新常态。在经济全球化的时代，中国作为后发国家要尽快发展自己，当然需要进一步深化“放管服”改革来优化国内制度环境，吸引国外的资金、技术、市场、人才等重要生产要素，尤其是在当前中美贸易摩擦持续升级的大背景下，更需要优化营商环境、扩大内需来弱化贸易摩擦的负面冲击力。毋庸讳言，推行“放管服”改革，清除一切体制机制障碍，加快构建开放型经济新体制，优化营商环境，重塑中国的市场优势、制度优势，积极释放经济发展的内生动力，是培育国际竞争新优势的关键之举。“放管服”改革的核心是行政审批制度改革，是处理好政府与市场的关系、发挥市场决定性作用的关键，是中国取得长期高速增长奇迹的重要依靠，也是新常态下调结构、稳增长的持续动力①。三是加快发展以内需为导向的消费需求升级成为新常

---

① 夏杰长、刘诚：《行政审批改革、交易费用与中国经济增长》，《管理世界》2017年第4期。

态。当前，中国消费支出占比特别是居民消费支出占比仍然偏低，世界上许多国家消费支出占 GDP 比重都在 70%以上。而中国居民消费占 GDP 的比重从 2008 年的 36.1%提高到 2016 年的 39.2%①。随着我国社会主要矛盾的变化，社会对公共服务的需求日趋多元化，社会需求和发展潜力巨大，也是创业就业的增长点，民间资本参与投资兴办的积极性很高。而“放管服”改革旨在破解准入门槛高、审批限制多、可操作办法少等体制机制难题，放宽行业准入，引入社会力量和民间资本参与投资兴办，通过有效竞争增加优质供给，让中高端消费成为着力培育的经济新增长点。据此看来，“放管服”改革的扎实推进契合了中国经济发展新常态。

（二）“放管服”改革的逻辑重心：深化制度供给侧结构性改革

2016 年底的中央经济工作会议指出，供给侧结构性改革的最终目的是满足需求，主攻方向是提高供给质量，根本途径是深化改革。事实上，“放管服”改革就是制度供给侧结构性改革。李克强强调，“放管服”改革是全面深化改革特别是供给侧结构性改革的重要内容，是转变政府职能的重要抓手，是促进双创的重要举措，也是推进经济体制改革、处理好政府和市场关系的关键所在。近年来我国的改革重点是通过行政体制改革带动经济体制改革，真正建立起市场在资源配置中起决定性作用和更好发挥政府作用的体制机制，也即构建高效供给侧结构性改革的制度环境。毋庸置疑，深化“放管服”改革旨在提升制度供给质量，优化制度供给体系，打造世界一流的营商环境，其重点是消除供给侧调整的体制性机制性障碍。可以说，实现供求在总量和结构上的再平衡，必须通过深度的行政体制改革优化制度供给结构。近年来，我国经济面临持续下行压力，支撑经济发展的传统动能相继弱化，新动能还不能完全弥补传统动能下降的缺口，如果仅仅依靠“强刺激”——搞投资拉动，容易导致结构性产能过剩，蓄积结构性矛盾，难以维持经济的健康持续发展。但是把推进“放管服”改革作为宏观调控的关键性工具，有利于推动结

① 张卓元：《新时代经济改革若干新举措》，《经济研究》2017 年第 11 期。

构性改革，能有效破解长期以来积累的体制机制弊端，充分调动市场主体的积极性。推动“放管服”改革，有利于提高制度适应性效率①，降低制度性交易成本，形成经济发展持续的制度性内生动力，为生产增活力，为发展添动力，为群众排忧解难。从本质上看，“放管服”改革是放权于市场与社会，让利于企业和群众，用政府的放权减权来激活市场的活力和社会的创造力。企业和市场的体制改革越深入，多政府职能转变和政府体制改革的要求便越迫切越深刻，这是制度变迁的内在要求，也是我国社会主义市场经济体制转轨的历史逻辑②。

（三）“放管服”改革的逻辑目标：推动高质量发展

新时代发展面临新形势、新任务，其中一项最重要最关键的任务是推动经济高质量发展。从“放管服”改革驱动经济高质量发展的内在逻辑看：一是“放管服”改革可以重塑政府、市场与社会的关系，提升政府的治理效能。市场经济体制奉行的是效益原则、竞争原则、价值原则等，实行市场经济体制会提高经济运行效率。但是市场经济也有其不可避免的局限性，也会因垄断、外部性、信息不对称和公共物品等因素导致市场失灵，如果市场经济加以泛化可能导致市场竞争的无序性、低效率等灾难性后果。而高质量发展是靠公平竞争来实现的，通过“放管服”改革可以充分发挥政府的作用，弥补调整市场的失灵，保护产权，规范竞争行为，充分发挥市场配置资源的决定性作用。二是“放管服”改革推动创新创业和结构优化升级，进而提高经济发展质量和效益。要实现经济高质量发展，从根本上还是要在改革上下功夫，在体制创新上下功夫，切实把市场活力最大限度地激发出来，把人民群众创造力最大限度地调动起来。“放管服”改革可以有效破除各种对创新发展活力的桎梏，让亿万群众的“碎片化知识”得到有效整合，聪明才智得到充分

---

① “适应性效率”是诺斯在他理论研究的后期，在探究长期经济增长的绩效时，为了反映与时间进程中的经济变化相适应的制度变迁效率所提出的重要概念。

② 刘伟：《中国经济改革对社会主义政治经济学根本性难题的突破》，《中国社会科学》2017年第5期。

发挥，使我国经济走上依靠创新提质增效的发展路径。三是在深化“放管服”改革中可以构建高质量发展的制度体系。2017 年中央经济工作会议提出，必须加快形成推动高质量发展的指标体系、政策体系、标准体系、统计体系、绩效评价体系、政绩考核体系，创建和完善制度环境，推动我国经济在实现高质量发展上不断取得新进展。毋庸置疑，“放管服”改革是高质量发展的有力组织保障和制度保障，有利于构建系统完备、科学规范、运行高效的党和国家机构职能体系，形成总揽全局、协调各方的党的领导体系，建构职责明确、依法行政的政府治理体系，切实破除制约高质量发展的体制机制弊端。转向高质量发展阶段，政府的作用要更多转向功能型社会性支持政策，切实完善社会保障制度，防范和化解财政金融风险，为市场作用的发挥创造更好的社会环境①。

（四）“放管服”改革的逻辑条件：适应现代信息技术快速变革与普及的大势

进入 21 世纪以来，现代信息技术对政府治理方式、治理结构、组织变革等带来了深刻影响，技术变革的压力传导驱动着行政体制改革的深入。一是现代信息技术提高了政府治理的技术含量，为提高管理水平提供了可能。现代信息技术为便利公民生活提供了条件，为政府电子政务提供了平台，使政府压缩管理层级、扩大管理范围、放松规制成为可能。具体来说，组织结构的优化是行政体制改革的必由之路，信息技术为政府组织结构优化提供了技术支持和物质支撑。同时，随着现代信息技术在政府治理中的逐步渗透和应用，客观上要求政府改变对公务员的管理办法和提高管理技能，只有放松对公务员的过度规制，才能使公务员创造性地设计多种供给公共服务的规则，来满足公民的需求②。二是信息技术变革为政府与社会协同共治提供了技术支撑。目前，政府治理可以借助于统一开放的信息平台，与基层民众直接互动沟通，有效降低了多

① 张军扩：《高质量发展怎么看、怎么办》，《经济日报》2018 年 2 月 1 日。

② 宋世明：《美国行政改革研究（修订本）》，国家行政学院出版社，2016，第 20 页。

元主体间的沟通成本，将政府的行政过程转变为以社会公众为主体，政府和社会两方协同互动的公共价值塑造过程。合力培养引导各类社会中介组织，鼓励良性竞争，提高服务水平，从而使之具备有效承接一部分政府职能的资质，这是信息时代的社会结构、经济治理结构对上层建筑提出的具体要求。三是政府治理模式的数字化转型针对“放管服”改革形成了一种倒逼机制。信息技术革命的加速，客观上需要政府部门迅速变革传统治理结构、方式和方法，驱动组织结构、业务流程、行为关系的优化再造，实现政府治理的数字化转型。数字化政府是针对各部门各自为战的“碎片化”治理发展起来的，核心在于强调服务、组织、流程的重新整合。新的技术渗透和应用对政府管理模式的变革提出了新要求，可以说技术发展和变革为以行政体制改革为核心的“放管服”改革提供了深层次的动力支持，也形成一种倒逼机制。

（五）“放管服”改革的价值取向：坚持以人民为中心的发展思想，增进人民福祉

以人民为中心的发展思想彰显了马克思主义立场、观点、方法，充分体现了中国共产党人的不懈追求①。其也是习近平新时代中国特色社会主义思想的重要组成部分，把坚持增进人民福祉、促进人的全面发展、朝着共同富裕方向稳步推进作为经济发展工作的出发点和落脚点，更是以“放管服”改革为核心的中国行政体制改革的价值取向。党中央强调“简政放权”体现了以人民为中心的执政理念，核心目的就是要重新定位政府角色，重新界定政府、市场、社会的边界和相互关系，让政府重新归位，能够在提供宏观调控服务、有效维护市场秩序、充分调动市场主体积极性等方面发挥积极的监管作用，使其在服务市场、服务社会、服务大众方面更好地发挥作用。从改革实践看，“放管服”改革的价值取向和逻辑中心彰显了以人民为中心的发展思想，主要体现在：近几年党中央聚焦解决企业和群众反映突出的“办事难慢”“多头空跑”“奇葩证明”“新官不理旧账”等问题，力除烦苛之弊，大兴便民之举，营造

① 张占斌：《政府经济与管理》，国家行政学院出版社，2015，第138页。

权利公平、机会公平、规则公平的环境。通过“放管服”改革增加公共产品和公共服务供给，既能够让广大群众放心消费，也能满足广大群众日益增长的多样化、个性化的消费需求。

二　中国“放管服”改革的基本经验

改革开放40多年来，中国行政体制改革取得重大进展和显著成就。梳理“放管服”改革的演进逻辑，提炼基本经验，可以不断增强中国特色社会主义道路自信、理论自信、制度自信。

（一）围绕更好发挥政府作用，形成了以转变政府职能为核心的“放管服”改革逻辑主线

中国行政体制改革以转变政府职能为逻辑主线，经过改革开放40多年的实践探索，取得了积极进展和宝贵经验，初步建立了与社会主义市场经济体制相适应的行政管理体制。自20世纪70年代末起，为适应社会主义市场化改革需要，中国先后进行多次大的行政体制改革。具体来说，1988年第一次明确提出转变政府职能的观点，从单一注重组织机构数量增减，开始向行政管理改革的核心因素——政府职能的重新选择、定位延伸。1993年机构改革的重点确定为转变政府职能，进而适应计划经济向市场经济逐步转型的需求。1998年国务院改革对政府职能——宏观调控、社会管理和公共服务进行科学定位，且在精简职能部门、推动政企分开等方面取得实质性进展。2003年行政体制改革在坚持政企分开的前提下，加快完善政府的经济调节、市场监管、社会管理、公共服务的职能。2008年行政体制改革仍然聚焦政府职能转变和完善，在合理配置宏观部门调控职能、强化社会管理和公共服务职能、完善细化市场监管职能的基础上，拓展了能源环境管理和行业管理职能①。2013年行政体制改革把简政放权、放管结合作为“当头炮”和“先手棋”，在政府职能转变方面迈出了重大步伐。2018年行政体制改革重点围绕市场决定

① 李军鹏：《公共管理学》，首都经济贸易大学出版社，2017，第495页。

性作用发挥和高质量发展，全面提高政府效能，建设人民满意的服务型政府。总体看来，经过40多年的理论和实践探索，行政体制改革的基本逻辑关系被逐步厘清，在坚持党的全面领导大前提下，各级政府紧紧扭住职能转变的“牛鼻子”，统筹推进、重点突破，持续将“放管服”改革推向深入，各方面机构职能不断优化、逐步规范，实现了从计划经济条件下的机构职能体系向社会主义市场经济条件下的机构职能体系的重大转变，有力推进了国家治理体系和治理能力现代化。

（二）围绕发挥市场决定性作用，形成了以市场化为主导的“放管服”改革的逻辑指向

从改革实践看，中国“放管服”改革推动政府职能转变，在破解长期存在的一些深层次体制机制问题上探索出了一条新路，与党的十一届三中全会以来市场化取向改革的大思路、大逻辑是一脉相承的。从1992年党的十四大明确中国经济体制改革的目标是建立社会主义市场经济体制，到2003年党的十六大报告提出在更大程度上发挥市场在资源配置中的基础性作用，再到2013年党的十八届三中全会强调使市场在资源配置中起决定性作用和更好发挥政府作用，可见，中国始终坚持市场化的改革方向不动摇，深化行政体制改革，进一步简政放权，放权给市场、给社会、给地方政府，更好地激发市场内生活力，市场经济主体地位逐步形成。党的十八大以来，中央政府不断完善简政放权，创新理念，强化监管，优化政府服务与公共服务供给的各项政策措施，以全面实现“五个为”① 和“六个一”② 改革新要求，持续将“放管服”改革推向纵深，改革的综合效应不断显现。近五年，国务院部门行政审批事项削减44%，非行政许可审批彻底终结，中央政府层面核准的企业投资项目减少90%，

---

① 2017年全国深化简政放权放管结合优化服务改革电视电话会议上李克强总理强调“五个为”，即为促进就业创业降门槛，为各类市场主体减负担，为激发有效投资拓空间，为公平营商创条件，为群众办事生活增便利。

② 在2018年全国两会上李克强总理提出“六个一”，即企业开办时间再减一半，项目审批时间再砍一半，政务服务一网通办，企业和群众办事力争只进一扇门，最多跑一次，凡是没有法律法规依据的证明一律取消等。

中央政府定价项目缩减 80%，地方政府定价项目缩减 50%以上①。整体看来，改革开放 40 多年来，中国紧紧围绕充分发挥“市场决定性作用”的改革重心，沿着市场化、效率化和法治化的改革路径，不断完善简政放权，强化监管和优化服务，有效破解主宰市场助推良性发展的体制机制弊端，持续推动经济发展质量变革、效率变革、动力变革。

（三）始终坚持改革的系统性整体性协同性，形成全面推进“放管服”改革的科学方法论

习近平总书记强调，注重改革的“系统性、整体性、协同性是全面深化改革的内在要求，也是推进改革的重要方法”②。这就为新时代推进全面深化改革指明了科学方法和努力方向。从国际国内改革实践来看，增加改革的系统性、整体性、协同性，既是遵循改革的理论逻辑和方法论，更是全面深化改革的必然选择和内在要求。毋庸讳言，中国“放管服”改革是一个系统的有机整体，改革推进面临诸多“啃硬骨头”的难题，破解每一个难题都必须处理好与其他问题之间的逻辑关系，统筹设计，系统考量，整体部署，重点突破和协同推进。同时，“放管服”改革涉及行政审批制度改革、商事制度改革等简政放权领域的改革，涉及加强监管、公正监管的体制改革，涉及政务服务制度与公共服务体系的改革等。因而，推进“放管服”改革必须打好“组合拳”，真正做到“放”“管”“服”的有力推进，统筹考虑与取消下放的行政审批项目相关的前置审批、后续监管规范问题等，应保证相关领域的行政审批制度整体推进、协调一致。党的十八大以来，党中央更加注重改革的系统性、整体性、协同性，坚持用系统思维谋划全局，准确把握改革的规律、方向、主线和重点，处理好整体推进和重点突破的关系、顶层设计和摸着石头过河的关系等，加强“放管服”改革的协同配套和系统集成。党的十九大报告再次强调“坚持全面深化改革”，并把“着力增强改革系统

---

① 顾阳：《优化营商环境推动高水平开放》，《经济日报》2018 年 5 月 18 日。

② 《习近平谈治国理政》第 2 卷，外文出版社，2017，第 109 页。

性、整体性、协同性”作为改革取得重大突破的宝贵经验①。从这一方法论实施层面看，自2015年将优化服务纳入其中，形成了“放管服”三管齐下、全面推进的格局以来，国务院有关部门间的统筹协调得到强化，以防止改革措施部门化、碎片化、孤岛化，避免因改革措施不衔接甚至有矛盾给市场主体和公众造成新的负担。各级政府行政改革的统筹谋划、整体推进，机构科学设置，职能合理配置，使改革中出现的不协同、不配套、不衔接问题得到及时应对解决。近五年，1500多项改革举措有序有力有效落实，重要领域和关键环节改革取得突破性进展。取消、停征、减免1100多项中央和省级政府行政事业性收费，推动降低用能、物流、电信等成本，累计减轻市场主体负担超过3万亿元②。

（四）尊重基层首创精神，形成了创新驱动“放管服”改革的逻辑动力

习近平总书记强调，“改革开放是亿万人民自己的事业，必须坚持尊重人民首创精神，坚持在党的领导下推进。改革开放在认识和实践上的每一次突破和发展，改革开放中每一个新生事物的产生和发展，改革开放每一个方面经验的创造和积累，无不来自亿万人民的实践和智慧”③。不言而喻，创新是牵引和推进改革的动力所在，也是协同配套和系统集成的重要途径。从改革实践看，深化“放管服”改革就是行政管理体制改革理论的重大创新。党的十八大以来，党中央坚持实施创新驱动发展战略，充分尊重基层的首创精神，以制度创新驱动“放管服”改革。既注重整体性、全局性改革的创新推进，也重视发挥基层群众的首创精神。在改革逻辑和方法论上，一方面用新理念基础上的“立”替代原有盘根错节的旧规章体系，使原有的制度和思维不破而出，先立后破，以立促破，形成推动改革向纵深迈进的逻辑动力。另一方面注重把“放管服”改革的顶层设计与基层的创新探索有机结合起来，充分调动基层

① 汤俊峰：《增强改革的系统性整体性协同性》，《经济日报》2018年9月28日。

② 顾阳：《优化营商环境推动高水平开放》，《经济日报》2018年5月18日。

③ 《习近平谈治国理政》第1卷，外文出版社，2018，第68页。

创新创业的积极性，形成推动“放管服”改革的内生性动力。从改革成效看，近几年制度创新在行政审批制度改革、商事制度改革、社会管理体制改革、第三方评估制度改革、权责清单制度改革等关键领域取得了突破性进展，市场营商环境得到了显著改善。中国营商环境在全球的排名已从去年的第78位跃升至2018年的第46位。从地方创新亮点看，基层结合本地实际，大胆探索，勇于创新，破解了许多改革难题，形成了许多深受群众欢迎的好做法。如“一窗受理，并联审批，全程通办”，审批办证“让群众最多跑一次”，“不见面”审批，“涉企收费进清单，清单之外无收费”，等等。各地在基层实践中相互借鉴，不断创新，好做法好经验全国推广，形成了深化改革的重要推动力①。另外，李克强曾强调，“放管服”改革之所以取得这样的成效，关键是顺应了群众期待、遵循经济规律、尊重基层首创精神。

三　新时代中国“放管服”改革面临的现实挑战

以问题为导向，一切从实际出发，实事求是，是马克思主义极为鲜明的理论品格。坚持问题导向是习近平新时代中国特色社会主义思想极为鲜明的特征。诚然，改革是由“问题”倒逼出来的，问题意识是改革方法论的逻辑起点。

（一）“放管服”改革政策落实不到位，社会参与度不够

当前，我国的“放管服”改革在政策落实、政策评估、制度化建设和社会参与度方面还存在一些短板和不足。一是“放管服”改革政策落实不到位。这几年国家层面推出的1500多项改革举措，数量太多、内容太细，政策落实最后“一公里”问题依然没有破解②。具体来说，监管不到位和监管乱作为并存，假冒伪劣、坑蒙拐骗、侵犯知识产权等问题

① 沈荣华：《十八大以来我国“放管服”改革的成效、特点与走向》，《行政管理改革》2017年第10期。

② 张思平：《当前改革面临的形势、问题与对策》，《财经》2018年第6期。

还比较多，公平竞争、优胜劣汰的市场环境尚未形成。尽管我国营商环境在全球排名中有大幅度提高，但是在办理施工许可、获得电力、跨境贸易等方面指标排名依然比较靠后，转变政府职能依然任重道远。二是政府改革从行政体制改革向制度性建设转变滞后。从改革实践看，当前政府在推进“放管服”改革中没有及时把一系列好的改革经验和做法总结提炼出来，通过制度建设来巩固完善改革成果。另外，在重大事项集体决策制度、公众参与制度和数据透明共享制度、政策评估等方面依然建设滞后，切实影响了行政改革决策的科学化、民主化和法治化进程。尽管我国已形成了一些有中国特色的公共政策评估方式，但存在的问题还比较多，如没有成文的法律法规支持，尚未形成系统化、规范化、制度化的体系，评估方法较落后、评估人才有缺口①。三是改革方案制定和效果评价缺乏社会公众参与。公共政策不仅由政府主体来实施，还应包括社会公众的广泛参与②。当前，“放管服”改革方案制定的主体单一，缺乏改革利益相关者的共同参与，下级不能对上级制定的改革方案进行及时有效的调整和完善，导致改革方案出现片面性和断裂性，不能客观反映改革的社会需求。

（二）法律法规“立改废释”工作滞后，依法改革保障不足

当前，随着我国“放管服”改革向纵深推进，法治建设还存在协调性配套性差、“立改废释”工作滞后等问题。一是后续法律制度建设不到位，部分领域监管甚至无法可依。当前，简政放权后续监管工作涉及多个领域，后续法律法规建设任务繁重而复杂，一定程度上法律法规的“立”滞后于改革的“进”，导致部分行业监管缺少必要的法律法规依据。改革中碰到法律法规“天花板”的情况越来越多，比如一些地方推行电子证照、电子印章、电子签名、电子档案，由于法规不健全，造成认证使用难、跨地区办理难，这些过时的规定成为改革中的“绊马索”。

① 李志军：《重大公共政策评估——理论、方法与实践》，中国发展出版社，2016，第249页。

② 柯武刚、史漫飞：《制度经济学——社会秩序与公共政策》，韩朝华译，商务印书馆，2008，第356页。

二是法律法规“改废释”工作不到位，后续保障能力较低。当前，简政放权文件精神与诸多法律法规存在冲突，在取消和下放的行政审批事项中，大部分是通过国务院或国务院办公厅发文取消下放的，但与之配套的法律法规建设和“改废释”工作存在一定滞后性，导致很多法律法规与简政放权文件精神存在的冲突难以有效解决。如大部门在机构设置、行政主体、审批权限等方面都遭遇不少法律法规障碍。三是综合执法联动体制机制尚未理顺。从改革推进实践看，当前依然存在执法机制、联动机制、对接机制不及时不健全不畅通等一系列深层次的问题。如改革整合后的执法机关与相关行业管理部门之间依然存在职责交叉、衔接不畅、推诿扯皮、磨合期较长等低效率环节，没有形成大监管的合力。从改革和法治的运行特征看，改革更强调创新性和突破性，要求善于冒险、敢闯敢干；法治则更强调确定性和规范性，强调依法行政、依法决策和依法办事，但是二者的良性互动关系还远未形成。

（三）“放管服”改革动力不足，尚未形成良性的自我运行机制

一个社会不能发展出有效的、低成本的契约实施机制，乃是导致历史上的停滞以及第三世界不发达的重要原因①。从改革进程看，当前我国的“放管服”改革动力不足，良性的自我运行机制尚未形成。一是改革是改革者刀刃向内的自我革命。从其本质上看，改革是涉及社会结构重组、社会利益调整和社会运行机制再造的一项宏大的社会工程。简单来说，“放管服”改革就是对部门手中权力和相关利益“割肉”，就是把“寻租权”，即生产经营和投资自主权还给企业。本质上，只要是由行政部门自己主导的改革，其结果几乎必然是更倾向于维护和扩大本部门控制资源的职权，至少是要让自己管得更方便，而将麻烦留给别人，极少有例外②。这就陷入权力集中与改革推进的“悖论”，如果没有一定的权力集中，很难克服庞大的既得利益的阻力，如果权力过于集中很难规避

① 道格拉斯·C. 诺思：《制度、制度变迁与经济绩效》，杭行译，格致出版社、上海三联书店、上海人民出版社，2008，第 77 页。

② 金培：《改革的机制决定其成效》，《经济研究》2013 年第 2 期。

改革者自身的“机会主义”和“道德风险”，进而形成新的改革阻力。二是“放管服”改革的激励试错机制还不健全。当前各级政府大刀阔斧的创新改革意味着冒险，意味着大胆尝试，没有对闯、冒精神的有效激发和保护，也就不能有改革的深入、持续进行。改革本身就是一个不断试错的过程，人的有限理性以及改革的复杂性、不确定性决定了相关决策和工作很难不出现失误。但是，现今改革面临着激励容错机制建设滞后等问题导致改革动力不足。三是“放管服”改革的推动主体不明确。改革的顶层设计由中央来做，但在大部分领域，尤其是地方、企业和社会层面的改革，中央并不是改革的主体。改革的主体是地方、企业和社会。因此，如何发挥地方、企业和社会的积极性是改革实施的关键。但是，目前应该在“放管服”改革中扮演更为积极活跃角色的社会组织的重要力量尚未形成，社会组织数量少，规模小，布局分散且影响力弱。从国际行政改革历程看，只有改革的主导者、受影响者都能够作为具有独立意志的社会主体平等地参与改革的各个方面和全部过程，改革才能够照顾和体现各个方面的利益、愿望和要求，才能达成共识，凝聚成力量。可见，成功的改革需要中央的规划和引导，也需要社会力量的积极参与和推动。

（四）监管服务效能依然不高，围绕适应社会主要矛盾变化的政府职能转变面临诸多挑战

当前围绕适应社会主要矛盾变化的政府职能转变还面临着诸多挑战。一是政府的监管理念和方式跟不上形势所需。当前以审代管、重审批轻监管等问题还未根本扭转，无利不管、放而脱管等现象依然不同程度地存在，有些已取消的审批事项事中事后监管措施还没跟上。一些主要职能部门阻力导致的“信息孤岛”还没有打破，不仅各部门分别建有信息系统，即使同一个部门内部也存在多个信息系统，互相不连通不兼容，给企业和群众办事带来极大不方便。二是变相收费和变相审批问题依然比较突出。当前涉企收费仍有较大的清理空间。一些事业单位、中介机构、行业协会等仍自立名目，变相收费，包括企业缴纳的年检年审、检验检测混合各种名目的“苛捐杂费”等令企业不堪重负，一些地方的调

查摸底显示涉企收费项目仍有 400 余项。除了行政审批、行政许可外，政府手中还有行政强制、行政征收、行政确认、行政备案、行政检查等不少“其他权力事项”，这些事项极易演化为变相审批，增加市场主体负担。三是投资审批效率仍需进一步提高。当前民间资本投资增长偏慢，与投资审批烦琐、周期长也有一定关系。比如目前项目报建、竣工验收阶段审批事项仍分别多达 42 项，压缩空间依然较大。同时项目审批中“审图”“评估”环节也存在内容重复、中介费高、审批慢等一系列问题。

四　进一步深化“放管服”改革的战略思考与路径选择

2019 年 6 月 25 日，李克强总理在全国深化“放管服”改革优化营商环境电视电话会议上强调：当前国际环境深刻变化，要办好自己的事情，有效应对风险挑战，必须以习近平新时代中国特色社会主义思想为指导，认真贯彻党中央、国务院决策部署，把“放管服”改革，优化营商环境作为促进六稳的重要举措，顶住下行压力，保持经济平稳运行，促进高质量发展①。也有学者指出，即使到 2020 年实现建立起较为完备的社会主义行政管理体制的目标，也还是改革伟大实践的初级阶段，行政改革仍需不断深化，改革永远在路上②。据此可见，当前和“十四五”时期，“放管服”改革仍是中国行政体制改革的“主旋律”，必须抓紧、抓实、抓深。

（一）重视自上而下顶层设计和自下而上基层声音的有机结合，强化政府的执行力和改革政策的落实

改革本身实质上也是一种决策或选择，也需要有效的机制程序。一是持续完善改革运行机制。改革机制本身的制度安排和程序设计定位，

---

① 李克强：《在全国深化“放管服”改革 优化营商环境电视电话会议上的讲话》，2019 年 6 月 25 日，中国政府网，http：//www. gov. cn/gongbao/content/2019/content_ 5419197. htm。

② 蔡昉：《依法推进经济体制改革》，《经济研究》2015 年第 1 期。

要理顺中央与地方的分权关系，正确处理政治分权与行政分权、经济分权的关系，需要科学的顶层设计来支撑。从公共政策制定和执行的优化为切入点，聚焦公共政策执行的过程优化，实现公共政策设计的优化，主张把渐进主义决策模型嵌入政策设计的优化过程中，以提高公共政策解决实际问题的能力①。二是要完善行政执行体制、机制和制度建设。完善政治问责制和行政问责制，国家权力机关对行政机关的政策、工作不满意，可以采取质询、罢免等各种责任方式追究行政主要负责人的责任。完善行政执行机制，关键是要解决决策职能与执行职能适度分离的问题。借鉴国外决策与执行分开的经验，解决长期以来决策与执行不分、监督不力的问题。三是完善社会公众参与机制，重视社会组织对改革的推动力量。要建立政策评估信息系统，完善政府信息公开制度。在评估过程中，要扩大公众参与面，保证评估结论客观公正，提高评估的质量。应加快培育作为改革推动者中坚力量的社会组织。在制度建设方面，着力将改革社会组织管理制度作为突破口，从对社会组织发展规律的认知中探寻社会前进的动力机制②。从强化社会公益意识、加强社会组织能力建设、优化社会组织发展环境和完善社会组织监督机制等方面规范和引导社会组织的发展，壮大社会组织规模，形成“放管服”改革的重要推动力量。

（二）进一步完善相关法律法规的“立改废释”工作，推进依法行政、依法改革和法治政府建设

“在法治下推进改革，在改革中完善法治”③，这是习近平总书记对如何辩证认识和处理当前我国改革与法治的关系作出的深刻论断，也是新时代下推进改革和法治互动的正确路径。加快完善法律法规，一是要完善国家机构组织法等建设，依法优化配置政府职能。与改革实践相比，

① 周志忍、徐艳晴：《基于变革管理的视角对三十年来机构改革的审视》，《中国社会科学》2014 年第 7 期。

② 朱光磊：《全面深化改革进程中的中国新治理观》，《中国社会科学》2017 年第 4 期。

③ 《习近平关于社会主义政治建设论述摘编》，中央文献出版社，2017，第 102 页。

我国机构法制建设滞后，需要适应依法治国、依法行政的进程，进一步完善国家组织法律体系，推进机构组织的科学化、规范化、法制化，通过立法巩固改革成果。抓紧清理修改一切不符合新发展理念、不利于高质量发展、不适应社会主义市场经济和人民群众期盼的法律法规，及时把改革中形成的成熟经验制度化。二是要重视运用法治思维和法治方式推进“放管服”改革，注重改革进程与法制建设相协同，坚持稳中求进总基调，注重为改革试点提供及时的法律支撑，从法律制度层面彻底清除被取消和下放的行政审批项目的设定依据，固化“放管服”改革的成果。三是要依法保障“放管服”改革的系统性、整体性和协同性，要统筹考虑与取消下放的行政审批项目相关的前置审批、后续监管规范问题等，尽可能保证相关领域的行政审批制度改革整体推进、协调一致①。当前重点是全面推进依法行政，完善行政执行体制、机制与制度，充分发挥法治对改革的引导、规范、促进和保障作用。

（三）加快形成强劲的改革动力机制，引领处于深水区和攻坚期的“放管服”改革

从现阶段来看，中国形成强劲的改革动力机制要重视以下几个方面。一是注重用政治权威扫除改革阻力，政治本质是一种利益关系的调整和权力配置的活动，利益集团是一种独立于政府之外，但又企图影响政府公共政策的较为稳定的组织和组织联合体。要注重运用我国的政治体制制度优势清除行政体制改革的阻力和障碍。二是完善监督机制，注重利用行政规制来纠正政府失灵，提高社会规制机构效率。在改革进程中，政府规制政策制定和运用不恰当，会带来行政性垄断、寻租行为、规制机构被俘获等问题。据此，也要求政府机构设立相应部门对规制机构进行必要的监督，防止规制机构与企业合谋、设租和寻租、牺牲公共利益为私人谋利②。这就在客观上要求改革绩效考核体系走上规范化、制度

① 徐志群：《依法推进放管服改革确保改革措施全面落实》，《中国党政干部论坛》2017 年第 9 期。

② 张占斌：《政府经济与管理》，国家行政学院出版社，2015，第 105 页。

化和法治化的轨道，形成一种倒逼机制，进而有效规避改革中产生“道德风险”、“机会主义”行为等问题。三是重视技术变革和制度创新驱动“放管服”改革的动力机制建设。通过新一代信息技术的快速渗透和普及，搭建政府、市场、社会信息资源共享新平台，创新政府治理模式，形成改革新动力。同时，要强化制度创新，破除制约改革的体制机制弊端，提升制度适应性效率，降低改革向纵深推进的制度性交易成本。在行政体制改革领域要有“先立后破”“以立促破”的战略思维，加快以新除旧的现代治理体系和能力建设步伐。

（四）优化改革职能，注重改革政策效果提升，有效化解社会矛盾的制度风险

在实践中应当将社会矛盾视为发展进程中的“常态”现象，把维护和促进社会公正作为解决社会矛盾的关键，积极推动法制建设，有效化解社会矛盾的制度风险①。提升政府治理效能要把握以下三个方面：一是持续优化政府改革职能。从某种意义上讲，政府职能应该与时俱进，吐故纳新②。深入推进“放管服”改革，持续优化政府职能，应着力破解部分领域市场准入门槛依然偏高、变相审批和变向收费治理不到位、投资审批效率较为低下、政府服务的回应性和主动性不高、适应社会主要矛盾变化的监管转型滞后等五个方面问题。创新和完善事中事后监管，提高政府服务效能，打造国际一流、公平竞争的营商环境。二是建设开放型和透明型政府。开放的关键是将原先由政府部门把控的数据、政府垄断的数据变成整个国家、整个社会所有的新型生产资料，由社会进行创造性的应用，创造更多财富，创造更多社会价值。政府只是他们所采集数据的托管人，私营部门和社会对数据的利用比政府更有创新性③。

① 吴忠民：《社会矛盾倒逼改革发展的机制分析》，《中国社会科学》2015年第5期。

② 维托·坦茨：《政府与市场：变革中的政府职能》，王宇译，商务印书馆，2014，第7页。

③ 宋世明：《美国行政改革研究（修订本）》，国家行政学院出版社，2016，第212页。

三是改革方面注重增强公共政策的活力。公共政策意味着通过政治的和集体的手段系统地追求某些目标。因此要注重简政放权与有效监管的平衡推进，对下放的权力要及时监管起来，防止权力的自由落体。注重将行政审批制度改革与投资体制、财税金融体制、社会治理体制和行政管理体制很好地结合。同时，要完善公众监督参与机制，充分调动第三方力量对公共政策进行监督和评价，主要包括公众、非政府组织和媒体等社会力量。

第二编　中国发展道路

现代性的本质、矛盾及其时空分析*

韩庆祥

“现代性”是由西方学者提出，用来在总体性上反思一定历史发展阶段（即现代社会）生产方式、交往方式、生存方式和思维方式及其蕴含的思想观念，并寻求发展的再生之路的一个核心概念，是指现代社会不同于传统社会的根本特质，是对现代化的“本质”“特性”的概括和表达。“现代性”问题一经提出，就引起国内外学者的广泛关注，且展开了较为深入的研究。要进一步深化对现代性问题尤其是中国现代性问题的研究，需要运用“社会结构转型”的分析框架，揭示现代性的起源、本质、矛盾及其时空的表现形态。

要把握现代性的本质，首先要揭示现代性的内生逻辑，也就是现代性的起源。这是关于现代性的发生学问题。一种观点认为，现代性发源于社会的“世俗化”进程，这种世俗化就是市场化、资本化、物化。另一种观点认为，现代性发源于社会转型，即由传统社会向现代社会、由农业社会向工业社会转型。还有一种观点认为，现代性的最终根源是现代生产，它构成了现代性起源的决定因素①。其实，马克思关于人类社会发展的“三形态”理论可以帮助我们更深入地解释现代性的起源。这一理论的核心内涵是：人的存在和发展方式一般要经历由“人的依赖”到“以物的依赖性为基础的人的独立性”，再走向“自由个性”三个历史发展阶段，这是一种自然历史过程。按照马克思的“三形态”理论，

* 本文原载于《中国社会科学》2016年第2期，收入本书时有改动。

① 参见郗戈《现代性的矛盾与超越——马克思现代性思想与当代社会发展》，中国人民大学出版社，2014，第29页。

现代性就是在批判、超越“人的依赖”的历史进程中，逻辑必然地内在生长出来的，它起源于人对“人的依赖”的超越且成为独立主体的历史必然性。这里讲的“人的依赖”，主要指人对血缘共同体（家族）、国家“权力”和人身依附关系的依赖。要言之，依据马克思的“三形态”理论，就一般意义来讲，现代性在根本上发源于“社会结构转型”，即由以“权力”为主导的社会结构转向以“物”和“人的独立性”为主导的社会结构。这种理解，实际上抓住了现代性起源的本质，因为从历史和实践来看，现代性就是从社会结构转型开始的，现代化过程本质上就是社会结构转型的过程。当然，在不同国家和社会，这种转型是以不同方式实现的。

本质，就是一个事物之所以成为这一事物的根据。从“社会结构转型”角度阐释现代性本质，它就是从人的依赖（或人身依附关系）中解放出来；使市场或资本力量相对独立出来；使个人相对独立且成为主体。这一本质是基于社会结构转型来理解的。前现代性的社会结构是，国家政治“权力”过大且至高无上，而经济力量、社会力量相对较小，因而是一种国家政治权力主导型的社会结构；随着社会历史发展，经济力量逐渐从对国家政治权力的依附中解放出来且不断生长，这种力量首要是市场或资本力量；不仅如此，社会力量也会逐渐从对国家政治权力的依附中解放出来且不断生长，这种力量首要是独立个人之主体力量。这里，现代性表达的是一种“发展”、“进步”和“文明”走向。

本质只有一种，但本质之表现却有所不同。就是说，现代性在本质上是一元的，而现代性本质之表现形式可以是多样的。就现代性的历史时间而言，无论是在西方还是在中国，都是指由传统社会向现代社会、由农业社会向工业社会、由自然经济向市场经济的结构转型，这是一元的。这种一元性，实际上就是指“特定历史发展阶段（现代社会）”的一元性。然而，就现代性的存在空间而言，西方的现代性与中国的现代性在表现和实现形式上却有所不同，这是多样的。

就西方而言，现代性可主要从经济、社会和政治三维结构中体现出来。在经济维度上，现代性体现为以市场或资本力量为主导的工业化生产方式，物化是其本质特征；在社会维度上，现代性体现为以个人物质利益和人格独立为基础的市民社会，以及由此产生的“人把人当成工具”的交往方式和物化生存方式，功利化和工具化是其本质特征；在政治维度上，现代性体现为基于自由、平等、民主理念，而为市场经济提供平等竞争环境、注重民众社会参与和法治的国家治理方式，个人成为主体是其本质特征。从以上三个维度可以揭示出一种共性，即现代性是一种注重“权利、能力、理性、自立（包含自由）”的主体精神、批判精神、理性精神和启蒙精神。西方语境中的现代性具有积极和消极双重效应。这也要运用“社会结构转型”来分析。就现代性作为批判和超越“人的依赖”的社会结构而言，它具有历史的积极作用，是一种肯定性概念；就现代性迷恋于“物的依赖”而压抑“自由个性”的社会结构而言，它又具有历史的消极作用，因而它又是一种否定性概念。其历史积极作用集中体现在“摆脱人身依附关系”（如对官本位或对权力膜拜的批判和超越）、“生长出物质文明成果”和“培育人的独立人格”。西方语境的现代性首先是冲破“人身依附关系”的束缚而出场的，这既促进了人的独立人格的生成，也把人对“权力”的过度追逐转向对“物质财富”的追逐，这自然会使人类创造出丰硕的物质文明成果。马克思恩格斯在《共产党宣言》中，就对资本主义现代性的三大历史积极作用给予了充分肯定。他们指出：“大工业建立了由美洲的发现所准备好的世界市场。世界市场使商业、航海业和陆路交通得到了巨大的发展。这种发展又反过来促进了工业的扩展。”① 又强调：“资产阶级在历史上曾经起过非常革命的作用。资产阶级在它已经取得了统治的地方把一切封建的、宗法的和田园诗般的关系都破坏了。它无情地斩断了把人们束缚于天然尊长的形形色色的封建羁绊。”② 并认为：“资产阶级在它的不到一百年的阶级统治中所创造的生产力，比过去一切世代创造的全部生产力还要多，还要大。自然力的征服，机器的采用，化学在工业和农业中的应用，轮船的行驶，铁路的通行，电报的使用，整个整个大陆的开垦，河川的通航，仿佛用法术从地下呼唤出来的大量人口——过去哪一个世纪料想

① 《马克思恩格斯选集》第1卷，人民出版社，2012，第401~402页。

② 《马克思恩格斯选集》第1卷，人民出版社，2012，第402~403页。

到在社会劳动里蕴藏有这样的生产力呢？”① 然而，这种现代性也有其历史限度或历史局限性，具有历史上的消极作用。这集中体现在：人过于追逐物质财富而在一定程度上破坏了自然，导致了人与自然的疏离；人对物质财富的过度崇拜和依赖异化为物对人的统治，使人的生存成为物化生存，导致了人与社会的疏离；在市场或资本力量发挥主导作用的过程中，在过于追逐物质财富的过程中，造成了贫富之间的差距，进而造成了一些人对另一些人的统治，造成一些人把他人当成达到自己目的的工具或手段，造成利己主义，导致了人与人的疏离；在市场或资本力量起主导作用的地方，在疯狂追逐物质财富的过程中，产生了货币拜物教、金钱至上或资本至上，进而诱发人的物欲、贪欲，使物欲横流、贪欲膨胀，人自身的精神限制、控制不了自身的物欲、贪欲，导致了人的身与心的疏离；在人们疯狂追逐物质财富的过程中，人们往往把手段当成目的，用手段遮蔽目的，即把工具理性看作高于价值理性，这会导致目的与手段的疏离。马克思在《1844 年经济学哲学手稿》中所讲的异化劳动的四种形式——劳动产品的异化、生产活动的异化、人的类本质的异化、人与人关系的异化，实质上讲的就是他当时所处的资本主义社会中由于资本统治而产生的现代性的四大弊端。在《共产党宣言》中，马克思恩格斯指出，资产阶级“使人和人之间除了赤裸裸的利害关系，除了冷酷无情的‘现金交易’，就再也没有任何别的联系了。它把宗教虔诚、骑士热忱、小市民伤感这些情感的神圣发作，淹没在利己主义打算的冰水之中。它把人的尊严变成了交换价值”②。在《资本论》中，马克思更是批判了资本主义社会“现代性”的种种弊端。上述消极作用或弊端，都植根于现代性的内在矛盾：物的世界的增值与人的世界的贬值的矛盾；物化生存与个人独立的矛盾；科学性与价值性的矛盾；工具理性与价值理性的矛盾。这些矛盾存在于现代性的本质之中，与社会结构转型中的矛盾（即在现代社会结构中占主导的物的因素与在现代社会结构中占主导的人的因素的矛盾）有关，是结构性矛盾。但在西方资本主义社会，这些

---

① 《马克思恩格斯选集》第 1 卷，人民出版社，2012，第 405 页。

② 《马克思恩格斯选集》第 1 卷，人民出版社，2012，第 403 页。

矛盾更加凸显。由此可见，马克思的学说就其根本性和总体性来说，就是一种植根于现代性背景和场域中的关于张扬现代性、批判现代性和超越现代性的学说，其总问题和核心思想，就是对资本统治及其与劳动关系的逻辑的批判性反思与对理想社会的建构。这种“张扬”在于它历史地肯定资本的历史积极作用；这种“批判”在于它批判了资本对劳动的占有、物对人的统治；这种“超越”在于它积极倡导要建立一种自由人的联合体，在这种联合体中，每个人的自由发展是一切人自由发展的条件，是实现人的全面发展基础上的自由个性。这实际上就是马克思关于共产主义的构想。西方的现代化理论或现代主义积极肯定和“张扬”现代性的积极方面，试图把西方的现代模式当作唯一完美的、别无选择的现代化样式，强调其他国家只有走西方式“现代化”道路才能真正行得通。这种试图用“一元”取代“多元”的倾向，实际上是西方中心论的具体体现；而反现代主义则着眼于否定和“批判”现代性的消极方面，且主张回归到“传统性”；后现代主义却力求通过终结和“超越”现代性而建构一种新的社会样态。

我们研究现代性问题，最终目的还是要落脚到中国的现代性问题上来。就当代中国而言，首先要厘清中国现代性的历史方位、表现形式、现存问题和建构路径（目标走向）。

研究中国的现代性问题，首先要科学判定当代中国的现代性所处的历史方位。这种判定也需要一种分析框架，这就是“社会结构转型”。中国的现代性呈现是从中国的社会结构转型和力量转移开始的：在当今中国，市场或资本力量、社会或民众参与力量正在从“人身依附关系”（如对权力的依附）的束缚中相对解放或独立出来且正在成长（如我们强调的“政企分开”“政社分开”等），但在一定意义上仍然存在对国家政治“权力”的依附，还没有真正生成和确立起来；人的依赖、物的依赖和自由个性并存，但物的依赖占主导（如资本至上或拜金主义），个人的独立人格未真正生成和确立起来。1978 年以来，我们所强调的“政企分开”“把市场经济作为我国经济体制改革的方向”“正确处理政府和市场的关系”“让市场在资源配置中起决定性作用”等，都意味着市场或资本力量的相对独立且正在成长。我们所强调的“政府与社会组织分开”、“创新社会治理体制”、“正确处理政府与社会的关系”、“培育成熟的社会组织”、“鼓励和引导公民积极参与对国家事务和社会事务的管理”和“培育公民意识”等，都意味着社会或民众参与力量的相对独立且正在成长。然而，在当前中国发展进程中，市场或资本力量、社会或民众参与力量不同程度上依然受国家政治权力的主导和支配。

中国的现代性在一定意义上与西方语境的现代性是相同的，不然，就不能称为现代性，如注重市场或资本力量、民众或社会参与和法治等。但由于中国的现代性所处的历史方位和国情与西方不同，因而其现代性的表现（实现）形式与西方的现代性也有所不同。第一，西方的现代性发源于对“共同体”或“集体”的批判和超越以及对现代生产的追求，而中国的现代性则发源于对“权力至上性”的批判和超越；第二，西方的现代性之核心理念是对个人“权利、能力、理性和自立”的追求，它力求使个人独立并成为主体，而中国的现代性之核心理念是对国家“富强、民主、文明、和谐”的追求，它力求使国家富强、民族振兴、人民幸福；第三，西方的现代性蕴含的是“主客”二分思维，而中国的现代性所注重的则是“创新”思维；第四，西方的现代性推崇资本并注重个人的自由、民主和人权，中国的现代性也强调这些，但更加注重推进国家治理现代化；第五，西方的现代性相对注重工具理性，而中国的现代性则注重工具理性和价值理性的统一。

在中国现代性建构过程中，需要基于“社会结构转型”来阐释已经存在的且值得人们关注、思考和解决的问题。一是受“人身依附关系”的影响，致使我国法治不健全，进而导致市场经济本质所蕴含的权利、能力、理性和自立精神未完全真正生长和确立起来，导致在一定意义上出现了市场扭曲、权力与资本相结合而助推的工具理性化倾向。这一倾向排斥公民的社会参与，它将社会和公民个人当作权力扩张和资本积累的工具，进而导致物欲横流、贪欲膨胀和精神懈怠。二是受“物的依赖”影响，导致人格不健全和公民意识不成熟。这集中体现为在现实中实际存在的“物化生存大于个人自由全面发展”“权利大于义务”“能力大于道德”“感性大于理性”“依附大于自立”“工具理性大于价值理性”“资本大于劳动”等现象。

针对这些问题，要建构当代中国的现代性，既要遵循科学的方法论，也需要采取适当路径。在方法论上，这种建构既要批判借鉴“西方的现代性”的经验，也要立足中国国情；既要体现现代性的一般本质，也要考虑中国的特殊实际；既要遵循人类社会历史发展规律和我国社会历史发展规律，也要符合人性发展的价值诉求；既要克服现代性的消极弊端，又要释放出现代性中的积极精神；既要力求克服我国现代性进程中出现的问题，也要确定中国现代性建构的目标走向；既要汲取1978年以来我国学术界研究中国现代性所取得的成果，也要充分吸收当代中国共产党人在理论创新上所取得的成果。根据以上方法论原则，当代中国现代性建构的核心，就是基于社会结构转型而逐步实现国家治理现代化、市场力量成长和个人独立的协调统一。其基本路径就是，从总体上，在围绕正确处理政府与市场、社会的关系的基础上，力求做到：①以“以人为本、促进人的全面发展”为价值导向，以“各尽其能、各得其所、和谐相处”为核心理念，积极促进公平正义，既合理培育、发展国家权力和资本之外的相对自主的社会公共领域和社会生活空间，又积极培育健全人格和公民意识。这里所讲的健全人格和公民意识，主要是具有“权利与义务相统一”“能力与道德相统一”“理性与感性相统一”“自主与责任相统一”的人格和意识。②用法治规范、合理利用国家政治权力力量和市场或资本力量的发展，遏制国家权力和资本无限扩张的趋势，防止权力与资本的交换，使人们超越“官本位”和“物化生存”，把国家政治权力、市场或资本、公民社会参与中的积极精神和力量充分释放出来，积极促进其生长、生成并确立起来，用人的健全而强大的内在精神力量限制和驾驭人自身的物欲、贪欲。③积极推进国家治理体系和治理能力现代化，为治理国家公共权力与正确处理党、国家、社会、公民之间的关系，提供一种现代化的制度模式。这一模式的核心内容是党政主导、社会参与、法德并治、协商共治。

其实，从改革开放开始，我国才全面开启了现代性建构进程，且这一现代性成长与建构进程与马克思主义中国化进程是内在相通的。从“现实逻辑”和“解决问题”来看，邓小平理论和“三个代表”重要思想致力于“彰显”现代性，着力于在经济和政治上解决社会生产力的解放和发展问题，因而强调以经济建设为中心，把大力解放和发展社会生产力作为首要根本任务，把市场经济作为经济体制改革的方向，把“发展”看作硬道理；科学发展观致力于“反思”现代性，着力于在发展方式上解决我国现代性发展进程中的代价问题及其内在矛盾，即物质财富的增长与一些人的发展受阻的矛盾、物化生存与精神懈怠的矛盾、工具理性与价值理性的矛盾，因而它强调以人为本、促进人的全面发展和共享社会发展成果，构建社会主义和谐社会，培育公民意识；习近平治国理政思想，既“彰显”现代性的积极方面，又“反思和超越”我国现代性进程中的负面效应和影响，还积极自觉“建构”既具效率又具公平的体现公平正义的社会主义现代性，着力解决发展活力、社会和谐和国家治理现代化的协调统一问题。由此，习近平治国理政思想，既强调用法治规范和合理发挥市场或资本的力量，防止资本与权力的交换，又积极创新社会治理体制，还积极推进国家治理体系和治理能力现代化，把党的建设提高到科学化水平，以最终实现社会主义现代化和中华民族伟大复兴的中国梦。

现代性建构的中国道路与中国话语*

陈曙光

现代性是现代世界的实质、核心，是现代世界围绕着旋转的中轴。中国现代性的建构迄今已经 100 多年了，其间虽历经变幻，但其整体方向始终未曾动摇。今天，中国新现代性已经展露在人类的地平线上。中国道路是中国现代性“改造世界”的最主要的实践成果。中国道路的成功代表了一种新的现代性文明的出场。中国新现代性文明正是从本质论的高度揭示中国道路背后现代性秘密的学说，是在解码中国样本基础上书写的现代性的中国版本。

一　西方现代性的版本演化

现代化起源于西方，西方享受了现代化的巨大成果，书写了现代性的经典版本，但也遭遇了“现代性之殇”。与西方现代化的历史逻辑相一致，西方现代性演化的理论逻辑大致包括四个版本。

第一，启蒙时期的初始现代性。“启蒙现代性”的两大根基是理性和人（主体）性，以理性对抗愚昧，以主体性对抗神性，以自由为核心价值，追求“科学精神”和“人文精神”的统一。启蒙现代性诞生于资本主义工业化初期，在解放人的感性欲望、对抗神性的僭越上，在冲破旧的封建秩序、开启现代民主政治上，在摆脱人的依赖性、培养独立人格上，发挥过巨大的历史进步作用。但启蒙现代性在高扬理性主义旗帜的同时，也使理性一步步膨胀：有限的理性无限化，经验的理性超验化，

* 本文原载于《哲学研究》2019 年第 11 期，收入本书时有改动。

属人的理性实体化。现代性建构的过程本身是人类不断摆脱迷信、愚昧和专制，不断追求理性、科学和自由的过程，但现实却是如此讽刺，我们在摆脱封建专制的同时，又陷入了理性的专制之中；在摆脱封建神学统治的同时，又遭遇了理性神学的僭越；在摆脱旧迷信的同时，又制造出了新的迷信，这就是理性的实体化、绝对化、万能化。

第二，工业化时期的经典现代性。“经典现代性”的两大支柱是“大写的人”和“大写的理性”，以理性人为起点，以合理性为目标，理性日益工具化和世俗化。西方推崇的经典现代性模式，本质上是以造就资本现代性社会为核心目标的现代化运动。随着工业化的展开，经典现代性日趋偏颇，走向以经济增长为中心、以 GDP 崇拜为表征的现代性理论，走向财富至上、忽视社会全面进步的单线发展观，走向形式合理性与实质合理性对抗的道路。

经典现代性是非辩证的，惯于“拿一种目标或价值和另一种目标或价值做交易”①，这样虽收获了巨大的成果，但也付出了过高的代价。这时期，感性欲望的解放以精神世界的贫困为代价，主体地位的提升以自我观念的膨胀为代价，人类中心地位的确立以自然的异化为代价。这时期，科学技术异化为主宰社会的意识形态，工具理性上升为社会的统治力量，全面的人异化为缺乏批判维度的“单面人”。这时期，在资本逻辑僭越的背后，是两极分化、劳资对立、城乡对立；在资本全球化的背后，是东西对立、南北对立、文明冲突。西方现代性的缺憾导致了人类世界的重重危机——资本化加剧劳资矛盾，工业化加剧环境危机，军事化加剧国际冲突，城市化导致城市病，技术逻辑导致价值危机……这场危机的实质是文化危机，是涉及社会各个领域的总体性危机，是波及全球各个角落的世界性危机。随着西方经典现代性的展开，遏阻理性主义的膨胀，矫正工具理性和科技理性的僭越，将“异化的人”导回正确的道路，成为时代的呼声。

第三，后工业化时期的后现代性。现代性在经历了近 3 个世纪的建

① 卡洪：《现代性的困境——哲学、文化和反文化》，王志宏译，商务印书馆，2008，第 294~295 页。

构过程之后，批判的锋芒转向了现代性本身。“后现代性”是对现代性的全面反叛，解构现代性的一切规定，代之以一副反中心、反传统、反本质、反基础的面目，主张个性化、多元化、边缘性、平面化。

后现代性思潮活跃于20世纪中叶到下半叶，与西方后工业社会的兴起相一致。后现代主义认为，在后工业时代，现代性的使命已经完成，现代性的理念和原则已经不合时宜。面对现代性之痛，后现代性以经典现代性的反题出现，在反思现代性的同时走向了反现代性，在批判理性独断的同时走向了反理性。后现代主义从一个极端走向另一个极端，以更大的片面性、更小的现实性将人类社会导向了一条更窄的路，因而不可避免地宣告了它的破产。

后现代主义的积极意义或许在于，它所揭示的差异性、多元性、平面化思维方式已表明：西方宗教文化和生活世界孕育的现代性方案，不可能成为统治差异性世界的单一方案，每个民族都应立足于自己的生活世界，去发展自己的现代性事业。

第四，现当代反思的现代性。“反思的现代性”，也被称为第二次现代性、新现代性，它以多元理性为根基，以人本—价值理性为轴心，承认现代性的基本价值，但批判经典现代性的“固化”“简单性”“刚性”，力图在现代性的框架内拯救现代性，是对经典现代性的改革、修复和完善。

20世纪末以来，顺应时代新变化，以寻找现代性的出路为动力，西方再次萌发了重写现代性的冲动，“反思的现代性”应运而生。哈贝马斯指出，“我们仍生活在现代——而不是后现代”①。尽管现代性是“问题百出的”②，但我们的立场是“不放弃现代性计划，不屈尊后现代主义或反现代主义”③；我们的方向是对它进行修复和重建，将未竟的现代性

① 《现代性的地平线——哈贝马斯访谈录》，李安东、段怀清译，上海人民出版社，1997，第103页。

② 《现代性的地平线——哈贝马斯访谈录》，李安东、段怀清译，上海人民出版社，1997，第123页。

③ 《现代性的地平线——哈贝马斯访谈录》，李安东、段怀清译，上海人民出版社，1997，第56页。

事业进行到底；我们的重建策略是以“主体间性”取代“主体性”，以“交往理性”取代“个体理性”，以“公共领域”取代“私人领域”。在哈贝马斯看来，要“拯救出现代性的规范内涵”，终究还是要依靠他的“交往理论”①。不过，哈贝马斯的方案也招致了普遍的批评，比较集中的意见认为交往理论过于理想化，交往模式的构想呈现为在社会真空中进行的状态。而现实生活远非设想的那样简单，交往的实际过程往往更加复杂，以至于在现实生活中哈贝马斯自己都很难运用“交往理性”药方。

概言之，现代性从来没有统一的清单，没有贯穿到底的方案。即使在其原发地，现代性也是开放的、未完成的，始终处于流变和生成之中，不断地被修复、重构、改写。然而，在西方膨胀为“世界”的同时，现代性也抹去了地域性的痕迹、西方的色彩，摇身变成了具有普适性的文明。中国早期的现代性探索就是西学东渐的产物，是欧洲启发、引导的结果。

二　西学东渐与中国早期现代性的多重变奏

任何国家，现代性建构的理论逻辑与现代化展开的历史逻辑，二者总体上步调一致、共同成长。缺乏现代性文明支撑的现代化进程是盲目的，离开现代化实践的现代性文明是漂浮的。

中国作为在封建文明时代“物质与道德”的和谐国度，绝不意味着有权绕开现代化的发展方向，摆脱现代性文明的牵引，问题只在于中国选择什么样的现代化道路，书写什么样的现代性文明。第一次工业革命以来，西方在现代化的道路上一路狂飙、高歌猛进，中国却依然在远离现代文明的小径上独自狂欢。历史从来不同情徘徊者、观望者，违背时代进步潮流，终将为时代所淘汰。1840 年，帝国主义的入侵向清王朝展示了现代化的力量，激发了无数国人的现代化梦想。从 1840 年到 1919 年，无数仁人志士在西方现代性的启发下，提出过各式各样的现代化方

① 哈贝马斯：《现代性的哲学话语》，曹卫东等译，译林出版社，2004，第 392 页。

案，但都以失败告终。近代中国的百年探索，既未收获比肩西方的现代化成果，也没有形成具有中国风格的现代性文明。

第一个阶段，以器卫道的现代性之路。西方工业革命带来了丰富的物质世界，光怪陆离的现代器物充斥世界市场，全球成为现代性的竞技场。自晚清以来，中国社会开始了现代性转向。何谓现代化，洋务派的眼光首先投向了西方器物，将现代化的标准定位于坚船利炮等“物质器皿”，将“富强”置于最重要位置，将工具理性置于优先地位。“取西人器数之学，以卫吾尧、舜、禹、汤、文、武、周、孔之道。”① 以器卫道的主张，表达了器可以通道、道依赖于器的思想。洋务运动尽管一时轰轰烈烈，但实践最有说服力，甲午海战证明，兴办洋务无法通达现代中国。早年也曾怀揣实业救国理想的李达后来回忆说：“在反动统治下‘实业救国’的道路也是一种行不通的幻想。”②

事实上，器物现代性的建构之路，远未触及西方现代性的本质维度。西方现代性远不止表层的器物，而是涉及经济、政治、文化等各个领域的整体性的社会运动。器物现代化之路未免过于简单和偏颇，既抵御不了资本主义的坚船利炮，也复兴不了中国。

第二个阶段，制度牵引的现代性之路。洋务运动失败彻底警醒了沉睡中的国人，康有为等改良派人士认识到现代化不仅是器物的，更应是制度的，没有制度的现代化就没有中国的现代化，西学东渐也顺势推进到了第二个阶段。维新派著书立说，主张以西学代替中学，以新学代替旧学，宣传西方民主思想、政治制度，开展维新变法运动。光绪皇帝亲自领导了这场短暂的政治改革运动，变法深入经济、教育、军事、政治及官僚制度等多个层面。然而，戊戌变法以失败告终，制度改良难以开启中国的现代性道路。

维新派刚以失败退场，革命党人又登上了历史舞台，以孙中山为代表的资产阶级革命派再次将目光投向了西方的宪政民主制度，主张推翻封建帝制，建立共和，走西方的制度现代化道路。资产阶级革命派沐浴

① 丁凤麟、王欣之编《薛福成选集》，上海人民出版社，1987，第 355 页。

② 《李达文集》第 4 卷，人民出版社，1988，第 733 页。

在欧风美雨中，以建立资产阶级共和国为己任，批判康梁改良主义，播殖资产阶级革命思想。在辛亥革命时期，传播西方革命思想成为西学东渐中的主流。1911 年辛亥革命推翻了清王朝的统治，封建帝制历史宣告终结，但中国的现代化事业还是没有找到出路。

维新变法和辛亥革命的结局表明，将西方现代性的标准仅仅定位于制度也是浅薄的。任何制度，绝不是单独存在的，而是多重因素合力作用的结果。西方的现代制度体系，是在其历史传承、文化传统、经济社会发展的基础上长期发展、渐进改变、内生性演化的结果，是与西方国民素质、文化基因相一致的。20 世纪初，中国选择制度现代性的建构之路，阉割了现代性的丰富内涵；西方制度的简单植入，也背离了现代性本身的生成逻辑。

第三个阶段，文化改造的现代性之路。辛亥革命失败之后，中国的制度现代化之路遭遇重大挫折，西方总统制、议会制、多党制、三权分立制都被尝试了，都行不通，因为西方制度与中国的文化土壤不相匹配。制度不过是文化的外化，文化是制度的本体。思想文化和价值观如果不变革，不从思想深处启蒙，不从根基处冲击封建主义，光靠照搬西方制度，社会是不能前进的。五四时期，新文化运动的巨匠们升华了对现代性的认识，将其推进到国民性改造和文化精神重建的新高度，将目标定格为“民主、科学、道德”。这里实际上沿袭的是西方经典现代性方案。文化改造的现代性之路尽管已经触及西方经典现代性的内核，但如果不懂得中国独特的文化传统、历史命运和现实国情，不懂得现代性无法从外部输入，只能从内部长成的历史辩证法，中国的现代性就永远不可能独立出场。

西学东渐客观上促成了西方现代性文明在中国的传播，引发了中国现代性的冲动，成为涵养中国现代性的一个重要历史前提。没有西学东渐就不会有中国的现代性文明，绕开了西学东渐及其与现代中国的关系，就不可能真正理解中国的现代性文明。伴随西学东渐，西学成果大量进入中国，极大地改变了中国社会的心理结构和认知结构，古典中国的清晰图景渐次模糊。同样，伴随西学东渐，中国人的“现代”观念初步确立，中国早期现代性或现代文明秩序的建立，有意无意地以欧美形态为参照。当然，在“人类和地球的欧洲化”① 成为世界历史的主导逻辑下，试图不经历实践的反复选择、比较和检验，一开始就绕开西方的现代性逻辑是不切实际的。问题在于，“中国人向西方学得很不少，但是行不通，理想总是不能实现”②。直至20世纪初，现代中国仍未出场，现代性文明仍显稚嫩，现代之“骨”仍未长成，这就是中国现代性的处境。此时的中国，传统标准已经退出，现代标准尚未确立，中国现代化事业究竟路在何方？历史在选择，人民在选择。

三　“回到中国自身”：现代性建构的中国道路

现代性是一项未完成的设计，是全人类的共同事业。近代以来，中国深受西学东渐的濡染，走的是“被动输入型现代性”之路，“中国的现代性是没有中国的现代性，它只是在地域意义上重新复制一个西方”③。以器卫道、制度牵引、文化改造的现代化之路都是沿袭西方的标准，从不同方面复制西方的现代性成果，缺乏中国之“骨”。其实，尽管西方现代性启发了中国，但它没有在结构上规定中国现代性的内容。1840年以来的西学东渐史，最大的贡献不在于我们是否依循西学指引的方向，找到了中国的现代性方案，而在于我们懂得了这样一个道理：现代性是多元的，没有“终极词汇”，不存在一元的现代性方案，中国新现代性的建构只能返回中国自身。

“回到现实本身”，这是现代性建构的基本原则。现代性建构不是一项技术工程，而是思想的事业，其主旨在于切中并揭示社会现实。何谓“现实”，按照黑格尔的理解，一方面，现实绝不是浮现于表层的经验事实，而是“本质与实存的统一”④；另一方面，现实（本质）不是现成

① 孙周兴选编《海德格尔选集》（下），上海三联书店，1996，第1019~1020页。

② 《毛泽东选集》第4卷，人民出版社，1991，第1470页。

③ 高思春、杜东辉：《“以中国为方法”——对中国现代性的重思》，《福建论坛》2014年第3期。

④ 黑格尔：《逻辑学》（下），杨一之译，商务印书馆，2009，第177页。

的、僵硬的、凝固的，“现实性在其展开过程中表明为必然性”①。切中社会现实，关键是深入历史的本质那一维度中去，把握必然。“现实”的本质不在精神的实体或思辨的理念之中，而在感性的实存之中。我们不能先验地赋予一个国家某种现代性框架，即使其内容多少是合乎理性的。“外部反思”只会误入歧途，“内部自省”方可通达现代性的彼岸。每一个民族都有适合于它本身且属于它的现代性方案，这不是“外部反思”可以完成的任务。将西方的现代性方案上升为普遍性的“历史哲学理论”，上升为“万能钥匙”，认为“一切民族，不管它们所处的历史环境如何，都注定要走这条道路”，这是完全乌托邦主义的，“这种历史哲学理论的最大长处就在于它是超历史的”②。

“回到中国自身”，这是中国现代性建构的唯一选择。现代性是在现代社会条件下开创更好生活的历史—实践筹划。中国有自己的世界，中国应当成为现代性的一个肯定陈述。中国的文化传统、历史命运和现实国情不同于西方，新教伦理滋养了资本主义的现代性文明，中国的文化传统与新教伦理存在着结构性、本质性区别，这只能说明中国不能发展出西方的现代性文明，绝不意味着中国被剥夺了通往现代化的权利，中国文化传统不能被简单地视为现代性的文化阻滞力。美国学者柯文指出：“近代化取向（特别是50年代和60年代所采取的形式）则把中国描绘成停滞不前的‘传统’社会，有待精力充沛的‘近代’西方赋予生命，把它从永恒的沉睡中唤醒。……这种模式对于比较全面公平地理解中国近世史，当然会造成灾难性的后果。”③ 然而，在西方中心论统治世界的背景下，不是所有人都能懂得这个简单道理的。中国与西方的差异并非传统与现代的对立，而是现代本身亦即不同现代化道路和现代性文明之间的差异，揭示出这一道理的正是中国共产党人。

中国共产党登上历史舞台，深刻改变了中国现代化的方向和进程，深刻影响了世界现代化的叙事结构，也深刻改写了西方定义的现代性

① 《马克思恩格斯选集》第4卷，人民出版社，2012，第221页。

② 《马克思恩格斯选集》第3卷，人民出版社，2012，第730~731页。

③ 柯文：《在中国发现历史》，林同奇译，社会科学文献出版社，2017，第152页。

话语。从中国共产党独立领导中国革命、建设和改革事业以来，中国的现代性建构摆脱了外部反思的路径依赖，不再游走于西方一侧，中国自身才成为一个肯定的陈述。《新民主主义论》是中国新现代性的标志性起点。该著关于中国进入了新民主主义革命阶段的论断，道明了中国现代性建构的立场：中国不是西方，不能遵循西方进路谋划中国的事。

自明确了中国立场，中国的现代性话语才逐渐清晰。一是重新书写民主革命的现代性话语。民主革命是各个国家现代性事业的序曲。启蒙运动以来，西方民主革命具有世界性意义，民主革命的西方话语上升为全球的主导话语。中国的旧民主主义革命深受西方话语规范与价值的影响，但残酷的事实警醒了中国共产党人，“外部反思”不能解决中国的革命问题。中国革命绝不仅仅从属于一般的抽象原则，植根于中国社会现实的革命道路不是“十月革命模式”，不是中心城市暴动，而是农村包围城市。新民主主义革命的胜利，标志着中国的现代性事业在一条与众不同的道路上成功揭开了序幕。二是重新书写政治制度的现代性话语。民主革命的一个核心诉求、成功标志正在于建构民主政治的现代秩序。中国的现代性价值离不开与之相匹配的制度方案，关键是什么样的方案才是切中中国现实本身的。中国作为民主革命的“后来者”，民主政治无须拘泥于西方的制度模板，完全可以是“另一个样子”。旧民主主义革命时期，外部输入的君主立宪制、三权分立制的结局都验证了这个原则——回到现实本身才有出路。新中国成立后，中国共产党领导人民成功完成社会主义改造，建立了社会主义基本制度，为当代中国的现代性事业奠定了根本政治前提和制度基础。三是重新书写发展模式的现代性话语。发展是现代性的主题，然而，通往现代化的路却是充满悬疑的：一方面，以强大的物质内容和现代化成果为支撑，西方发展模式获得了世界性的统治地位；另一方面，西方发展模式在后发国家中鲜有成功的案例，极大地动摇了西方模式的统治地位。党的十一届三中全会以来，中国成功开辟了中国式现代化道路。中国道路的成功，宣告了“现代化=西方化”“现代性=西方性”的偏颇和错误，人类历史开启了一个没有“标准答案”的多元现代性时代。

概言之，中国新现代性的建构，在历经革命、建设和改革三个历史时期之后，已经基本摆脱学徒身份，摆脱“外部反思”“先验植入”的思维路径，成功书写了现代性的中国版本，这是一种独立于“欧美现代性”的新现代性。中西之间也从“传统/现代”不同时空的对立，转换为“中国/西方”不同现代性文明的差异。

四　现代性话语的中国贡献

当代中国正走向“更现代”的未来，在反思现代性的基础上，立足中国本土，造就具有中国特色社会主义性质的现代性社会，书写中国的新现代性。现代性可选择，今天的中国正自信地向世界提供“另一种现代性”，另一种选择。

第一，超越西方的现代性逻辑。现代性不等于西方性。但也必须承认，西方是现代性的发源地，现代性价值是西方给定的，西方性是中国现代性建构无法摆脱的外部语境。我们所说的“超越”，不是绕开西方现代性的一切价值，而是规避西方现代性弊端，让现代性说中国话。如果说“资本构成西方现代性之最基本的支柱”，如果说西方现代世界“是由资本为其奠定世俗基础并为其制订根本方向的”①，那么，中国现代性究竟如何对待“资本”就成了一个首要的问题。中国的现代性逻辑，其超越性不在于否定资本，而在于：第一次绕开了资本主宰劳动的历史逻辑，确立了以人民为中心的发展思想；第一次摆脱了以“资本”为底座的西方政治模式，建立了社会主义性质的现代制度体系；第一次否定了“资本逻辑”所带来的两极分化、社会撕裂、阶级冲突的发展代价，确立了最终实现共同富裕、满足人民美好生活需要的奋斗目标；第一次摆脱了“资本”驱使下的殖民道路和丛林法则，确立了人类命运共同体的基本立场；第一次走出了由“国际资本体系”所圈定的发展轨道，摆脱了依附发展的历史宿命，实现了从世界边缘到舞台中央的华丽转身。置身于这一历史巨变之中的中国，完全有资格、有能力揭示

① 吴晓明：《论马克思对现代性的双重批判》，《学术月刊》2006年第2期。

其中蕴藏的现代性密码，有资格、有能力在吸纳西方精华之后开启更为壮丽、健康的现代性之路，有资格、有能力“发现一个和欧洲原理对应的中国原理”①，为规避西方现代性之殇、书写新型现代性文明作出中国贡献。

第二，注入中国的原创性内涵。中国新现代性不是西方的翻版，现代中国本身并不是西学东渐的成果，中国现代性也不属于西学东渐的范畴。中国新现代性肇始于新文化运动，在中国共产党主导的、以社会主义为性质定向的现代化运动中逐渐生成，在新时代坚持和发展中国特色社会主义的历史性实践中走向成熟，具有鲜明的原创性特点。中国新现代性，源于马克思主义的价值立场，源于社会主义的性质定向，源于传统文化的优质基因，源于对西式现代性的积极扬弃，归根结底内生于当代中国的历史性实践和独特语境。正是多重因素合力孕育了具有中国特色的新现代性。中国共产党的领导是中国新现代性的首要特征，中国现代工业文明是中国新现代性的物质内容，社会主义核心价值观是中国新现代性的内在灵魂，中国特色的发展模式和制度体系是中国新现代性的社会形式，中国道路是中国新现代性的实践成果，中国化马克思主义是中国新现代性的理论居所。21 世纪中国马克思主义的出场代表着这种新现代性日渐成熟，正在崛起为比肩西方、具有原创性意义的人类新文明和现代性理论的新形态。

第三，承载复杂的现代性使命。相较于西方现代性，中国新现代性解答的时代课题不一样，承载的历史使命也不一样。中国社会不是完全意义上的现代社会，准确地说处于“半现代”阶段。它是“一种难以置信的组合，它有着从接近远古的社会、传统社会到发达的现代社会的各种生活和生产方式，有着从前现代、现代到极端后现代的精神和观念；……最大限度地胡乱包容着许多时代和各种生活”②。“在西方，前现代、现代、后现代、新现代，顺序出场，而在中国却共时出场甚至倒

① 沟口雄三：《日本人视野中的中国学》，李甦平、龚颖、徐滔译，中国人民大学出版社，1996，第 94 页。

② 赵汀阳主编《现代性与中国》，广东教育出版社，2000，第 2 页。

序出场”①：一方面，当下中国正在大力推进西方早已完成的工业化、市场化、城市化、国际化；另一方面，中国又与西方一道迎接信息社会、数字时代、休闲社会、生态文明时代的来临。由于独特的历史语境，中国新现代性的使命异常复杂——既要完成中国式的理性启蒙，又没有充裕的时空纠缠于启蒙现代性；既要完成经典现代性的任务，又要避开西方现代化的陷阱；既要看到前现代从未走远、现代化仍在途中，又要兼顾后现代社会局部来临的事实；既要推进以产业经济为基础、工业文明时代为背景的第一次现代性，又要问鼎以知识经济为基础、信息时代为背景的第二次现代性；既要补上历史上落下的现代化课程，又要引领现代化的未来发展。

第四，开创壮丽的现代性前景。中国新现代性是一个辩证的过程，它有须臾不可分开的两面，“每一面都不能离开另外一面而单独存在”②。西式现代性之误在于，彰显一面忽略另一面。我们无意抛弃西式现代性的一切方面，但将竭力避开西式现代性的负面效应，开辟更为壮丽的现代性前景。在这里，现代性之“两面都很好地、协调地依附在同一实体之上”③。比如，个性与共性互为补充，边缘与中心相互包容，物质丰富与精神富足正向匹配，感性幸福与道德信仰相互支撑，科学精神与人文精神共同成长，工具理性与价值理性相得益彰，个体价值与整体价值相互尊重，人与自然和谐共生。在这里，经济增长中心论升级为社会全面进步，工业化升级为新型工业化，市场化升级为市场决定与政府作用相结合，程序民主化升级为社会主义政治文明，市民社会原子化升级为社会主义和谐社会，城市化升级为统筹城乡发展，人类中心主义升级为环境友好型社会。概言之，中国新现代性，是与中国道路相适应的哲学逻辑，社会主义初级阶段党的基本理论、基本路线、基本方略，是这种现代性逻辑的外化。

在21世纪，作为不同于欧美现代性的东方版本，中国新现代性将为

---

① 任平：《脱域与重构：反思现代性的中国问题与哲学视域》，《现代哲学》2010年第5期。

② 鲍曼：《现代性与大屠杀》，杨渝东、史建华译，译林出版社，2002，第10页。

③ 鲍曼：《现代性与大屠杀》，杨渝东、史建华译，译林出版社，2002，第10页。

人类展开无限可能性，全世界从此不再将其身家性命“系泊于一种单一的文化或现代性”①。过去，人们一直翘首以盼西方之外的选择，今天，来自东方的现代性已经出场，它动摇了西方经验支撑的西式现代性的至尊地位，动摇了西方中心论、文明优越论、历史终结论的“真理”权威，动摇了基于西式现代性的发展道路、制度模式和价值观念的“普世”地位，拓宽了发展中国家走向现代化的途径。现代性在途中，我们无意终结现代性的未来发展；现代性可选择，我们无意垄断现代性的一切真理；现代性有边界，我们不谋求中国现代性统治世界；我们始终坚信，现代化是相似的，却各有各的现代性。

① 唐·罗沃萨姆：《后殖民性：新现代性的挑战》，黄语生译，《国际社会科学杂志》（中文版）1998 年第 3 期。

中国道路的实践辩证法*

辛　鸣

新中国波澜壮阔的70年也是中国道路探索、开辟、发展的70年。中国共产党领导中国人民走自己的路，不仅让中国社会站起来、富起来，更开启了迈向强起来的历史新征程。毛泽东讲，“实践当中是要出道理的”①。中国道路创造出什么样的道理，蕴含了什么样的逻辑，体现了什么样的规律，贡献了什么样的方案等，把这些问题想明白、讲清楚，不仅对于正确地理解和认识中国道路有意义，更能推动中国道路实践的进一步完善和发展。

对实践最深刻的自觉是哲学的自觉，对实践最深刻的说明是哲学的说明。中国道路在实践中创造出辉煌发展绩效和治理之功的同时，亦在理论思维上实现了创造性转换和创新性发展，彰显出高度的哲学自觉，蕴含着深刻的实践辩证法。马克思主义哲学讲的辩证法，不是抽象概念在思维过程中的演绎，而是“现实世界的辩证运动的自觉的反映”②。同样，作为一场人类社会进入现代以来正在进行的宏大历史实践活动，中国道路的实践辩证法不是“从头脑中想出联系”，而是“从事实中发现联系”③，是对中国道路本身辩证运动的本真体现，对中国道路的历史进程“在抽象的、理论上前后一贯的形式上的反映”④。本文立足中国道路

---

* 本文原载于《哲学研究》2019年第8期，收入本书时有改动。

① 《建国以来毛泽东文稿》第7册，中央文献出版社，1992，第206页。

② 《马克思恩格斯文集》第4卷，人民出版社，2009，第298页。

③ 《马克思恩格斯文集》第4卷，人民出版社，2009，第312页。

④ 《马克思恩格斯选集》第2卷，人民出版社，2012，第14页。

的历史进程和实践创造，从马克思主义哲学基本原理出发，运用中国哲学的话语体系，谈一谈对中国道路实践辩证法的认识，讲一讲中国道路的中国道理。

一 体用不二

“体”与“用”本是中国哲学最为基本也最为核心的一对范畴，但是进入现代以来，特别是近70年来，在现代中国哲学的话语体系中使用得不多了。这与此前局限于传统本体论思维而难以取得实质性思想成果有关，亦与后来相当一段时间内西方哲学话语泛滥有关。其实回到中国哲学关于体用最本初的含义，把“体”作为根本性的、界定本质的一种“内在深微的东西”，把“用”作为“体的外在的作用和表现”①，把“体”与“用”作为在历史实践活动中既保持相对确定和稳定又不断转换和变化的实践形态，即体即用，即用即体，体用不二。这样一种思维方式经过创造性转化，完全可以很好地用来理解和阐释中国道路的实践历程及其实践逻辑。

体用不二，体现在对待现代化的态度上，既不离开中华民族的历史文化传统而照抄照搬西方现代化，亦不墨守中国传统社会形态而拒斥人类社会发展进步的文明成果。

中国作为一个东方文明大国，在近代以前一直在自己的文明逻辑与发展逻辑内生生不息。但是在1840年鸦片战争以后走向了衰落，甚至沦为西方国家的殖民地与半殖民地。曾经强盛过的民族最知道强盛的可贵，曾经繁荣过的社会更加渴望再一次的繁荣。从此，实现中华民族伟大复兴便成为近代以来中国社会孜孜以求的伟大梦想。

这一梦想体现在现实的历史实践活动中，就是走向现代化。近代中国衰落的直接导火索是西方社会的坚船利炮，但背后的根源是经济社会发展形态的落后。一个国家、一个民族、一个社会如果不能遵循历史前

① 陈来：《现代中国哲学的追寻：新理学与新心学》，生活·读书·新知三联书店，2010，第338页。

进的逻辑前进，如果不能顺应时代发展的潮流发展，就不可避免地会被历史所抛弃、被时代所淘汰。中国社会只有突破原有的经济社会发展模式，打破几千年来的小农经济模式和封建皇权统治模式，实现从传统社会向现代社会的根本性转型，才可能真正走向现代化，让梦想建立在坚实的社会历史实践基础上。

关于这一点，近代以来中国社会的先知先觉者和志士仁人是有清醒认识的，所以有了随后一连串向西方社会学习的努力。从具体行为的学习，像洋务运动，到制度体制的移植，像君主立宪制、多党制、议会制等，乃至提出“全盘西化”那样从根本上完全否定传统中国社会一切的极端主张。

历史的吊诡之处在于，近代中国社会的这一腔热情被冷冰冰的现实给粉碎了，想当然地向西方社会学习，不仅没有学来一个现代化的中国，反而更加像一盘散沙，更加被外国列强欺侮。这是因为传统与现代性是人类社会现代化进程中生生不息的“连续体”，背弃传统、割断历史的现代化必然也只能走向殖民地或半殖民地化。当然，在这一过程中也有不少知识分子，像熊十力、梁漱溟等，从哲学的层面对“中体西用”“西体中用”作出高远而又精微的思想梳理与阐述，但始终没能摆脱“体用两橛”“体用倒置”①的弊端。中国作为“具有独特的历史连续性和文化传统同一性的大国”②，因循守旧，抱残守缺，冀望重新回到昔日大汉盛唐的荣光，固然是南辕北辙；彻底抛弃传统，完全割断历史同样也是缘木求鱼，不可能真正走向现代化。怎么办？“在中国大地上探寻适合自己的道路和办法。”③始终围绕中华民族的“体”擘画中国现代化之路，求中国现代化之“用”。现代化是中华民族和中国社会的现代化，而不是别的什么现代化。抛开中华民族与中国社会进行现代化，无异于买椟还珠。同时充分运用人类社会发展进步的文明成果，让在走向现代

① 参见冯友兰《三松堂全集》第4卷，河南人民出版社，1986，第248页。

② 罗荣渠：《现代化新论：世界与中国的现代化进程》，北京大学出版社，1993，第336页。

③ 2014年10月13日习近平在十八届中共中央政治局第十八次集体学习时的讲话。

化进程中的中国社会凤凰涅槃、浴火重生，实现经济社会形态的历史性跨越，塑造出一个全新的中华民族的“体”。

体用不二，体现在对待马克思主义的态度上，既坚定不移坚持马克思主义，又不教条僵化墨守马克思主义本本，在不断推动马克思主义中国化、时代化与大众化的过程中让马克思主义成为探索、开辟、发展中国道路的锐利武器。

马克思主义是中国社会历经挫折之后找到的“真经”，从此成为中国共产党和中国社会立党立国的根本指导思想。中国共产党和中国社会对这一思想的坚持是坚定的，从来没有动摇过也永远不会动摇。但是，对中国共产党来说，“放之四海而皆准”的是马克思主义经典作家“研究广泛的真实生活和革命经验所得出的关于一般规律的结论”，是“他们观察问题和解决问题的立场和方法”，而不是“马克思列宁主义的词句”①。“没有抽象的马克思主义，只有具体的马克思主义。”② 中国的马克思主义者，就是要学会把马克思主义的立场观点方法应用于中国的具体环境，让马克思主义的“体”在推动中国实践的“用”的过程中创造出中国马克思主义这一崭新的“体”，以便更好地发挥指导中国实践的“用”。这一认识贯穿了中国道路从探索走向成功的全过程。

也正是基于这样的认识，毛泽东于1938年在中共六届六中全会上作《论新阶段》的政治报告时，就明确提出了“马克思主义中国化”的概念③。虽然在随后相当长的一段时间内，这一概念不再使用或使用不多，但中国共产党人使马克思主义中国化的努力一直没有停顿，从毛泽东思想的形成到新民主主义革命胜利和社会主义建设探索就是这一努力结出的理论与实践的硕果。到20世纪80年代初，邓小平提出“把马克思主义的普遍真理同我国的具体实际结合起来，走自己的道路，建设有中国

---

① 《毛泽东选集》第2卷，人民出版社，1991，第533页。

② 中央档案馆编《中共中央文件选集》第11册，中共中央党校出版社，1991，第658页。

③ 出于20世纪50年代国际意识形态斗争与合作的策略性考虑，这一重要表述在新中国成立后编辑出版《毛泽东选集》时，改为“使马克思主义在中国具体化”。（《毛泽东选集》第2卷，人民出版社，1991，第534页）

特色的社会主义，这就是我们总结长期历史经验得出的基本结论”①。中国特色社会主义道路正式形成，中国马克思主义更加屹立于时代潮头，焕发出时代光辉。习近平指出：“我们党开辟的新民主主义革命道路、社会主义革命道路、社会主义建设道路、中国特色社会主义道路，都是把马克思主义基本原理同中国具体实际相结合的伟大创造。”② 这是中国共产党坚持马克思主义不动摇的信仰宣誓，亦是发展马克思主义不止步的行动宣示。随着中国特色社会主义进入新时代，以习近平同志为主要代表的中国共产党人又创立了习近平新时代中国特色社会主义思想这一马克思主义中国化的最新成果，不断谱写出当代中国马克思主义、21 世纪马克思主义的崭新篇章。

体用不二，体现在对待中国特色社会主义制度的态度上，就是既坚持社会主义基本制度始终不渝，又对不合时宜的体制机制进行全方位深层次变革；既看到基本制度之“体”需要通过具体体制机制来实现，又对具体体制机制变革对基本制度之“体”的反作用保持足够警觉。

在社会主义革命和建设过程中确立的社会主义基本制度，为中国社会的发展进步奠定了根本政治前提和制度基础。这是“体”，中国社会决不能放弃、否定和改变，决不能在潜移默化中自毁长城，犯颠覆性错误。但是如何让基本制度与现实的经济社会条件、现实的社会生产力水平、现实的发展阶段更加相适应，让其“用”充分发挥出来，需要通过不断改革，破除一切不合时宜的体制机制弊端，破除一切僵化教条的制度迷信与制度偏见。中国道路在制度变革的过程中，需要引入一些新的制度成分，但新进的制度体制是为了更加强化与完善基本制度，而不是削弱与修正之。像中国社会在“市场经济体制”前面加上“社会主义”四个字，就是要让市场经济处在社会主义基本制度“普照的光”笼罩之下，让社会主义“决定其他一切生产的地位和影响”，“掩盖了一切其他

① 《邓小平文选》第 3 卷，人民出版社，1993，第 3 页。

② 2018 年 4 月 23 日习近平在主持十九届中央政治局第五次集体学习时的讲话。

色彩，改变着它们的特点"，"决定着它里面显露出来的一切存在的比重"①。而不是让市场经济反客为主，鸠占鹊巢，打出它自己的旗帜，放纵它自己的逻辑。

中国社会在制度体制上的变与不变，改与不改，一切都取决于是否有利于坚持和完善中国特色社会主义制度，不断推进国家治理体系和治理能力现代化这一总目标；是否有利于全面建设社会主义现代化强国，实现中华民族伟大复兴这一战略安排。强调守正，维护基本制度之"体"，坚定制度自信，不是故步自封，讳疾忌医；致力出新，全面深化改革，发挥体制机制之"用"，不是推倒重来，另起炉灶。守正而更勇于改革，出新而越发增强自信，在体与用的同向互动中让中国特色社会主义制度不断走向成熟定型。

二　统分有度

《三国演义》第一回云："天下大势，分久必合，合久必分。"这句古语既是对中国社会数千年历史发展状况的素朴认知与本真描绘，更是对所描述现象背后体现出来的经济社会发展规律的朴素认知和自觉回应。一个大的社会体在历史长河中存在、发展有其内在规律与基本法则。如何既保持自身的同一性、稳定性，又能不断发展前行兴盛，在实践中处理好"分"与"合"（"统"）的辩证关系至关紧要。"分"是激发社会活力，"统"是形成社会合力。分而不统，则一盘散沙，难成大事；统而无分，则一潭死水，不能长久。70 年来艰辛的探索，特别是 40 多年的风雨兼程，中国道路充分彰显出统分有度的实践辩证法精义。

首先，充分地"分"。把人从传统模式、土地、户籍、体制等各种束缚中"分"出来，极大地激发出走中国道路的活力。

把农民从传统的经营模式中"分"出来。最具标志性的事件是 1978 年安徽凤阳县小岗村的 18 位农民在土地承包责任书上按下红手印，实行包产到户，开启了家庭联产承包责任制的经营模式。到 1984 年，这一经

① 《马克思恩格斯选集》第 2 卷，人民出版社，2012，第 707 页。

营模式覆盖了中国农村100%的生产队和97.9%的农户，使得近5亿名农民走出了传统集体管理的生产模式，极大地调动了农民发展生产的积极性。

把农村富余劳动力从土地上“分”出来，从户籍所在地“分”出来。实行家庭联产承包责任制，富余农村劳动力不再需要羁留在土地上，于是走出家门，离开故土，在沿海、在东部、在城市留居下来，为中国工业化、城镇化提供了大量低成本劳动力。国家统计局的数据显示，2014年全国流动人口总量达到2.53亿人的峰值①，2018年农民工总量超过2.88亿人②。如果没有这庞大流动人口形成的劳动力红利，那么中国工业化、城镇化的快速发展是不可能的，中国作为“世界制造工厂”的地位也不可能形成。

把人力资源从体制中“分”出来。从社会主义建设初期直到改革开放前期，在计划经济模式下，体制内集中了中国社会最大量优质人力资源，在形成人力资源积聚的同时客观上也造成人力资源浪费。随着改革开放的深化，特别是20世纪90年代初，市场经济在中国社会开始试水，吸引大量人才脱离体制走向商海，为新兴的市场经济注入源头活水。人力资源和社会保障部的数据显示，仅1992年一年内全国就有12万名公务员辞职下海，1000多万名公务员停薪留职③。这种现象影响之大，甚至连《现代汉语词典》在对“下海”一词的解释中，都新增了一条：“放弃原来的工作而经营商业。”④

更为深层次的“分”是社会阶层开始深度分化。伴随着改革开放，中国社会阶层结构发生了巨大变化，在传统“两个阶级一个阶层”的基

① 参见《2014年国民经济和社会发展统计公报》，2015年2月26日，中华人民共和国国家统计局，http://www.stats.gov.cn/tjsj/zxfb/201502/t20150226_685799.html。

② 参见《2018年国民经济和社会发展统计公报》，2019年2月28日，中华人民共和国国家统计局，http://www.stats.gov.cn/tjsj/zxfb/201902/t20190228_1651265.html。

③ 参见张车伟、赵文《“统计外收入”及其对居民收入与经济增长同步性的影响——两种统计口径的对比分析》，《劳动经济研究》2018年第1期。

④ 《现代汉语词典》第5版，商务印书馆，2005，第1468页。

础上，又分化出民营科技企业的创业人员和技术人员、受聘于外资企业的管理技术人员、个体户、私营企业主、中介组织的从业人员、自由职业人员等新的社会阶层。不同社会阶层和利益群体为了各自的利益各显其能，在相互竞争中迸发出极大的创造力。

所有这些“分”体现在制度安排上，就是社会主义市场经济体制的建立与完善。市场经济的内在属性，像明晰的利益界定、平等的市场主体、竞争的运行方式等，都是建立在“分”的基础上的，体现的是“分”的逻辑。社会主义市场经济体制为中国社会充分地“分”以激发社会活力提供了有效且可靠的制度保障。

其次，最大地“统”。用共同的目标、共同的旗帜、共同的利益把全社会的各种资源有序、有效地集中起来，心往一处想，劲往一处使，汇聚成实现中华民族伟大复兴的“中国力量”①。

用共同理想凝聚起中国社会的共识。一个社会的共识本身就是巨大的物质力量，有了共识才有集体行动，才有共同家园。中华民族能够在几千年的历史长河中顽强生存和不断发展，很重要的一个原因是有一直延续的、共同的精神追求、精神特质、精神脉络，有着强大的向心力。走中国道路，同样要形成全社会的共识。这共识就是中国特色社会主义共同理想，是社会主义核心价值观。党的十八大以来，习近平总书记用“中国梦”这样一个最大公约数，将中国社会的共识，将近代以来中华民族最伟大的梦想形象地表达出来，树立起了凝聚中国社会的精神旗帜。

用“人民”的政治身份把社会各阶层统一起来。中国社会 13 多亿人在现实的经济社会生活中，可能分属不同的阶层、不同的利益群体，有着不同的社会身份及归属。但迈步在中国道路上，只有也只能有一个身份，这就是“人民”。共同的政治权利，共同的利益基础，共同的家国情怀，把在社会阶层中分化出来的“你们”“他们”“我们”重新整合为“大家”，重新统一为“人民”。要通过以人民为中心的发展，促成中国各族人民大团结，汇成所向无敌的磅礴力量。

---

① 参见《习近平谈治国理政》第 1 卷，外文出版社，2018，第 40 页。

铸就以中国共产党为核心的治国理政同心圆。在中国社会的政治图谱中，“众星捧月”的“月”是中国共产党；在中国国家治理体系的大棋局中，党中央是坐镇中军帐的“帅”。中国道路充分发挥中国共产党总揽全局、协调各方的领导核心作用，确立起党中央定于一尊、一锤定音的权威，在依法治国的基础上，统一思想、统一意志、统一行动，“六合同风，九州共贯”①，让党的指导思想成为国家的指导思想，让党的主张成为国家意志和国家政策。这样的治理格局“如身使臂，如臂使指，叱咤变化，无有留难，则天下之势一矣”②。

归根结底，统分有度指向在活力与合力共进中汇聚起历史创造的磅礴力量。

“分”从来不是为分而分，“分”是有底线的，这一底线就是不能损害中华民族的统一性，不能削弱中国的国家能力。如果放任社会中一个群体利益的获得是以另一个群体利益的受损为代价这样的现象，因分而怨，因分而仇，这样的“分”就会步入歧途；如果因分而使得国家、民族、社会退化成了一种抽象的符号，一个可以随时抛弃的标签，甚至成为小集团、小群体获得利益的工具、积累财富的跑马场，这样的“分”就犯了颠覆性的错误。中华民族 170 多年来抗争奋进的历史告诉我们，“国家好、民族好，大家才会好”③。中国社会在历史发展中有过不同程度、不同样态的“分”，但最终还是要也还是会走向统一，这是中国历史发展进程中的一个鲜明特点④。尤其对于一个要把世界上最大的发展中国家全面建成社会主义现代化强国，一个要在社会主义初级阶段的大背景下实现伟大复兴的民族来说，统一才有条件和基础生生不息，统一才有力量抵御风险挑战，统一才能建设一个新世界。

“统”也绝非机械地集中，更不是被动地集中。“集中力量办大事”是中国社会主义制度的巨大优越性，正是有效地集中力量，中国社会在

---

① 《汉书·王吉传》。

② 《宋史纪事本末》。

③ 《习近平谈治国理政》第 1 卷，外文出版社，2018，第 36 页。

④ 参见卜宪群《谈我国历史上的“大一统”思想与国家治理》，《中国史研究》2018 年第 2 期。

被遏制封锁的环境下，自力更生建成了“两弹一星”，建立了独立完整的工业体系，办成了许多其他国家办不了的大事。在一定意义上，改革开放也是集中力量办成的一件大事。如果不是全社会“不争论”，以统一的国家意志推进改革开放，也不会有40多年的“当惊世界殊”。邓小平深有感触地讲道：“这种体制益处很大，很有助于国家的兴旺发达，避免很多牵扯”。[①] 只不过需要清醒认识到的是，在新中国成立后很长一段时间内，中国社会的每一个人都因当家作主而满怀巨大的建设社会主义的积极性，这样的力量被集中起来当然就能办成大事、创造奇迹。但当这样的情绪逐渐消退，积极性开始衰减之后，即使勉强集中起来，也难免力不从心。中国社会在20世纪六七十年代已经有过深刻的教训。

既高度“统”，又防范避免在“统”的过程中挫伤积极性，压抑社会活力，就要着力“形成社会主义市场经济条件下集中力量办大事的新机制”[②]。这一新机制新就新在把社会主义市场经济体制与作为国家组织形式和活动方式基本原则的民主集中制有机结合起来，有效地实现了在充分“分”的基础上的高度“统”，在充分激发活力的基础上的最大“合”。比如，在基本经济制度方面，既重视“毫不动摇地巩固和发展公有制经济”，又强调“毫不动摇地鼓励、支持和引导非公有制经济发展”；在政治发展方面，不是“清一色”，不搞“一言堂”，用新型政党制度让中国社会的政治力量在各取所需中找出最大公约数，在各尽其能中聚起向心力；等等。这些制度安排是中国道路的大创造，亦是中国道路的大智慧。

三　同异相宜

中华民族伟大复兴不能独善其身，中国社会也不能闭门造车走向现代化。中国道路是一条开放、合作、共赢的道路，是一条面向世界、拥

---

① 《邓小平文选》第3卷，人民出版社，1993，第220页。

② 习近平：《论把握新发展阶段、贯彻新发展理念、构建新发展格局》，中央文献出版社，2021，第119页。

抱世界、与世界同发展共进步的道路。如何在走向现代化的历史进程中处理好中国与世界的关系，是贯穿中国道路始终的一个基本问题。70 年来，中国社会以高度的开放求“同”，尽可能广泛地与世界接轨；以坚定的自觉存“异”，用中国特色标注道路自信。同异相宜，和而不同，在正确处理“同”与“异”的辩证关系中，确立起中国道路的“世界观”。

站在人类社会历史发展的高度，主动求“同”。

人类社会现代化的历程也是“成为世界历史”的历程，“各个相互影响的活动范围在这个发展进程中越是扩大，各民族的原始封闭状态由于日益完善的生产方式、交往以及因交往而自然形成的不同民族之间的分工消灭得越是彻底，历史也就越是成为世界历史”①。马克思恩格斯进一步指出，“物质的生产是如此，精神的生产也是如此。各民族的精神产品成了公共的财产。民族的片面性和局限性日益成为不可能，于是由许多种民族的和地方的文学形成了一种世界的文学”②。这是人类社会发展的客观历史事实，这也是共产党人的高度自觉。“工人阶级在它应当为整个社会完成的具有世界历史意义的伟大任务中有计划地进行国际合作。”③

当然，这种“同”不可避免地带有历史发展的阶段性印记。当今世界是资本、资产阶级“按照自己的面貌为自己创造出一个世界”④。既有的国际规则、国际惯例大多都是在以西方资本主义制度为基本框架，以有利于少数发达国家获取超额利益、保持优势地位的前提下形成和运行的。一些西方国家宣称并极力推广的价值理念更是一种维护既得利益与既有地位、遏制后发新兴国家发展的意识形态策略。但是这种秩序和规则在当今世界现实的社会生产力发展水平、既定的经济社会发展阶段的背景下，有着客观的现实性和一定的历史合理性，这也是人类社会走向更高社会发展阶段正在经历和不可跨越的一个阶段。所以，中国道路并

---

① 《马克思恩格斯文集》第 1 卷，人民出版社，2009，第 540~541 页。

② 《马克思恩格斯文集》第 2 卷，人民出版社，2009，第 35 页。

③ 《马克思恩格斯全集》第 21 卷，人民出版社，2003，第 458 页。

④ 《马克思恩格斯文集》第 2 卷，人民出版社，2009，第 36 页。

不轻易否定这种“同”，并且主动拥抱这种“同”。20 世纪 80 年代以来，中国对外开放的大门越开越大，做世界工厂，参与全球产业分工，参与全球治理，参加国际性组织，加强与世界的互联互动。在这一过程中，外部世界对中国的影响越来越大，中国社会不可避免地要改变自身，在行为模式乃至一些体制机制模式方面向世界看齐，向世界趋“同”，按国际规则和国际惯例行事。虽然现有全球治理格局需要深度变革以更加体现现实的国家力量变化，现有国际秩序也需要持续优化以更加体现公平正义。但这一切的前提是先趋“同”、认“同”，在参与中变革，在维护中优化。中国强调自己是“国际秩序的维护者”，并积极支持多边主义，扛起经济全球化大旗，正是基于这样的认知。

遵循人类社会发展规律，自觉存“异”。

无论是从中国道路的初心使命来看，还是从人类社会发展规律来看，这种“同”都是有限度的，要对这种“同”保持足够的清醒和审慎。如果追求现代化到最后连中国社会近百年奋斗的发展道路、宗旨信仰都否定了，这还是中国的现代化吗？如果在走向世界的过程中丧失了自我，消融了民族和国家的主体性，这样的发展还有什么意义？人类社会在走向世界历史的进程中，不能也不可能否定、消解民族和国家的政治经济文化功能，更何况民族和国家在可预计的相当长的时期内还必然客观存在。1882 年 2 月恩格斯在致卡尔·考茨基的信中说：“一个大民族，只要还没有实现民族独立，历史地看，就甚至不能比较严肃地讨论任何内政问题。……无产阶级的国际运动，无论如何只有在独立民族的范围内才有可能。”① “不恢复每个民族的独立和统一，那就既不可能有无产阶级的国际联合，也不可能有各民族为达到共同目的而必须实行的和睦的与自觉的合作。”② 中华民族、中华人民共和国，既是中国道路的实践起点，更是中国道路的实践载体。没有一个复兴的中华民族，没有一个富强的中华人民共和国，中国道路也不可能走远走好。

更进一步看，中国道路存“异”并不只是自觉选择，更多的是客观

---

① 《马克思恩格斯文集》第 10 卷，人民出版社，2009，第 471~472 页。

② 《马克思恩格斯文集》第 2 卷，人民出版社，2009，第 26 页。

必然。“人们自己创造自己的历史，但是他们并不是随心所欲地创造，并不是在他们自己选定的条件下创造，而是在直接碰到的、既定的、从过去承继下来的条件下创造。”① 国情就是这样一种既定的条件。一个国家的历史文化、经济状况、发展程度都是既定的，甚至是特定的。

中国社会与西方社会有着不同的发展历程，不同的发展路径、不同的发展条件、不同的发展结果，这一系列的“不同”必然导致另一系列的“不同”：不同的价值判断、不同的行为偏好、不同的思维方式、不同的技能素质。这些“不同”，构成了一个社会的基本形态，包括社会制度。制度哲学研究表明，制度是非中性的。也就是说任何制度都有其偏好群体和优势策略。一种制度可能让某一社会群体如鱼得水，占尽利益，却会让另一社会群体缘木求鱼，得不偿失。现代西方社会制度是在其几百年的资本主义背景下发展起来的，背后更有着数千年的西方文化滋养，还有着近百年的海外殖民掠夺“资本”，但这样的制度已经是明日黄花而难有后来者了。在人类社会 200 多年的现代化进程中，按照西方发展模式实现工业化的国家不超过 30 个，人口不超过 10 亿人。非不为也，是不能也。一个本是少数人占有大多数人利益的制度怎么可能让大多数人也跻身其中。这也就是为什么后发国家发展赶超的优势策略必然是差异化的选择。唯有不同，才可能趋“同”。

同异相宜，和而不同。

“同”与“异”并不是绝对对立的。同属人类这个种群，同居地球这个星球，人类社会必然会有很多的“同”。中国道路不否定存在共同普遍的东西，中国道路也倡导全人类共同价值。习近平在第七十届联合国大会一般性辩论的讲话中指出：“和平、发展、公平、正义、民主、自由，是全人类的共同价值。”② 但这共同价值的实现形式一定是特殊的，是要通过各个民族、各个国家自己的特色体现出来。价值理念是如此，发展道路同样如此。中国道路所取得的巨大绩效让许多发展中国家赞叹羡慕，纷纷取经希望能为己所用。但是习近平讲：“我们不‘输入’

① 《马克思恩格斯文集》第 2 卷，人民出版社，2009，第 470~471 页。

② 《习近平谈治国理政》第 2 卷，外文出版社，2017，第 522 页。

外国模式，也不‘输出’中国模式，不会要求别国‘复制’中国的做法。”① 标榜“普世”的背后是少数人、少数国家为其既得利益打的小算盘，坦言“特色”反倒是着眼于全人类、全社会的共同问题与普遍诉求。

中国道路的价值不在于中国社会具体做的内容是什么，而在于让世界认识到走向现代化的道路不是只有西方社会那一条，让人类社会对自身发展规律有了更进一步的认识。他国学习借鉴中国道路，不是学习模仿走中国的道路，而是学会走自己的路。任何国家都要寻找并选择适合自己国家的发展道路与发展方略，适合自己国家的发展道路与发展方略方是最好的发展道路与发展方略。

同异相宜的价值意蕴是中国文化中的“和而不同”理念。“夫和实生物，同则不继。以他平他谓之和，故能丰长而物归之；若以同裨同，尽乃弃矣。”② 人类社会当然要走向世界历史，但世界中的国家和民族不能被一种制度、一个模式格式化。“和”是在“不同”的基础上形成的，“若以水济水，谁能食之？若琴瑟之专一，谁能听之？”③ 如果一味追求“同”，否定排斥“异”，不仅不能使世界得到发展，反而会使世界走向衰落。为什么中国倡导的人类命运共同体优于西方霸权帝国模式，就在于它不是一种清一色的国家联盟，而是在不同国家、不同民族充分自主发展基础上形成的一种世界新样态；为什么中国倡议的“一带一路”建设应者云集，就在于它不是中国一家的独奏，而是沿线各国的大合唱。“鹰击长空，鱼翔浅底，万类霜天竞自由”④，这才是一个更加美好的世界，才是中国道路的“世界观”。

四　知行合一

知行关系不仅是贯穿中国哲学的重要问题，也是贯穿中国社会发展

① 《习近平谈治国理政》第 2 卷，外文出版社，2017，第 522 页。

② 《国语·郑语》。

③ 《左传·昭公二十年》。

④ 《毛泽东诗词集》，中央文献出版社，1996，第 6 页。

的重要问题；由之而来的知行合一不仅是中国哲学认识论的集中体现，也是中国道路实践观的集中体现。80 多年前毛泽东在创作马克思主义哲学中国化最重要的成果之一《实践论》的时候，将其副标题命名为“论认识和实践的关系——知和行的关系”；70 年来中国道路在风雨兼程中将知与行的辩证关系深深镌刻在中国的大地上、历史的长河中。如果说，毛泽东的《实践论》是知行合一的理论版，通过实践与认识的循环往复阐述了“辩证唯物论的知行统一观”；中国道路就是知行合一的实践版，是在认识与实践的互动中开辟出引领时代的人间正道。

勇于“行”，中国道路是从没有路的地方走出来的。

尽管马克思主义经典作家对超越资本主义社会的未来新社会做过阐述与预言，但主要还是一种原则性的理论构想；尽管世界社会主义运动也有过一国的胜利和多国的坚守，但都是在特定条件下的探索与尝试，并没有形成系统的理论、完备的方案、成熟的模式。所以，中国道路本质上是一条前无古人的发展新路，没有现成蓝本可以照抄照搬。用毛泽东的话讲是“草鞋没样，边打边像”，用邓小平的话讲是“摸着石头过河”，先做起来再说。因此，中国特色社会主义不是晦涩抽象的教条，也不是遥不可及的乌托邦，中国社会每时每刻正在进行的活生生的充满生机和活力的现实运动就是中国特色社会主义，中国社会已经干成和正在干的一切就是中国特色社会主义。习近平讲，“社会主义是干出来的”①，强调的就是中国道路的实践特色，突出的就是中国道路的“行”。

正是勇于“行”，中国特色社会主义发展了中国，让不可能成为可能。中国社会用几十年的时间走完了西方发达国家几百年走过的工业化历程，中华民族迎来了从站起来、富起来到强起来的伟大飞跃，中国人民迎来了从温饱不足到小康富裕的伟大飞跃。也正是勇于“行”，中国特色社会主义进入新时代，中国特色社会主义自身也迎来了从创立、发展到完善的伟大飞跃，让科学社会主义的伟大构想有了成功的现实形态。用辉煌的成就，用光明的希望将科学社会主义的旗帜在 21 世纪的世界高高举起，让世界上两大主义、两种社会制度间的较量继 20 世纪中叶之后

---

① 习近平：《在北京大学师生座谈会上的讲话》，人民出版社，2018，第 14 页。

再一次发生了历史性转变，让世界上正视、相信和向往社会主义的人多了起来。

虽然在中国道路的探索阶段和发展初期，我们对什么是社会主义，怎样建设社会主义的问题尚没有完全搞清楚，中国特色社会主义的“行”始终是有原则、有方向、有定力的“行”。中国特色社会主义没有金科玉律的教科书，但有坚定不移的科学社会主义原则，有始终不渝的初心与使命；不听“教师爷”的指手画脚，但敞开胸怀学习借鉴人类文明的一切优秀成果。在既不走封闭僵化的老路也不走改旗易帜的邪路的坚定实践中，走出了一条走向现代化的、实现伟大复兴的“中国道路”。

行中“知”，不断推动实践基础上的理论创新。

实践的深化与成功必然带来理论的发展与飞跃。从毛泽东思想到包括邓小平理论、“三个代表”重要思想、科学发展观在内的中国特色社会主义理论体系，再到作为中国特色社会主义理论体系重要组成部分的习近平新时代中国特色社会主义思想，中国道路的指导思想不断在发展中创新，实现了一次又一次的飞跃。

通过“行”深化了对市场经济的认识。中国社会在进行社会主义建设的过程中，一度把市场经济当作资本主义独有的东西而加以拒斥。其实市场作为一种经济要素的组织形式，在社会主义初级阶段仍然是有效的，甚至是不可或缺的。运用得好不仅不会阻碍生产力的发展，还会推动生产力的发展。实行社会主义市场经济 20 多年来，中国社会对市场的认识从“市场调节为辅”（1982 年）转变为在资源配置中起“基础性作用”（1992 年），最后上升到“决定性作用”（2013 年）。

通过“行”深化了对共同富裕的认识。中国改革开放初期“让一部分人先富起来”的策略有着客观的历史必然性与必要性。但是，中国道路的价值指向是共同富裕而不是两极分化。邓小平当年明确讲，如果出现了两极分化，改革就失败了，中国道路也就失败了。随着“行”的不断深化，中国道路越来越凸显出共同富裕这一社会主义的本质特征，越来越强调共同富裕是中国特色社会主义的根本原则，并且提出了全民共享、全面共享、共建共享、渐进共享的共享发展理念。这些认识皆已充分体现在习近平新时代中国特色社会主义思想中。

通过“行”深化了对科学发展的认识。坚持发展是硬道理，致力于快速发展是中国道路最鲜明的特点。随着中国道路“行”的不断深化，从片面追求发展速度，片面强调 GDP，开始走向对发展质量、效益的重视，对全面发展的重视。不仅形成科学发展观（2003 年），更进一步提出新发展理念（2015 年），确立起高质量发展的目标（2017 年），实现了中国社会发展观的不断创新。

通过“行”深化了对党的领导的认识。没有中国共产党的领导，就不可能有中国道路的开辟与发展。党的十八大以来，特别是党的十九大以后，明确中国特色社会主义最本质的特征是中国共产党领导，中国特色社会主义制度的最大优势是中国共产党领导，党是最高政治领导力量，对党的领导的认识达到了前所未有的新高度。中国社会越来越认识到，在国家治理和社会运行过程中党政是要有分工的，但在政治逻辑上党政是不能分开的；中国共产党不是也不能“包打天下”，但是党的领导不能有空白之地。所以，坚持党对一切工作的领导，被明确为新时代中国特色社会主义的基本方略；坚持和加强党的全面领导成为新时代党的建设总要求的第一要义。

知行合一，要点在合，难点也在合。在现实生活中，人们认识到了“本身运动的自然规律”①，但出于利益的羁绊知而不行、知而缓行者有之，纸上谈兵、虚谈废务者有之，改头换面、偷梁换柱者亦有之。中国道路之所以能坚韧前行，就在于真知而自觉，真行而自信。

知行合一，通过革命性的锻造做到“自身硬”。先进优秀是中国共产党立党的根本，要想保持先进优秀必须勇于自我革命。中国共产党坚持全面从严治党永远在路上，让一个世界上最大的政党能刀刃向内，自己给自己动手术；以“不忘初心，牢记使命”的自警，让一个已经长期执政并将继续长期执政的政党，不断以自我革命推动社会革命。

知行合一，通过伟大斗争实现伟大梦想。大国的复兴从来不会一帆风顺，遏制阻碍有之，消极懈怠有之，风险挑战亦有之，必须随时准备进行具有许多新的历史特点的伟大斗争。党的十八大以来，中国共产党

① 《马克思恩格斯文集》第 5 卷，人民出版社，2009，第 9~10 页。

和中国社会的斗争意识不断增强，斗争精神更加发扬，斗争本领切实提高。这一点在应对中美经贸摩擦过程中体现得尤为充分。60 多年前的中国是一个面对霸凌主义敢于斗争、敢于胜利的国家，今天的中国依然如此，而且更加有准备，更加有实力，更加有底气。

知行合一，担当起为世界谋大同的责任。从毛泽东的“中国应当对于人类有较大的贡献”① 到习近平的“为世界谋大同”②，中国道路“知之深”；从提出“人类命运共同体”的构想到发出“一带一路”的倡议，从以更加开放的姿态扛起 21 世纪经济全球化旗帜到用多边主义顶住一些国家霸凌主义的行为，中国道路“行之笃”。不仅通过自己的发展成果为世界贡献“中国制造”，还通过自己的实践经验为世界贡献“中国方案”。

习近平讲：“当今世界，要说哪个政党、哪个国家、哪个民族能够自信的话，那中国共产党、中华人民共和国、中华民族是最有理由自信的。”③ 正因为知行合一，不惧于乱云飞渡和风高浪急，不乱于噪声杂音的纷扰迷惑，“不屑于隐瞒自己的观点和意图”④，中国道路走得坚定而执着，自信而从容，正大而光明。

五　结语：用中国话语讲中国道理

近百年的探索追寻，70 年的砥砺前行，中国道路在实践中做到了，并且做得很好。在经济发展方面，“中国奇迹”一枝独秀；在国家治理方面，“中国之治”风景这边独好；在全球发展方面，“中国方案”给出了一种全新的选择；等等。但是，中国道路的理论内涵、理论逻辑、理论意义尚未被真正讲清楚、讲正确。或搭便车，或侥幸，或不可持续，针对中国道路的各种论调此起彼伏。这样的认知倒也不完全是恶意诋毁，

① 《毛泽东文集》第 7 卷，人民出版社，1999，第 157 页。

② 习近平：《同舟共济克时艰，命运与共创未来：在博鳌亚洲论坛 2021 年年会开幕式上的视频主旨演讲》，人民出版社，2021，第 8 页。

③ 《习近平谈治国理政》第 2 卷，外文出版社，2017，第 36 页。

④ 《马克思恩格斯文集》第 2 卷，人民出版社，2009，第 66 页。

甚至也不仅仅是意识形态的遮蔽，而且是来自认知范式的错误。简单化地用西方社会的理论框架来解释中国道路的实践，用西方社会的学术话语体系来阐释中国道路的逻辑，就从根本上走进了认知的误区。

学术话语及矗立在其背后的思维观念不会也从来不是凭空产生的，总是来自特定的社会历史实践，反映的是特定的经济社会关系。虽然经过长时间的思维积淀与演进，特定社会历史实践的影子越来越模糊，特定的经济社会关系越来越褪色，使得某一话语越来越呈现出抽象的样态，也获得了普遍的意味，但是其基础仍然是原来的实践基础，其解释力的有效范围仍然是原来的对象。面对超出了自身实践基础的对象而指手画脚，不是无知的自负，就是叵测的预谋。倘使新兴者不加鉴别地拿来当作圭臬，用以检验、评判自己的行为，不仅是削足适履，而且是邯郸学步，乃至自废武功。中华民族伟大复兴当然是人类社会走向现代化的这一共同历史实践中的重要一环，但中国社会的现代化实践与西方社会走向现代化的实践在众多根本性问题上是不同的，走的也是一条与西方社会现代化截然不同的崭新道路。仅就发展过程来说，西方现代化是“串联式”顺序发展，中国现代化是“并联式”叠加发展，更何况在价值指向上的泾渭分明。看不到这一点，或故意装作看不到这一点，而用西方社会的现代化发展理论来解释中国现代化道路必然是鸡同鸭讲，是指鹿为马。

反过来，中国道路引领的中国现代化历史进程，其实践形态虽然与传统中国的实践形态有着天壤之别，但流淌、滲润其实践活动始终的文明精神、文化思维是一以贯之的。习近平曾经讲过一句意味深长的话，中国道路“是在对中华民族 5000 多年悠久文明的传承中走出来的”①。没有中华文明这方水土是不可能生长出中国道路这一实践硕果的，同样离开了中华文化的基本精神也是不可能真正讲清楚说明白中国道路这一伟大实践的。因此，传统中国哲学的一些概念与范畴在解释现代中国实践方面依然也必然有着无可替代的地位，有着极为精准深刻的阐释力。这不仅是中国学术思想史薪火相传的内在要求，亦是中国历史实践与中

① 《习近平谈治国理政》第 1 卷，外文出版社，2018，第 39~40 页。

国文化精神脉脉相延的理性自觉。当然，在具体的运用过程中，要结合实践的新形态和时代的新特点，对这些概念进行创造性转换和创新性发展，把跨越时空、超越国度、富有永恒魅力、具有当代价值的文化精神彰显出来，打造出新时代中国哲学社会科学阐述中国道路的标识性概念，构建起新时代中国哲学社会科学讲述中国道理的学术话语体系。本文所做就是这样一种尝试。

吸吮中华文明的养分，拥抱时代精神的精华，在历史前进的逻辑中走自己的路，这是中国道路的哲学自觉；用中国话语讲述中国道理，用中国道理阐述中国道路，这是新时代中国哲学社会科学的学术自觉。两个自觉的同向共进，必将造就出崭新的社会主义现代化强国，造就出灿烂的“哲学社会科学中的中国”，迎来中华民族伟大复兴的光明前景。

论“文明的辩证法”*

王虎学

一 引言

文明是一个象征着进步、开化的字眼，它与落后、未开化相对立。文明也是一个专属于人类的历史范畴，在人类产生以前的洪荒世界，没有文明可言；人类产生以后，尚未进入人类实践领域的广大自然界，亦无文明可言。根据摩尔根的历史“分期法”，人类的历史可以依次划分为前后相继的三个时代，即蒙昧时代、野蛮时代和文明时代。蒙昧时代，是指人类以采集现成的天然产物为主的时期；当人类学会通过自己的劳动增加天然产物的生产方法的时候，就进入了野蛮时代；所谓文明时代，则是指人类学会对天然产物进一步加工的时期，是物质劳动和精神劳动相分离、真正的工业和艺术产生的时期。恩格斯高度评价道：“摩尔根是第一个具有专门知识而尝试给人类的史前史建立一个确定的系统的人；他所提出的分期法，在没有大量增加的资料要求作出改变以前，无疑依旧是有效的。”① 由此可见，文明时代无疑是整个人类发展史上的一个重要环节，它与人类的蒙昧时代、野蛮时代相对立且是在前两个时代的基础上发展起来的。

---

* 国家社科基金项目“马克思主义价值观研究”（15CKS032）、国家青年拔尖人才项目“马克思主义价值观及其当代意义研究”的阶段性成果。本文原载于《学术研究》2021年第2期，收入本书时有改动。

① 《马克思恩格斯选集》第4卷，人民出版社，2012，第29页。

在谈及文明时代时，恩格斯引入了分工范畴并特别强调指出，文明时代是在巩固和加强先前时代已经发生的各次分工的基础上发展起来的一个崭新的历史阶段。恩格斯这样写道：“文明时代是社会发展的这样一个阶段，在这个阶段上，分工、由分工而产生的个人之间的交换，以及把这两者结合起来的商品生产，得到了充分的发展，完全改变了先前的整个社会。”①

实际上，人类文明的生成、嬗变、延续与分工有着内在的相关性。可以说，没有分工，就没有人类文明可言。在这个意义上，我们完全可以将分工视为人类文明发展的杠杆。此外，考古学家在对世界各大洲的考古中发现了一个共同的现象：任何种族或文明在其延续的过程当中都存在极其明显的分工。法国著名社会学家涂尔干指出：“文明并不是一种能够借助诱惑手段来牵制人们的目标，也不是人们事先隐约感到和渴望得到，并尽可能地采用各种手段去努力追求的某种财富。相反，它只是某种原因的结果，是某种现存状态的必然归宿。”② 文明之“果”的原因不是别的，就是分工。正如恩格斯所指出的，人类走到文明时代的门槛，这是“由分工方面的一个新的进步开始的”。而这一“新的进步”表现为文明时代“所特有的、有决定意义的重要分工：它创造了一个不再从事生产而只从事产品交换的阶级——商人”③。究其实质而言，这一“新的进步”是指物质劳动和精神劳动的分离，即“真正的分工”的出现。换句话说，“真正的分工”是人类文明的开端。巴利巴尔称：“文明的遥远开端和‘现实’现象能够联系起来，这一点尤其令马克思感兴趣。”④

当然，将分工与人类文明联系起来考察，这一研究思路也得益于经典作家的启示。在《德意志意识形态》中，马克思恩格斯分析指出，随着物质劳动与精神劳动的分离，“享受和劳动、生产和消费”分别“由

① 《马克思恩格斯选集》第 4 卷，人民出版社，2012，第 190~191 页。

② 涂尔干：《社会分工论》，渠东译，生活·读书·新知三联书店，2000，第 296 页。

③ 《马克思恩格斯选集》第 4 卷，人民出版社，2012，第 181、182 页。

④ 埃蒂安·巴利巴尔：《马克思的哲学》，王吉会译，中国人民大学出版社，2007，第 75 页。

不同的个人来分担”的现象不仅成为可能，而且成为现实，人类文明的发展因而也获得了坚实的起点。与此同时，他们着眼于“真正的分工”，发现了“意识”，阐明了“社会存在决定社会意识”这一历史唯物主义真理。值得注意的是，他们这时虽然并没有把“意识”提至构成“原初”历史关系的因素之列，却也未曾将“意识”看作经济的纯粹附属物，而是将“意识的发现”以及随之出现的“自由的精神生产”视为人类跨过文明时代门槛的标志。但是，历史的吊诡和问题的复杂性就在于：文明时代的门槛也是阶级社会的门槛。文明与阶级虽是对立的两极，却相反相成，皆因分工而生。一方面，“分工随着文明一同发展”；另一方面，“阶级的存在是由分工引起的”。由此可见，只有抓住了分工之“因”，才能诠释文明与阶级之“果”，只有从分工的悖谬存在状态出发，才能真正通晓或破解历史的矛盾运动及其所昭示的“文明的辩证法”。

二　分工随着文明一同发展

早在詹姆斯·穆勒《政治经济学原理》一书摘要中，基于对现代文明社会本质的洞悉，马克思就已鲜明地提出了这样一个命题：“分工随着文明一同发展。”① 如果说文明是人类社会开化、进步的表征，那么，历史地看，人类社会从未开化状态向开化状态发展的过程中，分工也随之一同快速地发展起来了。曾盛赞并极度推崇分工的斯密指出：“一个国家的产业与劳动生产力的增进程度如果是极高的则其各种行业的分工一般也都达到极高的程度，未开化社会中一人独任的工作，在进步的社会中，一般都成为几个人分任的工作。”② 马克思也曾摘引斯密的话说：“在未开化社会，虽然各个人的职业多种多样，但整个社会的职业却并没有好多样……相反，在文明社会，虽然大部分人的职业几乎没有多大差别，但整个社会的职业，则种类多至不可胜数。”而且，如斯密所说，

① 马克思：《1844年经济学哲学手稿》，人民出版社，2000，第175页。

② 亚当·斯密：《国富论》（上），郭大力、王亚南译，商务印书馆，1972，第7页。

在“文明国家”中都“并存着极其多种多样的、为普通工人生产家具、服装、用具而互相协作的劳动”①。很显然，社会开化了，文明程度提高了，分工也一同发展起来了。在这里，斯密正是把分工的多样化发展当作人类社会进步的标志和人类文明发展的结果来看待的。应该说，斯密的分析是对的，但他只说对了一半，还不够全面，因为他只看到了作为文明之“结果”的分工，而没有看到作为文明之“原因”的分工。斯密的理论“盲点”成为马克思思想“洞见”的突破口，深谙辩证法的马克思清楚地认识到分工具有“原因”和“结果”两重身份，当然，这里的分工是指“真正的分工”。马克思指出：“这种分工，同一切其他分工一样，是过去进步的结果和未来进步的原因。”② 可以说，这一认识深刻而全面地揭示出了分工与文明的辩证关系。

如果说，分工是过去进步的“结果”表明了“分工随着文明一同发展”，那么，分工作为未来进步的“原因”则表明了“文明也随着分工一同发展”。如前所述，“真正的分工”是人类文明的开端，这种分工不仅是人类文明发展的推动力，也为人类文明的繁荣奠定了坚实基础，关于这一点，包括马克思在内的许多思想家都给予了充分肯定。也正是在这个意义上，马克思称分工是迄今为止历史发展的主要力量之一；哈耶克也指出，发达的文明就是建立在技能、知识和劳动的分化之上的，且应该归功于这种分工③；涂尔干更是将分工看作文明得以存在和进步的“理由”。涂尔干说：“尽管文明是某些必然因素的结果，它也可以成为一个目的，成为人们所追求的对象——简言之，就是一种理想。”④ 但是文明只不过是分工的“副产品”而已，因此，在涂尔干看来，把文明视为分工的“功能”是不恰当的，这种看法和做法都是荒谬的。毋宁说，分工是文明存在的“理由”。涂尔干这样写道：“文明不能解释分工的存

① 《马克思恩格斯全集》第 47 卷，人民出版社，1979，第 349、338~339 页。

② 《马克思恩格斯全集》第 47 卷，人民出版社，1979，第 344 页。

③ 参见哈耶克《致命的自负》，冯克利、胡晋华等译，中国社会科学出版社，2000，第 114 页。

④ 涂尔干：《社会分工论》，渠东译，生活·读书·新知三联书店，2000，第 298 页。

在和进步，因为它本身没有固有或绝对的价值；相反，只有在分工本身成为一种必然存在的时候，文明才会有自身存在的理由。”①

既然分工与人类文明一同发展，那么它们之间必然是荣则共荣、损则共损这样一种休戚与共的关系。分工使人类社会摆脱了蒙昧，走向了文明，从而使个人获得了前所未有的“特长”。然而，人类“特长”的获得是以人的智力、想象力等的丧失殆尽为“代价”的，文明社会也因分工而陷入了“片面”发展的困境，结果是，人变得越来越迟钝、麻木、愚昧无知。实际上，斯密根据其老师弗格森的观点也顺便提到了分工的有害后果（用“顺便”一词只为表明，斯密强调的重点是分工的积极方面即提高劳动生产力，而不是分工的消极后果，后者更多的是弗格森的观点）。为了阐明分工及其文明“代价”，我们可以引证这段论述：“随着分工的进步，大部分靠劳动为生的人的职业，也就是说，全部人口中大多数人的职业，只限于极少数的简单操作，常常只有一两种操作。但是，大部分人的智力的养成必然是同他们的日常职业相一致的。如果一个人终生从事少数简单的操作，而这样操作的结果也可能始终是相同的或者说几乎是相同的，那么，他就既没有条件发展他的智力，也没有条件培养他的想象力以寻找克服困难的方法，因为他永远不会遇到困难。这样一来，他自然就会失掉发展和锻炼自己的能力的习惯，他渐渐变得迟钝起来，愚昧无知到无以复加的地步。他的精神上的这种麻木状态……他的生活单调呆板，这些当然会使他的性格变坏，使他消沉下去……因此，他在本行技艺中的熟练程度，可以说是以智力、社会德行和战斗能力为代价所获得的一种特长。但是，劳动贫民，即一切工业发达和文明的社会中的大多数人，都必然会陷入这种状态……在通常称作野蛮社会的社会，即猎人社会，牧人社会，甚至在制造业未发达及国外贸易未扩大的不发达农业状态下的农业社会，情形就不是这样。在这些社会中，每一个人都有各种各样的工作，这就迫使他要不断地努力锻炼自己的能力……”②

---

① 涂尔干：《社会分工论》，渠东译，生活·读书·新知三联书店，2000，第296页。

② 《马克思恩格斯全集》第47卷，人民出版社，1979，第349页。

事实上，只有深刻领悟到了分工的二重性，才能真正理解文明的两面性。正如德国当代社会学家詹纳所言，诚然，分工是人类迈入文明社会的最重要的发明，然而这一发明是一把双刃剑，“它能创造财富，也能导致巨大损害”，另外，“它在提高效率的同时也限制了责任”①。在这里，分工的两重性与文明的两面性虽不是一一对应的，却是直接相通的。我们认为，文明较之野蛮是一种进步，同样，文明时代较之古代氏族社会完成了后者完全做不到的事情，这也是一种进步。但是正如恩格斯在《家庭、私有制和国家的起源》中所揭示的那样，这种社会进步“是用激起人们的最卑劣的冲动和情欲，并且以损害人们的其他一切禀赋为代价而使之变本加厉的办法来完成这些事情的。鄙俗的贪欲是文明时代从它存在的第一日起直至今日的起推动作用的灵魂；财富，财富，第三还是财富，——不是社会的财富，而是这个微不足道的单个的个人的财富，这就是文明时代唯一的、具有决定意义的目的。如果说在文明时代的怀抱中科学曾经日益发展，艺术高度繁荣的时期一再出现，那也不过是因为现代的一切积聚财富的成就不这样就不可能获得罢了”②。也就是说，社会进步是以损害人的禀赋为代价换来的，最为突出的一点是，在文明时代，财富成了唯一的“目的”，任何独立的精神生产部门的发展，如科学、艺术等都仅仅具有“手段”的性质，正如马克思所说：“科学获得的使命是：成为生产财富的手段，成为致富的手段。”③ 说到底，科学、艺术的一时繁荣充其量只能算作文明时代的“副产品”而已。在人类历史的长河中，这种以“鄙俗的贪欲”为动力、以追逐“个人财富”为目的的文明时代只是一小段，它自身已经包含着“自我消灭的因素”，因而不可能永恒存在，最终必将为新的更高的以“人的能力的发展为目的”的社会所替代。

客观地讲，历史的发展往往都是人类社会新旧更替的过程，文明时代的“自我消灭”表明：文明时代自身所包含的不可克服的矛盾与对立

① 格罗·詹纳：《资本主义的未来：一种经济制度的胜利还是失败?》，宋玮等译，社会科学文献出版社，2004，第51、182页。

② 《马克思恩格斯选集》第4卷，人民出版社，2012，第194页。

③ 《马克思恩格斯全集》第47卷，人民出版社，1979，第570页。

已经充分发展起来了。正如恩格斯所说："文明时代所产生的一切都是两重的、双面的、分裂为二的、对立的。"① 矛盾、对立的最终消解必然是这种文明社会的彻底瓦解，历史不外是各个世代的依次更替罢了。在这个意义上，空想社会主义者傅立叶"最了不起的地方"就是把人类社会历史划分为蒙昧、野蛮、宗法和文明四个发展阶段，而且他已经深刻认识到：较之野蛮时代，文明时代所犯下的罪恶本身"都采取了复杂的、暧昧的、两面的、虚伪的存在形式"。在充分肯定傅立叶的深刻识见的基础上，恩格斯进一步引申指出："文明时代是在'恶性循环'中运动，是在它不断地重新制造出来而又无法克服的矛盾中运动，因此，它所达到的结果总是同它希望达到或者佯言希望达到的相反。"② 这里所说的文明时代实际上就是指资本主义社会阶段，因此，对于资本主义社会本身所内含的矛盾运动与对立的洞悉，将更有助于理解文明时代的两面性。马克思敏锐地洞察到："在现代社会中，在以个人交换为基础的工业中，生产的无政府状态是灾难丛生的根源，同时又是进步的原因。"③ 詹纳充分肯定了这一点，并认为："马克思对资本主义的批判是符合实际的……马克思对资本主义所做出的诊断直到今天仍然是符合时代的。"④ 原因就在于，作为工业经济的批判家，马克思"用一种激烈的言辞指出了工业文明发展的两种趋势：它能够将人类的物质财富增加到前所未有的水平，它也能对社会造成前所未有的伤害"⑤。实际上，在资本主义工业文明的发展进程中，任何经济的进步都会蜕变成社会的灾难。因此，当代著名哲学家德里达曾大声呼吁："让我们永远不要无视这一明显的、肉眼可见的事实的存在，它已经构成了不可胜数的特殊的苦难现场：任何一点儿的进步都不允许我们无视在地球上有如此之多的男人、

① 《马克思恩格斯选集》第4卷，人民出版社，2012，第77页。

② 《马克思恩格斯选集》第3卷，人民出版社，2012，第647页。

③ 《马克思恩格斯全集》第4卷，人民出版社，1958，第109页。

④ 格罗·詹纳：《资本主义的未来：一种经济制度的胜利还是失败？》，宋玮等译，社会科学文献出版社，2004，第7页。

⑤ 格罗·詹纳：《资本主义的未来：一种经济制度的胜利还是失败？》，宋玮等译，社会科学文献出版社，2004，第6页。

女人和孩子在受奴役、挨饿和被灭绝。”①

问题的吊诡之处就在于，文明社会一直都是在对立和矛盾中运动、发展的。马克思说：“现在正是人的劳动的统一只被看作分离，因为社会的本质只在自己的对立物的形式中、在异化的形式中获得存在。分工随着文明一同发展。”② 很显然，“分工随着文明一同发展”这一命题的提出，正是以对文明社会的对立、异化本质的洞悉为前提的。关于文明社会的对立本质，恩格斯曾指出，文明时代的一个鲜明特征就在于：“把城市和乡村的对立作为整个社会分工的基础固定下来。”③ 可以说，随着野蛮向文明的过渡、部落制度向国家的过渡、地方局限性向民族的过渡而开始的城乡之间的对立，不仅贯穿了文明的全部历史，而且一直延续到现在④。关于文明社会的异化本质，马克思这样描述道：“我们的一切发明和进步，似乎结果是使物质力量成为有智慧的生命，而人的生命则化为愚钝的物质力量。”⑤ 在这里，物的升值与人的贬值是同一个过程。赛耶斯转引黑格尔的分析进一步指出文明包含着异化：《圣经》中伊甸园的故事“表达了关于一种比较古老的、相当纯朴的和更自然的生活境界——在这种生活状态之中，人类彼此之间以及人类与自然之间，都是和睦相处的——的思想观念。相比之下，在人堕落以后，文明化的状态却是一种不和谐、不融洽、自我异化并与我们周围的世界异化的境界”⑥。实际上，当人类进入文明社会以后，异化就成了劳动贫民即广大人民群众无法逃脱的宿命。在竞争居于统治地位的文明社会中，失业变成了司空见惯的现象，每一个人都不得不去抢夺别人的饭碗，用一切办法挤掉别人的工作。正如恩格斯所描述的那样：“在任何一个文明的社

① 德里达：《马克思的幽灵：债务国家、哀悼活动和新国际》，何一译，中国人民大学出版社，1999，第 120 页。

② 马克思：《1844 年经济学哲学手稿》，人民出版社，2000，第 175 页。

③ 《马克思恩格斯全集》第 21 卷，人民出版社，1965，第 200 页。

④ 参见张曙光《人的世界与世界的人：马克思的思想历程追踪》，河南人民出版社，1994，第 265 页。

⑤ 《马克思恩格斯选集》第 1 卷，人民出版社，2012，第 776 页。

⑥ S. 塞耶斯：《异化与经济发展》，肖木译，《哲学译丛》1995 年第 S1 期。

会里……人们用一定的方式出卖自己：他们求乞；打扫街道；站在街道拐角处等候某种工作；替别人做些偶然得到的零活以求勉强维持自己的生活；拿着各色各样的零星杂货叫卖；或者像我们在今天晚上所看到的一些穷人家的姑娘一样，从一个地方走到另一个地方，弹着吉他卖唱，仅仅为了赚几个小钱而不得不听各种无礼的和侮辱人的话。”①

历史的辩证法向我们昭示：每一次巨大的历史灾难都是以历史的进步作为补偿的。而“文明的辩证法”正是对文明社会内部充分发展着的对立和矛盾的本质的真正自觉，也是马克思所坚持的历史的辩证的方法论原则在基于分工的人类文明问题上的完美体现。恩格斯曾指出，“从原始的农业共产主义过渡到资本主义的工业制度，没有社会的巨大的变革，没有整个整个阶级的消失和它们的转变为另一些阶级，那是不可能的；而这必然要引起多么巨大的痛苦，使人的生命和生产力遭受多么巨大的浪费，我们已经在西欧看到了”，而这只是问题的一面。但是，我们也应该看到问题的另一面，即“没有哪一次巨大的历史灾难不是以历史的进步为补偿的”②，这就是历史的辩证法。如果说与传统农业社会相适应的是传统文明，那么，与现代工业社会相适应的则是现代文明。马克思既对印度的古老文明所遭受的悲惨命运抱以人道主义的怜悯和同情，同时又对现代文明的历史进步意义放声高歌。正如马克思所言：“野蛮的征服者，按照一条永恒的历史规律，本身被他们所征服的臣民的较高文明所征服。”③ 在这里，程度较高的文明战胜程度较低的文明，这就是文明发展的一条“永恒的历史规律”。

三　阶级的存在是由分工引起的

由于阶级与文明同出于分工却又构成了对立的两极，因此，首先就有一个如何看待二者之间关系的问题，借用恩格斯的话说，文明与阶级

① 《马克思恩格斯全集》第2卷，人民出版社，1957，第611页。

② 《马克思恩格斯全集》第39卷，人民出版社，1974，第147、149页。

③ 《马克思恩格斯选集》第1卷，人民出版社，2012，第857页。

“虽然是对立物，却是不可分离的对立物，是同一社会秩序的两极”①。换句话说，文明与阶级构成了恩格斯所说的“新的、文明的阶级社会”的两极。

历史地看，“文明的阶级社会”的真正开启与原始共同体的完全崩溃是同步的。也就是说，当古代氏族社会的“纯朴道德”被一种“堕落势力”打破之后，原始的自然形成的共同体便开始走向衰落和崩溃，与此同时，人类社会翻开了崭新的一页，进入了“文明的阶级社会”。在《家庭、私有制和国家的起源》中，恩格斯指出，在人类尚未分化为不同阶级以前的氏族或部落共同体时代，“这个时代的人们，虽然令我们感到值得赞叹，但他们彼此完全没有差别，他们都还依存于——用马克思的话说——自然形成的共同体的脐带。这种自然形成的共同体的权力必然要被打破，而且也确实被打破了。不过它是被那种使人感到从一开始就是一种退化，一种离开古代氏族社会的纯朴道德高峰的堕落的势力所打破的。最卑下的利益——无耻的贪欲、狂暴的享受、卑劣的名利欲、对公共财产的自私自利的掠夺——揭开了新的、文明的阶级社会；最卑鄙的手段——偷盗、强制、欺诈、背信——毁坏了古老的没有阶级的氏族社会，把它引向崩溃。而这一新社会自身，在其整整两千五百余年的存在期间，只不过是一幅区区少数人靠牺牲被剥削和被压迫的大多数人而求得发展的图画罢了”②。

由此可见，当人类从没有阶级的原始共同体跨过文明社会的门槛时，人类也跨过了阶级社会的门槛。而阶级社会的形成离不开分工的发展，吉登斯这样写道：“从财产共有的原始和未分化的体制中生长出阶级社会，当然依赖于分工的专业化，正是分工——将人等同于个别职业的专门化（如雇佣劳动者）——否定了人作为‘普遍’生产者的能力范围。”③ 与之相适应的是，人类生产的占有方式也实现了从共同占有到个

① 《马克思恩格斯选集》第4卷，人民出版社，2012，第87页。

② 《马克思恩格斯选集》第4卷，人民出版社，2012，第110~111页。

③ 吉登斯：《资本主义与现代社会理论——对马克思、涂尔干和韦伯著作的分析》，郭忠华、潘华凌译，上海译文出版社，2007，第28页。

人占有的根本性转变。恩格斯指出，在文明时代以前的“一切社会发展阶段上的生产在本质上是共同的生产……只要生产在这个基础上进行，它就不可能越出生产者的支配范围，也不会产生鬼怪般的、对他们来说是异己的力量，像在文明时代经常地和不可避免地发生的那样”。当人类进入文明时代以后，“分工慢慢地侵入了这种生产过程。它破坏生产和占有的共同性，它使个人占有成为占优势的规则，从而产生了个人之间的交换”①。

在这里，不仅阶级社会的形成依赖于分工，而且“阶级”本身的形成与存在也应该从分工出发来理解。诚如巴利巴尔所言，“马克思在哲学史上第一次引入了‘阶级’的概念”，并从“社会分工和意识分化的角度阐明了不同阶级的存在”②。而“阶级的存在是由分工引起的”③这一命题是恩格斯在《共产主义原理》一文中明确提出来的，进而，他从三次社会大分工出发考察了阶级的历史发生与发展过程。恩格斯说：“从第一次社会大分工中，也就产生了第一次社会大分裂，分裂为两个阶级：主人和奴隶、剥削者和被剥削者。”④第二次社会大分工即农业和手工业的分离，进一步促进了商品经济的发展。随着商品经济的发展，“又加上了一个第三次的、它所特有的、有决定意义的重要分工：它创造了一个不再从事生产而只从事产品交换的阶级——商人”⑤。此外，恩格斯还特别阐明了阶级形成的两种方式。一种是政治领域的阶级的形成。恩格斯指出，在原始公社，“一开始就存在着一定的共同利益，维护这种利益的工作，虽然是在全体的监督之下，却不能不由个别成员来担当……这些职位被赋予了某种全权，这是国家权力的萌芽”⑥。这是在社会政治领域形成的统治权力，它构造了社会统治阶级。另一种是经济

① 《马克思恩格斯选集》第4卷，人民出版社，2012，第191页。

② 埃蒂安·巴利巴尔：《马克思的哲学》，王吉会译，中国人民大学出版社，2007，第67页。

③ 《马克思恩格斯选集》第1卷，人民出版社，2012，第307页。

④ 《马克思恩格斯选集》第4卷，人民出版社，2012，第178页。

⑤ 《马克思恩格斯选集》第4卷，人民出版社，2012，第182页。

⑥ 《马克思恩格斯选集》第3卷，人民出版社，2012，第559页。

领域的阶级的形成。恩格斯说：“农业家族内的自发的分工，达到一定的富裕程度时，就有可能吸收一个或几个外面的劳动力到家族里来。……生产已经发展到这样一种程度：现在人的劳动力所能生产的东西超过了单纯维持劳动力所需要的数量；维持更多的劳动力的资料已经具备了；使用这些劳动力的资料也已经具备了；劳动力获得了某种价值。”① 于是，“奴隶制被发现了”，战俘变成“可供自由支配的劳动力”，这是经济领域构成剥削阶级的起步过程。

需要特别注意的是，哈贝马斯对阶级形成的分工论提出了质疑。在《重建历史唯物主义》一书中，哈贝马斯指出，社会分工理论“没有用论证来说明，为什么从职业的专门化中产生的利益对立必然会产生统治功能，［因为］社会分工同样出现在政治上占统治地位的阶级内部（例如出现在僧侣、军人和官僚之间）和劳动人民内部（例如出现在农民和手工业之间）”②。他据此认为：尽管从分工的角度解释阶级、国家的形成具有一定的理论影响，但是，这种理论却与国家的形成毫不相干。实际上，如果仔细考察一下恩格斯关于阶级形成的分析，我们就会发现，哈贝马斯的这一发难是难以成立的。事实上，马克思恩格斯早就提出并论证道：“在分工的范围内，私人关系必然地、不可避免地会发展为阶级关系，并作为阶级关系固定下来。”③ 他们同样论证道：任何社会中统治阶级的思想总是占统治地位的思想。诚然，分工也出现在统治阶级内部，统治阶级内部也会产生分化甚至对立，但是当统治阶级的共同利益受到挑战或威胁时，内部的纷争、敌对便为共同利益的一致性或攸关性所替代，这种共同利益保证了统治阶级的支配性，因为由“分工和阶级关系而产生的利益的固定化远比‘欲望’和‘思想’的固定化明显得多”④。归根结底，阶级关系的界限就是思想关系的界限。借用巴利巴尔

① 《马克思恩格斯选集》第 3 卷，人民出版社，2012，第 560 页。

② 哈贝马斯：《重建历史唯物主义》，郭官义译，社会科学文献出版社，2000，第 171 页。

③ 马克思恩格斯：《德意志意识形态》（节选本），人民出版社，2018，第 119 页。

④ 《马克思恩格斯全集》第 3 卷，人民出版社，1960，第 291 页。

的话说："我们想重申的是，从思想体系的意义上说（有意或无意中，这些思想将表达某个阶级的目的），马克思在这个问题上提出的并不是'阶级意识'的理论，而是意识阶级特性的理论，一个阶级思想领域界限的理论，反映或者再现了按社会分工划分的不同阶级（或不同民族）之间的交流界限。"①

如果说到现在为止，社会一直都是在对立、矛盾中发展的，那么，阶级社会也不例外，可以说，自有了阶级，就有了阶级之间的对立和斗争。"在古代是自由民和奴隶之间的对立，在中世纪是贵族和农奴之间的对立，近代是资产阶级和无产阶级之间的对立。"② 历史地看，尽管阶级的表现形式在不断翻新，但阶级对立的实质却始终没有改变。如果说文明时代的基础是一个阶级对另一个阶级的剥削，那么正如马克思所说："被压迫阶级的存在就是每一个以阶级对抗为基础的社会的必要条件。"③当然，被压迫阶级的对立面就是压迫阶级，在这样一个奴役与被奴役、压迫与被压迫、剥削与被剥削相互对抗的时代，社会的一切发展必然处于"经常的矛盾"之中。关于这一点，恩格斯曾多次强调："在这个时代中，任何进步同时也是相对的退步，因为在这种进步中一些人的幸福和发展是通过另一些人的痛苦和受压抑而实现的。"可见，这个时代的"全部发展都是在经常的矛盾中进行的。生产的每一进步，同时也就是被压迫阶级即大多数人的生活状况的一个退步。对一些人是好事，对另一些人必然是坏事，一个阶级的任何新的解放，必然是对另一个阶级的新的压迫"④。到了资本主义社会，阶级对立就表现得更加鲜明、更加露骨了，相互对立的各方面已渐渐分成两大阵营即资产阶级与无产阶级。"资产阶级和无产阶级间的对抗仍然是一个阶级反对另一个阶级的斗争，这个斗争一旦达到最紧张的地步，就成为全面的革命。可见，建筑在阶级对立上面的社会最终将成为最大的矛盾、将导致人们的肉搏，这用得

① 埃蒂安·巴利巴尔：《马克思的哲学》，王吉会译，中国人民大学出版社，2007，第 72 页。

② 《马克思恩格斯全集》第 3 卷，人民出版社，1960，第 507 页。

③ 《马克思恩格斯选集》第 1 卷，人民出版社，2012，第 274 页。

④ 《马克思恩格斯选集》第 4 卷，人民出版社，2012，第 76、194 页。

着奇怪吗?”①

甚至可以说，一部人类文明的发展史就是一部阶级对立、阶级斗争的历史。恩格斯明确指出：“阶级对立和阶级斗争构成了直到今日的全部成文历史的内容。”② 毛泽东也曾指出：“阶级斗争，一些阶级胜利了，一些阶级消灭了。这就是历史，这就是几千年的文明史。”③ 事实上，马克思最先发现并最早阐明了这一重大的历史运动规律，即“一切历史上的斗争，无论是在政治、宗教、哲学的领域中进行的，还是在其他意识形态领域中进行的，实际上只是或多或少明显地表现了各社会阶级的斗争，而这些阶级的存在以及它们之间的冲突，又为它们的经济状况的发展程度、它们的生产的性质和方式以及由生产所决定的交换的性质和方式所制约”④。如此看来，阶级对立、阶级斗争归根结底都是由现实的经济条件即生产力的发展水平决定的。正因为如此，恩格斯对于资本主义社会的阶级对抗并不感到大惊小怪，在《英国工人阶级状况》中，他曾十分精辟地指出：“这个一切人反对一切人的、无产阶级反对资产阶级的战争并不使我们感到惊讶，因为它不过是自由竞争所包含的原则的彻底实现而已。”⑤

事实上，不仅阶级之间的对立和斗争是由生产力水平决定的，同样，阶级的产生和发展都取决于生产力的发展水平。“由于生产力太低，每个人不是做奴隶，就是拥有奴隶，等等。”⑥ 因而经济上的各阶级，反映的就是那些以生产资料私有制为基础的社会中的划分。譬如说，“资产阶级和无产阶级是由于经济关系发生变化，确切些说，是由于生产方式发生变化而产生的两个阶级。最初是从行会手工业到工场手工业的过渡，随后又是从工场手工业到使用蒸汽和机器的大工业的过渡，使这两个阶

① 《马克思恩格斯全集》第 4 卷，人民出版社，1958，第 198 页。

② 《马克思恩格斯全集》第 21 卷，人民出版社，1965，第 30 页。

③ 《毛泽东选集》第 4 卷，人民出版社，1991，第 1487 页。

④ 《马克思恩格斯选集》第 1 卷，人民出版社，2012，第 667 页。

⑤ 《马克思恩格斯全集》第 2 卷，人民出版社，1957，第 419 页。

⑥ 《马克思恩格斯全集》第 3 卷，人民出版社，1960，第 169 页。

级发展起来了”①。可见，阶级的划分、发展、演化都是生产方式即生产力与生产关系矛盾运动的产物。也正是在这一意义上，我们才能更好地理解恩格斯所提出的“分工的规律就是阶级划分的基础”② 这一重要命题。如果说阶级的形成是由分工引起的，那么归根结底，阶级的形成与划分都可以被看作生产不发达的结果。恩格斯分析指出，在阶级社会中，“统治阶级和被统治阶级，剥削阶级和被剥削阶级是一直存在的；大多数人总是注定要从事艰苦的劳动而很少能得到享受。为什么会这样呢？这只是因为在人类发展的以前一切阶段上，生产还很不发达，以致历史的发展只能在这种对立形式中进行，历史的进步整个说来只是成了极少数特权者的事，广大群众则注定要终生从事劳动，为自己生产微薄的必要生活资料，同时还要为特权者生产日益丰富的生活资料”。因此，恩格斯总结指出：“社会分裂为剥削阶级和被剥削阶级、统治阶级和被压迫阶级，是以前生产不大发展的必然结果。……只要劳动还占去社会大多数成员的全部或几乎全部时间，这个社会就必然划分为阶级。”③ 生产力水平低、生产的不发达从根本上决定了阶级产生具有必然性。

正如阶级的产生不可避免一样，阶级的消亡同样是不可避免的。如上所述，整个社会划分且必然划分为阶级，形成阶级对抗，这是以生产的“不足”或者“不发达”为基础的，因此，随着生产力的高度发展，历史地产生的阶级必将在历史中走向灭亡。正如恩格斯所说，到那时，阶级的存在“都将成为时代错乱，成为过时现象”④。需要注意的是，这种高度发达的生产力并不是阶级之外的某种独立力量，而是根据以分工的规律划分的阶级对抗的规律发展起来的，因此，可以说，阶级的消亡是阶级内部的对抗、斗争、矛盾运动的结果，而推动这一矛盾运动的必然是以“消灭一切阶级”⑤ 为使命的阶级的形成。诚然，资产阶级在历史上曾经起过非常革命的作用，但资产阶级无力担负起“消灭一切阶

① 《马克思恩格斯全集》第 21 卷，人民出版社，1965，第 344 页。
② 《马克思恩格斯选集》第 3 卷，人民出版社，2012，第 669 页。
③ 《马克思恩格斯选集》第 3 卷，人民出版社，2012，第 724、669 页。
④ 《马克思恩格斯选集》第 3 卷，人民出版社，2012，第 669 页。
⑤ 《马克思恩格斯全集》第 4 卷，人民出版社，1958，第 197 页。

级”的使命，原因就在于：“从封建社会的灭亡中产生出来的现代资产阶级社会并没有消灭阶级对立。它只是用新的阶级、新的压迫条件、新的斗争形式代替了旧的。”① 正如马克思恩格斯所说：“个人隶属于一定阶级这一现象，在那个除了反对统治阶级以外不需要维护任何特殊的阶级利益的阶级形成之前，是不可能消灭的。”② 当然，只有当“生产力和交往手段在现存关系下只能造成灾难，这种生产力已经不是生产的力量，而是破坏的力量”的时候，这种生产力必然会锻造出这样一个“阶级”，这个阶级“必须承担社会的一切重负，而不能享受社会的福利，它被排斥于社会之外，因而不得不同其他一切阶级发生最激烈的对立”。这个阶级就是以“消灭一切阶级”为条件实现自身解放、占全体社会成员大多数的工人阶级，只有当他们清醒地认识到自己的现实处境和状况的时候，才能真正产生出“彻底革命的意识，即共产主义的意识”。在这里，“革命之所以必需，不仅是因为没有任何其他的办法能够推翻统治阶级，而且还因为推翻统治阶级的那个阶级，只有在革命中才能抛掉自己身上的一切陈旧的肮脏东西，才能胜任重建社会的工作”③。事实上，当工人阶级通过彻底的革命实现自身解放的时候，它必将为新社会的建立奠定基础。到那时，工人阶级才会成为“最强大的一种生产力”，也才能“创造一个消除阶级和阶级对立的联合体来代替旧的资产阶级社会”④。

既然阶级的存在是由分工引起的，阶级的消亡同样离不开分工，那么，“消灭阶级”是否等同于“消灭分工”呢？阿里·拉坦西在《马克思与分工》一书中提出并回答了这一问题，他认为马克思关于“消灭分工”的看法发生重大变化的一个重要原因就是：概念使用不规范。在他看来，马克思早期并没有对分工与阶级这两个概念进行区分，消灭阶级意味着消灭分工；而在后期的著作中，马克思自觉地在分工与阶级之间

① 《马克思恩格斯选集》第1卷，人民出版社，2012，第401页。

② 马克思恩格斯：《德意志意识形态》（节选本），人民出版社，2018，第65页。

③ 马克思恩格斯：《德意志意识形态》（节选本），人民出版社，2018，第35、36页。

④ 《马克思恩格斯全集》第4卷，人民出版社，1958，第197页。

作出了概念区分，进而表明：随着新的生产模式的出现，阶级必将走向消亡，但并不意味着分工即“占有的特殊化的废除”。拉坦西进一步分析指出，马克思关于阶级与分工关系的看法之所以发生改变，主要是由马克思思想中的两个不可分割的话语变化引起的：一个变化是“从市场关系向‘生产’作为马克思分析的出发点的理论和方法论转换”；另一个变化是“马克思对劳动价值理论的发现（exposure）与剩余价值理论的发展”。这些话语变化使马克思“改变了他之前所持有的消灭（abolition）分工的可能性的信念。现在，他开始相信分工的许多方面都是不可避免的”①。

四　结语

综上，当分工使人类跨过文明社会的门槛之时，也将人类引向了阶级社会之中。马克思曾在《哲学的贫困》中这样写道：“当文明一开始的时候，生产就开始建立在级别、等级和阶级的对抗上，最后建立在积累的劳动和直接的劳动的对抗上。没有对抗就没有进步。这是文明直到今天所遵循的规律。”② 如此看来，在阶级对抗中前进，在阶级压迫中发展，这既是文明社会勇往直前的真实写照，也是阶级社会求得发展的生动图画。可以说，文明与阶级已成为内嵌于“新的、文明的阶级社会”之中的一副“对子”。文明与阶级表面上虽是两极对立的，但实际上又内在相通，二者皆因分工而生，如果说分工是文明与阶级之“因”，那么，文明与阶级则是分工之“果”。从分工的观点来看，“文明的辩证法”所揭示的正是“文明社会内部充分发展着的对立和矛盾的本质”③。事实上，“文明的辩证法”就蕴藏在分工的悖谬及其矛盾运动之中：一方面，“分工随着文明一同发展”；另一方面，“阶级的存在是由分工引起的”。

① Ali Rattansi, *Marx and the Division of Labour*, London: The Macmillan Press Ltd., 1982, pp. 56-58.

② 《马克思恩格斯全集》第4卷，人民出版社，1958，第104页。

③ 《马克思恩格斯选集》第4卷，人民出版社，2012，第76页。

中国道路：超越资本现代性*

唐爱军

这些年，理解、解码当代中国成为大家普遍关注的话题。它既是一个极其重大的政治命题，也是一个急需回答的学术命题。中国道路的核心逻辑到底是什么？本文力图表达这样的基本思想：中国道路超越了资本现代性逻辑，是不同于西方现代化模式的社会主义现代性道路。

一 资本现代性逻辑

何谓现代性？黑格尔认为“主体性乃是现代的原则”①。主体性原则就是理性。以黑格尔为代表的启蒙思想家立足理性把握现代性，开启了“理性现代性”的阐释路径。与此不同，马克思从资本出发，切中现代社会。在一系列著作中，马克思常常有“现代资本主义社会”“现代国家”，甚至“现代社会”的表述。列宁曾有这样的提问：“既然马克思以前的所有经济学家都谈论一般社会，为什么马克思却说‘现代（modern）’社会呢？他在什么意义上使用‘现代’一词，按什么标志来特别划出这个现代社会呢？”② 实际上，马克思将资本（或以资本为核

* 国家社科基金项目“唯物史观视野中的中国道路研究”（19BKS131）的阶段性成果。本文原载于《北京大学学报》（哲学社会科学版）2020 年第 3 期，收入本书时有改动。

① 哈贝马斯：《现代性的哲学话语》，曹卫东等译，译林出版社，2004，第 19 页。

② 《列宁专题文集——论辩证唯物主义和历史唯物主义》，人民出版社，2009，第 156 页。

心的生产）标示为现代社会的根本特征。一部资本形成与发展的历史就是现代性生成与发展的历史。“资本一出现，就标志着社会生产过程的一个新时代。”① 现代性是各种因素、力量作用的结果，但是，资本是“普照的光”“特殊的以太”。现代性逻辑有诸多不同的面向，但是资本逻辑是它的本质逻辑。马克思通过对资本的批判性分析，揭示了现代社会的客观规律，构建了科学的现代史观。与此同时，马克思运用唯物史观及其现代史观，探讨了西方国家现代化的起源、过程、特征和历史趋势等一系列基本问题，揭示了西方资本主义现代化道路的实质——资本主导的现代性模式。把握资本现代性模式及其相关逻辑，可以从以下六个维度入手。

一是现代化的起源。西方资本主义现代化起源是“用最残酷无情的野蛮手段，在最下流、最龌龊、最卑鄙和最可恶的贪欲的驱使下”② 不断形成的。西欧国家的现代化起源过程就是资本原始积累的过程。资本原始积累的过程，基础是对农民的剥夺，最终形成了一无所有的自由工人（雇佣劳动）和占有大量财富和生产资料的资本家（资本）。

二是现代化的动力及其作用模式。推动传统社会向现代社会转变以及现代社会不断发展的动力是什么？是资本。作为促进生产力发展和社会发展的动力机制，资本是如何发挥作用的呢？从抽象意义上讲，“向外扩张”和“向内吸纳”构成了资本的作用模式。“向外扩张”指的是，资本打破一切自然和社会的界限，向社会生活的方方面面渗透；从特定地区向民族国家，乃至整个世界的扩张。“向内吸纳”指的是，资本无穷尽地吸吮活劳动、自然资源、社会资源，并尽一切可能开发它们有利于资本增殖的内在属性。从较为具体的意义上讲，在生产和经济领域，资本的作用模式表现为资本逻辑统摄生产逻辑、劳动逻辑（包括“劳动对资本的形式上的从属”和“劳动对资本的实际上的从属”两种类型）；在非经济领域，它表现为资本逻辑对社会生活逻辑的统摄。

三是世界历史和世界秩序。资本不仅推动一个国家或民族“从传统

① 《马克思恩格斯文集》第5卷，人民出版社，2009，第198页。

② 《马克思恩格斯文集》第5卷，人民出版社，2009，第873页。

到现代"，而且也推动"历史向世界历史的转变"。资本为了追求财富，需要国际分工、商品全球流通、世界市场，它力图"夺得整个地球作为它的市场"①。资本促进了世界历史的形成，推动了全球化，同时也重构了世界秩序："它使未开化和半开化的国家从属于文明的国家，使农民的民族从属于资产阶级的民族，使东方从属于西方。"② "三个从属于"鲜明揭示了资本主义主导的世界秩序的基本特征，它反映的乃是以资本为核心的综合实力的支配与统治。西方资本主义推动着"中心—边缘"结构的世界秩序的形成，其本质上是资本统治下的弱肉强食的霸权体系。

四是以工业化和市场化为基础的现代性文明。西方资本主义现代化的巨大功绩就是创造了现代性文明。现代性文明首先表现为物质文明、工业文明。"资产阶级在它的不到一百年的阶级统治中所创造的生产力，比过去一切世代创造的全部生产力还要多，还要大。"③ 资本为了获得相对剩余价值，将自然科学、技术、管理广泛应用到生产过程中，不断推动资本主义生产方式从简单协作、工场手工业到机器大工业的发展。西方工业化是根源于以资本为核心的生产，而不是与此无关的现代性制度性维度④。除了工业化外，资本现代性的另一个基础就是高度发达的商品经济即市场经济。以资本为核心的生产根本特征之一就是：资本所进行的是高度发展的商品生产⑤。当然，现代性文明还包括其他方面，比如，自由民主制度、法治体系、自由、民主、平等、人权等观念。

五是资本现代性的矛盾。马克思披露了资本现代性带来的一系列"现代性危机"，大致说来，它表现为四个层面：①"自然的异化"。资本的到来，消除了自然的神秘化，破除了人类对自然的崇拜，资本的"效用原则"，使得自然界只是成为资本的"有用体系"。资本的"增殖原则"使得资本对自然界的控制、利用、开发乃至破坏是无止境的。现

① 《马克思恩格斯全集》第46卷（下），人民出版社，1980，第33页。

② 《马克思恩格斯文集》第2卷，人民出版社，2009，第36页。

③ 《马克思恩格斯文集》第2卷，人民出版社，2009，第36页。

④ 安东尼·吉登斯：《现代性的后果》，田禾译，译林出版社，2011，第49页。

⑤ 《马克思恩格斯文集》第7卷，人民出版社，2009，第995~996页。

代社会严重的生态危机的根源在资本逻辑①。②“社会的分化”。资本现代性模式是建立在资本剥削劳动的基础上的，它必然会带来“资本积累”与“贫困积累”的两极，导致严重的社会分化和阶级对抗。③“全球冲突”。资本的全球扩张，必然将资本与劳动的矛盾与对抗带向整个世界，其显著表现就是殖民主义和帝国主义的侵略、剥削与压迫。全球冲突不仅表现在发达国家与发展中国家、西方与东方之间，而且也表现在西方发达国家之间。后者的实质是大资本与小资本的冲突，是“市民社会原则”（“一切人反对一切人的战争”）的国际版本。④“人的物化”。资本重构了人的生存样式和精神世界。在资本统治的世界，人们追求对物的占有，把获取物质财富当作人生的唯一或根本目的，人的自身能力、自由个性和精神生活被忽视了，当然在资本逻辑支配下，也很难得到发展，人的发展实际上变成了物性化、片面化的发展。

六是资本现代性的历史趋势。资本不是“生产力发展的绝对形式”，价值增殖的本性最终使得资本成为生产力的桎梏，它有其无法克服的界限②。资本现代性的历史命运必然是被覆灭。马克思在《共产党宣言》（“两个必然”）和《资本论》（“丧钟就要响了”“剥夺者就要被剥夺了”）等著作中先行进行了“理论上的审判”。当然，资本现代性的灭亡不是对现代性文明的否定，而是在继承现代性文明的“物质内容”的基础上，改变现代性的“社会形式”，以资本为核心的社会关系过于狭隘，窒碍了社会发展和人的发展。扬弃资本逻辑和资本现代性的，是新的文明形态，即共产主义社会。它克服了资本现代性条件下的资本奴役和社会异化。“代替那存在着阶级和阶级对立的资产阶级旧社会的，将是这样一个联合体，在那里，每个人的自由发展是一切人的自由发展的

---

① 关于资本的“效用原则”和“增殖原则”，参见陈学明《资本逻辑与生态危机》，《中国社会科学》2012 年第 11 期。

② ①必要劳动是活劳动能力交换价值的界限；②剩余价值是剩余劳动和生产力发展的界限；③货币是生产的界限；④使用价值的生产受交换价值的限制。资本内在界限的核心是生产过剩、消费不足。具体参见《马克思恩格斯文集》第 8 卷，人民出版社，2009，第 96~97 页。

条件。”①

马克思描述了西方资本主义现代化的客观进程，揭示了资本现代性社会的经济运动规律，并对资本现代性悖论展开激烈批判。但是，这里问题的关键是：后发国家要实现现代化，是否必然要走西方资本主义的道路？资本现代性是否构成了现代性的唯一逻辑？

二　超越资本现代性逻辑是否可能

尽管马克思系统论述了西方资本现代性逻辑及其历史进程，但是，他同时又是率先思考“反题”的：超越资本现代性逻辑，或者说不同于西方资本主义现代性的现代化道路是否可能？我们从理论和实践两个层面加以分析。

（一）理论的反思

西方资本现代性逻辑是不是具有历史的必然性？所有民族、国家都要经历资本所开辟的历史进程吗？在 19 世纪 70 年代之前，马克思基本是持肯定态度的，我们可以简单地找些例证。马克思在《共产党宣言》中揭示了资本全球化的必然后果：“资产阶级，……把一切民族甚至最野蛮的民族都卷到文明中来了……它迫使一切民族——如果它们不想灭亡的话——采用资产阶级的生产方式；它迫使它们在自己那里推行所谓的文明，即变成资产者。一句话，它按照自己的面貌为自己创造出一个世界。”② 一切民族都被纳入资本主义文明体系当中。在《资本论》第一版序言中，马克思更是把西方资本现代性逻辑表述为“铁的必然性”：“问题在于这些规律本身，在于这些以铁的必然性发生作用并且正在实现的趋势。工业较发达的国家向工业较不发达的国家所显示的，只是后者未来的景象。”③ 这段话后来也成为经典现代化论者主张“现代化 = 西

---

① 《马克思恩格斯文集》第 2 卷，人民出版社，2009，第 53 页。

② 《马克思恩格斯文集》第 2 卷，人民出版社，2009，第 35~36 页。

③ 《马克思恩格斯文集》第 5 卷，人民出版社，2009，第 8 页。

方化”的“有力证据”。19世纪50年代，在关于印度等东方社会的评论中，马克思尽管从道德评价的角度对英国的殖民统治进行了猛烈谴责，但是从历史评价的角度看，它“毕竟是充当了历史的不自觉的工具”①，推动了东方社会的文明进程。

19世纪70年代中期之后，马克思深化了对东方社会的研究，也对以往关于西方资本主义现代化及资本全球化等理论进一步反思。1877年，在给《祖国纪事》杂志编辑部的信里，马克思明确将资本现代性逻辑限制在西欧国家，《资本论》“关于西欧资本主义起源的历史概述”以及资本现代化道路阐释并不是“一般发展道路的历史哲学理论”。1881年，在那封给查苏利奇的著名的信中，马克思又进一步明确了资本现代性逻辑的“历史必然性”的“边界”问题。俄国公社由于和资本主义生产是同时存在的东西，因此它“有可能不通过资本主义制度的卡夫丁峡谷，而占有资本主义制度所创造的一切积极的成果”②。但是，在正式的回信中，关于俄国未来发展道路到底是什么，马克思的回答是极其谨慎的，他给了一个看似“和稀泥”的答复：“在《资本论》中所作的分析，既没有提供肯定俄国农村公社有生命力的论据，也没有提供否定农村公社有生命力的论据，但是，我根据自己找到的原始材料对此进行的专门研究使我深信：这种农村公社是俄国社会新生的支点；可是要使它能发挥这种作用，首先必须排除从各方面向它袭来的破坏性影响，然后保证它具备自然发展的正常条件。”③ 1882年，马克思在《共产党宣言》俄文版的“序言”中指出：“假如俄国革命将成为西方无产阶级革命的信号而双方互相补充的话，那么现今的俄国土地公有制便能成为共产主义发展的起点。”④

因此，资本现代性逻辑的适用范围和东方社会发展道路是同一个问题的不同侧面。我们应当将马克思的资本现代性理论与东方社会理论结合起来加以思考。不得不承认，马克思晚年对以往的理论进行了

① 《马克思恩格斯文集》第2卷，人民出版社，2009，第683页。
② 《马克思恩格斯文集》第3卷，人民出版社，2009，第578页。
③ 《马克思恩格斯文集》第3卷，人民出版社，2009，第590页。
④ 《马克思恩格斯文集》第2卷，人民出版社，2009，第8页。

反思。超越资本现代性逻辑的现代化道路是否存在？不经历西方资本主义历史阶段，跨越卡夫丁峡谷是否可能？尽管在给查苏利奇的复信中，马克思没有给出明确的回答，但是从不断修改的稿子中，我们可以确认马克思的重要观点：超越资本现代性逻辑，跨越资本主义制度的卡夫丁峡谷是有“理论上的可能性”的。东方社会完全有可能“不经受资本主义生产的可怕的波折”，而直接过渡到社会主义社会。也许会有一些反驳的观点：既然每个民族、国家都有自己的特殊道路，并且天然是合理正当的，任何民族、国家都可以不经历（即跨越）资本主义制度，那么，这就彻底否定了马克思所揭示的人类社会发展的普遍规律（核心是五形态论）。其实，这一观点是站不住脚的，它只是从抽象的“特殊性”看待超越资本主义发展阶段问题。马克思晚年所思索的超越资本现代性绝不是建立在抽象空洞的“特殊性”之上的，它依然是建立在人类社会发展的普遍规律基础之上的。人类历史发展的普遍规律体现在两个层面：一是诸多的特殊性当中；二是诸多特殊性之间的关联性之中。只有具体地揭示了这种“关联性”，才能认识到马克思关于历史的普遍性与特殊性关系思想的真谛①。马克思从生产力与生产关系辩证关系出发，揭示出五形态论是人类社会发展的普遍规律，但是，这一规律是立足于全世界范围的，而不是就每一个国家或民族的范围而言的，也就是说，并不意味着每个国家或民族都依次经历五种社会形态，而不能跨越其中的一个或多个社会形态。当然，某个国家或民族的“跨越”是有条件的，它是以世界范围内的国家或民族普遍经历了特定社会形态为前提的。某个国家不经历资本主义发展阶段，恰恰是以世界资本主义的普遍存在为前提的，因为只有这样，它才能占有后者的一切积极成果。既跨越了资本主义，又要占有后者的积极成果，体现的就是“关联性”。我们只有从这个“关联性”中，才能理解一些后发国家超越资本现代性逻辑，不否认人类社会发展的客观规律，恰恰是它的具体表现。

---

① 谌中和：《马克思晚年学术转向的思想史意义》，《中国社会科学》2016 年第 5 期。

（二）实践的探索

马克思晚年的思考只是揭示了超越资本现代性逻辑具有可能性，但是可能性不等于现实性，前者能否转化为后者，一切都取决于特定的历史环境。对于近代以来的中国发展道路而言，首先要回答的，不是能不能超越资本现代性逻辑，而是能不能走资本主义现代化道路？在当时的主客观条件下，中国不可能走上资本主义现代化道路。我们可以从两个角度稍作说明。一是“走不通”。就外部条件看，西方帝国主义、殖民主义（资本的全球霸权）对中国的剥削与统治，使得资本主义不可能在中国得到自由发展。就内部条件看，中国民族资产阶级有自身的软弱性，无法担负起建立独立的民族国家之历史任务。“在近代中国面前摆着两个问题：即一、如何摆脱帝国主义的统治和压迫，成为一个独立的国家；二、如何使中国近代化（即现代化——引者注）。”①民族独立与现代化，孰先孰后？当然是前者为先。近代中国最主要的矛盾是中华民族与帝国主义的矛盾。中国民族资产阶级天生的软弱性、买办性，使得它不可能彻底地反对帝国主义，摆脱国际资本依附，实现民族独立。二是“走不好”。即便在中国实现资本主义制度，进而推进现代化，也不过是帝国主义所允许范围内的现代化，而非独立自主的现代化。此外，一系列资本主义救国方案在历史舞台上纷纷破产，进一步宣告中国只能走非资本主义的现代化道路。五四运动以后，中国工人阶级登上历史舞台，无产阶级政党掌握了资产阶级民主革命领导权。十月革命后，中国革命成为世界无产阶级革命的一部分。总之，中国当时的历史条件决定中国革命未来前途只能是新民主主义—社会主义定向的道路，而非资本主义道路。1949 年，中国共产党取得全国政权的胜利，中国发展道路经新民主主义社会进入社会主义社会，成为真正的实践。1956 年，中国完成社会主义所有制改造，建立了社会主义基本制度，实现了社会形态的变革，真正实现了马克思所设想的“跨越资本主义制度的卡夫丁峡谷”。

① 胡绳：《马克思主义与改革开放》，中国社会科学出版社，2000，第 43 页。

中国实现社会形态的跨越只是超越资本现代性逻辑的第一步①。第二步则是社会主义条件下的现代化实践。十月革命之后，列宁率先将“马克思之问”转化为实践探索的问题。针对俄国的一些“唯生产力”论者的质疑，列宁强调：“我们为什么不能首先用革命手段取得达到这个一定水平的前提，然后在工农政权和苏维埃制度的基础上赶上别国人民呢?”② 列宁领导下的苏俄现代化道路可以“用与西欧其他一切国家不同的方法来创造发展文明”③。苏俄现代化道路与西方资本主义道路不同，但它要对资本主义文明进行全面的吸纳。列宁的“两个公式”集中体现了这一思想。“苏维埃政权+普鲁士的铁路秩序+美国的技术和托拉斯组织+美国的国民教育等等等等++=总和=社会主义”④，“共产主义就是苏维埃政权加全国电气化”⑤。但是，列宁的一系列发展思路并没有很好地坚持下去，社会主义现代化建设后来不断僵化，最终定于“苏联模式”一尊，它也对中国社会主义现代化建设产生了重大影响。从 1956 年起，我们开启了社会主义现代化征程，超越资本现代性逻辑的第二步变成了实实在在的实践过程。在社会主义条件下，实现什么样的现代性以及如何实现现代性，首先要看中国国情。社会主义现代化是在比俄国更加落后的东方大国中国展开的。中国现代化从一开始就面临着两种强烈意识。一是强烈的“赶超意识”。中国现代化目标是明确的，就是赶超西方发达国家，这决定了中国现代性模式必然是以工业化为核心的赶超型模式。二是强烈的“独立自主意识”。独立自主不仅是一个政治概念，也是一个经济概念。民族独立解决之后，随着现代化建设进程的开启，我们面临着国家发展道路的自主选择的问题。如何摆脱对强大的国际资本的依附，避免成为发达资本主义国家的附属，始终是当时现代化战略选择不得不思考的问题。再加上传统社会主义观念和苏联模式的影响，

① 吴波：《社会形态与现代化双重视野中的中国道路》，《马克思主义研究》2009 年第 7 期。

② 《列宁选集》第 4 卷，人民出版社，2012，第 777 页。

③ 《列宁选集》第 4 卷，人民出版社，2012，第 777 页。

④ 《列宁全集》第 34 卷，人民出版社，2017，第 520 页。

⑤ 《列宁专题文集——论社会主义》，人民出版社，2009，第 181 页。

中国社会主义现代性模式逐步形成并定型："工业化+公有制+计划经济+国家政权+独立自主+……"可以看出，它本质是苏联模式。中国社会主义现代性模式具有强烈的反资本主义的特征，其可以归结为"反资本的现代性模式"①。在经济上，彻底否定私有制，主张单一公有制；批判资本、市场经济，主张建立高度集权的计划经济体制；分配制度上，主张"破除资产阶级法权"，逐步取消工资制，恢复供给制。在政治上，强化国家政权的作用，完全依靠行政权力配置资源，政治权力带有"全能主义"的性质，渗透到整个社会领域。在思想文化上，批判个人主义、自私自利等资产阶级思想和价值观，强调"精神鼓励"，淡化甚至否定"个人物质刺激"。在对外关系上，它与资本主义"脱轨"，封闭于资本全球化之外。除了抽象否定资本逻辑（以及资本逻辑背后的市场经济逻辑），"反资本的现代性模式"的另一个特征就是国家权力的极大化。"反资本的现代性模式"的确不同于资本现代性逻辑，但是它根本无法超越资本现代性逻辑，并没有开辟一条成功的社会主义现代性道路②。

改革开放前30年，超越资本现代性逻辑的第二步并没有真正成功。1978年以来，我们逐步形成了中国特色社会主义道路（中国道路）。中国道路，一方面承认和利用"资本的文明面"；另一方面防控和驾驭资本以服务于社会主义和人的发展。中国道路以一种"扬弃"的方式，超越了资本现代性逻辑，形成了一条成功的社会主义现代性道路。

三　中国道路：驾驭资本的现代性逻辑

从资本的角度看，西方经典现代性模式无批判地肯定资本，形成了

① 有学者概括为"反资本主义现代性的现代性理论"。参见汪晖《去政治化的政治：短20世纪的终结与90年代》，生活·读书·新知三联书店，2008，第65页。

② 衡量社会主义现代性，不能用社会主义制度的一系列规范要素（比如，生产资料公有化程度），它是有一系列客观指标的。参见吉尔伯特·罗兹曼主编《中国的现代化》，江苏人民出版社，2003，第12页。

资本现代性模式；苏联模式主张彻底消灭资本，形成了反资本现代性模式。那么，中国道路如何对待资本呢？

（一）驾驭资本

这需要先行解释中国道路的目标导向或规范基础。中国道路本质是社会主义现代化。中国要追求什么样的现代性目标？社会主义本质规定了这一点。马克思指出未来社会的基本性质："在保证社会劳动生产力极高度发展的同时又保证每个生产者个人最全面的发展的这样一种经济形态。"① 邓小平明确提出了社会主义本质："社会主义的本质，是解放生产力，发展生产力，消灭剥削，消除两极分化，最终达到共同富裕。"② 它包括生产力标准和人的发展标准。生产力标准决定了中国道路必然需要利用和引导资本；人的发展标准又必然要求中国道路防范和规制资本。"驾驭资本"指运用各种力量使资本运行以及资本逻辑的相关展开服从社会主义和人的发展，它包括利用和引导资本、防范和规制资本两个维度③。驾驭资本的实质就是要发挥资本的正面作用，规避或尽可能降低资本所带来的负面效应。

第一，中国道路是一条利用资本（以及以资本为核心的市场经济）以解放和发展社会生产力之路。中国道路的历史方位是社会主义初级阶段，它尽管实现了社会形态的跨越，但并不意味着"生产力的跨越""现代化的跨越"，它仍然属于马克思所揭示的第二形态，其基本特征就是市场经济，核心就是资本。"家长制的，古代的（以及封建的）状态随着商业、奢侈、货币、交换价值的发展而没落下去，现代社会则随着这些东西同步发展起来。"④ 现代性社会基本逻辑就是以资本为核心的市场经济，当然它不仅指资本主义社会，还包括跨越资本主义制度的当代中国，两者都需要"随着商业、奢侈、货币、交换价值的发展"而发

① 《马克思恩格斯文集》第 3 卷，人民出版社，2009，第 466 页。

② 《邓小平文选》第 3 卷，人民出版社，1993，第 373 页。

③ 狭义的或一般语境的"驾驭资本"单指第二个方面。实际上，利用和引导也是驾驭的一种表现。

④ 《马克思恩格斯文集》第 8 卷，人民出版社，2009，第 52 页。

展。现代性文明的表现就是“以物的依赖性为基础的人的独立性”。现代性文明的本质是物的依赖性，也就是资本的支配原则，它带来了“普遍的社会物质变换、全面的关系、多方面的需要以及全面的能力的体系”①。现代性社会无法摆脱“物”的逻辑，因为人的发展需要通过“物”的逻辑来实现。正如前文所述，资本是生产的主体，是推动生产力发展的强大动力，也是配置资源最有效的方式。中国道路成功开辟就在于破除了反资本的苏联模式，不断承认、利用和引导资本。在意识形态层面，中国道路不断将资本、市场经济、商品交换等从“资本主义意识形态库”中剥离出来，将它们中性化、工具化。在制度层面，中国道路不断改革单一的公有制，承认非公有制的合法性；建立社会主义市场经济体制，最终确认市场在资源配置中的决定性作用；主张资本必须参与分配，建立按生产要素分配的制度保障。在实践层面，总体来说，就是培育和发展国内民间资本，充分引进国际资本。

第二，中国道路是一条规制和驾驭资本（以及以资本为核心的市场经济）以服务于人民共同富裕和社会主义发展之路。资本的本性是狭隘的，它建立在对劳动的剥削和压迫的基础之上，不断追求利润最大化。资本的发展是建立在工人的贫困基础上的，以资本为核心的生产“是和构成整个这一发展基础的那一部分人口相对立的”②。以资本为最高原则的社会无法从根本上解决共同富裕和社会和谐等问题。作为超越资本现代性逻辑的社会主义现代性道路，中国道路必然在理论上对资本持批判态度。当然，这种“批判”绝不是抽象否定，而是“澄清前提、划定界限”。所谓“澄清前提”，就是要回答中国道路以什么作为社会发展的最高原则。社会主义与资本主义的区别不在于有没有资本、市场经济，而在于以什么为解决社会问题的最高原则。以资本为本的是资本主义，以社会为本、以人为本的是社会主义。中国道路承认资本，是经济上的承认，绝不是整个社会生活意义上的承认。所谓“划定界限”，就是要明确资本运行、资本逻辑作用的范围和界限。资本的界限简单说来有两个

① 《马克思恩格斯文集》第 8 卷，人民出版社，2009，第 52 页。

② 《马克思恩格斯全集》第 35 卷，人民出版社，2013，第 235 页。

方面。一是“效果界限”。驾驭资本就是引导其发挥正向效果，这个“效果界限”就是“三个有利于”：“是否有利于发展社会主义社会的生产力，是否有利于增强社会主义国家的综合国力，是否有利于提高人民的生活水平。”① 二是“范围界限”。“资本是资产阶级社会的支配一切的经济权力。”② 资本为了维护自己的经济权力和实现自我增殖，必然尽一切可能使自身转化为其他权力形态，尤其是政治权力。中国道路要运用各种力量把资本力量、资本逻辑限定在经济领域内，防止资本向政治、社会、精神等领域的渗透与入侵，防止资本逻辑的滥用，使资本在国家意志、法治和道德等基础上运行。

第三，中国道路是一条运用以国家权力为主导的社会主义力量驾驭资本的现代化之路。社会主义力量包括社会主义公有制、国家政权、马克思主义意识形态以及人民群众等。在市场经济条件下，最关键的还是国家权力。在现代化进程中，国家权力承担的绝不是“守夜人”的角色。在西方资本原始积累和殖民扩张过程中，资本从一开始就“利用国家权力，也就是利用集中的、有组织的社会暴力，来大力促进从封建生产方式向资本主义生产方式的转化过程，缩短过渡时间”③。国家权力是资本的“拐杖”④，在西方资本主义的不同历史阶段⑤，资本与这个“拐杖”的关系是不同的。当资本在起步阶段或力量薄弱的时候，它寻求国家权力的庇护；当资本发展起来、建立自己的生产方式的时候，它开始限制国家权力；当资本积累过于集中、自身成为发展的限制的时候，它又会完全支配和控制国家权力，把国家当作它的避难所。但不管如何演变，西方国家权力的存在形态和作用方式完全取决于资本，国家权力服务资本意志。国家是站在资本的立场上，还是站在人民的立场上，决定

① 《邓小平文选》第 3 卷，人民出版社，1993，第 372 页。

② 《马克思恩格斯文集》第 8 卷，人民出版社，2009，第 31~32 页。

③ 《马克思恩格斯文集》第 5 卷，人民出版社，2009，第 861 页。

④ “拐杖”的说法来自马克思。参见《马克思恩格斯文集》第 8 卷，人民出版社，2009，第 180 页。

⑤ 关于资本与国家权力关系的变迁，参见武海宝《资本与国家关系演变的历史逻辑》，《马克思主义研究》2017 年第 9 期。

了资本现代性与社会主义现代性的根本差别。在市场经济条件下，尤其在资本全球化的条件下，任何个体都无法有效地与资本抗衡，只有依靠国家（真正的人民国家），才能引导和驾驭资本，使资本服务于人的发展与社会的发展。“在市场经济条件下，维护资本利益还是维护人民利益的斗争必然集中表现为争夺国家权力的斗争。”① 中国道路要实现人民共同富裕，必须用国家权力驾驭资本。否则，驾驭资本就是一句空话。这里特别需要强调的是，对国家权力驾驭资本的方式不能理解偏了，不能阐释为用低于现代文明的、前资本主义的方式驾驭资本。从传统的“人的权力”到“物的权力”、从传统的“政治权力”到“经济权力”“资本权力”，这本身就是历史的进步，是现代化的重要特征。与此相反，“如果从物那里夺去这种社会权力，那么你们就必然赋予人以支配人的这种权力”②。用国家权力驾驭资本绝不是倒退到传统社会，用“人的权力”（人与人的依附关系）、“政治权力”驾驭资本。驾驭资本，是以一种高于而不是低于资本文明的方式进行的。从中国道路的实践逻辑看，国家权力要在法治轨道上和理性原则下驾驭资本，公权力决不能随意地控制或侵犯私权；国家权力驾驭资本主要是在宏观层面，要杜绝其对微观领域的资本的干预或控制。此外，国家权力也要解决自我净化的问题，用人民力量以及其他力量规范和制约国家权力，保证其人民性。

（二）中国道路的现代性逻辑

作为一种驾驭资本的现代性，中国道路超越了西方资本现代性模式，我们至少可以从以下五个方面加以窥视。

第一，从发展理念看，中国道路超越了以资本为主导的发展逻辑，确立了以人民为中心的发展逻辑。资本增殖逻辑构成了资本主义生产的主导逻辑、根本目标。中国道路超越了资本主导劳动的逻辑，坚持劳动

---

① 孙承叔：《中国道路与马克思主义哲学研究重心的第二次转向》，《马克思主义与现实》2014 年第 1 期。

② 《马克思恩格斯文集》第 8 卷，人民出版社，2009，第 52 页。

主体论，确立了以人民为中心，把解决人民群众日益增长的美好生活的需要与不平衡不充分的发展之间的矛盾，作为现代性发展的主线。以人为本（而非以资本为本）、以人民为中心构成了处理发展过程中一系列矛盾的最高原则。

第二，从现代化的动力及作用模式看，中国道路超越了单一的资本驱动模式，构建了资本—国家—劳动（人民）的三元主体相协调的驱动模式。西方现代化本质是资本主导驱动的模式，用资本逻辑统摄生产和社会生活逻辑的作用模式，推动社会发展。作为后发型现代化，中国道路突出了国家权力在现代化开启阶段的动力作用。在现代化的诸多力量作用机制上，国家权力不仅起着“动力机制”的角色，它和劳动力量（作为实践主体和价值主体的人民群众）还必须起着像波兰尼所说的“反向运动”① 的作用，也就是针对资本、市场经济不断扩张而起着平衡和牵引作用。中国道路超越了“大市场—小政府”的模式，构建起“有效市场—有为政府”新模式。

第三，从现代性的社会维度看，中国道路超越了西方两极化的社会对抗的现代性模式，建立了社会平等和共同富裕的社会和谐模式。在资本主导的现代性下，市场经济必然会带来贫富分化。皮凯蒂在《21世纪资本论》中，通过阐述资本的回报率总是高于工资的增长率，证明了贫富分化在当代的客观趋势。此外，社会撕裂、阶级冲突与贫富分化相伴而行。不同于资本主义生产，未来社会的“生产将以所有的人富裕为目的”②。中国道路坚持了以劳动者为本、实现共同富裕的生产逻辑。中国道路运用国家权力驾驭和引导资本，国家权力是资本—劳动之间的重要平衡力量，国家权力（以及意识形态等力量）可以引导剩余价值的分配与使用，使得剩余价值以民生建设等公共利益形式回归劳动者自身，实现人的发展。中国道路还可以运用体现政府意志的经济力量的公有资本，来确保社会主义现代性的生产逻辑。

---

① 卡尔·波兰尼：《大转型：我们时代的政治与经济起源》，冯钢、刘阳译，浙江人民出版社，2007，第112页。

② 《马克思恩格斯文集》第8卷，人民出版社，2009，第200页。

第四，从现代性的“品性”角度看，中国道路超越了西方对内掠夺、对外殖民的扩张之路，开启了和平发展的大国崛起之路。西方资本现代性的“品性”本质上是暴力的、反和平的，它建立在“霸权逻辑”基础上，其主要表现在：一是资本对劳动、资本家对工人阶级的剥削与压迫；二是西方国家对落后国家和地区的殖民与掠夺；三是大国之间的冲突与斗争。中国道路的“品性”是和平主义的。中国奇迹背后的逻辑是中国共产党的正确领导和人民群众的艰苦奋斗，而非西方式的掠夺与殖民。中国道路不仅在起步阶段，而且在成熟与发展阶段都是和平主义的。中国道路超越了“国强必霸”逻辑，为民族国家的和平崛起、为维护世界和平提供了中国方案。近些年，我们倡导的“不冲突、不对抗、相互尊重、合作共赢”的新型大国关系，构建人类命运共同体无不证明了这一点。

第五，中国道路超越了“发展—依附”“贫困—独立”的抽象二元论，开创了“发展—独立”型的现代化之路。长期以来，现代性一直为西方资本主义国家所垄断，“资本主义就是现代性的代名词”。落后国家或发展中国家只能做“两难选择”：一是走西方道路实现现代化，在国际资本和发达国家主导的“中心—边缘”体系中实现“依附性发展”；二是与资本全球化和国际资本主义体系完全脱钩，实现封闭性的、低层次的发展。中国道路的成功打破了这一困境：一方面，中国道路是一条不同于西方现代性的社会主义现代性之路，它谱写了现代化的中国奇迹，说明了“存在多种通往现代性的不同路线”①；另一方面，中国道路摆脱了对国际资本主义的依附，是一条独立自主的现代化道路。当代中国不仅避免了成为发达国家的附属，而且实现了自身从世界边缘到世界舞台中央的“力量转移”。“中国现代性的出现，很快剥离了西方国家的中心位置，并使其处于相对弱势的境地。”② 因此，完全可以说，中国道路“拓展了发展中国家走向现代化的途径，给世界上那些既希望加快发展

① 艾伯特·马蒂内利：《全球现代化：重思现代性事业》，李国武译，商务印书馆，2010，第122页。

② 马丁·雅克：《当中国统治世界：中国的崛起和西方世界的衰落》，张莉、刘曲译，中信出版社，2010，第118页。

又希望保持自身独立性的国家和民族提供了全新选择，为解决人类问题贡献了中国智慧和中国方案”①。

四　结语

综上，中国道路是一条超越了资本现代性逻辑的社会主义现代性道路。其一，资本现代性逻辑是有空间边界的，不是适用于一切的。其二，中国社会形态跨越是超越资本现代性逻辑的前提，它为中国现代化奠定了制度基础。其三，以彻底否定资本为基本特征的现代性模式无法实现社会主义与现代化的真正结合。其四，改革开放以来的中国道路坚持利用资本与驾驭资本并举，成功开辟了社会主义现代性道路。中国道路超越了西方现代性模式，不仅拓展了发展中国家走向现代化的途径，而且也提供了一种开启新现代性文明类型的可能性。

① 《党的十九大报告辅导读本》，人民出版社，2017，第10~11页。

中国道路的文明逻辑*

——基于历史唯物主义的解读

唐爱军

习近平总书记指出："近些年来，国内外有些舆论提出中国现在搞的究竟还是不是社会主义的疑问，有人说是'资本社会主义'，还有人干脆说是'国家资本主义'、'新官僚资本主义'。这些都是完全错误的。"① 中国道路已然成为西方意识形态渗透的"话语试验场"，从学理角度深入阐释中国道路，进而掌握中国道路话语权，成为新时代紧迫的"思想任务"。本文立足历史唯物主义视野解读中国道路，深入阐释其内在的文明逻辑，力图深化对习近平总书记关于中国道路的重要论述的认识和研究。

一　中国道路的文明论视角

"文明"一词在中国很早就出现，比如，《周易·大有》就提到："其德刚健而文明，应乎天而时行，是以元亨。"西方文明（civilization）观念进入中国，深受日本的影响。日本启蒙思想家福泽谕吉认为："文明是一个相对的词，其范围之大是无边无际的，因此只能说它是摆脱野蛮状态而逐步前进的东西。"② 文明与进步具有本质性关联。与立足于"精神""文化"层面的界定不同，我们主要从唯物史观视角理解文明，

---

* 本文原载于《哲学研究》2020年第6期，收入本书时有改动。

① 《十八大以来重要文献选编》（上），中央文献出版社，2014，第110页。

② 福泽谕吉：《文明论概略》，北京编译社译，商务印书馆，1960，第32页。

它是一个涉及人类实践方式及其社会形态（包括生产力、生产关系和上层建筑等诸要素）的总体概念。探讨中国道路的文明逻辑，就是揭示作为人类社会发展实践，中国道路所包含的独特的生产方式、制度载体和价值取向，尤其是它在促进社会发展和人的发展中的“进步逻辑”。由此可见，探讨中国道路的文明逻辑，或从文明论视角把握中国道路，核心在于阐释中国道路在推动社会发展和人的发展进程中所具有的“进步逻辑”及其价值类型。

当前，从文明论视角阐释中国道路具有极其突出的重要性和必要性。

其一，它有利于全面准确地把握中国道路的丰富内涵，避免对中国道路的片面化解读。大体说来，学术界对中国道路内涵的认知有三个方面：一是中国发展模式（经济增长模式和社会发展模式是核心）。该路径主要探求中国经济高速增长的发展模式、社会长期稳定的主要原因等，即关注“中国奇迹”背后的逻辑。二是中国改革模式。该路径把中国道路归结为40多年来中国走出的成功的改革道路，主要关注渐进式改革模式、改革顺序、改革方法论等问题。三是中国制度模式。该路径主要把中国道路理解为中国制度模式，它既不同于传统的苏联模式，也不同于西方国家的资本主义制度模式，而是具有鲜明的“中国特色”。这些解读视角主要还是在器物层面和制度层面上理解中国道路，的确抓住了它的一些重要规定性，但是还不够全面。中国道路本质上是一种独特的文明模式，我们只有上升到文明论高度，才能透视其文明逻辑，进而呈现包括发展模式、改革模式、制度模式和文明模式在内的中国道路的“整体图景”。

其二，它有利于明确中国道路的目标导向，正确认识中华民族伟大复兴的重要意义。一种观点认为，中国崛起主要是经济增长，是综合国力甚至硬实力的增强，中国道路的目标就在于实现国家富强。还有一种观点认为，中华民族伟大复兴指的是，中国要“赶超英美”，重新成为世界强国，跻身世界前列。孙中山当年就明确说过，复兴是使中国重新成为“世界一等大强国”①，乃至成为“最富最强之国”②。这些观点实

① 《孙中山全集》第5卷，人民出版社，2015，第274页。

② 《孙中山选集》（上），人民出版社，2011，第197页。

际上是停留在“富强逻辑”对中国道路、民族复兴的阐释，容易以偏概全，形成错误的目标认知。中国道路既有富强维度，更有文明维度。中国道路绝不是囿于富强逻辑，仅仅致力于硬实力抑或软实力的提升，它所开启的中华民族伟大复兴也绝不是追求“世界排名”，它有更高的追求，这个更高的追求就是文明崛起、文明复兴。富强逻辑本质上是实力逻辑，容易导向“强权即公理”。如果仅仅追求成为“另一个美国”，中国道路并不具有任何“世界历史意义”，只不过是社会达尔文主义的翻版，无法改变“落后就要挨打”的丛林法则。“中华民族的伟大复兴不仅在于它将成为一个现代化的强国，而且还在于，其在实现现代化的历史进程中将客观地开启出一种新文明类型的可能性。”① 中华民族伟大复兴当然是富强和文明的统一，两者一直是近代以来中国人孜孜以求的，如果说，在旧中国，人们“全力关注中国的令人遗憾的衰弱，把矛头直指中国所缺少的富强”②，那么，在日益走近世界舞台中央的新时代，民族复兴的核心则在于扬弃狭隘民族主义，超越旧有国际格局，构建更高类型的文明。当然，中国道路的文明内涵是多重的，但核心是每个人的幸福生活，“国家富强，民族复兴，人民幸福，不是抽象的，最终要体现在千千万万个家庭都幸福美满上，体现在亿万人民生活不断改善上”③。

其三，它有利于掌握中国道路的国际话语权，回击“中国威胁论”“中国霸权论”等西方话语。西方话语对中国道路、中国崛起的歪曲主要表现在两个方面。第一种观点认为，中国道路“只有财富没有自由”，常常用“极权主义”“威权主义”等话语规制中国道路，认为中国道路是游离于现代文明主流的“例外”。第二种观点认为，中国道路、中国崛起必然会挑战现存国际秩序，导致冲突与战争。亨廷顿的观点极具代表性：“中国的历史、文化、传统、规模、经济活力和自我形象，都驱使它在东亚寻求一种霸权地位。这个目标是中国经济迅速发展的自然结果。所有其他大国英国、法国、德国、日本、美国和苏联，在经历高速

① 吴晓明：《“中国方案”开启全球治理的新文明类型》，《中国社会科学》2017 年第 10 期。

② 史华兹：《寻求富强：严复与西方》，叶凤美译，江苏人民出版社，1996。

③ 《习近平谈治国理政》第 2 卷，外文出版社，2017，第 354 页。

工业化和经济增长的同时或在紧随其后的年代里，都进行了对外扩张、自我伸张和实行帝国主义。没有理由认为，中国在经济和军事实力增强后不会采取同样的做法。”① 总的来说，西方一些人总“认为中国发展起来了必然是一种‘威胁’，甚至把中国描绘成一个可怕的‘墨菲斯托’，似乎哪一天中国就要摄取世界的灵魂”②。这些误解或偏见的要害在于，它们仍然局限于实力逻辑、国强必霸逻辑看待中国道路，把中国道路、中国崛起所具有的性质完全限制在现代性框架中加以认定。从文明论视角阐释中国道路，就在于超越现代性的西方中心主义、资本主义扩张的强权逻辑，展现中国道路所具有的新文明要素，牢牢掌握中国道路的道义制高点。

对关于中国道路的种种质疑的有力回击之一，就是深刻阐释中国道路的文明逻辑。本文聚焦于人类历史发展道路——具体化为现代化道路——视域，探讨中国道路在现代文明中的基本定位，并由此展露其内在的文明逻辑。

二　中国道路文明逻辑的双重向度

考察中国道路的文明逻辑，要以现代文明为参照系。从起源看，现代文明是西方文明，甚至是西欧的地域性文明。现代文明的一般原则表现为“西方原则”。韦伯甚至认为，现代文明的要素都是西方产物，尤其是基督教文明的产物。地域性、特殊性文明为何能扩展至全球，具有“世界历史意义”，并一度被冠名为“现代文明”？这就涉及西方文明背后的根本逻辑，也就是现代文明的本质——以资本为基本建制的资本主义文明。从本质上看，现代文明就是资本文明，本文统一表述为“现代资本文明”。与一些学者将资本或资本主义视为现代社会某个部分（如“经济结构”“精神气质”）的观点不同，马克思把资本视为一个总体性

① 塞缪尔·亨廷顿：《文明的冲突与世界秩序的重建》，周琪等译，新华出版社，2009，第 205 页。

② 《习近平谈治国理政》第 1 卷，外文出版社，2018，第 264 页。

概念，现代文明社会也就是“资本处于支配地位的社会形式”。近代以来，中国不断被抛入现代资本文明体系当中，这使在实践过程中不断孕育和发展的中国道路呈现出双重向度的文明逻辑：一是中国道路必须吸收现代资本文明的一切积极成果，以实现从传统农业文明到现代工业文明的转型。二是它必须对现代资本文明持批判性和超越性姿态，开启一条新文明类型的实践道路。

（一）现代资本文明的本质及其界限

“资本不过是文明的另一名称。”① 马克思对“资本文明”（或资本伟大作用等表述）论述不少，这里引用四段典型的论述：第一处：“资本的伟大的历史方面就是创造这种剩余劳动……由于资本的无止境的致富欲望及其唯一能实现这种欲望的条件不断地驱使劳动生产力向前发展，而达到这样的程度，以致一方面整个社会只需用较少的劳动时间就能占有并保持普遍财富……”② 第二处：“由此产生了资本的伟大的文明作用；它创造了这样一个社会阶段，与这个社会阶段相比，一切以前的社会阶段都只表现为人类的地方性发展和对自然的崇拜。”③ 第三处：“在资本的简单概念中必然自在地包含着资本的文明化趋势等等，这种趋势并非像迄今为止的经济学著作中所说的那样，只表现为外部的结果。同样必须指出，在资本的简单概念中已经潜在地包含着以后才暴露出来的那些矛盾。”④ 第四处：“资本的文明面之一是，它榨取这种剩余劳动的方式和条件，同以前的奴隶制、农奴制等形式相比，都更有利于生产力的发展，有利于社会关系的发展，有利于更高级的新形态的各种要素的创造。”⑤ 从马克思的相关论述中我们可知，现代资本文明的本质在于资本所具有的“文明面”或“文明化趋势”。大致说来，资本“文明面”表现在四个方面：一是极大地促进了生产力的发展以及科学技术在生产

① 《马克思恩格斯全集》第 30 卷，人民出版社，1995，第 587 页。
② 《马克思恩格斯文集》第 8 卷，人民出版社，2009，第 69 页。
③ 《马克思恩格斯文集》第 8 卷，人民出版社，2009，第 90 页。
④ 《马克思恩格斯文集》第 8 卷，人民出版社，2009，第 95~96 页。
⑤ 《马克思恩格斯文集》第 7 卷，人民出版社，2009，第 927~928 页。

领域的广泛应用；二是有利于社会关系的发展；三是培养了人的社会属性，创造了更多的自由劳动时间，促进了人的发展；四是促进了新社会因素的产生。

资本“文明面”的核心在于资本构成了生产力发展的动力机制。与此同时，我们只有把握资本与现代生产的内在关联，才能真正切中资本文明的核心逻辑。资本要创造剩余价值，必须要进入生产领域，它形成了两种不同的生产类型：①绝对剩余价值的生产。资本为了获取绝对剩余价值，一方面需要不断扩大流通范围；另一方面需要突破各种界限，用资本逻辑统摄的生产方式取代传统的生产方式。②相对剩余价值的生产。资本的文明化趋势主要是资本的生产相对剩余价值的结果，中心环节是扩大消费范围：“第一，要求在量上扩大现有的消费；第二，要求把现有的消费推广到更大的范围来造成新的需要；第三，要求生产出新的需要，发现和创造出新的使用价值。”① 资本无止境的致富欲望，驱使它进行“双重开发”：一是“开发”自然界。资本要“探索整个自然界，以便发现物的新的有用属性”，在这一过程中，资本必然“要把自然科学发展到它的最高点”②。二是“开发”人的需要。资本的实现是在流通领域，资本必须通过消费才能实现自身的增殖。“资本作为孜孜不倦地追求财富的一般形式的欲望，驱使劳动超过自己自然需要的界限……一种历史地形成的需要代替了自然的需要。”③ 资本的“文明面”就在于，在资本驱动下，自在自然不断被人化自然代替，“自然的需要”不断被“历史地形成的需要”代替，由此形成了“一个普遍利用自然属性和人的属性的体系”。从对资本的“文明面”的分析，我们可以透视到，资本实现自我增殖的两个关键环节：占有、开发无限多的自然资源是资本的起点，资本增殖是在生产领域；刺激人的需要、促进消费是资本的终点，资本实现是在流通和消费领域。资本自我增殖的欲望是无止境的，这决定了这两个关键环节的运动也是无止境的。在此，我们触及了现代

① 《马克思恩格斯文集》第8卷，人民出版社，2009，第89页。

② 《马克思恩格斯文集》第8卷，人民出版社，2009，第89、90页。

③ 《马克思恩格斯文集》第8卷，人民出版社，2009，第69~70页。

资本文明的枢纽——进步强制及其表现形式（生产强制和消费强制）。

海德格尔明确提出“进步强制”的概念：“是什么通过规定了整个大地的现实而统治着当今呢？〔是〕进步强制（Progrssionszwang）。这一进步强制引起了一种生产强制。后者又与一种对不断更新的需求的强制联系在一起。”① 海德格尔主要用进步强制来言说现代形而上学的本质，马克思早在《共产党宣言》中就表达过与进步强制类似的思想，并将其领会为资本或资本文明的本质：“资产阶级除非对生产工具，从而对生产关系，从而对全部社会关系不断地进行革命，否则就不能生存下去。……生产的不断变革，一切社会状况不停的动荡，永远的不安定和变动，这就是资产阶级时代不同于过去一切时代的地方。”② 进步强制规律驱使资本不断扩大生产、改进技术和开发新的需要，“这个规律不让资本有片刻的停息，老是在它耳边催促说：前进！前进！”③ 在资本扩张过程中，有两种主要作用方式：一是在生产和经济领域，通过资本逻辑统摄生产逻辑；二是在社会生活领域，通过资本逻辑统摄社会生活逻辑。通过这两种作用方式，资本强制将整个世界纳入自身运动过程中，推动社会和人的“进步”。资本增殖推动的进步强制并不是无止境的，它必然会遇到内外两个界限。一是“内在界限”：①必要劳动是活劳动能力交换价值的界限；②剩余价值是剩余劳动和生产力发展的界限；③货币是生产的界限；④交换价值是使用价值的生产的界限④。四个界限最核心的问题就是生产过剩，它是资本文明化趋势的根本限制，也是进步强制的终结点。二是“外在界限”，它指的是，现代资本文明展开进程中所遇到的外部（负面）效果界限。外在界限一般包括自然的界限（自然异化）、社会关系的界限（社会分化）、世界和平的界限（全球冲突）以及人的生活的界限（人的物化）。简单说来，现代资本文明是以自然和社会等外部世界的异化为代价的，一旦这些代价到了一定的极限，以资

① 海德格尔：《晚期海德格尔的三天讨论班纪要》，丁耘编译，《哲学译丛》2001年第3期。

② 《马克思恩格斯文集》第2卷，人民出版社，2009，第34页。

③ 《马克思恩格斯文集》第1卷，人民出版社，2009，第737页。

④ 参见《马克思恩格斯文集》第8卷，人民出版社，2009，第96~97页。

本为基础的生产就难以为继了，人类社会就会抵达现代资本文明的历史限度，正如有学者鲜明地将这一历史限度标示为“三大崩溃”：人与人、人与自然、全球关系①。自此，人类社会的发展模式和文明形态就会改弦更张。

（二）现代资本文明下的中国道路

“资产阶级……把一切民族甚至最野蛮的民族都卷到文明中来了……它迫使一切民族——如果它们不想灭亡的话——采用资产阶级的生产方式；它迫使它们在自己那里推行所谓的文明，即变成资产者。一句话，它按照自己的面貌为自己创造出一个世界。”② 资本文明在现代世界中获得了它的“绝对权利”。落后民族绝不是通过自由竞争、市场分工和平等交换等主动加入现代资本文明体系当中的，而是通过西方殖民主义被抛入这个体系中的。19 世纪 50 年代，在关于东方社会的一系列评论中，马克思实际上指出，东方文明在遭遇西方文明的过程中，毫无招架之力，落后的东方文明被比它更高的文明所征服，显示出历史的必然性。长久以来，东方社会“表现不出任何伟大的作为和历史首创精神”③。英国在印度用新的社会经济结构逐步代替旧的社会经济结构，这反而成为整个亚洲“唯一的一次社会革命”④。西方资产阶级对东方社会的殖民统治是极其野蛮的，给东方社会带来了深重的灾难，尽管马克思从道德评价的角度给予了谴责，但问题的关键不在于此，而在于，先进的资本文明消灭落后的农业文明乃是人类社会的文明进步。由此，马克思才说，以英国为代表的西方国家的殖民侵略“充当了历史的不自觉的工具”⑤。马克思客观地描述了资本文明对一切民族或国家的统治权：“它使未开化和半开化的国家从属于文明的国家，使农民的民族从属于资产

① 参见任平《论唯物史观的中国逻辑及其世界意义》，《哲学研究》2019 年第 8 期。

② 《马克思恩格斯文集》第 2 卷，人民出版社，2009，第 35~36 页。

③ 《马克思恩格斯文集》第 2 卷，人民出版社，2009，第 683 页。

④ 《马克思恩格斯文集》第 2 卷，人民出版社，2009，第 682 页。

⑤ 《马克思恩格斯文集》第 2 卷，人民出版社，2009，第 683 页。

阶级的民族，使东方从属于西方。”① 对近代以来中国发展道路的任何探讨，都不得不置于现代资本文明所设置的支配—从属关系中。正如恩格斯论述中国时指出的：“随着英国人及其机器的出现，一切都变了样，并被卷入文明之中。”②

我们同样不认为，马克思主张用一种“全盘西化”的文明方案来规定落后国家的现代化发展道路。如果说，在19世纪70年代之前，马克思还带有或明或暗的西方中心主义倾向，那么，马克思晚年思想所实现的“非西方”转向使得西方资本文明（尤其是西方资本主义发展道路）被进一步反思。我们可以简单举一些例证。比如，1877年，马克思在给《祖国纪事》杂志编辑部的信中，反对把他“关于西欧资本主义起源的历史概述”解读为“一般发展道路的历史哲学理论”。又比如，1881年，在给查苏利奇的信中，马克思明确了关于资本主义文明发展进程的“历史必然性”的边界问题。他断然否定了“世界各国由于历史的必然性都应经过资本主义生产各阶段”的观点。马克思认为，俄国公社是与资本主义生产同时存在的东西，因此，它“有可能不通过资本主义制度的卡夫丁峡谷，而占有资本主义制度所创造的一切积极的成果”③。再如，1882年，在俄文版《共产党宣言》的“序言”中，马克思谈道：“假如俄国革命将成为西方无产阶级革命的信号而双方互相补充的话，那么现今的俄国土地公有制便能成为共产主义发展的起点。”④ 从马克思晚年一系列思想来看，他认为，超越西方资本主义文明发展阶段，跨越卡夫丁峡谷是有可能的。但这只是“理论上的可能性”，东方社会能否“不经受资本主义生产的可怕的波折”，直接过渡到社会主义社会，一切都取决于它所处的历史环境。从文明逻辑的论域看，马克思东方社会理论实际上说明了，某个落后国家不经历资本主义文明发展阶段，并不意味着就必然违背了人类文明发展大道，当然前提在于它能以某种方式充

① 《马克思恩格斯文集》第2卷，人民出版社，2009，第36页。
② 《马克思恩格斯全集》第42卷，人民出版社，1979，第472页。
③ 《马克思恩格斯文集》第3卷，人民出版社，2009，第578页。
④ 《马克思恩格斯文集》第2卷，人民出版社，2009，第8页。

分吸收同时代的资本主义文明成果。

我们从纯理论回到中国现实中来。近代中国能不能走上资本主义现代化道路，从而完整地经历资本主义文明发展阶段？答案是否定的。就外部条件看，西方国家所谓的“文明传播”无非是帝国主义对中国的剥削与统治，它根本不允许中国有独立发展的资本主义文明阶段。就内部条件看，在半殖民地半封建条件下，中国民族资产阶级具有软弱性，承担不起扫除发展资本主义文明的障碍，即建立独立的民族国家的历史任务。五四运动之后，中国无产阶级逐步掌握了资产阶级民主革命领导权，中国革命、中国现代化道路沿着新民主主义—社会主义定向的道路不断前进。1949 年，中国共产党取得全国政权的胜利，近代以来的中国发展道路基本路向转化为实践。1956 年的所有制改造完成，标志着社会主义基本制度建立，实现了社会形态的跨越，自此，中国发展道路超越了资本主义文明，而进入社会主义文明的历史进程中去了。当然，中国实现社会形态的跨越只是超越现代资本文明的第一步①。现代资本文明的基本取向是现代化。中国能在占有资本主义文明成果的基础上，成功开辟一条社会主义现代化道路，这才是真正意义上的“批判”或“超越”，而非性质上的“简单不同”。由于错综复杂的原因，中国社会主义现代化探索早期并没有突破苏联模式，其现代性模式同样具有强烈的反资本文明的基本特征，它可以被表述为“反资本主义现代性的现代性模式”②。该模式抽象否定资本文明，并不能形成一条行之有效的社会主义现代化道路，进而也无法从根本上超越现代资本文明形态。改革开放以来，我们逐步形成了中国特色社会主义道路，其主要特征就是改革开放。通过改革，中国道路实现了对资本逻辑、市场经济逻辑等有限度地承认；通过开放，中国道路重构了社会主义与资本主义的关系，以独立自主的姿态融入资本文明主导的全球化进程中去。这里，我们不可能对百年来的中国发展道路进行详细梳理，只能进行粗线条的总结：从 1840 年到

① 参见吴波《社会形态与现代化双重视野中的中国道路》，《马克思主义研究》2009 年第 7 期。

② 参见汪晖《去政治化的政治：短 20 世纪的终结与 90 年代》，生活 · 读书 · 新知三联书店，2008，第 65 页。

1949年，作为半殖民地半封建社会，中国完全处于资本文明的“三个从属”的支配关系中，展开的只能是被动的、局部的现代化；1949年以来，中国开启了主动的全面现代化进程，社会形态的跨越使得中国开启了不同于资本文明的社会主义文明进程；1978年以来，百年来的现代化探索凝结为改革开放的中国道路。中国道路从资本文明的绝对的支配—从属体系当中脱离出来，但又必须承认并充分发挥资本“文明面”，建立社会主义市场经济体制，通过开放，大量吸引国际资本，占有资本主义文明的一切积极成果。中国道路是建立在社会主义制度上的新型文明，它表现出对资本文明的批判与超越的姿态：超越了以资本为主导的发展逻辑，确立了以人民为中心的发展逻辑，坚持共同富裕方向，等等，一句话，其核心逻辑在于用社会主义力量（公有制、国家政权、人民力量等）驾驭资本。我们会在第三部分较为详细地论述中国道路对现代资本文明的超越维度。

三　中国道路开启新文明类型

文明伴随着对抗。“当文明一开始的时候，生产就开始建立在级别、等级和阶级的对抗上，最后建立在积累的劳动和直接的劳动的对抗上。没有对抗就没有进步。这是文明直到今天所遵循的规律。”① 现代资本文明是建立在以资本增殖为核心的进步强制基础上的，其文明悖论可以从两个层面看：一是资本文明化进程是与野蛮、暴力等并驾齐驱的。资本原始积累过程就是现代文明的产生过程，资产阶级通过各种暴力的、非暴力的手段剥夺农民的土地和其他生产资料，农民被迫成为不得不出卖劳动力的雇佣工人。在资本文明化进程中，除了国家权力的“拐杖”作用外，“征服、奴役、劫掠、杀戮，总之，暴力起着巨大的作用”②。二是现代资本文明既给现代社会带来了“文明面”，也带来了“反文明面”，尤其体现在人的发展上。在诸多方面，现代资本文明的进步只不

---

① 《马克思恩格斯全集》第4卷，人民出版社，1958，第104页。

② 《马克思恩格斯文集》第5卷，人民出版社，2009，第821页。

过是增强了资本对人的统治权力。“文明的进步只会增大支配劳动的客体的权力。”① 资本还窃取了工人实现自身发展的条件——自由时间。“既然所有自由时间都是供自由发展的时间，所以资本家是窃取了工人为社会创造的自由时间，即窃取了文明。”② 总之，现代资本文明是进步与野蛮、解放与奴役的双重变奏，它既是解放的条件，又是革命的对象。现代资本文明是历史性存在，进步强制所带来的对抗性揭示了其内在的历史限度。由于特殊国情以及国际环境等各种因素，当代中国的现代化发展“最先抵达现代性的历史限度”③，所以，中国的进一步发展不得不以超越现代资本文明为其基本定向。因此，中国道路在未来发展进程中会不断开展对现代资本文明的批判与超越，在完成其现代化任务的同时，积极开启一种新文明类型的可能性。我们认为，新文明类型至少具有以下三种规定性，它们也构成了中国道路的核心文明逻辑。

其一，新文明类型不是以资本为原则，而是以“对人的本质的真正占有”为基本遵循。资本与人的发展的关系是复杂的，既不是单纯的正相关，也不是单纯的负相关。资本进步强制、资本扩张在人的发展上存在悖论：一方面，资本扩张促进了人的解放，增加了人的发展空间。资本扩张使得人从传统的依赖性关系中解放出来，带来了“普遍的社会物质变换、全面的关系、多方面的需要以及全面的能力的体系”④。现代资本文明的基本特征就是“以物的依赖性为基础的人的独立性”。现代人通过“物”的逻辑为自身发展拓展了空间。另一方面，资本在扩张过程中，不断吞噬人的发展空间，导致了“人的发展危机”。我们可以从两个层面加以阐释。一是生产强制。资本自我增殖的秘密在生产领域，资本必须进入生产领域，它需要不断获取自然资源、社会资源，尤其是活劳动。正如前文提及的，资本增殖的主要形式是相对剩余价值生产，由此，资本需要不断改进技术和管理，在机器大工业阶段，资本通过机器

① 《马克思恩格斯全集》第30卷，人民出版社，1995，第267页。

② 《马克思恩格斯全集》第31卷，人民出版社，1998，第23页。

③ 吴晓明：《“中国方案”开启全球治理的新文明类型》，《中国社会科学》2017年第10期。

④ 《马克思恩格斯文集》第8卷，人民出版社，2009，第52页。

体系（以及科学、技术等），加速了资本的自我增殖和自我扩张，与此同时也加深了对活劳动的剥削和奴役。机器体系拓展了资本对活劳动（工人）的统治。在资本主义初期，资本对活劳动的支配主要表现为价值上的剥削、结果上的所有权。在机器大工业时期，不仅如此，资本还（主要）表现为物质生产过程中的支配、活动中的控制权。“不是工人使用劳动条件，相反地，而是劳动条件使用工人，不过这种颠倒只是随着机器的采用才取得了在技术上很明显的现实性。”① 工人只是机器的附属，工人丧失了技能，劳动日益简单化，使得他们“在资本的专制面前是比较顺从的”②。由此观之，生产强制和技术强制会不断增强资本对人的支配与奴役。二是消费强制。资本只有通过流通和消费，才能实现增殖，拓展一点讲，实际上，人们的社会生活都被纳入资本的生产和再生产中。资本文明化趋势的重要环节就是超越“自然需要”的限制，不断拓展“历史地形成的需要”；现代资本文明为了克服生产过剩、克服资本自身的内在矛盾，必然会不断“开发”“刺激”“历史地形成的需要”，由此形成“欲求”或“虚假需要”。正如贝尔所指出的：“欲求取代了需求，而欲求的本质就是没有界限，永远不感到满足。”③ 或如马尔库塞说的：“我们可以把真实的需要与虚假的需要加以区别。为了特定的社会利益而从外部强加在个人身上的那些需要，使艰辛、侵略、痛苦和非正义永恒化的需要，是‘虚假的’需要。”④ 资本重构了现代人的存在方式，不断强化“财富—消费—幸福”逻辑，即人们通过购买和占有商品，不断消费，在消费中满足人的需要，实现人的幸福。现代资本文明形成了以“占有”为基本特征、以消费为生活导向的人的存在方式。人与物的关系、人与人的关系都异化为某种占有与交换的关系，占有与征服构成了现代人的核心追求。人的需求的多样性也被单向度化，把物质享受当成唯一的或主要的需要。人成为“消费机器”，丧失了人的丰富

① 《资本论》（纪念版）第 1 卷，人民出版社，2018，第 487 页。
② 《马克思恩格斯文集》第 8 卷，人民出版社，2009，第 290 页。
③ 贝尔：《资本主义文化矛盾》，严蓓雯译，江苏人民出版社，2007，第 234 页。
④ 马尔库塞：《单向度的人：发达工业社会意识形态研究》，刘继译，上海译文出版社，2008，第 6 页。

性和完整性。

中国道路要开启新文明类型，就是要构建一种与现代资本文明下的那种人的存在方式完全不同的新的存在方式，它以“对人的本质的真正占有”为价值旨归。新文明类型下的人的存在方式以共产主义为未来方向，是一种合乎人性的存在方式，是“完成了的人道主义”①。第一，新文明类型超越了以资本为主导的生产逻辑、发展逻辑，确立了以人为本的生产逻辑、发展逻辑。资本的利润动机构成了现代资本文明的发展逻辑。新文明类型超越了资本主导劳动的发展逻辑，坚持把人的全面自由发展作为社会发展的最高目标。新文明类型实际上追求“两个解放”（生产力解放与人的解放）：“在保证社会劳动生产力极高度发展的同时又保证每个生产者个人最全面的发展。”② 现代资本文明与新文明类型的根本区别不在于有没有资本、市场经济，而在于以什么为社会发展和解决社会问题的最高原则。以资本为本的是现代资本文明，以人为本的是中国道路及其蕴含的新文明类型。第二，新文明类型超越了以“占有”为基本特征、以消费为主要取向的生活逻辑，确立了以人的全面自由发展为核心的美好生活逻辑。新文明类型的未来导向是“自由个性”社会形态，它在实践过程中会不断超越建立在“物的依赖性”基础上的、以“占有”为基本特征的人的存在方式。人们的真正财富不是对“物”的占有，而是对“个人全面发展和他们共同的、社会的生产能力”③ 的真正拥有。“对人的本质的真正占有”就是实现人的丰富性和完整性。“富有的人和人的丰富的需要代替了国民经济学上的富有和贫困。富有的人同时就是需要有人的生命表现的完整性的人，在这样的人的身上，他自己的实现作为内在的必然性、作为需要而存在。”④ “对人的本质的真正占有”、人的需要的满足乃至美好生活的实现应当从自己的活动中去寻求，人的满足最终在生产活动而不是消费活动。可见，在生活逻辑上，新文明类型从根本上是导向劳动解放的，人们在生产领域通过劳动确证

① 《马克思恩格斯文集》第 1 卷，人民出版社，2009，第 185 页。

② 《马克思恩格斯文集》第 3 卷，人民出版社，2009，第 466 页。

③ 《马克思恩格斯文集》第 8 卷，人民出版社，2009，第 52 页。

④ 《马克思恩格斯文集》第 1 卷，人民出版社，2009，第 185、194 页。

自己的本质，获得自身幸福。

其二，新文明类型的立足点不是“市民社会”，而是“人类社会”或“社会的人类”。“旧唯物主义的立脚点是市民社会，新唯物主义的立脚点则是人类社会或社会的人类。”① 现代资本文明是以市民社会原则为基本建制的，新文明类型则是以人类社会原则为基本建制的。第一，新文明类型是以“现实的人”而非“经济人”为起点。现代资本文明的起点是“经济人”假设，将“现实的人”抽象化为单一维度的物质利益的存在物。新文明类型反对对人的经济学抽象，立足于“现实的人”（人的经济属性与非经济属性、物质需求与非物质需求等“总体性规定”）观察和规划社会发展和社会进步。第二，新文明类型是以“共同体”为价值取向，超越了“利己主义”原则。现代资本文明“使人和人之间除了赤裸裸的利害关系，除了冷酷无情的‘现金交易’，就再也没有任何别的联系了”②。市民社会是资本文明的产物，它把“原子化个人”视为最高目的，社会把人联系起来的唯一纽带是“需要和私人利益”“自然必然性”。现代市民社会在瓦解建立在血缘、地缘基础上的传统共同体的同时，也导致了现代社会的共同性萎缩。在个人与社会或共同体的关系（群己关系）上，现代资本文明完全采取了市民社会原则即自私自利、唯利是图的原则。它带来了两个无法克服的后果：一是每个人都追求自己的特殊利益，他人和社会不过是追求私利的手段或条件，整个社会陷入“一切人反对一切人”的战争状态。二是孤立个人有不确定感、无助感，丧失了人们在共同体中的认同感和归属感，容易走向价值虚无主义。新文明类型从根本上把具有实体性内容的“集体”或“社会”作为其全部建制的基础③。马克思将未来社会称为“自由人联合体”：一方面，“联合体”中的个人是“自由人”。“联合体”不是吞噬个体利益和自由的“虚假共同体”，而是以自由发展的个人为前提、为目标的。另一方面，自由人是“联合体”中的自由人。个人只有在“联合体”中，

---

① 《马克思恩格斯文集》第 1 卷，人民出版社，2009，第 502 页。

② 《马克思恩格斯文集》第 2 卷，人民出版社，2009，第 34 页。

③ 参见吴晓明《当代中国的精神建设及其思想资源》，《中国社会科学》2012 年第 5 期。

才能得到真正的解放和自由。“只有在共同体中，个人才能获得全面发展其才能的手段，也就是说，只有在共同体中才可能有个人自由。”① 以“自由人联合体”为遵循的新文明类型是对“原子化个人”原则及其制度的超越，它以“真正的共同体”为基本原则，正确处理特殊利益与普遍利益、个体与社会之间的关系。第三，新文明类型是以“人类解放”为目标，超越了“政治解放”的历史限度。现代资本文明的积极成果就是政治解放，它使国家从宗教束缚和政治专制中解放出来，成为“自由国家”，在此过程中，实现了人的政治解放，形成了自由、民主、平等和人权等价值观念及其制度。正如马克思所指出的，政治解放所给予的自由、民主、平等和人权是抽象的、消极的和虚假的，概言之是形式的而非实质的。现代资本文明是建立在“形式自由”（以及形式民主、形式平等、形式人权等）基础上的。如何理解“形式自由”以及立足其上的现代资本文明的基本性质？从政治经济学批判视角看，以形式自由为诉求的现代资本文明“把市民社会，也就是把需要、劳动、私人利益和私人权利等领域看作自己持续存在的基础”②。“自由这一人权的实际应用就是私有财产这一人权。”③ 现代资本文明没有动摇市民社会基础或资本原则，没有克服市民社会的利己性和冲突性。停留在政治解放层面的现代资本文明的积极成果——形式的自由、民主、平等和人权等——不过是私有产权的“自然权利”，掩盖了或没有解决人们在经济社会生活中的“实质的非自由”“实质的不平等”问题。人类解放就是超越现代资本文明的政治解放的限度，把政治革命推进到经济革命和社会革命，消除经济社会领域的对抗性和不平等关系，它承诺的自由、民主、平等和人权是实质的、真正的。在此意义上，人类解放是不同于政治解放的“经济解放”“社会解放”。新文明类型以人类解放为目标，必然表现为对资本逻辑、市场经济逻辑导致的两极分化、社会对抗等展开批判，对经济平等、社会和谐等保持强烈的诉求。这里需要特别指出的是，以实

① 《马克思恩格斯文集》第 1 卷，人民出版社，2009，第 571 页。

② 《马克思恩格斯全集》第 3 卷，人民出版社，2002，第 188 页。

③ 《马克思恩格斯全集》第 3 卷，人民出版社，2002，第 183 页。

质自由为建制的人类解放绝不是对以形式自由为建制的政治解放的抽象否定，而是一种“扬弃”。西方一些学者总是批评马克思低估了形式自由、政治解放的意义，说其主张的实质自由、人类解放是一种乌托邦。韦尔默甚至指出：“在马克思主义理论的乌托邦视界（实质自由——引者注）与东方集团的压制性实践之间确实有一种内在的联系。”① 由此，一些人把马克思的实质自由、人类解放思想解读成彻底否定政治自由、自由民主制度。这些错误的判断实际上都没有认识到，实质自由是在继承形式自由的基础上展开的积极批判，人类解放是在继承以往现代资本文明成果基础上的现实的社会实践。由此观之，中国道路不是以一种低于政治解放的形式，而是以一种包含了甚至高于政治解放的形式——人类解放——展开对现代资本文明的超越的。当然，新文明类型仍然在不断开展与探索中，我们不可能指望理想的“人类社会”原则全部、完整地被现实化，但是，其基本价值原则在当下的中国道路发展进程中已然逐步呈现出来。比如，追求共同富裕和共享发展，强调公有制、国家在抑制分化中的“共同体力量”，强调集体主义价值观、中华民族共同体意识，倡导人类命运共同体，等等。

其三，新文明类型超越了现代资本文明的霸权逻辑，它是和平主义性质的。现代资本文明的基本特征是进步强制，它必然表现为霸权逻辑。我们可以从基本特征和主要类型方面稍作展开。现代资本文明霸权逻辑具有四个方面的基本特征：①贪欲的—进步主义。资本需要不断逐利，获取剩余价值。“贪欲和权势欲成了历史发展的杠杆。”② 资本的贪欲带来的是无止境的进步、永不停息的前进，即进步强制。②征服性的—权力主义。资本是一种征服“他者”的权力，不断进行着对自然资源的榨取、对社会关系的支配、对活劳动的剥削与压迫等“权力运作”。③开发性的—扩张主义。资本扩张机制是“向内开发”与“向外扩张”的结合。“向内开发”指的是，资本无穷尽地吸吮自然力、“社会力”和活劳

① 韦尔默：《后形而上学现代性》，应奇、罗亚玲编译，上海译文出版社，2007，第250页。

② 《马克思恩格斯文集》第4卷，人民出版社，2009，第291页。

动，并尽其所能开发它们有利于资本增殖的内在属性。“向外扩张”指的是，资本打破一切自然和社会的界限，向整个社会领域的渗透；从某一地区、某个民族国家向整个世界的扩张①。④输出性的—普世主义。资本要将整个世界纳入其生产和消费体系，必然要夷平各种差别性、特殊性，将（西方）资本文明及其制度模式输入其他民族或国家。现代资本文明是“文明输出”的普世主义。“普世文明的概念有助于为西方对其他社会的文化统治和那些社会模仿西方的实践和体制的需要作辩护。普世主义是西方对付非西方社会的意识形态。”② 现代资本文明的霸权逻辑有三种主要类型或表现形式：一是资本对劳动、资本家对工人阶级的剥削与压迫；二是西方国家对落后国家和地区的殖民与掠夺；三是大国之间的冲突与斗争。由此可见，只要囿于现代资本文明去解释中国道路、中国崛起，必然得出基于霸权逻辑的诸多结论。按照霸权逻辑，现代世界秩序一旦平衡被打破，冲突与战争便接踵而至。中国的崛起似乎导致了“结构性挑战”。基辛格也无非把21世纪中国的崛起与20世纪德国的崛起等量齐观，认同它们都给现存国际秩序带来了“结构性挑战”，也就是所谓打破了旧霸权的“均衡”③。因此，中国的现代化发展只有超越现代资本文明，才可能是和平主义的。局限于现代资本文明的任何发展道路的结局必然是霸权主义的。这里核心的问题在于，中国道路及其新文明类型为何能够超越霸权逻辑，进而使其自身具有和平主义性质？比较普遍的说法，就是中国和平发展道路根源于中华传统文明，其基本性质是非扩张性的和平主义。比如，韦伯就提到，作为中华文明的主导意识形态儒教是入世的、和平主义性格。“儒教是要去适应这个世界及其秩序与习俗。”④ 还有较为流行的观点，认为和平与发展的世界潮流决定

---

① 参见吴晓明《论中国的和平主义发展道路及其世界历史意义》，《中国社会科学》2009年第5期。

② 塞缪尔·亨廷顿：《文明的冲突与世界秩序的重建》，周琪等译，新华出版社，2009，第45页。

③ 参见基辛格《世界秩序》，胡利平等译，中信出版社，2015，第479~481页。

④ 韦伯：《中国的宗教：儒教与道教》，康乐、简惠美译，广西师范大学出版社，2010，第213页。

了中国道路的基本走向。此外，还有学者从陆地文明视角看待中国道路的和平主义特征，认为西方文明是海洋文明，具有进攻性、扩张性，而中国文明是陆地文明，具有防御性、保守性。这些因素都是重要的，但还不是最主要的，中国道路及其开启的新文明类型的和平主义性质，从根本上取决于社会主义制度。“我们搞的是有中国特色的社会主义，是不断发展社会生产力的社会主义，是主张和平的社会主义。”①

现代资本文明的霸权根源在于以资本自我增殖为核心的进步强制。中国道路的和平主义就在于社会主义力量对资本扩张及其进步强制的驾驭与制约。由于篇幅所限，我们在这里不可能详细而深入地阐释或论证，只能提纲挈领地给出基本路向。①社会主义制度下的资本积累模式。现代文明的资本积累模式是“向外占有”的“剥夺性积累”。资产阶级一方面攫取国内工人的剩余价值，另一方面通过征服掠夺，获得海外资源。资本的原始积累过程既是对本国农民的剥夺，也是对外殖民掠夺的结果。“欧洲的隐蔽的雇佣工人奴隶制，需要以新大陆的赤裸裸的奴隶制作为基础。”② 社会主义中国的资本积累模式是“向内挖掘潜能”的“非剥夺性积累”，即和平主义模式。改革开放之前，我国的资本形成几乎完全依靠国内积累，比如，从农业方面获得的资本积累、国营企业利润；改革开放之后，我们不断拓展资本积累来源，比如大力吸收国外资本，依靠居民储蓄和金融市场，等等。不管这些积累形式如何，但无一例外是“非剥夺性”的。②社会主义制度的价值理念。现代资本文明必然导致两极分化，接踵而来的只能是社会冲突和社会矛盾。中国道路坚持社会主义本质，“生产将以所有的人富裕为目的”③。以共同富裕、社会公正为目标的发展道路必然是和谐的、非对抗的。③社会主义的生产逻辑和生活逻辑。现代资本文明建立在进步强制基础上，无论是生产强制还是消费强制，都导致它对资源的需求是无止境的。“资本主义的利润动机和以消费为中心的特点决定了它对资源的需求是贪得无厌的。”④ 因

① 《邓小平文选》第3卷，人民出版社，1993，第328页。

② 《马克思恩格斯文集》第5卷，人民出版社，2009，第870页。

③ 《马克思恩格斯文集》第8卷，人民出版社，2009，第200页。

④ 陈学明等：《中国道路的世界意义》，天津人民出版社，2015，第67页。

此，西方资本主义国家必然要冲出民族国家界限，在世界范围内争夺资源。正如前文指出的，社会主义生产逻辑不是以利润为目的，而是以人为本；其生活逻辑不是以消费为中心，而是以遵循人的完整性和丰富性的美好生活逻辑为本。这些决定了它与现代资本文明对资源的无止境需求是完全不同的。因此，中国道路的未来拓展绝对不会以霸权主义和扩张主义方式在全球争夺资源，即便对资源的有限度需求，也是主要通过集约式、内延开发式等资源战略加以解决。人类要“学会开辟一种有效的和平变革机制”，只有这样才能避免“霸权冲突”周期律①。我们认为，这种和平变革机制应当首先表现为对资源占有与利用方式的根本变革。

早在1956年，毛泽东在《纪念孙中山先生》一文中就明确指出：“中国应当对于人类有较大的贡献。”② 2017年，习近平总书记在党的十九大报告中指出，中国道路“为解决人类问题贡献了中国智慧和中国方案”③。我们认为，“中国贡献”更多的应该是文明的贡献，中国道路在开启新文明类型的历史进程中会不断彰显出这样的文明贡献。

---

① 参见吉尔平《世界政治中的战争与变革》，宋新宁、杜建平译，上海人民出版社，2007，第213页。

② 《毛泽东文集》第7卷，人民出版社，1999，第157页。

③ 《决胜全面建成小康社会 夺取新时代中国特色社会主义伟大胜利》，人民出版社，2017，第10页。

实施后发战略的挑战与机遇*

刘莹珠

我国处于工业化进程的中期，在世界现代化进程中属于典型的后发国家。2012 年我国国民生产总值为 53.73 万亿元，居世界第二位；人均 GDP 约为 3.98 万元，在参与排位的 185 个国家中居第 82 位，依然远远落后于发达国家。就国家内部情况来看，我国幅员辽阔，东西部发展差距巨大，除东部沿海发达地区之外，尚存在广大的中西部欠发达地区和大批低收入人群。经济总量大、人均水平低、区域群体差距大，是我国经济建设面临的现状，因而，在科学发展中实施后发战略，谋求跨越式发展是我国构建和谐社会，实现生产力的持续、全面、快速发展的必然要求。

一　实施后发战略的挑战与机遇

对于"跨越式发展"，我们的认识经历了由鼓励、提倡到反思、慎重的一个变化过程。2001 年，中共中央在"十五"规划建议中明确提出了"发挥后发优势，争取实现社会生产力的跨越式发展"战略思想，跨越式发展这一理念开始进入我国主流的政治话语体系。此后，跨越式发展广泛地见于政府的各种文件政策以及报章杂志之中，更成为各地政府谋求快速发展的普遍选择。高铁行业作为短时间内由一个较低水平实现迅速赶超世界先进水平的典型，一度被视为是跨越式发展成效的最佳范本，引起全国的效仿，直到 2011 年震惊全国的高铁事故发生，人们开始

* 本文原载于《开放导报》2014 年第 1 期，收入本书时有改动。

冷静地思索跨越式发展内涵的一些问题：一味追求跨越如同揠苗助长，会在社会和经济中造成许多“后遗症”。

必须承认，跨越式发展并不是一种无须代价、没有成本、突飞猛进实现进步的过程。这是现代化进程中，后发国家与地区为谋求平等的机遇与资源，而不得不采取的赶超行为。跨越式发展是一种超常态的发展，相对于一个社会正常、稳定的发展过程而言，势必包含着更多的问题和风险。

第一，政府职能与权限问题。在全球化情境中，后发展国家与发达国家的社会发展过程存在根本性差异。发达国家是现代化的先行者，其社会发展的驱动力是从社会内部逐渐孕育生发起来的，是一个自然而然的过程；而后发展国家是在各种外来的压力之下，被动地开始自己的现代化进程的，政府在其中扮演着极为重要的角色。从发展战略的制定到具体目标的实施，都离不开政府的主导。后发国家的现代化进程，是一个有着明确的自觉意识和主动性的规划行为，政府和政治家是其背后的设计者和推动者，这固然使后发国家的发展速度可以超越其先行者，在相当大的程度上实现跨越式发展，然而，社会发展的这种高效率之所以能够实现，得益于政府对于经济、社会的高度控制，如果缺乏相应的法律制度对政府权力进行监督和限制，往往会导致政府权力的失控、越界，使得社会活动带有高度的政治性，政治活动带有高度的人为性。

由此而导致的社会风险是：一方面，政府对经济的高度干预为权力寻租创造了机会，使腐败成为政治生活中的顽症，使得公共资产流失、转移，民众对政府失去信任，进一步发展成为问题；另一方面，因为跨越式发展有着较强的人为干预因素，更容易受到设计者主观性的影响，一旦政治家的观念出现偏差，则可能造成极为严重的社会灾难。这就要求后发国家与地区在设计、规划自己的跨越模式、道路的时候，必须具有预见性，通盘考虑超常态的飞跃可能付出的代价，可能遇到的矛盾。能否超越这些矛盾所构成的发展困境，决定了跨越式发展是否能够最终实现和以多大代价实现。因而，既要保证政府对于社会发展的规划、领导作用，又必须用严格的制度建设规范政府的权力，使跨越式发展能够以最小的代价实现。

第二，民族性与文化问题。跨越式发展能够实现的一个重要前提，是全球性的经济和技术交流。对于后发国家而言，这种交流并非完全是积极的、正面的，经济的发展往往要靠文化埋单。这表现为两个方面。

一方面是民族文化的丧失问题。后发国家在引进、借鉴和改良发达国家先进生产力的过程中，还带来了西方社会的价值观念和生活方式。在文化全球化存在不平等交往的情势下，后发国家很容易在强势文化的侵袭下丢失自己的文化与传统，从精神上丧失民族性。到处是西方的商品，到处是西方的音乐和图像，本国的图像反倒作为陪衬，成为自己贫穷愚昧和自惭形秽的证明，对处在文化交流和碰撞中的许多发展中国家而言，这种情况非常普遍。后发国家对于强势的外来文化的模仿和借鉴，在很大程度上是表面化的，并不能给社会发展提供足够的文化支撑；而民族的文化传统一旦被割断，恢复和重建则需要极为漫长的过程。

另一方面是价值理性的丧失问题。一个社会的高速发展时期，往往是价值观最为混乱的时期。文化与价值对于一个国家、民族的重要性，往往在其实现了经济腾飞之后才凸显出来，因而对于对谋求经济发展有着迫切需求的后发国家而言，文化与价值往往是在其社会发展中最容易忽视甚至牺牲的因素。由贫穷和落后而催生的蔓延于整个社会的对于金钱和富裕的渴望，往往使得工具理性成为后发国家构建其社会生活的主导原则。唯利是图、没有诚信、道德滑坡、精神空虚、漠视生命、纵欲享乐成为经济快速发展的伴生品。“人”的幸福、尊严乃至生命成为实现发展的手段与工具，随时可能被以实现发展作为借口而牺牲、践踏。发展过程中的“文化缺位”与“人性缺位”，使后发国家虽然能够赢得短时间内的高速发展，但这种发展往往是脆弱和不稳定的。

无疑，作为一种高速发展模式，跨越式发展有其自身的矛盾和问题。但是身处现代化进程中的后发国家，比如德国、日本包括东南亚各国都通过跨越式发展实现了经济与国力的快速腾飞。这是因为，在生产力发展过程中，跨越式发展具有提高速度、少走弯路、少犯错误、少付代价的“后发性优势”。按照美国经济学家亚历山大·格申克龙的观点，在生产力发展的一般过程中，“后发”不仅意味着落后，同时也是一种

“优势”，这是后发国家在对发达国家的经济追赶过程中存在的一种由自身的落后带来的优势。

其一，规划优势。后发国家与地区作为现代化进程的后来者，在开始规划设计其现代化建设时，面对的是一个“有例可依”的前提。西方各国已经率先完成了现代化过程，有些国家甚至开始向后现代的生产和生活方式转变。在现代化这条道路上，既有成功的经验，又有失败的教训，后发国家在设计自己的现代化发展道路之时，就可以避免重犯西方国家在现代化进程中出现的错误，增强现代化进程的自觉性与自主性，少走弯路，以更小的代价实现更大的发展。

其二，技术优势。后发国家（地区）可以通过借用、改良西方发达国家所创造的科技创新“摸索—前进—后退—摸索”这一反复曲折的过程，走“引进—改造—创新”之路，极大地缩减生产力由量变到质变所需要的时间。在这方面，德国、日本这些资本主义世界的后发国家都有过非常成功的经验。日本之所以能够在二战结束之后迅速实现经济的腾飞，就是因为在20世纪50~70年代，通过极小的代价，引进了当时世界上几乎全部领先的重大科学技术发明，加以研究改良创新，从而实现了经济与技术的双重飞跃。东南亚各国和我国台湾的一些企业，在经济发展之初，也是从原始设备制造过渡到原始设计制造，然后再转化为自有品牌生产的，为技术学习和能力建设提供了成功的经验。虽然，在技术引进上，德日与东南亚诸国和地区采取的并非同一种方式，前者是直接引进技术，后者是通过引进产业与投资获得技术，但战后这些国家和地区的经济腾飞无一不得益于对先发国家的技术借鉴。

其三，资金优势。任何一个国家与地区要想发展都离不开巨大的资金投入，原始资本的积累是困扰国家和企业发展的头号问题。在这一点上，西方发达国家通过对本国和别国劳动阶层的剥削和殖民完成了资本的原始积累，后发国家的发展无疑不能也不应当再采取这种方式。随着商品市场与资本市场的全球化，后发国家的现代化可以通过引进西方发达国家投资的方式，极大地缩短常规发展所需要的资本积累过程。

二 我国实施后发战略的可能路径

第一，创新是跨越发展的关键，必须坚持技术创新、制度创新与观念创新相结合。创新是后发国家与地区实现跨越发展的第一驱动力，也是我国经济建设中的一块短板。生产力的飞跃必须以科技创新为先导。以蒸汽动力技术为主导的第一次工业革命催生了以煤炭为动力的蒸汽火车以及工厂。电信技术与内燃机的结合引发了第二次工业革命，使大工业生产成为可能。在当代由信息技术、生物技术和新材料技术引发的第三次科技革命，使得高新技术和以知识为主导的第三产业在经济构成中占据的比重日益增长；以农业与工业作为支柱性产业，主要依靠密集的劳动力投入和自然资源投入的传统型经济结构将逐渐被淘汰。

我国在 20 世纪 50 年代就确定了工业化的发展目标，改革开放以来，生产力迅速发展，经济总量急剧攀升，“中国模式”成为跨越式发展的范本之一。但究其实质，这种发展只是生产力在原有形态上的量的扩大，整体而言，我国的经济建设采取的仍然是依靠增加资本、消耗资源来增加经济总量的传统工业化道路。目前，产业结构落后、低技术层次的产业占主导地位、高新技术相对落后日益成为制约我国经济进一步发展的问题。80 年代以来，各地为了加快发展，纷纷上项目，增加投资。事实证明，这种做法并不能为经济增长提供持久的动力。现在要实现跨越式发展，就必须将经济增长由原来的劳动力和资本驱动转变到主要由知识、技术、教育驱动上来，从以硬件投资为主转向以软件投资为主。只有加大知识投入，才能提高经济的长期增长潜力。

另外，跨越式发展的实现离不开相应的社会制度的变革，美国以及日本的现代化都是在完成了一定的社会变革后实现的；我国的经济腾飞也是在党的十一届三中全会确立了解放思想和发展市场的理念之后达成的。相比于技术的创新，一个国家的跨越发展更加要依靠制度与观念的创新。后发国家的经济发展是一个新旧知识、新旧观念更迭、汰换、生成的过程，知识和观念镶嵌于日常化的制度性行为之中，如果没有制度的创新与观念的变革，社会发展亦无从实现。

第二，实事求是是跨越发展的原则，必须因地制宜、从本地区的实际情况出发探索跨越式发展的可能，走差异式发展之路。跨越式发展的对象是一个必须厘清的问题，并不是所有的地区和行业都可以空谈跨越式发展。跨越式发展是否可行，是否合乎一个地区、一个行业的发展趋势，必须秉持实事求是的原则，经过充分调研与科学论证之后决定。为什么要跨越？要跨越什么？不回答清楚这两个问题，盲目地追求跨越式发展，难免会在实践中造成“大跃进”式的后果。

正确地制定发展战略的前提是对国情的准确判断。后发国家由于国情有别，因此应对全球化、谋求生产力跨越式发展的方式自然也会有所不同。选择何种产业、技术优先发展，依靠何种途径、资源快速发展，都应当立足现实，结合自身优势，有所取舍。盲目抄袭先发国家和地区的现代化模式，急功近利、好大喜功，会给资源环境以及人民生活造成严重伤害。

第三，“以人为本”是跨越式发展的边际约束，必须坚持发展依靠人、发展为了人的原则。人是发展的根本目的。以人为本归根结底是为了在社会建设中确立人的主导地位，以人的发展统领经济、社会发展。现阶段，改革开放进入深水区，多年来对经济发展的强调，一方面带来了社会财富的极大增加；另一方面也累积了一些亟待解决的社会问题，比如分配中的公平正义问题以及在道德文化领域出现的一些困境，这些都要求在科学发展的顶层设计与具体实践中，进一步增强重视人、发展人的理念。

首先，发展必须依靠人，发挥人的主动性，解决发展过程中人的主体地位缺失的问题。要把人当作一切活动的主体，一切活动都要依靠广大人民群众；在实际工作中表现为要充分认识“人的发展”对中国经济社会发展的基础性、战略性意义，大力发展教育。

其次，发展必须为了人，要保障人的权益，实现人的自由全面发展。对于后发国家来说，由于对经济快速发展的渴求和人口众多、劳动力价格低廉的现实，其在发展中可能出现某种程度上对生命价值的漠视，重视效率、忽视公正等问题。这是一种非常典型的对于“发展”的终极目的的本末倒置式的错误观念。发展的底线是人，个人是目的，社会发展则是实现这些个人目的的途径。社会中的每一个成员有其不可剥夺的生命、财产安全与自由等权利，社会发展必须保障个体的生命、财产安全和自由的权利不受侵犯和剥夺，因为这些权利具有其内在价值，只有个体得到尊重和发展，作为整体的社会才可能实现真正的发展。如果一味追求“财富”“速度”而忽视其中的人的自由和尊严，恰恰成了马克思所批驳的人的“异化”状态，是社会的“异化”、发展的“异化”。

参考文献

[1] 胡鞍钢：《知识驱动跨越发展》，http：//news. xinhuanet. com/form/20010517/569188A. htm。

[2] 卫建林：《历史没有句号——东西南北与第三世界发展理论》，北京师范大学出版社，1997。

[3] 申克龙：《经济落后的历史透视》，张凤林译，商务印书馆，2012。

[4] 佩雷斯、苏蒂：《技术上的追赶：进入壁垒和机会窗口》，载多西等编《技术进步与经济理论》，钟学义译，经济科学出版社，1992，第566~592页。

第三编　中国话语

中国话语与话语中国*

陈曙光

中国崛起是21世纪最为重大的世界历史事件。然而，中国的发展优势并没有转化为话语优势，中国俨然是一个行动的巨人、语言的矮子。落后就要挨打，贫穷就要挨饿，无语就要挨骂。中华民族伟大复兴的中国梦，理应包含中国话语的独立与自强。一个话语贫困的国家不可能占据国际道义的制高点，不可能成为真正意义上的现代强国。

一　中国话语的本质内涵与特色

“话语之方式乃思维之方式，话语之构建乃精神之建构。”① 失语则失家，没有自己的学术话语，等于失去精神家园，等于撤出道德高地，等于放弃文化主权。正是在这个意义上，中国道路的话语体系建构，其实乃中国精神家园之建构，乃中国文化主权之收复。

中国话语，本质上是中国道路的理论表达，中国经验的理论提升，中国理论的话语呈现，归根结底是现代性的中国版本。中国话语应切中当代中国的历史性实践，应符合当下中国人的生存体验，否则就有可能沦为虚假的话语。真实而有力量的中国话语，一要有问题支撑，“中国

* 国家社科基金重大项目“习近平总书记关于全面深化改革的方法论思想研究”（15ZDA003）、教育部新世纪优秀人才支持计划项目“中国学术话语的基本问题研究”（NCET-13-0433）的阶段性成果。本文原载于《教学与研究》2015年第10期，收入本书时有改动。

① 施旭主编《当代中国话语研究》总第1辑，浙江大学出版社，2008。

问题”构成了中国话语的生命线；二要有概念支撑，“中国关键词”是中国话语的核心构件；三要有价值支撑，中国话语内蕴中国特色的核心价值；四要有范式支撑，中国话语拥有自身独特的分析框架；五要有学理支撑，“中国理论”构成中国话语的栖身之所。

建构中国话语，关键是处理好三对关系。

1. 中国性与西方性

“中国性”不是对“西方性”的简单排斥，说到底，“中国性”和“西方性”本质上同属现代性，是现代性的不同版本。我们强调要对“西方性”进行祛魔，目的不是要全盘否定现代性本身，而是要以中国的方式重写现代性，书写具有中国特色的现代性。中国式的现代性一方面要能体现“现代性”的价值追求，比如高扬理性，追求真理，主体意识觉醒，崇尚自由、民主、公平、正义等；另一方面又能避免“现代性之殇”，比如精神家园迷失，个人主义膨胀，人类中心主义泛滥，资本逻辑僭越，本质主义肆虐以及理性绝对化、片面化、万能化等。自五四运动以来，中国一直在努力寻求以实现“现代性”为主题的发展道路。但中国从未简单进入西方现代性话语之中，成为西方的又一个“他者”，而是始终尝试保存且不断赋予我们属于自己的“中国性”。特别是20世纪80年代以来，中国的“现代性”建构从来都是以“中国性”为核心历史地建构起来的，“中国性”从来“没有被西方化的现代性挤入历史的暗角”①，而是一直在与后者的不公平交锋中现实地存在着。今天，建构中国话语，关键就是进一步揭示“中国性”、彰显“中国性”、壮大“中国性”。

2. 中国性与现代性

“中国性”与“现代性”绝非简单对立的关系，说到底，“中国性”也就是“中国的现代性”。将“中国性”与“现代性”对立起来，试图抛弃“现代性”走向纯粹的“中国性”，这仍然具有“中国/西方”二元对立的痕迹。现代化是因，现代性是果。现代化的发展方向是不能选择

---

① 汤拥华：《评当下思想界有关“中国现代性”的三种思路》，《浙江社会科学》2006年第3期。

的，走向“现代”仍然是当代中国的不二选择，这就意味着现代性是无法避开的。但相似的现代化可以写出不同的现代性。西方的“现代性之殇”警醒我们，要避免重蹈西方现代性的覆辙，走出中国特色的现代性之路，以中国的方式实现现代化，那种因现代性之误而否定一切现代性是因噎废食的做法。我们不能在反思现代性的同时走向反现代性，在批判理性独断的同时走向反理性，在批判理性片面化的同时走向排斥一切理性，在批判资本逻辑的同时走向取消资本，在批判本质主义肆虐的同时走向反本质，在批判中心主义的同时走向边缘地带，在批判确定性的同时走向怀疑论。

3. 中国性与中华性

“中国性”绝非向古典的“中华性”的简单复归，说到底，“中国性”也就是现代的中国性，是21世纪的中国性。古典的“中华性”本质上属于前现代性，它构成“中国性”的历史语境和遗传基因，是“中国性”无法抹去的历史痕迹和不可或缺的文化元素。但古典的“中华性”与21世纪的“中国性”之间不能画等号，两者的差距甚至不会小于“中国性”与“西方性”之间的距离。依靠古典的“中华性”已经无法勾勒出当代中国的完整图像。因此，揭示“中国性”，绝对不是向古典“中华性”的回归，不是要走向以传统对抗现代、以落后诋毁进步、以民族拒斥世界、以特色贬损普遍的歧途，不是为了从现代退回到前现代之中。“中华性”无法选择，但可以超越。走向“现代的中国性”的过程，就是扬弃“中华性”的过程。建构中国话语，不能通过古典中国图像的当代复活来实现，而只能透过现代性的中国话语来重新塑造现代的中国图像。

二　中国话语的建构策略与思路

“走自己的路，让别人去说吧！”这样的话语策略在过去有其历史的合理性，但时过境迁，在今天恐怕已经不合时宜，中国再也不能满足于扮演一个无声无息的巨人角色。发生在中国的故事，其他话语无法解释，拿出一套让人能够接受的说法是我们自己的义务，不是别人的责任。

中国道路的话语体系建构只有华山一条路——以我为主、以中国问题为导向、以中国实践为基础的创建之路，其方向就是构建中国道路的马克思主义学术话语体系。中国道路唯有通过中国话语才能清晰地界定“我是谁”，在与“他者”的比较中才能清晰地显现自身的特殊性和差异性。

1. 谁在说话

“谁在说话”有时比“说什么”更重要。你的位置足够显要，大家才会看到你，才会关注你说什么、怎么说。中国话语的建构主体是“我”，即中国在说话。正如习近平总书记所说，鞋子合不合脚，自己穿了才知道。一个国家的发展道路合不合适，只有这个国家的人民才最有发言权。如何阐释中国道路，如何讲好中国故事，只有中国人民才最有资格解答。西方学者对中国模式的解读之所以充满了误解，关键原因就在于他们试图以西方话语来解释中国模式，将中国模式纳入西方的话语体系之中。

目前，国际话语场纷纷为中国代言的大致有以下几类人：一是散居于世界各地的华人；二是海外汉学家和所谓中国问题专家；三是和中国既无血缘关系又无婚姻关系，但与中国文化结下不解之缘的世界各阶层人士。他们在很大程度上塑造了世人眼中的“中国形象”。其中，又以海外汉学界为主体，西方人眼中的“中国印象”主要是由海外汉学家和中国问题专家建构起来的。然而，他们解释的中国往往也是“想象的中国”“碎片化的中国”，与中国的实际有很大的出入。因此，谁真正有资格代言中国，谁的声音可以代表中国，他们对中国的言说是否可信，他们所代言的中国是否具有真实性，这仍然是一个悬而未决的问题。

中国一发声，世界都会倾听，这不是天方夜谭，而应成为现实境遇。

2. 如何说话

一是说中国话。伴随着西方话语的强势扩展，中国学术陷入了严重的失语状态。有些学科“完全没有自己的范畴、概念、原理和标准，没有自己的体系，没有自己的话语，每当我们开口说话的时候，使用的全是别人的也就是西方的语汇和语法”①。用西方话语阐述中国道路，其结

① 陈洪、沈立岩：《也谈中国文论的“失语”与“话语重建”》，《文学评论》1997 年第 3 期。

果可想而知：说得越多，离真实的中国越远；说得越清晰，“中国图像”就会越模糊；说得越确定，“中国模式”就越是处于悬疑之中。有些学者操持一口纯正的西方话语，满嘴洋腔洋调，一旦离开了西方概念的中介，离开了西方学术范式的路径依赖，就几乎没办法说话，活生生一哑巴。让中国学术说中国话，这是摆脱话语贫困，重建中国道路话语体系的内在要求。

二是立足中国说话。中国话语的逻辑起点是“中国问题”，立足点是当代中国的历史性实践。当代中国的历史性实践构成中国话语最深刻的根基、最强大的支撑、最充足的根据。现在，西方一些学者谈论“中国道路”的诸多概念、话语本身是“非历史化的”，或者是“去历史化的”，“他们忘记了，这些概念和他们所捕捉的那些现实，本身就是历史建构的产物：正是他们运用这些概念所分析的那个历史，实际上发明了这些概念”①，而不是相反。话语乃是由“实践”建构起来的，而不是由“概念”建构起来的。在话语建构中，存在着轻视实践迷恋逻辑的倾向，结果，这样的话语常常脱离了其产生的历史性实践，成为一种缺乏历史维度和历史特殊性的普遍性话语，这样的话语不过是无法落地的“空话”。

三是提升话语的能见度。中国国际话语权的旁落，“话语缺席”即使不是首位的原因，也是重要的原因。话语权力是言说者对话语因素的合法占有，但是仅有话语因素还不足以形成实际的话语权力。自言自语无法形成话语权力；只有当话语因素被不同的主体使用时，才会生效。这意味着话语的使用范围越广，话语的能见度越高，话语权也就越大。从这个意义上来说，中国话语的贫困状态，并不意味着中国没有形成自己的话语元素、核心概念和原创性的理论，而在于中国话语的使用主体具有很大的局限性。在国内，中国话语未能充分地转变为大众话语；在国际学术舞台上，中国话语被淹没在西方话语的洪流中，无声无息。强化中国话语的“在场”地位，提升中国话语的能见度，在国际话语场敢

① 布尔迪厄、华康德：《实践与反思——反思社会学引论》，李猛、李康译，中央编译出版社，1998，第 131 页。

于发声、敢于亮剑，让世界学会倾听中国，让中国声音走向世界，这是治疗失语症的对症良方。

3. 说什么话

“说什么话”的问题乃中国话语建构的关键问题。中国话语不是传统话语的当代复活，不是西方话语的中国翻版，中国话语应该有其独特的问题域，有其独特的话语内容。

中国话语是一个宏大的体系，其核心板块至少应该包括中国特色的经济话语、政治话语、价值观话语、文化话语、社会建设和社会治理的话语、外交话语，贯穿其中的核心要素是中国共产党人的独特理论创造。中国学术在西方话语的夹缝中求生存，但是我们也不必妄自菲薄。中国共产党人凭借自己的独特理论创造给人类奉献了诸多具有世界意义和普遍价值的学术话语，比如，实事求是、独立自主、和平共处、中国特色社会主义、社会主义市场经济、改革开放、“一国两制”、以人为本、科学发展、和谐发展、和平发展、和谐社会、和谐世界、协商民主、中国梦等。特别重要的是，中国改革开放以来的历史性实践是在非常独特的文化传统和社会状况中展开的，中国走出了一条与西方完全异质的现代化道路，中国特色社会主义道路、中国特色社会主义理论体系和中国特色社会主义制度是对人类艰苦探索社会发展道路和社会发展理论的独创性贡献，这必将成为中国话语的核心内容。

4. 为谁说话

中国话语的任何言说本质上都是“为人民说话”，这有别于资本逻辑主导下的新自由主义话语，也不同于权力逻辑主导下的特权阶层话语。中国道路是中国人民奋力开创的，是历史的选择，是人民的选择，中国话语作为中国道路的理论表达，只能说出人民的心声，只能为人民代言。中国道路不是西方模式的克隆，不是东亚模式的变种，也不是苏联模式的翻版，这决定了中国道路话语体系本质上有别于西方话语体系，有别于东亚话语体系，也有别于苏联的传统话语体系，决定了中国道路话语体系无须以西方话语为中介，无须以西方话语作为判断是非好坏的标准。

“为人民说话”必须坚持马克思主义的立场、观点和方法。中国道路是在马克思主义的指导下开辟的，正如邓小平同志所说："把马克思主义的普遍真理同我国的具体实际结合起来，走自己的道路，建设有中国特色的社会主义，这就是我们总结长期历史经验得出的基本结论。"①马克思主义的立场、观点和方法，构成中国道路话语体系的基石。马克思主义的立场即是人民的立场，中国话语应该坚守为人民代言，替百姓说话，始终代表最广大劳动人民的根本利益。中国道路话语体系，在其性质上，是马克思主义的当代形态、中国形态，而不是资本主义话语体系的中国形态，不是同质化的世界精神。马克思主义构成中国话语的核心价值，是中国话语区别于西方话语的根本标志。

5. 如何对话

中西对话何以可能？有效的对话，最重要的就是从人类面临的共同性问题出发，寻求若干双方都感兴趣的"问题域"，以"问题域"为中介形成"话语场"，从不同的文化立场和角度展开对话。具体来说，中国现在面临的问题曾经也是西方遭遇过的问题，如产业转型升级，消费社会、休闲社会的来临，市民社会的兴起，广告媒体的膨胀，民主诉求的提升，权力寻租与政治腐败，环境污染与生态保护，性别平等与妇女解放，等等，这些相互契合的问题正是构成中西对话的平台和话语场。

有了共同的"问题域"和"话语场"，是否就一定能形成有意义的对话呢？也不一定。还需要对话的各方保持谦卑的胸怀和平等的心态。中西之间的对话，没有一方能以强势压倒另一方或强迫另一方接受自己的观点。不少西方人秉持西方中心主义的思维方式，自以为是，高高在上，对不同文化间的交流对话不屑一顾。与之相反，许多民族曾长期饱受西方欺凌，对外来文化抱有排斥、反感、警惕的心态，常常以文化原教旨主义的态度来捍卫本土文化，拒绝一切对话，结果是食古不化、停滞不前。不管是秉持西方中心主义，还是秉持文化原教旨主义，对话都是没有办法展开的。

制定话语规则不难，寻找"问题域"和"话语场"更是容易，难在"心魔"难去。要祛除人们的"心魔"，远非一朝一夕所能做到，正如意

① 《邓小平文选》第3卷，人民出版社，1993，第3页。

大利研究跨文化现象的学者尼兹教授所言，这是一种“苦修”①。祛除心魔，必先改变心态，要像费孝通先生讲文化问题一样，既要各美其美，又要美人之美。“各美其美不是溢美，而是真正知道自己的精华所在；美人之美，则是要知道对方的长处和贡献。这才有对话的可能性，否则只能是聋子对话，只说不听。”② 不管是西方中心主义，还是文化原教旨主义，都只注重“自美其美”，完全不知道“互美其美”；而洋教条主义则只知道“美人之美”，而全然不知“互美其美”，更无视“自身之美”。

真正的对话不应该是居高临下的独白式对话，而应该是互动生成性对话。对话双方秉持公共的话语规则，围绕共同的“问题域”和“话语场”，平等地展开交流与对话，方能形成审慎的意见或结论。

三　中国话语的评判标准与尺度

自20世纪80年代以来，中国以世所罕见的速度成功崛起，话语体系的建构相对滞后也是难以避免的。但时至今日，中国道路已经铺就，中国故事举世流传，中国崛起已成事实，“西强我弱”的国际话语格局不能再继续了，“话语贫困”的帽子该脱掉了，“话语赤字”的局面该扭转了，“自己的事”别人说三道四的历史该终结了。一句话，中国的发展优势在话语权、软实力方面也应该得到相称的体现。

建构什么样的“中国话语”才是有生命力的，这有其客观的评断标准。

1. 中国话语能否讲好“中国故事”，这是基本的尺度

在西方话语主宰全球的近200年时间里，衡量一种学术进步的标准是其西方化的能力。今天，这种观念该改变了。检验一种话语是否有活力，首先应该将其置于现实的情境中，看其是否能够穿越表象的现实，

① 阿尔蒙多·尼兹：《作为非殖民化学科的比较文学》，《中国比较文学通讯》1996年第1期。

② 陈先达：《真正的对话应该是讨论式的对话》，《中国社会科学报》2012年2月29日。

深入现实的本质那一度中间去，揭示出隐藏在表象背后的真正奥秘；而不是看这套话语能否迎合西方的口味和标准，不是看这套话语能否与西方话语无缝对接。实事求是地说，目前流行的话语体系并没有全面揭示中国道路的奥秘，没有向国际社会准确阐释“我是谁”的问题，也没有在貌似趋同的表象中厘清“我”与“他”的边界。这几方面的模糊性是“话语贫困”的重要原因。中国话语的自立自强只能来自对“中国道路”“中国模式”的客观认知，只能来自对“我是谁”的准确把握。

客观事实无不告诉我们，中国自己的事，别人说不如自己说；世界感兴趣的事，被动说不如主动说；比较急迫的事，以后说不如现在说；有重大影响的事，说一次不如经常说。话语的争夺背后是利益的博弈、生与死的较量。

中国道路是中国人民流血、流汗、流泪走出来的，中国人民最有发言权。用中国话语阐述中国道路，不仅是为了与西方话语划清界限，更重要的是要准确地阐述“中国道路”的性质定位、发展历程和发展方向，展现“中国道路”的民族特色、民族底蕴和民族风格，揭示“中国道路”的内在奥秘、生成机理和独特基因，让中国道路行稳致远，让世界更好地了解中国，让中国更好地走向世界。

2. 中国话语能否主导“涉中”的话题，这是重要的指标

在国际话语舞台上，“中国道路”的话语内容、话语标准、话语规则是不是由中国提供，“中国道路”的话语生态是不是由中国主导，涉及“中国道路”的话语议题是不是由中国设定，国际话语舞台上有没有中国的声音，这些都是衡量中国话语权的重要指标。具体来说，成熟的中国道路话语体系应该达到以下几个方面的要求：一是掌握“基本概念”的定义权；二是掌握“核心内容”的提供权；三是掌握“主旨话语”的解释权；四是掌握“话语标准”的制定权；五是掌握“话语议题”的设置权；六是掌握“话语议程”的主导权；七是掌握“话语争议”的裁判权。判断中国是否掌握了“中国道路”的国际话语权，应该看“讲什么”是否由中国决定，“怎么讲”是否取决于中国，“讲的对不对”是否由中国判定。一句话，“涉中”的话题中国人民说了算，这就是话语权，这就是软实力。如果反过来，“中国故事”的国际话语由西

方主导，西方人反客为主、到处点火、说三道四，中国只能疲于应付、到处灭火，那就失去了话语权。随着中国的崛起，我们不仅应该主导关乎自身的话语议题，而且应该有意识地创设一些世界性的议题，开启国际话语的中国时代。

3. 中国的发展优势能否转化为话语优势，这是最终的判断标准

中国的发展优势转化为话语优势，指的是中国话语能够左右乃至主导世界性问题的讨论，能够为人类面临的共同难题给出中国的方案。中国话语属于软实力，但能够支撑中国话语的首先是硬实力。如果没有强大国力的支撑，世界话语舞台上就不可能有中国的位置。当今世界，中国崛起已经成为不争的事实，中国的发展优势有目共睹。英国著名学者马丁·雅克指出，中国崛起将对西方人思维方式和生活方式产生根本性的动摇，世界将会进入一个多极经济的时代，那时，美国等发达国家会走向衰落，并将逐步丧失在软实力方面压倒性的主导地位，而中国将逐步取而代之①。事实上可以这样说，中国的发展优势必然走向话语优势，各国在世界性问题的讨论中将会越来越注意倾听来自中国的声音，在解决人类共同性问题的过程中将会越来越关注来自中国的建议，在破解世界性发展难题的困境中将会越来越尊重中国给出的方案。

今天，中国已经成为世界经济的引擎，包括发达国家在内的整个世界都受益于中国的发展，中国的特殊发展模式、特殊政治模式和对外政策做法已经在世界公众中产生共鸣和影响力。“把中国模式解释好非常重要，对西方和发展中国家都很重要，西方发展到现在出现很大的危机，发展中国家也在寻找非西方的新模式。中国模式到底是什么，还没有人说清楚。如果把这个说清楚是非常大的贡献，这才是中国真正的软力量。”②“中国话语”就是中国的名片，名片上写的内容如果能够获得国际国内的普遍认同，中国的发展优势转化为话语优势就为时不远了。

总之，中国不仅应该成为行动上的巨人，也应该成为语言上的巨人。

① 马丁·雅克：《中国将如何改变我们的思维方式：以国家为例》，《当代世界与社会主义》2011年第4期。

② 王眉：《把中国模式解释好——郑永年谈中国的对外传播》，《对外传播》2011年第1期。

中国话语的自立自强是实现“三个自信”的内在要求，是实现中华民族伟大复兴之中国梦的内在要求。如果缺乏“中国话语”的有力支撑，那么“中国道路”就是不清晰的，“中国特色”就是不明确的，“中国梦”就是残缺的。今天，“中国奇迹”已经不是某些人不想面对、不愿承认就可以不面对、不承认的事实，中国学术若能够对发生在中国的“故事”给出科学的解释和说明，若能够将“中国经验”上升为普遍性的概念体系和知识范式，若能够为人类面临的共同问题给出中国的方案，那么，西方话语垄断和话语霸权的局面必将终结，“西强我弱”的国际话语格局终将被打破，中国话语的世界意义必将彰显，国际学术话语的中国时代终会来临，中国的发展优势也终将转化为话语优势。

四　话语中国的自我塑造与出场

建构中国话语，其终极目标在于“话语中国”的出场。所谓话语中国，指的是由话语塑造的“中国形象”，或者说，隐匿在话语中的“中国图像”。话语中国是相对于地理中国、经济中国、政治中国而言的，它所表征的是当代中国的意义世界，是标识中国“身份自我”的文化符号。

话语中国依赖中国话语塑造自己、成就自己，为自己的合法性提供辩护和论证。西方人眼中的“中国形象”大多不是用双脚丈量出来的，也不是用眼睛观察得来的，而是由西方话语塑造的。最新的调查显示，当代国际受众借助于西方媒体了解中国的信息获取率高达 68%，经过其他国家了解中国的有 10%，仅有 22% 的受众从中国媒体了解中国①。这表明，外国人眼中的“中国形象”主要源于“他塑”，而非“自塑”。西方话语描绘的“中国图像”，从材料的选择到叙事的结构，从分析的框架到思维的逻辑，从概念的选取到观点的安排，无不充斥着西方观念、标准和立场。

话语中国是一个宏大的建构，不可能毕其功于一役。建构话语中国，

① 孟威：《构建全球视野下中国话语体系》，《光明日报》2014 年 9 月 24 日。

塑造真实的中国图像，关键是对“中国性”的揭示和对“西方性”的祛魔。还原被遗漏的“中国性”，清除随意附加在中国身上的“西方性”，开启用中国话语建构中国形象的新时代。客观地说，作为一个在时间上和空间上都无与伦比的大国，离开了“中国话语”的中介，要准确地勾勒出“中国形象”几乎是不可能完成的任务。西方话语塑造的“中国形象”，最大的问题是“中国性”的缺席和“西方性”的附着。中国模式与“华盛顿共识”中耦合的地方被无限放大，而“中国特色”的成分则被挤压到边缘地带，甚至干脆虚无化。西方百姓心中的“中国”被添加了太多似是而非的成分，离真实的中国渐行渐远。

话语中国的出场，构成当代中国“最硬”的软实力。强国与弱国的区别，与其说在于“硬件”，不如说在于“软件”。实现中华民族伟大复兴的中国梦，实体和硬件的强大固然重要，过硬的“软实力”其实更为根本。话语中国的出场，意味着我们在思想文化和价值观上的独立、自强与自信，这是中华民族自立自强的根本标志。一个民族国家对“自我”身份的体认，主要不是依赖地域的方位、人种的优劣、肤色的深浅、块头的大小，也不是依赖人无我有、人有我强的高铁、核武或别的什么，而是通过其独特的话语塑造的“民族形象”，这才是表征“我是谁”的身份密码。一个缺乏话语支撑的国家充其量只是一个空心国家，一个缺乏话语自信的民族终将沦落为“失魂落魄”的民族。今天的中国不能满足于出口电视机，也要提供生于斯、长于斯的原创思想；不能满足于瞄准 GDP 的龙头位置，更要占领国际学术话语的高地。“中国图像”如果不是由中国自身的话语所塑造，那么，这个图像就是模糊的，中国就无法在貌似趋同化的世界大背景下清晰地界定“我是谁”，在与“他者”的比较中就无法坚守“自我”的独特性。

因此，话语中国的实质性出场，其意义绝不仅仅止于将各种“妖魔化”论调所歪曲的“中国图像”重新矫正过来，深层的意义在于：它是中华民族保持“精神基因”纯正性的关键一招，是社会主义中国确立精神自我、界定身份密码的不二选择，是当代中国应对多元话语侵袭、重建世界秩序的基本依靠，是中国登上国际舞台之巅激扬文字、指点江山的可靠资本，是中国立于世界并在道德制高点上赢得世界尊重的重要法宝。客观地说，中国的现代化貌似“很西方”，实际上却“非常中国”，因为我们有自己独特的精神世界，有自己独特的理论和话语，书写了属于自己的现代性。“灵魂没有住所，在哪儿都是漂泊。”作为一个生长于五千年文明沃土上的古老国度，中国没有理由成为一个物质崛起、精神塌陷的“跛脚”国家，没有理由成为失却精神自我、四处漂泊的流浪国家，没有理由成为任人指手画脚、说三道四的无尊严国家，更没有理由成为依附西方、寄人篱下的“香蕉共和国”。

当然，罗马不是一天建成的，话语中国的建构是一个漫长的过程，是一项系统的工程。也许我们的目标仍然在远处，但至少我们已行走在正确的道路上。

政治话语的西方霸权：生成与解构*

陈曙光

西方开辟了世界历史，西方政治话语伴随着它的主人走向了世界，主宰了人类的政治议程和政治活动，国际政治舞台第一次迎来了西方政治话语的霸权时代。所谓政治话语的西方霸权，意指西方依仗话语的优势地位，垄断了政治议题的设置权和政治议程的主导权，垄断了自由、民主、人权等政治范畴的定义权，垄断了不同社会制度、政党模式和政治体制是非优劣的评判权，垄断了国际政治格局的塑造权、国际政治规则的制定权以及国际政治争议的裁量权。

一　西方政治话语何以走向霸权：资本与权力的合谋

政治话语霸权是一种历史现象，政治话语霸权的奥秘主要不在话语本身，而在资本与权力（国力）的合谋。强大资本与强大国力的联合，足以支撑起强大的话语权威。强大话语往往背靠强大国家，强大国家才是“时局的真正主人”。“政治权力只不过是经济权力的产物”①，政治话语权、政治话语霸权都源于经济权力，取决于强大国力，离开经济条件和物质基础，离开建基于金融、军事、科技、文明之上的强大国力，不可能形成政治领域的意识形态霸权。古往今来，居于世界舞台中心国家的话语在每一时代都是世界上占主导地位的话语，综合国力强大的国家在每一时代都是占据世界舞台中心的国家。没有强大资本的推动，不

* 本文原载于《政治学研究》2020 年第 6 期，收入本书时有改动。

① 《马克思恩格斯全集》第 12 卷，人民出版社，1998，第 80 页。

会形成话语霸权，因为没有令人冲动的东西；没有强大国力的支撑，不会形成话语霸权，因为没有令人畏惧的东西；没有成熟的政治话语，也不会产生话语霸权，因为没有令人尊敬的东西。资本、权力（国力）和话语，三者皆备，才有可能建立话语霸权，掌握塑造世界政治格局的能力。在国际舞台上，西方凭借资本权力横行世界，西方的地域性话语也跃升为世界性话语。西方既是国际资本的占有者，也是国际权力的掌控者，资本和权力的双重护卫，奠定了西方政治话语的霸权地位。

实力原则是国际话语场的首要原则。在国际舞台上，“占主导地位的话语权不过是占统治地位的经济关系在国际话语场的表现，不过是以话语形式表现出来的占统治地位的物质关系，经济硬实力的起伏变化必将或快或慢地导致国际话语权力的同向变化”①。这是国际话语权的生成逻辑和演化规律。这一规律与马克思、恩格斯揭示的意识形态运动规律具有高度一致性，他们认为，“占统治地位的思想不过是占统治地位的物质关系在观念上的表现”②。意识形态统治规律既适用于一国之内，也适用于国际社会。在国际舞台上，谁掌握了占统治地位的物质力量，谁就能掌握占统治地位的思想力量和话语权。今天，西方的物质力量占据压倒性优势，西方的话语优势顺理成章，国家硬实力从来都是话语权力的最大支撑和主要来源。在这里，实力原则往往凌驾于真理原则和道义原则之上，三者正相匹配是理想，二律背反是常态。

国际话语权的争夺，其核心在于“谁在说”，而不是“说什么”。几个世纪以来，欧美国家掌握着最大的国际话语权，但这绝不意味着它们掌握着最多真理权。它们凭借强大的国力，编织了一系列标识性概念和话语，比如，针对广大发展中国家有“普世价值论”“西方中心论”“文明冲突论”“文明优越论”等；针对社会主义国家有“历史终结论”“别无选择论”“民主社会主义论”“社会主义（共产主义）失败论”等；专门针对中国的标识性话语更是层出不穷，如“中国威胁论”“中国崩溃论”“锐实力”“打桩者”等。然而，这些政治话语究竟有多少真理性呢？这里毋

① 陈曙光等：《论话语权的演化规律》，《求索》2016 年第 3 期。

② 《马克思恩格斯选集》第 1 卷，人民出版社，2012，第 178 页。

庸赘述。在当今国际舞台上，解释世界的话语主体和改造世界的行动主体是高度统一的，总体上是以美国为首的西方国家。一方控制世界，另一方解释世界，这样的“分工合作”关系在国际话语场是完全不存在的。

国际经济格局、国际政治格局与国际话语格局具有高度的一致性。“国际话语格局本质上是国际政治经济格局在话语场的一种反映和折射，是以学术话语的形式呈现出来的国际格局。”① 一般来说，“国际话语变迁”“国际政治权力变迁”“国际经济中心变迁”总是亦步亦趋，具有高度的吻合性。比如，从 18 世纪到 20 世纪初，英国是国际经济中心和国际政治中心，世界秩序由英国塑造，国际话语舞台由英国把持，美国不过是英国主导下的国际体系中的一员。然而，20 世纪上半叶特别是第二次世界大战之后，随着美国崛起和美国霸权地位的最终确立，日不落帝国主导的国际体系随之瓦解，国际政治权力和经济中心从欧洲转向美洲，欧洲中心主义代之以西方中心主义，国际政治话语第一次迎来了“美语”时代。进入 20 世纪中叶，随着苏联的崛起以及社会主义阵容的形成，世界格局两极对垒直接导致了政治话语的两极对峙。1991 年，苏联解体，雅尔塔体系瓦解，世界体系进入美国主导的时代，西方政治话语再次获得了压倒性优势，西方话语的霸权地位进一步巩固。

二　话语霸权的生成机理：“三步走”策略

西方政治话语是人类政治文明史上的一朵奇葩，它的出现有其历史合理性、实践合理性、价值合理性，但这绝不能构成霸权的理由。西方政治话语霸权不是从来就有的，它是历史发展的产物，是国家间利益博弈、话语较量多重因素共同作用的结果。西方政治话语走向霸权可分解为三步。

第一步，西方的发展优势借助学术包装，转化为政治话语优势。第一次工业革命以来，西欧率先开辟了现代化道路，率先完成了现代化任务，率先享受了现代化成果，率先建构了现代性文明。事实最有说服力，西欧国家依托发展优势，从西方的利益和立场出发，攫取了压倒性的话

① 陈曙光等：《论话语权的演化规律》，《求索》2016 年第 3 期。

语权，在全球知识界掌握了强大的统治力和解释力。

西方政治话语的逻辑推定是这样的：西欧的卓越地位，关键在于西方的政治制度相对于其他制度具有鲜明的比较优势，西方的政治道路是通往现代文明的必经之路，西方的政党体制是捍卫现代文明的可靠保证，西方因此成为世界经济的中心、国际政治的中心和现代文明的中心。其实，西方人也许不懂得没有超越民族经验的历史解释。没人能确信自己的解释绝对正确，人人都要听听别人怎么讲。所有的历史都是暂定的，谁也不能自认是定论①。西方的“话语霸权是通过自命为‘科学’而获得的。似乎西方人掌握着科学地理解和解释历史的方法，而其他民族仍然是神话地、宗教地、情绪地理解自己和他人的历史经验”②。在西方中心史观看来，广大发展中国家除了复制西方的自由民主制度，没有别的路可走；重走西方文明之路，最终变成西方，是历史留给后发国家的任务。西方话语相对于异质话语的优势地位由此得以确立。

第二步，西方的话语优势借助越界本能，转化为话语空间优势。西方的政治话语产生于独特的西方背景之下，有明确的领地和空间范围，但安分守己不是西方的行为准则，西方话语从来不会偏安一隅，越界和扩张是西方话语的本能。

西方政治话语扩张以挤压弱势话语的生存空间为代价，西方政治话语越界的过程同时也是非西方政治话语式微的过程。西方政治话语具有排他的基因，意图通过消解弱势话语的合法性，挤压异质话语的生存空间来扩张自身的地盘，谋求自身价值的最大化。鼓吹殖民主义和种族主义的英国作家拉迪亚德·吉卜林（Rudyard Kipling）在一首短诗中这样描写，欧洲“理应承担起白人的责任，将你们培育的最好的东西传播开来”。伴随着西方政治话语的强势扩张，西方地域性的政治文明和价值观走出欧洲的领地，走向美洲、亚洲、非洲，走向全世界，上升为全球意识形态，获得了统治性的话语地位和压倒性的话语权威，同时也获得

① 参见乔伊斯·阿普尔比（Joyce Appleby）等《历史的真相》，刘北成、薛绚译，中央编译出版社，1999，“绪论”，第 11 页。

② 韩震：《历史解释与话语霸权的消解》，《哲学动态》2002 年第 5 期。

了超越民族的话语空间。在西方制度文明的强大冲击下，很多非西方国家失去了制度选择的自主性，沦为西方政治文明的学徒。在我国，尽管中华文明由于自身强大的发展惯性和遗传基因绵延至今，尽管中国特色社会主义政治道路获得了巨大成功，但迷信西方政治话语者依然大有人在，“港独”、“占中”、修例风波就是例证。

第三步，西方政治话语的空间优势借助资本逻辑和国家力量，转化为政治道路和政治制度的同质化过程。西方政治话语绝不会满足于话语空间上的扩张，道路、制度和价值观的同质化才是西方念兹在兹的追求。当一个国家占主导地位的政治话语被成功“西化”之后，政治制度、发展模式和意识形态的西方化是很难避免的。反过来，社会制度、发展模式和意识形态的西方化又会进一步夯实西方政治话语的底座，巩固西方政治话语的霸权地位。

西方政治话语霸权，通俗的说法是，“不管你是谁，你到了我这儿，一切都会变成我的；我到了你那儿，一切依然还是我的”；严谨地说，就是“以西方政治文化所表达的价值取向来匡定发展中国家政治发展的目标和取向”①。爱德华·W. 萨义德（Edward W. Said）说：“国家本身就是叙事。叙事，或者阻止他人叙事的形成。”② 在和平与发展成为世界主题的国际背景下，西方大国军事侵略、土地殖民的国际空间被极大地挤压了，但帝国主义主宰世界的初衷没有改变，建构同质化世界的图谋没有改变，只是他们采取了民主输出、制度输出、文化殖民乃至“颜色革命”这些新的形式。

世界同质化过程有两个经典公式：全球化 = 西方化，现代化 = 西方化。全球化是世界历史发展的必然结果，现代化是人类社会的共同追求，都是人类社会无法绕开的发展方向。但西方主导的全球化就是全球趋同化，西方牵引的现代化就是世界西方化，最终目的是以西方发展模式、政治制度和价值观重塑整个世界。美国左翼学者詹姆斯·彼得拉斯

① 王沪宁：《政治的逻辑》，上海人民出版社，2016，第 440 页。

② 爱德华·W. 萨义德：《文化与帝国主义》，李琨译，生活·读书·新知三联书店，2003，“前言”，第 3 页。

(James Petras) 在《二十世纪末的文化帝国主义》一文的开篇即指出："美国文化帝国主义有两个主要目标，一个是经济的，一个是政治的。经济上要为其文化商品攫取市场，政治上则是要通过改造大众意识来建立霸权。"① 萨义德的观点与彼得拉斯具有高度的一致性，在他看来，军事的统治、"土地的侵略"绝非"帝国主义"一词的全部内涵，"帝国主义"在21世纪主要表现为"统治遥远土地的宗主中心的实践、理论和态度"②，包括"文化的改造""社会的重建""标准的统一"，也就是按照自己的面貌创造出一个新世界，按照统一的政治标准改造非西方国家，以期推动世界的同质化过程。

三　话语霸权的终极目的：塑造一元话语世界和现实世界

西方政治话语霸权，其目的在于塑造一元化世界。所谓一元化世界，既包括一元话语世界，也包括一元现实世界。就话语世界来说，西方试图通过确立西方政治话语的唯一合法地位，垄断对全球性政治议题的主导权、全球重大政治问题的解释权；就现实世界来说，西方试图通过放大其政治学说改造世界的功能，谋求对世界秩序的建构权、世界历史的塑造权。长期以来，西方因为先发优势走在世界的前列，养成了目空一切、唯我独尊的制度优越感，养成了西方中心主义的思维方式，对非西方政治制度采取鄙夷、轻蔑的态度。今天，全球政治话语几乎完全由西方主导，"发达国家既是世界话语的主产地，又是传播渠道的主控者，内容与手段双重操控下所形成的话语霸权塑造了媒介世界的现实图景"③。西方政治话语的全球扩张，已经成为全球性风险的文化根，成为全球发展赤字、治理赤字、信任赤字、和平赤字的重要根源。西方凭借强大的话语权

---

① James Petras, "Culture Imperialism in Late 20th Century", *Economic and Political Weekly*, Vol. 29, No. 32, 1994.

② 爱德华·W. 萨义德：《文化与帝国主义》，李琨译，生活·读书·新知三联书店，2003，第9页。

③ 孟威：《构建全球视野下中国话语体系》，《光明日报》2014年9月24日。

力，肆意抹黑他国的政治体制和政党制度，随心所欲篡改他国的历史和文化，甚至不惜手段主导他国的政治议程，大肆推行西方政党制度和政治模式，试图打造一个由西方民主制度塑造的“一元化世界”。环顾世界，西方策动的制度输出、价值观输出乃至“颜色革命”，并未带给世界民主自由、和平安宁，而“同质化理想”更是无助于建设美好世界。

20世纪中叶，世界历史正式进入美国时代。全球“美国化”，以美国的制度模式和民主价值观重塑整个世界，一直是美国政府全球战略的核心诉求和文化使命。亨利·基辛格（Henry A. Kissinger）指出，第二次世界大战以后，美国接过世界领袖的火炬，传播西方民主因此成为国际秩序的首要目标①。20世纪80年代末90年代初，苏东剧变使得西方人，特别是美国人相信，“全世界正在进行着一场民主革命，用不了多长时间，西方的人权观念和政治民主将在全球盛行，因此，促进民主的传播成为了西方人首要的目标”。1990年4月，时任美国总统乔治·布什（George H. W. Bush）指出，“我们的新任务是促进和巩固民主制度”。时任美国国务卿詹姆斯·贝克（James Baker）说，“在遏制之后等待着的是民主制”。1992年，比尔·克林顿（Bill Clinton）在大选中反复强调，“推进民主是该政府的首要考虑”。克林顿政府国防部部长确认，“促进民主是国防部四个主要目标之一”②。在西方看来，西式自由民主制度是最好的制度，理应统治世界，全球政治格局理应由西方来塑造，全球政治话语理应由西方来掌控，理想目标是建构以西方政治话语为主体的单一话语世界，以西式自由民主为模板的一元现实世界，以西方制度模式为蓝本的合格世界公民。在西方中心论思维的支配下，西方媒体关于中国政治体制、政党制度、人权状况、民族问题、宗教事务等方面的报道，从角度选择、新闻素材取舍到叙事结构、观点安排无不充斥着西方标准、立场和逻辑，世界的“中国记忆”被打上了浓厚的“西方烙印”，西方政治话语的概念体系和学术框架成为世界理解中国的唯一中

① 参见亨利·基辛格《世界秩序》，胡利平等译，中信出版集团，2015，第474页。

② 塞缪尔·亨廷顿：《文明的冲突与世界秩序的重建》，周琪等译，新华出版社，2002，第211、368页。

介、必经通道，因而也构成了还原中国图像的巨大障碍。

然而，参照西方制度模板塑造的现实世界真的是各国的理想归宿吗？全球 200 多个国家共享一种民主模式真的是唯一的出路吗？西方政治制度真的是人类赖以安身立命的保障吗？世界各国除了仿建另一个“西方”真的别无选择吗？其实不是。世界上不存在某种放之四海而皆准的政治模板，西方政治模式只是现代政治谱系中的一种模式，而不是唯一模式。“全球单一文化论者想把世界变成像美国一样”，塞缪尔·亨廷顿（Samuel P. Huntington）对此也持批评态度，在他看来，“多元文化的世界是不可避免的”，普世主义“对西方和世界都构成了威胁”①。我们不能用一种制度模式否定其他的制度选择，不能用一套政治话语否定其他国家重写现代政治的权力，正如不能用一朵奇葩代替五彩缤纷的世界一样。新加坡政府 1991 年发表的白皮书列举了本国的共同价值观，其间只字不提西方定义的以议会民主为标志的政治价值观。白皮书强调，新加坡“在关键方面是一个亚洲社会”，“如果在更长的时间里新加坡人变得与美国人、英国人和澳大利亚人难以区别，或者更坏，成为他们可怜的仿制品，那我们就丧失了与西方的区别，而正是这些区别使我们能够在国际上保持自我”②。“保持自我”，这不过是任何一个主权国家的底线要求，但在西方政治模式主导全球政治议程的情况下，能够保持自我的国家却为数不多。

一元话语世界和现实世界不是人类的理性选择和理想归宿，它本质上是反理性的、不理想的。自由、民主确实是现代性的核心内涵，但现代性从来不是一元的，西式现代性只是现代性的一个版本，西方政治模式只是现代民主政治的一种方案。世界上没有两片一样的叶子，我们为什么要削足适履，将同一个模板强加给不同的国家？每个民族、每个国家都有权选择适合自己的现代政治制度，书写属于自己的制度现代性。在建构现代政治文明方面，西方取得了巨大成功，但也逐渐暴露出西方制度的先天缺陷。这突出地表现为：神化选票的同时，走向了民粹主义

---

① 塞缪尔·亨廷顿：《文明的冲突与世界秩序的重建》，周琪等译，新华出版社，2002，第 368 页。

② Government of Singapore, [White Paper on] *Shared Values*, Singapore: Singapore Parliament, Cmd. No. 1 of 1991, p. 10.

的深渊；强调权力制衡的同时，走向了否决政体、极化政治；尊重人权的口号下，掩盖着枪支泛滥、种族歧视、性别歧视、践踏生命（新冠肺炎疫情期间看得更加清楚）的人权真相；多党竞争的外衣下，掩盖着党争纷沓、政党倾轧、相互掣肘的事实；政治选举着眼当下，无视国家的根本利益和长远利益；西式民主的背后，实质是资本操控和金钱政治；程序正义高于一切，却往往以实质非正义为代价。

中国政治道路的成功，证明一元话语世界是不合理性的，一元现实世界也是不可行的。中国绕开了西方的政党制度和政治模式，开辟了具有鲜明中国特色、显著制度优势、强大自我完善能力的现代政治文明之路。这是一条与西方政治道路完全不同的，以一党领导、多党合作、人民主权、依法治国为特色的新型政治道路。中国赋予了自由民主以中国内涵，赋予政治制度以中国特色，终结了西方制度文明的一元化统治和同质化前景，开启了两条政治道路比拼发展的多样化时代，给世界上那些既希望加快发展又希望保持自身独立性的国家和民族提供了全新政治选择和制度方案。这是中国特色社会主义政治发展道路的世界历史意义。

四　话语霸权的终结：一种实在的可能性

“哪里有权力，哪里就有反抗。”① 终结西方政治话语霸权，还原多元话语世界，理所当然地成了当今世界反对霸权主义的一部分。

终结话语霸权非一朝一夕之功，不可能毕其功于一役。迄今为止，西方雄踞的话语舞台还未出现宾朋满座的场面，“英语”仍是主要的语言，西方的声音仍然是主流的声音，西方的政治制度和政党模式仍然是主流的选择，政治制度的欧美方案仍将占据主导地位。终结西方政治话语霸权，目的地仍然在远方。但我们也要认识到，终结西方政治话语的霸权地位，绝不是抽象的臆想，“本身是实在的可能”②。

① Michel Foucault, *The History of Sexuality*, *Vol. 1*: *An Introduction*, trans. Robert Hurley, New York: Vintage Book, 1990.

② 黑格尔（G. W. F. Hegel）：《逻辑学》（下），杨一之译，商务印书馆，1976，第 200 页。

第一，西方政治话语根植于西方样本，只有“西方”才能准确地标识自我的身份和边界，一旦越出西方的地理边界，也会陷入“我是谁”的身份迷茫之中。西方政治话语的合法性源于西方的成功实践，绝不具有无条件的真理权。任何政治话语，都可能存在两面性，普遍性的一面和特殊性的一面，两面浑然一体，这是在话语问题上的辩证法。一种话语，之所以膨胀到唯我独尊的境界，大概是不懂得这个辩证法，将特殊性上升为普世性，将民族性等同于世界性，将地域性放大为全球性。正如亨廷顿所说，“西方文明的价值不在于它是普遍的，而在于它是独特的”①。西方政治话语也服从同样的逻辑。今天，按照西方的政治逻辑塑造世界，这是西方力量所不及的。在世界迎来百年未有之大变局的背景下，捍卫西方政治文明的独特价值，放弃普世主义的乌托邦理想，方才具有现实的意义。西方政治话语霸权的终结，不过是从唯我独尊的身份退出，回归到本来的位置，与其他话语和平共处、平等对话。退出霸权地位的西方政治话语，丝毫不影响在它的出生地，在自身适用的空间领域和时代范围内，依旧具有最大的合法性。

第二，西方中心论只是一个在“正确的历史时期”产生的错误的历史逻辑。所谓“正确的历史时期”，指的是近代以来，世界历史主要表现为西方历史，现代化是西方开启的，全球化是西方推动的，世界秩序是西方塑造的，全球民主化进程是西方主导的，乃至人类命运都是西方掌控的，“西方”俨然成为真、善、美的代名词。这是一个西方主宰全球的时代，是世界多数国家向西方制度靠拢的时代，是欧美政治逻辑塑造世界历史的时代，也是西方中心主义狂飙的时代。所谓“错误的历史逻辑”，指的是西方政治话语本质上只是西方政治实践和制度建设经验的理论提升，而非世界历史经验的普遍反映；西方的政治理论、政党学说本质上只是地域性的知识而非普遍性的知识，只具有地域性的价值而非普世性的价值；因而，所谓欧洲的就是世界的，所谓人类和地球的欧洲化就是世界的未来，所谓现代民主政治就是三权分立、多党制衡、议

① 塞缪尔·亨廷顿：《文明的冲突与世界秩序的重建》，周琪等译，新华出版社，2002，第 360 页。

会民主、轮流坐庄，这套先验逻辑是错误的。西方政治话语对于西方也许具有极大的真理性，但对于广大的非西方国家而言，其真理性则是一个有待验证的问题。

在话语领域，中心—边缘的线性思维是不可取的。不存在某种话语无论何时何地都可以固守中心舞台，也不存在某种话语无论何时何地都只能充当陪衬的角色。也就是说，任何居于中心的强势话语都会存在边缘地带，任何居于边缘的弱势话语也都会有自己的中心舞台。一套政治话语主导全球的政治制度设计，理论上是行不通的，实践上是有害的。一种政治制度、政党模式是否具有合理性，这不是一个理论问题，而是一个实践问题，只能由这个国家的实践来回答，没有理由在西方话语的霸权宰制下被人为地扼杀，在沉默中走向消亡。

第三，国际力量对比深刻变化极大动摇了西方话语霸权的物质基础。如果说国际力量对比中，西方力量的绝对优势造就了西方政治话语的霸权地位；那么，西方力量的相对衰落也必将深刻影响西方政治话语的霸权地位。20 世纪末 21 世纪初，东西方实力对比的天平发生变化，随着中国、印度、俄罗斯等新兴市场国家的群体性崛起，西方时代开始褪色。世界政治格局呈现多极化趋势，世界经济呈现西欧、北美、东亚多中心趋势，世界话语格局也展现出多样化的发展态势。今天，东西方的发展差距前所未有地拉近，新兴市场国家追赶的脚步越来越紧，西方政治话语的霸权地位呈现松动迹象。展望未来，新兴国家综合国力（不是单指 GDP）全面比肩西方国家的那一天，也将是西方政治话语彻底退出霸权位置的那一天。也许，西方话语霸权的终结仍然在远方，但全世界已经行走在正确的路上。

当然，西方话语霸权的终结，不是西方政治话语的终结，也不是西方政治模式的终结。终结一言九鼎的话语霸权，目的在于广开言路，让各民族国家都“有权说话”，都可以选择符合本国国情的政治道路和民主制度。西方政治话语如果能够摆脱“唯我独尊”“唯我独好”的优越感，以谦卑的心态、开放的胸襟、平等的身段、包容的意识，从容面对其他声音，大胆推进自身的新陈代谢、吐故纳新，将会迎来西方政治话语的救赎与重生。

五　终结西方政治话语霸权：中国的作用

西方政治话语走向霸权有其历史必然性，霸权的终结也是历史的大趋势。但霸权从来不会自我终结，终结霸权的力量从来不会从内部产生，而只能从外部成长起来。展望21世纪，终结西方政治话语霸权的希望在东方，而东方的希望在中国。

中华民族伟大复兴，绝不能仅仅理解为硬实力的崛起，而应是包括政治话语、制度话语、政党话语在内的软实力的全面复兴。习近平指出："实现我们的发展目标，不仅要在物质上强大起来，而且要在精神上强大起来。"① 所谓物质上强大，就是硬实力的崛起，重在解决落后挨打的问题；所谓精神上强大，就是软实力的复兴，重在解决失语挨骂的问题。我们所说的话语复兴，不是为了否定西方话语，而是确证自我的话语权利；不是为了荣登话语霸权的王座，而是为了开创没有霸权的话语时代。

然而，客观地说，中国政治话语"贫困"也是事实。所谓"贫困"，是指中国尚未形成一套与其综合国力相匹配的、与自我文化身份相适应的、与西方政治话语相比肩的、具有全球感染力乃至传染性的政治学学科体系、学术体系和话语体系，没有形成一种能够准确阐释当代中国伟大政治实践的政治学范式。在国际学术舞台上，中国政治话语无法与西方话语平起平坐，平等对话，以至于离开了西方概念和分析范式的中介，能否自我表达都成了问题。"面对中国日新月异的生动实践和举世瞩目的发展成就，现有的政治学知识和理论还没能作出全面系统的阐发和解释。……中国政治学还未建构起成熟的学术体系、理论体系、话语体系。"② 与中国特色社会主义民主政治发展的实践要求相比，政治学知识生产中的有效概念供给尚不充足。构建能够对中国政治现象和政治道路进行有效解释的学科体系、学术体系、话语体系，实现中国政治学知识体系的本土化，成为今天中国政治学研究的紧迫任务。

---

① 《习近平谈治国理政》第1卷，外文出版社，2018，第46页。

② 周平：《增强概念创新的自觉与自信》，《人民日报》2020年2月10日。

回顾三百年来学术话语的变迁史，可以得出这样的结论：伟大的实践必将催生伟大的理论，强大的硬实力才能撑起强大的话语权。失败的实践，说什么都没有底气，怎么说都没人信；伟大的实践，沉默也是无声的话语权。林毅夫曾以经济学为例指出，哪里的故事最精彩，哪里的经济学最具影响力。从 1776 年亚当·斯密（Adam Smith）出版《国富论》，一直到 20 世纪三四十年代，在这大约 160 年的时间里，世界上最伟大的经济学家无不来自英伦半岛或者是侨居英国的外国经济学家。而从 20 世纪 30 年代以来，世界上最伟大的经济学家不是美国人，就是在美国工作的外国经济学家。原因很简单，就是在那个时间段里，这两个国家是世界上最伟大的样本，它们的故事最精彩，解释这个伟大样本的理论成果就是最伟大的成果，它们的话语自然也就是世界的中心话语。因此，没有硬实力的崛起，无法成就西方的话语霸权；同样的道理，没有硬实力的超越，也无法打破西方的话语霸权。终结西方话语霸权，最好的方式不是理论批判，不是政策宣示，不是道德审判，不是价值谴责，而是实践批判，是在成功实践、伟大样本基础上的话语批判。

今天，中国作为世界第二大经济体，成功闯出了一条具有显著制度优势的政治道路，中国特色社会主义民主政治已经构成当今世界最为重要的政治景观，这在世界社会主义运动史上、在人类社会发展史上、在世界政治文明演进史上都是绝无仅有的。这与西方政治模式、苏联政治模式都是不同的。中国当下面临的多党合作、党政关系、公平正义、清廉政治、民主监督、民族宗教、人权保护等问题，都有赖于创建中国特色的政治学科体系、学术体系和话语体系，都寄希望于在政治哲学的高度和政治学原理的层面给出中国的答案，作出中国的原创性贡献。习近平指出，“这是一个需要理论而且一定能够产生理论的时代，这是一个需要思想而且一定能够产生思想的时代”①。回看走过的路，中国创造的经济快速发展和社会长期稳定两大奇迹，从一定意义上说，就是中国特色社会主义政治制度的奇迹，这必将成为滋养中国政治学的深厚

① 习近平：《在哲学社会科学工作座谈会上的讲话》，《人民日报》2016 年 5 月 19 日。

沃土。远眺前行的路，民主政治的中国样本必将引发全球学界的高度关注，政治制度的中国方案将为人类探索更好的社会制度提供全新选择，制度建设的中国经验将为广大发展中国家提供重要启迪，中国政治话语终将获得与其世界大国（强国）方位相匹配的国际地位。

今天，尽管国际话语格局“西强我弱”的现状没有彻底改变，但中国政治话语的崛起已是不可逆转的发展态势。中国特色社会主义进入新时代，意味着以社会主义为性质定向的一整套政治制度在 21 世纪的中国焕发出强大生机活力。从社会制度的构成来看，中国特色社会主义制度是一个“成套设备”，其中起四梁八柱作用的是根本制度、基本制度、重要制度，这些制度内在贯通、相互支撑，共同搭建起中国特色社会主义制度的完整架构。中国特色社会主义制度体系是人类政治文明史上的伟大创造，开创了人类政治文明的崭新阶段，为马克思主义国家学说的成功实践树立了中国样本，为马克思主义社会形态理论的现实化作出了中国贡献，为后发国家打开现代化之路提供了全新制度选择，为当代中国发展进步提供了根本制度保障，为捍卫社会公平正义奠定了坚实制度基础。中国特色社会主义制度的成功实践，没有结束人类对制度文明的探索，而是在实践中不断开辟通往更高政治文明、更好社会制度的道路。假以时日，中国特色的政治学学科体系、学术体系、话语体系如果能够对中国的政治道路、政治逻辑作出科学的解释，如果能够将制度建设、政党建设的中国经验上升为普遍的知识体系，如果能够为广大发展中国家的政治建设和制度选择提供中国智慧，那么那时中国的发展优势、制度优势、治理优势终将转化为政治话语优势。

六　结语：走向美美与共的话语时代

启蒙时期以来，西方政治文明和政治话语逐步确立了在全球知识界的统治地位，主导了全球政治议题的话语权。比如，关于民主政治的前途命运，“历史终结论”一度占据了绝对话语权；关于政治文明的未来图景，“西方中心论”迄今仍具有很大的话语空间；关于社会制度的选择，“世界趋同论”“社会主义失败论”一度甚嚣尘上。然而，中国特色社会主义的发展极大地动摇了国际政治话语的传统格局，西方政治话语的解释力在衰减，人类有望迎来美美与共、和谐共生的话语时代。

毋庸讳言，西方世界的话语权力主要是由强大国力建构起来的，而不是由强大的真理力量和道义力量支撑起来的。这也就决定了西方世界的话语权力必然随着西方世界整体力量的起伏而波动，而不可能任凭国际风云变幻，我自岿然不动，永远端坐在国际舞台之巅。今天，很多国家面临的政治乱局、民主陷阱在很大程度上源于西方话语的影响，源于西方话语的霸权逻辑和中心论思维。不终结西方话语霸权，就不可能推进全球政治文明的重建，就不可能走向全球正义的国际秩序。

21 世纪是中华民族伟大复兴的世纪，也应当是中国话语复兴的世纪。中国政治道路的成功，深刻改变着世界学术格局，西方政治话语的全球解释力大为衰减，世界学术舞台不再只有一个声音。中国政治话语的决定性出场，将为一些国家走出政治乱局、低质民主陷阱提供中国智慧，终结西方话语的全球统治地位；将为改变现行不合理的国际政治秩序、文明格局、安全秩序提供中国主张，终结一方主导、几方共治的全球治理体系；将为人类探索更好的社会制度提供中国经验，终结西式自由民主制度统治全球的制度神话。一句话，中国政治话语的全球崛起，将会助力世界终结西方的话语霸权，迎来美美与共、和谐共生的国际话语时代。

论中国民主话语对西方民主话语的批判与超越*

李海青

中国话语体系的建设一方面要坚持“洋为中用”原则，充分吸收借鉴国外特别是西方哲学社会科学的有益资源，另一方面也要注意打破西方格式化的思维方式、学术范式与话语模式。正由于此，改革开放以来，我们党一直高度警惕西方自由化思潮的渗透影响。党的十八大以来，习近平总书记也强调要加快构建中国特色哲学社会科学，加强话语体系建设，并指出这关系到我们国家和民族的精神独立性问题。“如果没有自己的精神独立性，那政治、思想、文化、制度等方面的独立性就会被釜底抽薪。”①“精神独立性，概而言之，是讲一个社会在精神层面上对如何认识问题、分析问题、评价问题、解决问题有自己独立的不受他者主宰与左右的思维、价值和方法。当一个社会在如何认识世界上有自己独特的思维方式，在如何评价世界上有自己独特的价值立场，在如何应对世界上有自己独特的方法路径时，我们就可以讲这个社会保有了它的‘精神独立性’。”②

话语体系建设是一个系统工程，需要多学科多领域予以推进，但亦有重点。所谓重点，即是西方话语体系一直向我们强势输出，长期对于我们的认知乃至实践产生很大消极影响，在我们现代化建设中亟须反思与澄清的话语内容。按照以上分析，民主话语建设应该是当前中国话语

---

* 本文原载于《马克思主义研究》2021 年第 6 期，收入本书时有改动。

① 《习近平关于全面深化改革论述摘编》，中央文献出版社，2014，第 88 页。

② 辛鸣：《中国道路的哲学自觉》，社会科学文献出版社，2019，第 2 页。

体系建设的重点内容之一。自五四新文化运动始，民主就作为启蒙理念在中国先进知识分子中广为传播，“德先生”获得了至高无上地位，但当时国人所接受的民主话语实际上是西方的纯粹舶来品。改革开放以来，西方民主话语又经由大量西方政治学、法学理论等的译介在国内流行开来，国人较长一段时间内基本扮演着单纯学习者、被动承受者的角色。在这种情况下，西方民主话语及其内含的价值与思维影响极深，甚至内化为某些人的无意识。这样一个过程尽管有助于打开视野、吸纳提高，但一定程度上也不可避免地导致部分群体精神被殖民化的问题。在此意义上，当前中国民主话语建构进程中尤其需要对西方民主话语进行一番彻底的反思批判，对中国自己的民主实践进行一番总结提升。近年来国内学术界对此已展开相关研究，本文也是在此方面的一个探索与尝试。

一　西方民主话语的实质

西方民主话语有其特定内容，体现特定思维方式，隐含特定利益追求。因此，对西方民主话语的分析、批判可以从内容、思维与利益三个维度展开，而解构的有力思想武器则是对西方意识形态进行过深刻批判、揭露了其实质的马克思主义。马克思、恩格斯不仅在自己的著作中对资产阶级政治话语进行过鞭辟入里的分析，马克思主义基本原理对于我们透视今天的西方民主话语也具有根本性的指导意义。

1. 自由民主的意识形态

经过近现代以来几百年的发展，西方民主话语的内容已经颇为完备，这就是西方世界经常自我鼓吹的所谓“自由民主”。作为典型的自由主义意识形态，所谓“自由民主”主要包括天赋人权论、竞争选举论、公民社会论、三权分立论等方面的内容。

天赋人权论是西方民主话语的理论基础。按照西方民主理论，民主权利归根结底源于自由、平等、财产、安全等天赋人权并且也是为了保障天赋人权。马克思在《论犹太人问题》《黑格尔法哲学批判》中对这种所谓天赋人权的虚伪性早就有过一针见血的批判。马克思指出，所谓人权是封建社会瓦解后市民社会成员的权利，而这种市民社会的成员作为资产者是利己的人。在此意义上，所谓天赋人权不过是资产阶级时代的典型意识形态，所有具体的人权规定最终都服务于资产者个人主义的利益维护与资本增殖。“自由这一人权的实际应用就是私有财产这一人权。……私有财产这一人权是任意地（à songré）、同他人无关地、不受社会影响地享用和处理自己的财产的权利；这一权利是自私自利的权利。……平等，在这里就其非政治意义来说，无非是上述自由的平等，就是说，每个人都同样被看成那种独立自在的单子。”① “安全是市民社会的最高社会概念，是警察的概念；按照这个概念，整个社会的存在只是为了保证维护自己每个成员的人身、权利和财产。”② 既然天赋人权究其实质不过是资产阶级的权利，源于并服务于天赋人权的民主权利也就主要是资产阶级的民主，换言之，是资本的当家作主。当然，这样分析并不是否认西方民主在发展进程中普通大众的逐步参与及其一定程度的真实性，而是就其根本与实质而言。西方民主这种资本主导的特点，在当代美国体现得尤为明显。也正是这种资本主导的民主，决定了资本主义社会如果没有强有力的冲击或变革，贫富差距的两极化将是一个长期的必然趋势，这正是皮凯蒂《21 世纪资本论》分析得出的结论。

竞争选举论是西方民主话语的核心内容。资本主导的民主是不可能实行实质民主与全民民主的，所以民主的精英化是一种必然趋势。正是顺应这种民主的精英化要求，多数人统治意义上的古典民主与人民主权意义上的近代民主被改造为通过政治领域的竞争性选举产生领导精英的现代选举民主。这一改造与转换主要是通过熊彼特的精英民主理论实现的。“（在古典民主理论中）选举代表对民主制度的最初目标而言是第二位的，最初目标是把决定政治问题的权力授予全体选民。假如我们把这两个要素的作用倒转过来，把选民决定政治问题放在第二位，把选举做出政治决定的人作为最初目标。换言之，我们现在采取这样的观点，即人民的任务是产生政府，或产生用以建立全国执行委员会或政府的一种

① 《马克思恩格斯文集》第 1 卷，人民出版社，2009，第 41 页。

② 《马克思恩格斯文集》第 1 卷，人民出版社，2009，第 42 页。

中介体。同时我们规定：民主方法就是那种为做出政治决定而实行的制度安排，在这种安排中，某些人通过争取人民选票取得做决定的权力。"① 通过这一改造，程序民主代替了实质民主，政治精英代替了人民大众。说得更露骨一些，"民主政治就是政治家的统治"②。熊彼特以一个经济学家的异常坦率赤裸裸地揭示了资本主义民主的精英特质。在此以后，政治领域的选举民主论被不断重新论证与诠释，逐渐作为主导话语在西方广泛流行，以致成为很多西方学者的无意识，他们据此来划分所谓民主政体与非民主政体。事实上，今天很多西方学者已经到了离开党派的竞争选举就不知如何言说民主的境地，也正基于此，他们对非西方社会的民主误解多多。这种将民主狭隘化为选举民主的做法实际上是一种民主的异化。"我们并不认为选举能左右决策；对民众来说，它们只是一种象征性的安慰而已。吸引民众参与政治活动有利于巩固政府的合法地位。"③ "事实证明通过选举这一途径来解决社会和经济的不平等比直接废除歧视性的法律和法令更为艰难。"④ "大多数美国人相信——他们在学校里被这样教育——平等的民主理念只能适用于政治领域，不适用于经济领域。在经济领域，自由就是自由市场，以至于任何通过把资本置于政治控制之下的方式来矫正自由市场所产生的不公正和不平等的做法都被看作是非民主的甚至是独裁的。在这种世界观的笼罩下，人民很难理解到经济体系本身也能成为一个权力体系，在这种体系下，人们比如工人被一种非民主的方式所统治。"⑤ 也正是因为民主内涵被狭隘化为选举民主，民主的真义被阉割，资产者才会呼吁并拥护民主。

---

① 约瑟夫·熊彼特：《资本主义、社会主义与民主》，吴良健译，商务印书馆，1999，第395~396页。

② 约瑟夫·熊彼特：《资本主义、社会主义与民主》，吴良健译，商务印书馆，1999，第415页。

③ 托马斯·戴伊、哈蒙·齐格勒：《民主的嘲讽》，孙占平等译，世界知识出版社，1991，第213页。

④ 托马斯·戴伊、哈蒙·齐格勒：《民主的嘲讽》，孙占平等译，世界知识出版社，1991，第228页。

⑤ 道格拉斯·拉米斯：《激进民主》，刘元琪译，中国人民大学出版社，2002，第2页。

三权分立论是西方民主话语的制度理念。自近代以来民主理论传入中国，三权分立理念就产生了非常广泛的影响。按照西方的民主话语，只有立法、行政、司法三权分立才能更好地实现权力之间的制衡，实现对权力的监督制约，所以三权分立是实现所谓人民主权的制度设计。应该说，这种看法具有某种程度的合理性，但要真正理解三权分立的制度设计，还必须回溯到这种制度设计的原初语境。深入分析西方权力分立的原初语境与历史条件，可以看到，这一制度设计的根本目标是警惕所谓“多数人的暴政”，抵御民众的参与压力，保障有产者的私有财产。美国学者托马斯·戴伊等在《民主的嘲讽》一书中通过分析美国开国精英的观念意识对此有非常详细的论述。“开国者们相信权力受限的政府不可能危及自由或财产。鉴于开国者们认为权力是一种会变坏的势力因而集中权力是危险的，他们赞成将政府权力分割成若干能够相互制约或妨碍的独立实体，以防万一某个部门对自由或财产构成威胁。”① “以将其作为一种对付多数主义（民众多数政治）的防御工具和作为一种保护精英自由与财产的补充手段。”②

2. 等级普世的思维方式

话语的内容与表述都体现着特定的思维方式。西方自由民主话语不仅具有源于西方特别是英美国家的特定内容，还体现了基于特定生产方式、生活方式与文化内涵的思维方式。在西方民主话语建构与确立的过程中，西方强势的话语主体就已经开始以之作为标准来分析、评判世界历史进程中的其他国家与民族，并致力于这种民主话语的对外传播。所谓西方的话语主体，不仅包括建构与运作民主话语的精英群体，还包括被民主话语有效灌输的普通民众。他们在与非西方世界的交往中，以一种高高在上的优越感展现与宣扬着西方民主话语的“文明”与“伟大”。以强势而体现霸权的西方民主话语审视整个世界历史，西方与非西方的政治对比便具有了文明与野蛮的等级差别，而西方政治文明则提供了整

① 托马斯·戴伊、哈蒙·齐格勒：《民主的嘲讽》，孙占平等译，世界知识出版社，1991，第 37 页。

② 托马斯·戴伊、哈蒙·齐格勒：《民主的嘲讽》，孙占平等译，世界知识出版社，1991，第 50 页。

个世界文明的范本因而具有价值上的所谓普世性，西方自由民主作为人类政治文明的顶峰也成为野蛮或半开化的非西方最终将趋向的历史目标。在此意义上，文明的等级思维、价值的普世思维、历史的终结思维构成了西方民主话语内含的特定思维方式。

文明的等级思维。近代以来，西方主导的全球化进程开启，西方在全球殖民的过程中依托强大实力开始建立起一种新的关于世界秩序的想象，一种文明的等级思维开始孕育形成，西方国家自诩为文明国家，西方世界则自诩为文明世界，而民主与非民主的区分即是这种文明区分的核心内容。在此，"'文明'不是一个普通的中性概念，而是'西方社会'（主要是英法等列强）表达自我意识的一个专有名词；'文明'也不是一个孤立的词汇，其背后隐含着一套话语系统，一种影响深远且广泛的等级理论，与其相对应的是西方社会想象中的一种世界模式"①。在西方殖民者眼中，以西方的经济模式、民主制度、生活样式、价值理念为综合标准，整个世界在地理空间上可以划分为文明、半开化、蒙昧、野蛮等不同区域，而这种空间差异同时又具有时间意义，因为这种划分同时体现了文明的不同等级与历史必将遵循的进化次序。这样，空间的差别被诠释为时间的线性次序，地理的划分被提升为历史的道路。这样一种文明的等级思维体现在由西方开创的各个现代学科中，比如现代政治学、地理学、社会学、人类学、历史学、语言学、法学等。换言之，这些现代学科在形成之初共享了作为意识形态的文化等级论，并不同程度地参与了对此的塑造。特别是这一学说于19世纪初期还进入了英美等国的中学教育，成为西方国民的通识，并逐渐内化为一种无意识的民族心理与牢固偏见。而随着西方的全球殖民，这一观念又流传至世界各地，很长时间内一度也为殖民地半殖民地国家的精英所认同，当然，落后国家的精英之所以认同这一观念，是基于进化主义的思维力图在当时的历史语境下推进自身国家的救亡与发展。在此意义上就可以理解近现代中国诸多精英对西方民主为何如此艳羡与推崇。今天，这种文明的等级思

① 刘禾主编《世界秩序与文明等级：全球史研究的新路径》，生活·读书·新知三联书店，2016，第239页。

维早就受到强烈批判，影响远不如昔，但在西方的意识形态中依旧阴魂不散。

价值的普世思维。文明等级思维的确立也就意味着西方文明成为标杆和规范，意味着西方的政治文明应该最终拓展至全球，意味着落后国家与民族的政治理念与政治架构应该和西方的自由民主模式看齐，就此而言，西方民主话语具有强烈的普世思维。基于这种普世思维，西方精英甚至产生出一种“使命”意识，认为有责任和义务向全世界推销其民主话语，在必要时可以迫使或强制落后国家“进步”与民主化。这种宣扬“进步”的普世思维不仅为近代西方的殖民侵略提供了借口，而且也成为今天西方国家对所谓非民主国家任意指责、干预的遮羞布。“直到今日还有人强调，一些‘传统’和‘欠发达的’社会需要别人的大量指导，才能达到类似的‘发达’阶段。从最初发现野蛮人到今天，很长一段时间过去了。那时，人们大谈文明的使命，后来对历史产生了深刻影响。现在，人们动辄要对传统社会实行干预，尽管身处不同的时代，但这些人做事的语言和想法却一点不让人感到陌生。”①

历史的终结思维。谈到“历史终结论”，一般认为它是冷战结束后由福山提出的观点。确实，冷战的结束让沉浸在狂喜中的西方世界产生了大获全胜、唯我独尊，西方自由民主一统天下的感觉，历史终结思维由此出笼。但实际上，历史终结思维体现了西方民主话语自身的必然逻辑。天赋人权的理论设定，文明标杆、进步尺度的自我定位，加之近现代以来的霸权地位与良好感觉，让西方精英无法想象出还有比自由民主更好的政治制度模式，在等级的文明观与线性的历史观中，自由民主将会于全球实现并永世存在，就是历史发展的终结。按此思维，现代化也就意味着西方化，意味着西方民主模式将是各国民主发展的必然选择。当然，今天人们已认识到，现代化并不意味着西方化，政治现代化道路并不具有唯一性，民主模式也是多种多样的。尤其中国更是为其他发展中国家提供了一条不同于西方民主发展的新的道路选择。

---

① Brett Bowden, *The Empire of Civilization*: *The Evolution of an Imperial Idea*, Chicago: University of Chicago Press, 2009, p. 157.

3. 强势资本的利益追求

话语背后是利益。自由民主话语作为西方国家的意识形态，追求和维护的是西方国家有产阶级特别是强势资本集团的利益。天赋人权一开始就是对作为资本精英的西方白人而言的，因为西方国家中的普通民众、弱势群体，半开化、未开化、蒙昧、野蛮国家和民族的人，殖民地半殖民地的民众根本就不被视为人。选举民主沦为精英把持的“选主”游戏，权力与资本很大程度上主导所谓公民社会，三权分立使得普通民众难以影响精英主导的政府体制，从而有效避免了大众民主对于资本利益的冲击。西方所谓民主国家在很多领域并没有体现出很强的治理效能，特别是自认是世界民主灯塔的美国，贫富悬殊、种族冲突、骚乱事件、侵害人权、阶层撕裂、政府失灵等问题大量存在。换言之，美国所宣扬的自由民主与实际的民主现状之间张力很大。“美国政治的表象虽然来源于民主政治思想，但要了解美国政治的真实情况，精英理论却比民主政治思想更为有用。”① 美国学者戴伊等深入分析了美国政治的现实，归纳了精英论的六点内涵：①社会分为有权的少数和无权的多数。负责社会收益分配的只是少数人，国家政策不是由民众决定的。②统治阶级的少数不代表被统治阶级的多数。精英大多出自社会经济的上等阶层。③非精英只有接受精英的基本观点，才能进入统治集团。④精英们在社会制度的基本准则和保持现行社会制度不变等方面意见一致，只是在很少一些问题上有分歧。⑤国家政策并不反映民众的要求，而只反映盛行于精英中的价值观。⑥精英受民众的直接影响很少，精英对民众的影响多于民众对精英的影响。戴伊等的分析可谓一针见血。就此而言，西方民主话语内含形式与内容、多数与少数、民众与精英、劳动与资本、理论与实践的巨大张力。再者，西方民主话语成为西方国家对其他国家进行意识形态渗透、发动“颜色革命”的工具，而实行了西方式的民主制度的发展中国家则往往社会混乱、政局动荡、政权更迭，不仅在政治领域容易沦为西方附庸，社会领域被西方所谓非政府组织大量渗透，经济领域更受到西方强势资本的控

① 托马斯·戴伊、哈蒙·齐格勒：《民主的嘲讽》，孙占平等译，世界知识出版社，1991，第2页。

制。这是因为，西方民主话语以自由主义市场经济理论为基础，其他国家如果政治上实行西方的自由民主，经济上相对应的则往往是过度自由化与私有化，而这最便于西方资本的进入与控制。就此而言，西方民主话语不仅是一种政治话语，更是一种包蕴特定政治、社会与经济要求的全方面话语。正是由于话语背后是利益，西方民主话语体现着未曾明言的资本逻辑，所以西方国家才如此不遗余力地输出自己的民主模式。

二　中国民主话语的内容框架："五位一体"

在很大程度上，中国民主话语的建构正是以以上所分析的西方民主话语为参照系，这一是因为中国的民主话语是具有中国特色的社会主义民主话语，所以自其建构开始就显现出对西方资本主义话语的自觉区别与批判态度；二是因为西方民主话语传入中国日久，特别是改革开放以来对国内的影响巨大，这就更需要在中国民主话语的建构中对之进行认真系统的研究、分析、鉴别、扬弃。实际上，当代中国民主话语建构的过程也就是一个对西方民主话语的观点内容、思维方式、利益实质进行深入反思、深度解构的过程。对于西方民主话语的虚伪性与危害性，我们党和国家领导人有非常清醒的认识。"资本主义社会讲的民主是资产阶级的民主，实际上是垄断资本的民主，无非是多党竞选、三权鼎立、两院制。"① "搞了西方的那套东西就更自由、更民主、更稳定了吗？一些发展中国家照搬西方政治制度和政党制度模式，结果如何呢？很多国家陷入政治动荡、社会动乱，人民流离失所。活生生的例子就在眼前。'往者不可谏，来者犹可追。'我们头脑一定要清醒、一定要坚定。"② 也正是在这样一个打破西方民主话语迷信与神话的过程中，中国的民主话语才充分显现出建构的自主性以及重要意义。

显著区别于西方自由民主的意识形态，中国民主话语的建构以

① 《邓小平文选》第3卷，人民出版社，1993，第240页。

② 《习近平关于社会主义政治建设论述摘编》，中央文献出版社，2017，第19页。

马克思主义为指导，基于中国国情，具有深厚文化根基，继承以往好的理念与做法，充分体现我国社会主义性质，如此建构起来的民主话语是一个多层次多维度、内容丰富完整的有机体系。概括而言，中国民主话语包括以下几方面内容。

1. 民主的具体国情论

民主作为一种制度模式，必须根植于一个国家的具体国情才能具有生命力、稳定性，从而真正发挥积极作用。这里的具体国情包括发展阶段、地理历史、文化传统、民族宗教、民众诉求、形势任务等。当然，强调具体国情并不是否认现代民主发展具有共同的规律与共通的一面，但共性是蕴含在个性之中的，共性容易抽象论述，而真正体现在各国具体国情的个性之中则非易事。主张民主问题上的具体国情论，就是要在独立自主的立场上，明确反对民主问题上的单一模式论与机械照搬论。橘生淮南则为橘，橘生淮北则为枳，认为世界上只有一种理想的民主模式，强加于人或迷信搬用，实际上是霸权思维与教条思维的体现。这种对于西方民主制度的照抄照搬在中国近现代历史上就曾尝试过，比如民国初年的多党竞争与设立议会，但被证明不过是闹剧。至于当代那些移植西方民主模式的发展中国家，结果更是有目共睹。“民主和人权是人类共同追求，同时必须尊重各国人民自主选择本国发展道路的权利。”①“设计和发展国家政治制度，必须注重历史和现实、理论和实践、形式和内容有机统一。要坚持从国情出发、从实际出发，既要把握长期形成的历史传承，又要把握走过的发展道路、积累的政治经验、形成的政治原则，还要把握现实要求、着眼解决现实问题，不能割断历史，不能想象突然就搬来一座政治制度上的‘飞来峰’。……不可能千篇一律、归于一尊。”② 正如习近平总书记所强调的，鞋子合不合脚，自己穿了才知道③。

---

① 《习近平关于社会主义政治建设论述摘编》，中央文献出版社，2017，第19页。

② 《习近平关于社会主义政治建设论述摘编》，中央文献出版社，2017，第10~11页。

③ 《习近平谈治国理政》，外文出版社，2014，第273页。

2. 民主的政治特色论

中国民主的政治特色集中体现在民主建设必须坚持四项基本原则的政治底线；必须坚持党的领导、人民当家作主、依法治国三者统一的政治原则；必须坚持扩大和发展人民民主的目的是实现社会主义政治制度的自我完善和发展，而不是改旗易帜；等等。在以上诸方面中，作为最高政治领导力量的中国共产党的领导最为根本。“我们必须搞清楚，我国人民民主与西方所谓的‘宪政’本质上是不同的。中国共产党领导是中国特色社会主义最本质的特征。”① 只有在党的领导下，才能处理好秩序与自由、效率与公平等现代化进程中的各种矛盾关系，从而给民主发展创造良好条件，才能有效解决权力、资本或社会强势群体对民主的干预破坏等问题，从而给民主发展提供保障，才能切实推进各领域民主的有序发展，才能实现民主的制度化、法律化。就此而言，当代中国民主建设的内容、进程与模式很大程度上是由中国共产党顶层设计的。

3. 民主的国家能力论

民主作为一种制度模式，要想得以建构并长期有效运作，需要诸多前提，而国家能力则是其中最为基础、至为关键的一个方面。一个国家如果缺乏基本的国家能力，经济萎靡、政治衰败、社会混乱、秩序缺失、价值分化、冲突严重，不论什么样的民主制度都不可能建构并切实发挥作用。王绍光曾概括了一个有效国家必须有能力履行的六项最重要职能：维护国家安全与公共秩序，动员与调度社会资源，塑造与巩固国家认同和社会核心价值，维护经济与社会生活秩序，确保国家机器的统一、协调，保障经济安全、维护社会分配正义。“没有一个有效的国家，就不可能有稳固的民主制度……在民主转型期间，国家行使权力的方式必须改变，但国家权力本身却不应被削弱。民主改革者不应一味地试图限制国家权力，相反，他们应该努力在原来国家权力缺失的领域建立起国家机构，在原来国家能力薄弱的领域进一步加强国家能力。”② 换言之，尽

① 《习近平关于社会主义政治建设论述摘编》，中央文献出版社，2017，第27~28页。

② 王绍光：《祛魅与超越》，中信出版社，2010，第154页。

管民主的建立健全意味着对国家权力的监督制约，但并不意味着国家权力的单纯削弱。而这与长期以来西方民主话语所主张的观念形成鲜明对比。按西方民主理论，政府是必要的恶，民主的发达不仅意味着对国家权力的监督制约，而且意味着国家权力的收缩与后退，意味着小政府，只有这样才能更好地减少或避免权力对财产与自由的侵害。但欠发达国家的民主实践则表明，在民主推进的过程中如果一味削弱或分散国家权力，将会导致严重问题。民主之果很大程度上是结在国家能力这个根上的，一个具有中央权威与治理能力的国家权力是民主制度逐步建立健全、民主作用持续有效发挥的可靠保障。

之所以有这种差别，是因为西方国家在现代化进程中是先形成民族国家，建立权力架构与法治秩序，具备基本的国家能力后再去实行或放开民主的，后发国家则往往并不具备相关的条件。20 世纪后期很多欠发达国家中出现的所谓第三波“民主化”浪潮之所以出现大规模回潮、难以巩固，一个重要原因就在于这些国家能力严重不足，无法为民主制度的形成与运作提供必要前提与可靠保障。正如亨廷顿分析的：“美国人从未为创造一个政府而担忧。这一历史经验的差距特别使他们看不到处于现代化之中的国家里奠定有效权威方面的问题。当一个美国人在考虑政府建设问题时，他的思路不是如何去创造权威和集中权力，而是如何去限制权威和分散权力……对于许多现代化之中的国家来说，这个公式是无济于事的……必须先存在权威，而后才谈得上限制权威。在那些处于现代化之中的国家里，恰恰缺少了权威。”① 在我国民主推进过程中，党和政府一直强调中央要有权威，注重国家治理能力建设，并且特别强调党的领导的极端重要性，这说明我们充分认识到国家能力对于民主发展巩固的意义所在。“党中央、国务院应当是有权威的，有能力的。”②“社会主义同资本主义比较，它的优越性就在于能做到全国一盘棋，集中力量，保证重点。”③ 也正是在这个意义上，中国民主发展给其他后发

① 塞缪尔·P. 亨廷顿：《变化社会中的政治秩序》，王冠华、刘为等译，上海人民出版社，2008，第 6 页。

② 《邓小平文选》第 3 卷，人民出版社，1993，第 312 页。

③ 《邓小平文选》第 3 卷，人民出版社，1993，第 16~17 页。

现代化国家提供了有益的经验与借鉴。

4. 民主的领域过程论

如上文所述，西方主要是在政治视域内理解民主，并将其狭隘化为选举民主。这种狭隘的选举民主论的观点认为，改革开放以来，尽管中国经济社会发展迅速，但在民主建设方面并未取得显著进步，因为中国并未普遍放开各个层次的竞争性选举。这显然是错误的。由此引出了以下问题：民主是否仅是一个纯粹政治领域的问题？如何看待这种选举民主论的观点？如何全面理解现代民主？中国的民主建设到底秉持何种思路？要有效回答以上问题，就不能仅仅局限在西方选举民主论的视野之内，而必须跳出其思维框架，客观理性地审视当代中国的民主发展。立足中国民主的理论与实践，可以看到，中国民主具有比选举民主广泛得多的领域，并具有全过程性。就此而言，中国民主是一种广义的民主。

一方面，中国民主的存在领域具有广泛性。在当代中国，民主不是仅存在于政治领域，而是广泛存在于政治、经济、文化、社会、生态、国际关系等领域。就政治领域而言，中国民主的最大特点就是作为最高政治领导力量和唯一执政党的中国共产党自身具有特定的民主内容与民主形式，影响巨大而广泛。这一是指中国共产党针对自身的党内民主。中国共产党作为中国各项事业的领导核心，民主集中制是其根本组织制度和领导制度，党内民主在党的建设和国家治理中具有十分重要的意义。我们党也提出了以党内民主带动人民民主的发展思路。二是指中国共产党针对民众的群众路线。群众路线强调党员干部要自上而下积极主动深入群众、深入基层调查研究，了解民情、把握民意、汇集民智，很大程度上发挥了民主的功能，实际成为一种独特的民主形式。群众路线不仅具有价值论意义——强调一切为了群众，奠定了党领导的正当性基础；具有功能论意义——强调一切依靠群众，是党的伟力之源；而且具有方法论意义——强调从群众中来、到群众中去，大大推进了政策制定的科学化与政策实施的有效性。其作为我们党的根本工作路线具有现代民主机制无法完全替代的独特功能与巨大价值，应牢牢予以坚持并不断创新发展。除中国共产党的党内民主与群众路线外，在政治领域，我们坚持和完善人民代表大会制度、中国共产党领导的多党合作和政治协商制度、民族区域自治制度以及基层群众自治制度，建设服务政府、责任政府、法治政府、廉洁政府，巩固和发展最广泛的爱国统一战线。就经济领域而言，生产资料归劳动者共同占有的社会主义公有制本身就是一种经济民主的形式，而随着我国社会主义市场经济体制的确立与完善，社会成员在产权得到有效保障的基础上自由、平等地从事经济活动，也是经济民主的重要内涵。就文化领域而言，我们注重保障广大社会成员的基本文化权益特别是受教育权，积极推进基本公共文化服务的标准化和均等化，深化文化体制改革，解放和发展文化生产力，发扬学术民主、艺术民主。就社会领域而言，社会成员在个体私人领域中依法享有自由，也可以自主参与法律允许的各种社会组织，公众和社会组织可以以多种形式、多种方式参与社会治理。就生态领域而言，公众与社会组织也可以作为主体共同参与生态环境治理。就国际关系领域而言，在经济全球化日益深化的今天，中国作为一个为人类谋大同的负责任大国致力于实现国际关系民主化，推动构建人类命运共同体，主张世界上的事情只能由各国政府和人民共同商量来办，强调共商共建共享，推进全球治理规则民主化、法治化，所针对与批判的就是维护旧的国际秩序的西方民主话语。“从政治到经济、社会、文化、生态、国际关系，由国内到国外，中国共产党在回应中国特色社会主义事业建设要求中不断深化民主实质内涵的认识，将民主理念应用于各个领域。”①

另一方面，中国民主的运作机制具有全过程性。正如习近平总书记指出的，人民民主是一种全过程的民主。全过程的民主包括民主选举、民主决策、民主管理、民主监督等过程。“人民是否享有民主权利，要看人民是否在选举时有投票的权利，也要看人民在日常政治生活中是否有持续参与的权利；要看人民有没有进行民主选举的权利，也要看人民有没有进行民主决策、民主管理、民主监督的权利。社会主义民主不仅需要完整的制度程序，而且需要完整的参与实践。”② 中国民主的设计非

① 董石桃、杨丽娇：《改革开放以来中国共产党民主话语体系的变迁》，《理论与改革》2019 年第 6 期。

② 《习近平关于社会主义政治建设论述摘编》，中央文献出版社，2017，第 64 页。

常注重民主程序与环节的公正、严密、完善，因为这在很大程度上决定了民主运作的实际效果，这与西方民主仅强调选举环节形成了鲜明对比。“人民只有投票的权利而没有广泛参与的权利，人民只有在投票时被唤醒、投票后就进入休眠期，这样的民主是形式主义的。”①

5. 民主的实践功能论

民主既是我们追求的崇高价值与理想目标，同时又是中国实现改革发展稳定的重要手段，就此而言，不能把民主抽象化、原则化、理想化、浪漫化，追求不切实际的制度模式，而是要注重从实际需要出发进行合适的民主设计，充分发挥民主在实践中的积极功能。从这个意义上说，当代中国的民主建设必须服从并服务于社会主义现代化强国建设，将民主建设的进程统一到国家治理与民族复兴的总体进程中去。西方的民主制度我们可以学习借鉴，但不论其话语宣扬得多么美好，只要妨碍了我们的社会主义现代化建设、国家治理与民族复兴的历史任务，我们就要坚决拒绝。改革开放以来，我们党在自觉批判西方民主话语的基础上逐步确立了强调发展—治理的民主功能评价标准。“民主不是装饰品，不是用来做摆设的，而是要用来解决人民要解决的问题的。”② “如果说，西方民主可以表述为‘自由民主模式’，那么，‘中国式民主’可以表述为‘发展—治理型民主模式’。”③ 自改革开放以来直至2000年前后，我们主要是从生产力发展的角度来思考民主的内容与形式。20世纪80年代邓小平对此就有过非常明确的论述。他强调政治体制改革要有利于在党的领导和社会主义制度下发展生产力，强调经济民主、权力下放的分权式民主，指出调动积极性是最大的民主。“我们评价一个国家的政治体制、政治结构和政策是否正确，关键看三条：第一是看国家的政局是否稳定；第二是看能否增进人民的团结，改善人民的生活；第三是看生

① 《习近平关于社会主义政治建设论述摘编》，中央文献出版社，2017，第66页。

② 《习近平关于社会主义政治建设论述摘编》，中央文献出版社，2017，第70页。

③ 唐爱军：《中国道路与中国话语》，社会科学文献出版社，2020，第62页。

产力能否得到持续发展。”① 后两点实际上都是生产力标准，而秩序稳定也和生产力发展息息相关。“关于民主，我们大陆讲社会主义民主，和资产阶级民主的概念不同。西方的民主就是三权分立，多党竞选，等等。我们并不反对西方国家这样搞，但是我们中国大陆不搞多党竞选，不搞三权分立、两院制。我们实行的就是全国人民代表大会一院制，这最符合中国实际。如果政策正确，方向正确，这种体制益处很大，很有助于国家的兴旺发达，避免很多牵扯。”②

进入 21 世纪特别是党的十八大以来，涵括生产力发展在内的治理成为更为全面的民主功能评价标准，这是因为中国社会的发展阶段与发展任务逐渐发生了变化：在相对发展起来以前，生产力发展是摆在第一位的、最突出的任务，而相对发展起来以后的问题不仅不比不发展时少，甚至还要更多，这时就需要在改革、发展、稳定、安全各项任务之间进行统筹协调，强调整个国家治理。“评价一个国家政治制度是不是民主的、有效的，主要看国家领导层能否依法有序更替，全体人民能否依法管理国家事务和社会事务、管理经济和文化事业，人民群众能否畅通表达利益要求，社会各方面能否有效参与国家政治生活，国家决策能否实现科学化、民主化，各方面人才能否通过公平竞争进入国家领导和管理体系，执政党能否依照宪法法律规定实现对国家事务的领导，权力运用能否得到有效制约和监督。”③ 这八个“能否”尽管是就政治民主而言，但扩而广之，其实际体现了我们党在整个民主评价标准问题上的治理思维。发展—治理的功能标准贯穿着马克思主义的实践思维，体现了强烈的现实取向，推动着中国的民主发展立足当下，实实在在、稳步前行。

中国民主话语的以上五个方面描绘了当代中国民主建设的基本图景：具体国情论指出了民主根植的条件土壤，国家能力论指出了民主成长的必要前提，政治特色论指出了民主建设的政治原则，领域过程论指出了

① 《邓小平文选》第 3 卷，人民出版社，1993，第 213 页。
② 《邓小平文选》第 3 卷，人民出版社，1993，第 220 页。
③ 《习近平关于社会主义政治建设论述摘编》，中央文献出版社，2017，第 12~13 页。

民主发展的总体格局，实践功能论指出了民主运作的评价标准。这“五位一体”的内容框架内在相关、有机联系，构成一个相对完整的系统，每一个方面都与西方民主话语形成鲜明对比。

三　中国民主话语的主要特点：内生性、人民性、完整性、吸纳性、时代性

通过以上分析，总结理论与实践两个方面，对比西方民主话语，中国民主话语呈现以下几个主要特点。

1. 话语的内生性

中国民主话语当然具有现代民主话语的一些共同范畴，比如民主、平等、权利、法治、自由、公民、选举等，这说明中国的民主话语不是离开人类文明大道的故步自封的产物。承认人类文明的共同价值，尊重现代民主发展的历史趋势，既是发展社会主义民主的必然选择，又是社会主义民主的内在要求与固有使命。但要看到，中国民主话语不仅体现了普遍性，更具有特殊性、原创性和内生性。这是因为，一方面，任何普遍性的范畴，其实现都是具体的、历史的、特殊的，在不同的国家和民族，不同的条件和语境下，会有不尽相同的现实内容和表现形式，现代民主话语在当代中国的实现同样如此。众所周知，这是一种世界性与民族性、普遍性与特殊性、共性与个性、抽象与具体的辩证统一关系。另一方面，中国的具体国情，包括独特文化传统、社会主义性质、政治体制、发展阶段、现代化任务、国家治理诉求、民族复兴使命等种种因素又使得中国的民主话语产生了很多特有的范畴、理念与理论，这些特有的范畴、理念与理论都根植于中国的历史与现实、文化与制度、理论与实践，具有内生性。正如习近平总书记在谈到中国民主政治制度时指出的，“中国特色社会主义政治制度之所以行得通、有生命力、有效率，就是因为它是从中国的社会土壤中生长起来的”①。比如发展社会主义民

① 《习近平关于社会主义政治建设论述摘编》，中央文献出版社，2017，第12页。

主政治，坚持党的领导、人民当家作主和依法治国有机统一，以人民为中心，以党内民主带动人民民主，推进协商民主广泛多层制度化发展，等等，这些提法都是中国民主政治话语所独有的，是中国民主探索的智慧结晶。综上所述，中国的民主话语或者是对现代民主话语的共同范畴作出了具体化的个性阐释，或者是基于自身国情提炼形成了具有鲜明中国气派、中国风格的特有范畴、理念与理论，而这两者都是中国民主话语具有适应性与生命力的重要基础。习近平总书记在谈到中国道路时曾指出，这条道路“是在改革开放 30 多年的伟大实践中走出来的，是在中华人民共和国成立 60 多年的持续探索中走出来的，是在对近代以来 170 多年中华民族发展历程的深刻总结中走出来的，是在对中华民族 5000 多年悠久文明的传承中走出来的，具有深厚的历史渊源和广泛的现实基础”①。这一论述同样非常适用于中国民主话语。

2. 话语的人民性

中国民主话语以马克思主义为指导，具有社会主义性质，体现出鲜明的人民性。在世界历史进程中，民主曾与社会主义运动紧密相连。观诸近代西方工人运动，工人阶级特别是社会主义者在与资产阶级共同反对封建王权的斗争中学到了民主与平等的理念，并批判了资产阶级民主与平等的形式性和虚伪性，要求进一步扩大民主的主体，拓展民主的领域，推动形式民主转向实质民主，人民民主与实际平等成为工人阶级与弱势群体对抗资本压迫的有力武器。随着资产阶级取得政权并日益保守，大众民主“日益被看成一种无论在价值还是在目标上都与社会主义具有很大共同性的制度和理念，一种一旦实现就可能导致社会主义取代资本主义的力量”②。在此意义上，只有社会主义才能真正实现广泛的实质民主，民主可以说是社会主义的本质性范畴。在这种情况下，资产阶级要想既保持民主之名而又避免人民民主冲击资本之危险，就必须对民主进行改造、阉割，局限于政治领域，特别是去社会主义化，以上所说熊彼

① 《习近平谈治国理政》第 1 卷，外文出版社，2018，第 39~40 页。

② 张飞岸：《西方自由民主危机与中国民主话语构建》，《当代世界与社会主义》2020 年第 2 期。

特式的选举民主与精英民主就体现了这样一种要求。区别于西方这种民主话语，中国民主话语以其鲜明的人民性重建了民主与社会主义的本质性关联，重新高擎起社会主义人民民主的伟大旗帜。“人民当家作主是社会主义民主政治的本质和核心。人民民主是社会主义的生命。没有民主就没有社会主义，就没有社会主义的现代化。”① 中国的民主讲程序和形式，但更重实质；讲民主选举，但更讲全过程参与；讲政治民主，但更重经济与社会民主；讲部分利益，但更重多数利益和整体利益。相比于西方民主话语，具有人民性的中国民主话语占据着真理与道义的制高点，代表了人类民主话语的历史方向与发展趋势。

3. 话语的完整性

一方面，中国民主话语的完整性体现在民主内容的全面性和形式的丰富性上。就内容而言，中国的民主既涉及政党层面，又涉及国家层面；既涉及政府层面，又涉及人民层面；既涉及经济领域、政治领域，也涉及社会领域、文化领域；既涉及民族层面，也涉及区域层面；既涉及中国自身，又涉及整个世界。就形式而言，中国的民主既包括票决民主，也包括协商民主；既包括民主选举，也包括民主决策、民主管理、民主监督；既包括自上而下的调查研究，也包括自下而上的民主参与；既包括直接民主，也包括间接民主；既包括线下形式，也包括网络形式。另一方面，中国民主话语的完整性体现在话语要素之间的有机配套性和内在协调性上。正如上文所述，中国民主话语既阐发了民主的产生条件与根植土壤，又分析了民主的政治意涵与权威前提，既说明了民主的涵括领域与内容层次，又明确了民主的功能取向与评价标准，各话语要素之间可以说已经形成了比较完整的内容框架与逻辑体系。除了西方民主话语外，当代中国恐怕是唯一能够有效建构起这种具有完整性、系统性民主话语的国家。也正由于此，中国民主话语才能够全方位有效对抗、遏制乃至消解西方民主话语。

4. 话语的吸纳性

这种话语的吸纳性一方面是指不忘本来、古为今用，对本民族优秀

① 《习近平关于社会主义政治建设论述摘编》，中央文献出版社，2017，第42页。

传统话语资源的研究、继承、吸纳、弘扬。比如中国民主话语对民为邦本、为政以德、天下为公、协和万邦等传统范畴的创造性转化与创新性发展。另一方面是指吸收外来、洋为中用，对国外包括西方民主话语资源的分析、借鉴、吸纳、扬弃。批判西方民主话语的精英性质、资本逻辑与普世价值，并非对西方民主话语彻底否定，相反，对西方民主话语好的理念、思维、做法，中国民主话语应该虚心学习，在独立自主的基础上加以消化吸收，为我所用，只有如此方能立于不败之地。比如进入21世纪以来，我们党和国家对西方舶来的“治理”一词就予以灵活地借鉴吸收。治理一词在西方是针对政府失灵和市场失灵，主张公民及其组织对相关公共事务的参与，在主体与方式方面特别强调与传统管理的区别，属于西方民主话语的重要概念。随着治理理论在我国学术界成为热点，这一概念也进入了我们党和政府的正式文件。党的十八届三中全会明确提出国家治理体系与治理能力的现代化，社会领域的改革则是要创新社会治理体制，社会治理在主体上是党委领导、政府负责、民主协商、社会协同，人人有责、人人尽责、人人享有。由此可见，治理被赋予了鲜明的中国化的内涵，已经成为中国民主话语的关键词。这也说明，在今天的深度经济全球化时代，完全抵制西方民主话语并不现实，“正确的方法只能是辩证的扬弃和指向明确的规范再造：肯定并发扬其对发展社会主义民主政治的话语解读功能，避开其背离社会主义制度的语义陷阱；同时，在舶来词汇的外壳里注入体现中国特色社会主义性质特点的新内涵，实现语义的规范与再造，并以主流意识形态的主动使用和广泛使用确立话语主导权……如此，一则在国际意识形态话语权的斗争中，可形成彼消我长之势，西式民主话语体系难以成为洪水猛兽；再则，社会主义民主话语体系可由此不断与时俱进，担负起引领人类政治社会发展的应然重任”①。

5. 话语的时代性

中国民主话语的时代性归根结底是由中国特色社会主义伟大事业的

---

① 金太军、胡小军：《西式民主相关话语在中国的语义演化及反思》，《红旗文稿》2015年第18期。

时代性所决定的。在经济全球化的开放语境下，因循守旧、封闭保守、复古教条、照猫画虎都是不可取的，旧理论、旧话语、旧理念难以适应新时代、应对新形势、解决新问题，基于时代要求的创新求变是大势所趋。“当代中国的伟大社会变革，不是简单延续我国历史文化的母版，不是简单套用马克思主义经典作家设想的模板，不是其他国家社会主义实践的再版，也不是国外现代化发展的翻版。”① 那么，中国的伟大社会变革是什么呢？是体现时代要求的新版。伟大社会变革是如此，蕴含于伟大社会变革中的中国民主话语当然亦是如此。国家治理现代化、社会主义民主政治、社会主义协商民主、中国特色社会主义法治体系、人类命运共同体、文明互鉴等都是我们在解决国内外难题时提出的具有原创性、时代性的民主话语的理念或范畴。也正因如此，中国的民主话语才能开风气之先，引领时代潮流。

四　中国民主话语的价值意义：解决中国问题、解构西方话语、体现世界潮流

中国民主话语的意义首先在于解决中国自身问题的有效性：其有效回答了在中国这样一个国情复杂、历史悠久的东方社会主义大国，在现代化与民族复兴进程中民主建设的指导原则、道路方向、具体内容、实现形式、机制程序、推进次序、评价标准等问题，对推动中国社会发展与进步发挥了巨大作用，并将进一步助力中华民族“强起来”的伟大征程。由于中国民主话语的建构很大程度上自觉以西方民主话语为参照系，所以，中国民主话语在自身建构过程中深刻剖析了西方民主话语的经济社会根源及其在意识形态上的虚伪性，指出了掩饰在普世光环下的西方民主话语的地方性身份与霸权化逻辑，形成了对西方民主话语的强大解构力量。

中国民主话语总结了以往社会主义国家民主建设的经验教训，以深刻的历史思维、宏阔的世界视野、前瞻的时代眼光，博采古今中西各种

① 《习近平谈治国理政》第 2 卷，外文出版社，2017，第 344 页。

话语资源，将社会主义的民主话语发展到了一个新的历史高度与时代高度，使马克思主义的民主话语、社会主义的民主话语在21世纪的中国焕发出强大生机活力。其作为马克思主义民主理论与中国具体实际相结合的理论成果，是对经典马克思主义民主话语的正本清源与返本开新。中国民主话语总结了历史上与现实中发展中国家民主建设的经验教训，强调后发现代化国家在民主问题上必须打破迷信、摆脱依附，依据国情独立自主探索，依靠中央权威予以推进并选择“合脚”的策略，从而给世界上那些既需要发展民主又希望保持自身独立性的国家和民族提供了新的选择，贡献了中国智慧和中国方案。不论是就社会主义的维度而言还是就现代化的维度而言，中国民主话语都形成了对西方民主话语的强大制衡力量。

中国民主话语具有内生性，内容完整，在功能上注重发展—治理，可以切实防止出现西方民主那种群龙无首、一盘散沙的现象，选举时漫天许诺、选举后无人问津的现象，党争纷沓、相互倾轧的现象，民族隔阂、民族冲突的现象，人民形式上有权、实际上无权的现象，各类国家机关相互掣肘、内耗严重的现象。进而言之，中国民主话语根植于中国大地，但同样放眼全球，表达着对整个国际关系民主化、国际秩序规范化的理念与诉求，批判了西方民主话语的文明等级思维，主张文明平等与共同价值；批判了西方民主话语的单一模式思维，主张文明互鉴与道路多样；批判了西方民主话语的历史终结思维，主张文明进步与永续发展；批判了西方民主话语的单边主义思维，主张文明对话与共商共建。在反思、批判西方民主话语并借鉴其合理因素的基础上，中国民主话语为人类民主话语增添了实质性的新内容，作出了开创性的新贡献，实际代表了一种更高级的人类民主话语形态。综合以上两点，中国民主话语形成了对西方民主话语的强大超越力量。

五　结语

以上分别分析了西方民主话语的基本内容、霸权思维以及其背后的资本逻辑，中国民主话语“五位一体”的内容构建、鲜明特点与重要意义。必须认识到，一方面，尽管现在西方民主话语内部张力巨大、问题多多，颓势已显，但由于西方硬实力的加持以及长期的灌输宣传，其在当今世界仍非常强势，且不排除其内部在一定限度内进行调整改革的可能。在此意义上，其衰败与式微将是一个长期的过程，对此应有充分认识。而且正如上文已指出的，对之批判并不意味着其毫无借鉴价值，对其积极因素和合理成分还是应认真学习与努力吸纳。另一方面，中国民主话语在全球范围内已经很大程度上展现出活力、潜力，影响与日俱增，但其发展仍面临各种问题与挑战，包括国内民主政治建设还需要进一步健全完善，自身民主话语还需要进一步概括提炼，西方民主对于国际话语权的强势垄断还需要进一步有效打破，中国民主的国际话语权和全球认同度还需要进一步增强提升。这些问题的解决既需要耐心与时间，也需要策略与方法；既需要条件与时机，也需要积累与努力，必须以一种积极而稳妥的心态，久久为功。换言之，与西方民主话语进行全方位、高强度竞争并战而胜之绝非短期内轻而易举之事，对此也应有充分认识。值得欣慰的是，对于中国民主话语建设，党和国家已经具有了非常自觉而明确的意识，实践中也已经致力于相关制度机制的探索与加强，尤其当今世界发展的时与势在我们一边，我们既具有定力和底气，也具有决心和信心。伴随中国社会主义现代化强国建设的逐步推进，伴随中华民族伟大复兴的进一步实现，伴随中国日益走近世界舞台的中央，中国民主话语必将愈益成熟完善，必将在全世界展现出更为强大的感召力和引领力，建立起相对于西方真正具有优势、更为强大的话语权。

论国际传播中国家形象的媒体误读现象*

王　慧

一　引言

今年的伦敦奥运会上，90后“游泳天才”叶诗文取得了优异的成绩，一时间成为世界舆论关注的焦点。然而一些西方媒体毫无根据地质疑叶诗文成绩的合法性，即使奥委会公布的兴奋剂检测结果证明叶诗文是清白的，它们也视之无物。其实在国际局势日益复杂的大背景下，西方媒体报道中国的新闻是在既定的议程模式下进行的，都出现过不同程度的误读。这些误读有的是由于缺少了解中国文化知识而产生的，有的是受意识形态、国家利益等因素的影响。总之，在国际传播的过程中，西方媒体涉华报道有意无意误读中国国家形象，使得中国国家形象在国外受众面前遭到严重扭曲，损害了我国的国家利益，给中国理解世界和世界理解中国造成了障碍，恶化了我国的发展环境。

二　媒体误读国家形象在国际传播中的具体表现形式

误读，是指一种文化在解析另一种文化时出现的错误理解和评估①。它是传播的伴生现象，只要有传播活动，就会有误读现象产生。误读往

* 本文原载于《新闻爱好者》2012年第10期，收入本书时有改动。

① 张威：《文化误读与比较新闻学》，《国际新闻界》2001年第2期。

往呈现为两种方式。一种是下意识的误读，主要是双方文化上的差别造成的。它是零碎的、不系统的、粗疏的，常常是当事人以己方的价值观去衡量他方的行为；以自己的文化为中心，来得出否定或肯定对方的结论①。另一种是有意识的误读，有系统、有理性，是一种较深的文化积淀，往往与政治、意识形态相连（或是出于某种实际需要），往往囿于成见。此种误读一般比较稳定，难以与认知对象沟通和对话，也不易在短期内改进。这是人们要特别小心的一种误读②。媒体在国际传播中出现的误读现象，是由多种因素交织在一起造成的，表现出不平衡性，即传播弱势国易被传播强势国误读。

1. 新闻构架与范式刻板成见

西方媒体往往在涉华报道中，依照它们的传播意图，“框限”部分事实，“选择”部分事实以及“凸显”部分事实，这些事实往往能够凸显它们的传播目的，从而形成它们自己的新闻构架，影响受众的判断。它们总是用“老”眼光去看待“新”问题，对中国的新闻报道总是带有明显的偏见与不公正，以鲜明的意识形态对立的新闻构架报道中国国家形象，其目的就是强化国际社会对中国的“刻板印象”：呆板的，丑陋的，具有威胁性的。如“中国威胁论”一直是西方媒体大肆渲染的产物。现在所涉及的领域在不断扩大，如“中国软实力威胁论”“中国能源资源威胁论”“人民币汇率操纵论”等，无事实依据，危言耸听。其导致的后果是误导他国受众对中国国家形象的认知，不利于中国国家良好形象的塑造。

2. 片面化、简单化

部分西方媒体凭借着在世界舆论格局中的霸主地位，操控着国际传播中的话语霸权，再加上根深蒂固的刻板成见，无视新闻事实真相，对中国问题的报道片面化、简单化。这与它们标榜的“客观”“真实”背道而驰。这让长期依赖西方媒体获取信息的他国受众眼前被蒙上了一层

① 张威：《比较新闻学——方法与考证》，南方日报出版社，2003，第105页。

② 张威：《比较新闻学——方法与考证》，南方日报出版社，2003，第109~110页。

“铁幕”，看不到事实的真相，易受到传播者议程设置的影响，从而对中国国家形象产生误读。

3. 跨文化误译广泛化

由于双方传统文化的差异，以及各自都有自己的语言符号体系，而翻译是将异己方的语言代码转换为己方惯有的语言代码，因此在翻译过程中，误译现象不可避免。在国际传播中，由于跨文化误译的现象普遍存在，误读不可避免，轻则闹出笑话，重则严重影响到国家关系。

三　影响国际传播中国家形象的媒体误读现象产生的因素

1. 媒体有意识产生的误读

媒体在报道国际新闻时，易受到国家利益、意识形态等因素的影响。它们在掌握了绝对话语权的情景下，带有极强的政治性，有意识地误读他国形象。

第一，中西方的国家利益、意识形态的差异造成的误读，是传播弱势国易被传播强势国误读的根本原因。

国家利益是政府制定外交政策的根本动因，是国家行动的方向盘。媒体的国际新闻报道都要在符合本国国家利益前提下去设定。20 世纪 60 年代，美国总统肯尼迪提出一条经典的国际新闻报道原则——在报道新闻时，在符合新闻价值原则的基础之上，还要遵循和恪守另一条原则，即是否符合国家利益①。而国家利益具有历史性和阶段性。媒体会根据不同时期不同阶段的国家利益，采取不同的国际新闻报道原则，始终与国家利益保持一致。再者，由于中西方意识形态的对立，西方媒体记者在报道中国时总以民主、自由、人权的道德警察自居，戴着有色眼镜批判中国问题，从而产生误读。这严重影响了西方涉华国际舆论的正面发展，不利于中国国家形象的健康传播。

第二，中西媒介话语权不对等造成的误读，是传播弱势国易被传播

① 李智：《国际政治传播控制与效果》，北京大学出版社，2007，第 47 页。

强势国误读的主要原因。目前全球传媒的现状特点表现为失衡，全球话语权的设置掌握在以美国为首的西方媒体手中。其主要通过美联社、合众国际社、法新社和德新社等几大通讯社向全世界的受众提供信息来源，它们往往能够操纵全球舆论视听和全球观点设置。可见，世界传播的流向是单向度的，是强者流向弱者。而弱势媒体则无法发出属于自己的声音，因为解释权并不在自己的手中。这种不对等，使得长期依赖强势媒体获取信息的受众，在长期信息失衡的情况下，对事情的准确判断和认知受到潜移默化的影响，容易对他国形象产生误读。

2. 媒体下意识产生的误读

媒体下意识产生的误读往往是文化的因素造成的。

一是中西方文化价值观差异造成误读。西方文化，尤其是美国文化注重个人主义，强调个人的发展与自由，而中国文化倡导集体主义，强调集体的和谐。西方人又往往以“西方文化为中心”的思维方式判断异己文化。那么西方媒体以自己的文化思维方式去报道新闻事件，其报道的态度、立场则与对方截然相反，往往造成误读。

二是中西方跨文化误译造成误读。中西语言有着各自完全不同的语言编码系统，在跨文化传播中，当这两种不同的语言符号需要翻译时，原先由“编码—解码”构成的传播过程被扩展为由“二度编码”，即传播者编码——翻译者解码、翻译者编码——受传者解码构成的跨文化传播过程，传播链条延长，另一端的人们对意义的解码有可能因“二度编码”的介入而产生误读，由于双方文化的语言编码系统不同，人们对同一事物有完全不同的表达，这会导致媒体对他国的信息误读，对在日益复杂的国际传播中塑造良好的国家形象起消极的作用。

3. 中西新闻运作模式不同造成的误读

一是表现在新闻理念和新闻写作方式上的不同。

我国的媒体是党和人民的喉舌，以坚持“党性原则”为指导思想。“客观、公正”是西方媒体坚守的新闻理念，而“独立于政府”是其标榜“新闻自由”的具体表现。

二是中西新闻作品用引语说话的方式不同。

西方记者在新闻作品中大量使用直接引语，采用“谁说”“谁认为”

“谁强调”等形式，在新闻报道中将意见与事实分开，以增强新闻的真实性和权威性。而中国记者更倾向于使用间接引语，形式上多采用“谁指出”“谁认为”“谁提出”等，习惯将意见与事实合二为一。

因此，西方媒体记者总认为中国记者报道的新闻是为政府服务的，不信任中国记者采用的消息来源，从而对中国媒体报道的新闻产生误读。

四　减少国际传播中媒体误读国家形象的传播策略

减少西方媒体对我国国家形象的误读，提升我国跨文化传播的能力，我国媒体任重道远。而只有建设强大的国际新闻传播媒介才能更好地向世界表达自己，让世界了解一个真实的中国，树立良好的中国形象，让中国更好地走向世界。

1. 提升跨文化传播的能力

新闻记者在进行国际传播时，往往具有跨文化传播的特征，因此我国媒体要提升跨文化传播的能力，按照国际新闻传播的规律，就要提高传播实效，从而减少西方媒体对我国国家形象的误读。

重视文化的差异性。树立平等、包容与理解的观念，尊重其他民族的文化；求同存异，加强对异己文化的理解与认知，吸取对方文化的精华，找到双方文化的“交会点”，向国外受众打开了解中国的窗口，让他们更多地了解中国。西方文化也应摒弃一贯对华的文化偏见，客观公正地报道中国国家问题，才能减轻误读的程度。

提高新闻工作者的外语水平。国际新闻工作者至少要具备说一门外语的能力，这样才能与其他国家的媒体记者充分沟通，找到重要的第一手资料。因此要有双文化乃至多文化的知识，特别是要对两种语言的民族心理意识、文化形成过程、历史习俗传统、宗教文化、文化思维以及地域风貌特性等一系列互变因素有一定的了解①。总之，不要受自己的外语水平所限而在国际传播中受阻，从而产生不必要的

① 胡细辉：《英文报刊翻译的跨文化传播研究》，《新闻爱好者》2012年第6期。

误读。

提高母体语言与非母体语言的互译水平。新闻翻译的语言要求准确、科学规范、及时、快速，并且新闻涉及领域广泛，包括政治、经济、文化、历史等各个方面。因此，新闻工作者要有深厚的翻译功底，如实地传达原文的意思和风格，以达到新闻传播的目的。尤其是我们在对外传播的过程中，要尽可能地向国外受众翻译出符合他们思维方式的文本信息，有利于国外受众了解中国。此外，要多积累翻译经验，对汉英语言的新词汇，以及人名、地名、机构等知识要不断更新，坚持严谨的治学精神和科学的工作态度。

2. 加强对外交流，更新我国对外传播的理念与方法

从对外宣传到对外传播，更新我国对外传播的理念。从传播行为上看，对外宣传与对外传播没有本质的区别。宣传在中文中是褒义词，是公布、推广、沟通、说服、解释等，但强调的是传播者的传播意图，以传者为本位，向受众强化传者的主导思想。目前我国从政府到媒体，都逐渐从对外宣传慢慢转变为对外传播，强调的是以受众为本位，以受众的喜好进行国际传播，这表明我国对外传播理念的更新。

坚持真实性原则，坚持信息公开化。“向世界介绍我国经济社会发展的真实情况，向世界各国准确阐述我国政府对当今世界各种重大问题的立场、原则和政策。”① 政府在面对国内重大突发事件时，坚持真实性原则，摒弃以前的瞒报、漏报、不报的错误做法，从“捂盖子”思维向“揭盖子”思维转变。我国媒体更要真正地坚持信息公开原则，不断完善自己的新闻信息采集传播网络，从根本上改变政府本位的意识，深入国内重大突发事件现场进行独家报道，扩展有限的话语空间，真正坚持信息公开化，以提高“新闻信息原创率、首发率、落地率”，让西方媒体最大限度地采用中国媒体的信息源。

统筹当前国内国际舆论引导格局，建设我国国际一流媒体。党的十七届六中全会通过的《中共中央关于深化文化体制改革推动社会主义文化大发展大繁荣若干重大问题的决定》指出，要加强国际传播能力建

① 龚文庠：《换一个视角：也谈对外传播》，《对外大传播》2007 年第 1 期。

设，打造国际一流媒体①。中央提出建设国际一流媒体，是我国在应对极其复杂的国际舆论环境和“西强我弱”的媒介竞争格局下的举措。我国要统筹当前国内国际舆论引导两个格局，充分和国际接轨，按照国际新闻传播的规律打造我们的媒体。一是增强跨文化传播能力，在国际社会用同一话语体系进行对外传播活动，是牢牢把握国际话语权的关键。二是在对外传播内容上，加强国际新闻议程（议题）的设计和设置，提高国际新闻报道的质量。为此，重在挖掘既有中国特色又具普遍性的议题，多用事实和故事说话，多利用意见领袖发言。三是在对外传播渠道上，加大海外落地和入户的力度和覆盖面，在发挥传统媒体优势的同时，充分挖掘互联网、手机等新媒体在信息开放、互动、海量和无界等方面的潜力。四是在传播对象上，加强对外传播的针对性和有效性。针对长期受对华负面报道影响的国外受众对我国新闻报道产生逆反心理的“民情”，必须尽力摸清国外目标受众的基本价值取向、思维方式、心理需求、利益诉求乃至信息接收习惯，即有针对性地展开对外传播，以此建立互联网国际舆情汇集、监控和分析机制，从而显著地改善对外传播效果。只有这样，我们才能争取到国际舆论的主导权，提高我国的舆论引导力和在国际舆论场中的影响力。

五　结语

正如马克思主义的历史唯物论所揭示的那样，在阶级社会里，新闻舆论作为上层建筑意识形态的一个重要组成部分，具有与其社会制度和意识形态密切相连的基本属性，必然反映掌握它们的利益集团及国家机器的政治利益。任何传播者都不可避免地与控制机制相联系，不受控制的传播者实际上是没有的②。

---

① 《中央提出加强国际传播能力建设 打造国际一流媒体》，中国新闻网，2011年10月25日，https：//www.chinanews.com.cn/gn/2011/10-25/3414071.shtml。

② 刘继南、周积华、段鹏等：《国际传播与国家形象——国际关系的新视角》，北京广播学院出版社，2002，第384页。

在国际传播中的误读现象是系统现象，产生的原因是多方面的，它与政治意识形态因素、文化因素紧密相连，从而影响新闻传播效果，具有一定的复杂性。

总之，减少国际传播中的误读问题，除了如当前政府所强调的加大外宣力度之外，还必须深入了解西方的意识形态与文化，既要增强媒体实力，建设舆论阵地，同时也要具体到语言运用等业务问题上，消除文化心理差异造成的误解。只有这样，才能让“误读”的天堑变成理解的通道，纠正“被误读的中国”国家形象，从而塑造良好的中国国家形象，赢得有利于我国发展的国际舆论环境。

第四编　中国制度

中国共产党人的国家治理观*

辛　鸣

提高国家治理水平是现代国家发展越来越重要的一种要求，也是现代国家竞争越来越关键的一个因素。国家治理水平高、国家治理能力强则国家发展状态好，国家竞争有优势。人类社会特别是近代以来国家治理的实践表明，国家治理理念是多层面的，国家治理目标是多向度的，国家治理模式是多样态的。不同的国家治理模式背后矗立着不同的国家治理观，有什么样的国家治理观就会形成和塑造什么样的国家治理模式。中国共产党70多年治国理政的实践向世界说明了一个道理："治理一个国家，推动一个国家实现现代化，并不只有西方制度模式这一条道，各国完全可以走出自己的道路来。"① 在全面贯彻党的十九届四中全会精神背景下，站在中国共产党国家治理70多年辉煌成就的基础上，深入学习习近平关于国家治理的重要论述，对于我们认识和掌握中国共产党人的国家治理观，推进国家治理体系和治理能力现代化，全面建成社会主义现代化强国，进而实现中华民族伟大复兴中国梦具有极为重大的现实意义。

一　国家治理目标的引领与担当

对于中国社会来说，国家治理并不能简单地照搬别人的经验，也不

---

*　本文原载于《马克思主义研究》2020年第2期，收入本书时有改动。

①　《习近平关于社会主义政治建设论述摘编》，中央文献出版社，2017，第7页。

能轻易地按部就班、顺水推舟，而是要在实现价值追求、社会理想、奋斗目标、伟大梦想的进程中奋进作为。对于中国共产党来说，国家治理不仅是“治理国家”，治理一个“既定”的国家；更意味着要“建设国家”，建设一个“新中国”。习近平指出：“中国有960万平方公里国土，56个民族，13亿多人口，经济社会发展水平还不高，人民生活水平也还不高，治理这样一个国家很不容易，必须登高望远，同时必须脚踏实地。”① 登高望远就是要在事关国家治理目标、方向、道路、价值等根本性的大问题上有主张、有定力；脚踏实地就是要立足中国实际、立足中华民族梦想、立足中国人民期待来定目标、选方法、做决策。

现代国家治理核心是制度，国家治理体系体现一个国家的制度体系，国家治理能力体现其制度执行能力。但是对于制度的选择并不能想当然。“制度面前人人平等”看似是常识，其实是有着一系列隐含前提的约束性条件，并不存在一种制度对一切制度主体、一切行为模式都一视同仁。制度哲学研究表明，“制度非中性”是制度最本质属性的体现。也就是说，任何制度都会有一种相对于其他策略的优势策略，采取这一策略会获得其他策略永远不可能获得的利益；任何制度都会有一个相对于其他群体的偏好群体，让这一群体能合理合法地获得其他群体永远不可能得到的制度红利。所以，当一个国家、一个社会、一个群体选择制度模式的时候，一定要基于自身的现实基础、可能条件、希望诉求。从历史可能和现实期待来看，实现中华民族伟大复兴是中华民族近代以来最伟大的梦想，也是中国国家治理的最高目标所在。概而言之，这一目标就是“要实现国家富强、民族振兴、人民幸福”②。中国国家治理从制度选择到能力提升都要围绕这一目标展开。

第一，从国家富强的维度看国家治理。当代中国的国家治理不是仅仅满足于实现多元社会的秩序化，也不是维系一个既定国家形态的惯性运转，而是要通过推进国家治理体系和治理能力现代化，让一个曾经饱受列强欺侮的中国站起来，让一个尚处于社会主义初级阶段的发展中

---

① 《习近平谈治国理政》第1卷，外文出版社，2018，第102页。

② 《习近平谈治国理政》第1卷，外文出版社，2018，第39页。

国家富起来，让一个迈向伟大复兴的中国强起来，真正做到经济更加发展、政治更加昌明、文化更加繁荣、社会更加和谐、生态更加良好，实现社会主义现代化；是要通过推进国家治理体系和治理能力现代化，让一个有着五千年灿烂文化的中华民族更好地传承文明、共享价值，在用自己的软实力促进世界共同繁荣、共同发展的同时傲然屹立于世界民族之林。

第二，从民族振兴的维度看国家治理。当代中国在走向世界的过程中不能丧失自我，不能泯于他者。20 世纪 80 年代以来，做“世界工厂”、为世界“打工”的行为模式，是要以之为起点、以之为比较优势，在与世界共赢的同时富起来强起来。中国不能沉湎于做西方社会的附庸跟班，也不要幻想在盛行狼群法则的世界中能让一只“和平的、可亲的、文明的狮子”① 独善其身；中国当然要也当然会善意遵守既有的世界规则，更要积极参与制定新的更公平正义的世界规则。中国如果简单地对西方制度进行“移植”与“克隆”，将会付出巨大的代价，乃至彻底地自废武功。只有在西方社会现有制度模式外走出一条全新道路，才能真正地实现国家富强、民族复兴。

第三，从人民幸福的维度看国家治理。中国国家治理是让中国人民通过当家作主，不仅进入全面小康、共同富裕，过上美好生活，更要创造条件为 14 亿中国人民实现每个人自由全面的发展奠定坚实的政治基础。“人民对美好生活的向往，就是我们的奋斗目标。”② 中国国家治理体系应该选择的制度一定是充分尊重人民群众主体地位，充分发挥人民群众主人公积极性，真正让人民群众当家作主实现自己发展的社会制度；只有做到让中国社会的一切发展都由人民群众主导，由人民群众决定，中国社会发展的一切成果，包括物质成果和精神成果都能为人民群众共享，才是真正走向国家治理体系和治理能力现代化。所以，习近平满怀深情地讲：“我的执政理念，概括起来说就是：为人民服务，担当起该

① 习近平：《出席第三届核安全峰会并访问欧洲四国和联合国教科文组织总部、欧盟总部时的演讲》，人民出版社，2014，第 25 页。

② 《十八大以来重要文献选编》（上），中央文献出版社，2014，第 70 页。

担当的责任。”①

制度背后是价值，制度背后有精神。在中国这样尚处在并将长期处在社会主义初级阶段的发展中大国，要在未来30年内全面实现现代化，这是人类社会前所未有的实践。为了完成这样宏大的实践，不仅要重视国家治理体系的建构与完善，还要重视与之相应的精神支持。习近平在很多场合都讲过“精神独立性”的问题。概而言之，“精神独立性”就是一个社会从精神层面上对如何认识问题、分析问题、评价问题、解决问题有自己独立的不受他者主宰与左右的思维、价值与方法。对于一个社会来讲，精神独立奠定了经济政治社会独立的前提，精神独立也保证了经济政治社会在真正意义上的独立。“如果没有自己的精神独立性，那政治、思想、文化、制度等方面的独立性就会被釜底抽薪。”② 如果我们丧失了对自己道路、理论、制度、文化的自信，怎么可能走出一条前无古人的新路，怎么可能确立起超越西方的全新制度？如果我们失去属于自己的精神支撑，没有确立起自己的精神优势、价值观优势，怎么可能获得对西方社会的竞争优势？所以，汇聚以爱国主义为核心的民族精神和以改革创新为核心的时代精神于一体的中国精神，体现当代中国价值追求的社会主义核心价值观是兴国之魂、强国之魂，更是国家治理之魂。

二　国家治理体系的坚守与完善

国家治理讲“应该”，更要讲“可能”。确立国家治理目标解决的是“应该”的问题，选择国家治理体系必须考虑“可能”。选择什么样的国家治理体系、如何选择国家治理体系，并不是一件想当然的事情。离开现实的经济社会条件，离开具体的历史文化背景，推进国家治理体系和治理能力现代化就是空中楼阁、无根绢花。习近平指出：“一个国家选择什么样的治理体系，是由这个国家的历史传承、文化传统、经济社会

---

① 《习近平谈治国理政》第1卷，外文出版社，2018，第101页。

② 《习近平关于全面深化改革论述摘编》，中央文献出版社，2014，第88页。

发展水平决定的，是由这个国家的人民决定的。我国今天的国家治理体系，是在我国历史传承、文化传统、经济社会发展的基础上长期发展、渐进改进、内生性演化的结果。”① 这一论断充分反映了中国共产党在国家治理体系选择上的科学认识和高度自觉。

国家治理是经济社会发展到一定阶段，出现国家之后的客观要求与自然结果。国家出现了，就要解决国家治理问题。在经济社会发展的不同阶段，在不同的国家存在过不同的治理体系，也形成过不同的治理模式，体现出不同的治理能力，产生了不同的治理效果。历史上好的治理体系到了今天并不见得还依然管用，历史上没有成功的治理体系也不见得在今天不能重新登上舞台。关键是要随着时代的变化、社会的演进与时俱进，要与经济社会发展的实践基础相适应。中国在历史上曾经建立了高度完备的、充分适应封建社会形态要求的、以封建制度为主要特征的国家治理体系，创造了一个又一个“盛世”。但是当时代已经发生大变革时，面对外来资本主义国家的坚船利炮、兵临城下而不能与时俱进，就只能是“落日辉煌”。

那么，可不可以把别人的尤其是曾经打赢我们的那些国家的治理体系拿过来，“师夷长技以制夷”呢？中国社会在鸦片战争以后确实做过诸多的尝试，近代西方社会的君主立宪制、议会制、多党制、总统制，各种办法都试过，甚至重新复辟帝制也尝试过，结果就像毛泽东当年所讲的：“中国人向西方学得很不少，但是行不通，理想总是不能实现。”不仅不管用，还更受欺侮，“很奇怪，为什么先生老是侵略学生呢?”② 其实就算别人不欺负，西方国家的治理体系在中国也会水土不服。怎么办？走自己的路，走一条适合自己国情、源于自己历史的路，这就是马克思主义指导下的社会主义道路。2014 年 2 月 17 日，习近平在省部级主要领导干部学习贯彻党的十八届三中全会精神全面深化改革专题研讨班上的讲话中斩钉截铁地指出：“我们治国理政的本根，就是中国共产党领导和社会主义制度。我们思想上必须十分明确，推进国家治理体系

---

① 《习近平谈治国理政》第 1 卷，外文出版社，2018，第 105 页。

② 《毛泽东选集》第 4 卷，人民出版社，1991，第 1470 页。

和治理能力现代化，绝不是西方化、资本主义化！”①

走中国特色社会主义道路，不能离开中国特色社会主义制度的保障；治理一个从社会主义初级阶段迈向全面实现社会主义现代化的国家，同样不能离开中国特色社会主义制度的保障。所以，中国社会的国家治理体系就是也只能是中国特色社会主义制度。这一治理体系之所以在中国社会成为可能，是因为它充分体现了对中国社会的历史传承、优秀文化传统的坚定坚守和创造性转化，充分立足于和适应中国经济社会发展水平，把开拓正确道路、发展科学理论、建设有效制度有机统一起来。改革开放 40 多年的伟大实践、中华人民共和国成立后 70 多年的持续探索是它的实践基础，近代 180 年来中华民族慷慨悲歌、中华民族五千多年悠久文明的传承是它的历史底蕴，其深厚的历史渊源和广泛的现实基础是任何其他制度体系不具备和难以企及的。正是基于这样的历史自觉、政治自觉和实践自觉，党的十九届四中全会再一次强调：“我国国家治理一切工作和活动都依照中国特色社会主义制度展开，我国国家治理体系和治理能力是中国特色社会主义制度及其执行能力的集中体现。”②

中国特色社会主义制度坚持了社会主义制度的基本原则、基本精神、基本价值。比如，坚持中国共产党是最高政治领导力量，坚持党领导一切，确保国家始终沿着社会主义方向前进；坚持人民群众的历史主体地位，坚持人民当家作主，始终代表最广大人民根本利益，坚定维护人民合法权益；坚持把人民群众对美好生活的期待作为奋斗目标，坚持以人民为中心的发展，在实现经济社会快速发展的过程中不断保障和改善民生，增进人民福祉，坚定不移走共同富裕道路；等等。中国特色社会主义制度又依据中国现实的发展阶段、发展水平、发展可能被赋予了全新的制度内涵及其形态。比如，在社会主义基本经济制度中，所有制形式

① 《习近平关于社会主义政治建设论述摘编》，中央文献出版社，2017，第 8 页。

② 《中国共产党第十九届中央委员会第四次全体会议文件汇编》，人民出版社，2019，第 18 页。

不是纯而又纯的公有制，而是以公有制为主体、多种所有制经济共同发展；分配制度不是以劳动为唯一依据，而是以按劳分配为主体、多种分配方式并存；经济体制不再是单一的计划经济体制而是社会主义市场经济体制；等等。这一系列制度体制形态的创新，极大地激发了中国社会的活力，造就了强劲的发展动力。一种本来就优越的社会制度，又在实践中建构出切合时宜的“现实形态”，而且还能博采众长，吸纳人类社会制度文明中的一切有益成果。对这样的制度，我们要高度自信，更要坚定坚持。

当然，坚定制度自信，不是要故步自封，而是要不断革除体制机制弊端，让制度成熟而持久。“长期发展、渐进改进、内生性演化”绝不只是过去完成时，更是现在乃至将来进行时。习近平强调，从世界社会主义实践运动历史上看，怎样治理国家的问题并没有得到很好的解决。我国尽管已经实现风景这边独好的“中国之治”，但是在国家治理体系和治理能力方面依然存在许多不足，依然有不少需要改进的地方。当代中国一定“要适应时代变化，既改革不适应实践发展要求的体制机制、法律法规，又不断构建新的体制机制、法律法规，使各方面制度更加科学、更加完善，实现党、国家、社会各项事务治理制度化、规范化、程序化”①。这两年进行的深化党和国家机构改革，正是推进国家治理体系和治理能力现代化的一场深刻变革，党的十九届四中全会提出 13 个“坚持和完善”，其实践指向也在于此。

邓小平在 1992 年讲：“恐怕再有三十年的时间，我们才会在各方面形成一整套更加成熟、更加定型的制度。在这个制度下的方针、政策，也将更加定型化。”② 近 30 年过去了，立足社会主义初级阶段的中国特色社会主义制度及其国家治理体系已经越来越成熟，越来越完善，我们运用这一制度和治理体系管理社会各方面事务的能力也在不断提高。但是要说真正达到治理现代化的水平，恐怕还需更长时间。这也就是为什

① 《习近平关于社会主义政治建设论述摘编》，中央文献出版社，2017，第 12、6 页。

② 《邓小平文选》第 3 卷，人民出版社，1993，第 372 页。

么在党的十九届四中全会上，中国共产党提出了“三步走”的制度建设总体目标。这一目标既回应了邓小平当年的制度构想，又体现了党的十九大的战略部署，反映了马克思主义关于制度发展与经济社会发展相适应的基本要求。

当代中国在进行国家治理体系变革的过程中，一定要牢记习近平讲过的两句话：一是“我国国家治理体系需要改进和完善，但怎么改、怎么完善，我们要有主张、有定力”①。二是“我国是一个大国，决不能在根本性问题上出现颠覆性错误，一旦出现就无法挽回、无法弥补”②。这两句话是当代中国国家治理体系完善与变革的圭臬。

三　国家治理方略的确立与践履

法治是现代社会最核心的价值、最突出的标志，也是现代国家治国理政的最基本方式、最鲜明特征。中国共产党对依法治国有着高度的理论自觉与实践自觉。从党的十一届三中全会起，我们党就把依法治国确定为领导人民治理国家的基本方略，把依法执政确定为治国理政的基本方式。到20世纪90年代中后期，党的十五大进一步提出建设社会主义法治国家的目标，随后又把依法治国作为党领导人民治理国家的基本方略写入宪法。

作为治国方略，“依法治国”本身不是目的，其指向是实现国家治理体系和治理能力现代化，是要通过依法治国，让我们的国体（人民民主专政的社会主义国家）与政体（人民代表大会制度）更完善、更有效，而不是放弃我们的国体、改变我们的政体；是要通过依法治国，实现中华民族伟大复兴的中国梦，而不是别的什么梦想。法治可以改变一个国家的面貌，可以优化一个国家的状态，但改变不了也不能去改变一个国家的性质及其根本制度。“走什么样的法治道路、建设什么样的法治体系，是由一个国家的基本国情决定的……全面推进

① 《习近平谈治国理政》第1卷，外文出版社，2018，第105页。

② 《习近平关于全面深化改革论述摘编》，中央文献出版社，2014，第42页。

依法治国，必须从我国实际出发，同推进国家治理体系和治理能力现代化相适应，既不能罔顾国情、超越阶段，也不能因循守旧、墨守成规。”①

2015年2月2日，习近平在省部级主要领导干部学习贯彻党的十八届四中全会精神全面推进依法治国专题研讨班上的讲话中指出：“每一种法治形态背后都有一套政治理论，每一种法治模式当中都有一种政治逻辑，每一条法治道路底下都有一种政治立场。我们要坚持的中国特色社会主义法治道路，本质上是中国特色社会主义道路在法治领域的具体体现；我们要发展的中国特色社会主义法治理论，本质上是中国特色社会主义理论体系在法治问题上的理论成果；我们要建设的中国特色社会主义法治体系，本质上是中国特色社会主义制度的法律表现形式。”②《淮南子·泰族训》中有这样一句话：“有道以统之，法虽少，足以化矣；无道以行之，法虽众，足以乱矣。”当今，这个“道”就是中国特色社会主义。

1. 党的领导是中国特色社会主义法治的根本保证和最大优势

尊崇法治，不是也不能否定中国共产党的领导。中国共产党的领导制度是我国的根本领导制度，统领中国特色社会主义各项制度，自然也是引领中国法治建设的最高制度。习近平旗帜鲜明地指出，“‘党大还是法大’是一个政治陷阱，是一个伪命题”③。这充分表达了中国共产党人在法治建设上的高度清醒与深刻自觉。这一伪命题的要害在于割裂中国共产党与中国法律的内在联系与统一，制造党的领导与依法治国的对立矛盾。对于这一问题，我们可以从三个方面作出回答。

首先，党和法的关系是政治和法治关系的集中反映。法治背后是政治，没有脱离政治的法治。马克思主义经典作家早在《德意志意识形态》中就对法的本质作出论断：“在这种关系中占统治地位的个人除了

① 《习近平关于全面依法治国论述摘编》，中央文献出版社，2015，第31页。

② 《习近平关于全面依法治国论述摘编》，中央文献出版社，2015，第34～35页。

③ 《习近平关于全面依法治国论述摘编》，中央文献出版社，2015，第34页。

必须以国家的形式组织自己的力量外，他们还必须给予他们自己的由这些特定关系所决定的意志以国家意志及法律的一般表现形式。”“由他们的共同利益所决定的这种意志的表现，就是法律。”① 在《共产党宣言》中更明确讲道，在资产阶级社会中，“你们的法不过是被奉为法律的你们这个阶级的意志”②。在社会主义的中国，法当然要体现作为领导阶级的工人阶级及作为国家主人的人民的意志，体现作为工人阶级先锋队、中国人民和中华民族先锋队，特别是作为执政党的中国共产党的主张。所以，党领导人民制定宪法法律，党领导人民实施宪法法律，法是党的主张和人民意愿的统一体现，党和法、党的领导和依法治国是高度统一的，社会主义法治必须坚持党的领导。这一点不需要遮遮掩掩。习近平强调：“不能把坚持党的领导同人民当家作主、依法治国对立起来，更不能用人民当家作主、依法治国来动摇和否定党的领导。那样做在思想上是错误的，在政治上是十分危险的。”③ 这句话讲得正是这个道理。

其次，要想很好地实现党的领导必须依靠社会主义法治。我国宪法保障了中国共产党的领导地位，保障了国家的国体和政体的形态。坚持依宪治国、依宪执政，就是坚定地坚持宪法确定的中国共产党领导地位不动摇，坚持宪法确定的人民民主专政的国体和人民代表大会制度的政体不动摇。

最后，在面对法律的关系上、在推进社会主义法治进程中，党作为一个整体与作为一个个体（如某一基层组织、某一政党成员）的行为模式、法理地位是不一样的。我们说不存在“党大还是法大”的问题，是把党作为一个执政整体而言的，是针对党的执政地位和领导地位而言的，具体到每个党政组织、每个领导干部，就必须服从和遵守宪法法律，不能以党自居，不能把党的领导作为个人以言代法、以权压法、徇私枉法的挡箭牌。所以，对各级党政组织、各级领导干部来说，“权大还是法

① 《马克思恩格斯全集》第 3 卷，人民出版社，1960，第 378 页。

② 《马克思恩格斯文集》第 2 卷，人民出版社，2009，第 48 页。

③ 《习近平关于全面依法治国论述摘编》，中央文献出版社，2015，第 19 页。

大”是一个真命题，坚决不能允许权大于法，不能允许法外行权。在现实的法治运行过程中，客观需要把一些事情提交党委把握，但这种把握不是徇私情、谋私利的插手，不是干预性、包庇性的插手，而是一种政治性、程序性、职责性的把握。党员领导干部在做这方面工作时要注意分清界限，把握好度。

2. 国家治理需要法律和道德协同发力

依法治国是要坚持在法治轨道上统筹社会力量、平衡社会利益、调节社会关系、规范社会行为，依靠法治解决各种社会矛盾和问题，确保我国社会在深刻变革中既生机勃勃又井然有序。但是，“法治”的对立面是“人治”而不是“德治”。如果没有道德的根基、没有价值的共识，法治只能是一厢情愿的呓语，治国更是沙滩上的楼阁。因此，习近平特别强调，“国无德不兴，人无德不立”①。中国法治建设要坚持依法治国和以德治国相结合，把法治建设和道德建设紧密结合起来，把他律和自律紧密结合起来，做到法治和德治相辅相成、相互促进。

何谓“德”，概而言之，就是一个国家、一个社会、一个人在发展、进步、演化、成长过程中积淀下来的文明、精神、价值、信念、规范等的总和。德不同，思维方式、行为模式、价值判断、目标追求就不同。2016 年 12 月 9 日，习近平在主持中共中央政治局第三十七次集体学习时强调：“法律是成文的道德，道德是内心的法律。法律和道德都具有规范社会行为、调节社会关系、维护社会秩序的作用，在国家治理中都有其地位和功能。法安天下，德润人心。”② 当代中国的国家治理，要高度重视把社会主义核心价值观有机融入全面依法治国的各个环节，法律法规要树立鲜明道德导向，弘扬美德义行，立法、执法、司法都要体现社会主义道德要求，使社会主义法治成为良法善治。

自 20 世纪中叶以来，中国社会在一张白纸上画出了最新最美的图

---

① 《习近平谈治国理政》第 1 卷，外文出版社，2018，第 168 页。

② 《习近平谈治国理政》第 2 卷，外文出版社，2017，第 133 页。

画，让一个人民当家作主的社会主义国家屹立在世界东方，创造了一枝独秀的经济发展奇迹，实现了风景这边独好的“中国之治”，迎来了从站起来、富起来到强起来的伟大飞跃。幸福不会自己从天上掉下来，从来没有随随便便的成功。“中国之治”成功的背后是中国国家治理方略的成功。我们要发自内心地对社会主义法治充满自信，坚定不移走中国特色社会主义法治道路，加快构建符合中国实际、具有中国特色、体现社会发展规律的社会主义法治体系，更加坚定地坚持依法治国、依法执政、依法行政，坚持法治国家、法治政府、法治社会一体建设，在更高层次上实现党的领导、人民当家作主和依法治国有机统一。

四　国家治理经验的汲取与借鉴

当代中国国家治理必须敞开胸怀与眼界，从历史和现实中获取能够推进国家治理体系和治理能力现代化的文明财富。不同国家、不同时代的国家治理体系肯定是不同的，不仅当代中国的治理体系与中国过去历史上的治理体系是不同的，与现代西方社会的治理体系也是不同的。就是西方同属资本主义制度体系的各个国家间的治理体系也是大不相同，甚至还泾渭分明。但是，不同背后是相通的，不同背后有相同。所有这些治理体系都体现了特定阶段、在一定程度上对国家治理规律的认识与把握、探索与实践，这是人类社会进步的文明结晶，也是人类社会的共同财富。我们讲不照搬制度模式，绝不意味着不吸取历史上的好经验，不借鉴他人的好东西。学习借鉴能力是国家治理能力中最为基础的能力。

1. 有主见地借鉴历史

历史是最好的老师，《旧唐书·魏征传》中说：“以古为鉴，可以知兴替。”2014 年 10 月 13 日，十八届中央政治局专门就我国历史上的国家治理进行集体学习。习近平指出：“中国的今天是从中国的昨天和前天发展而来的。要治理好今天的中国，需要对我国历史和传统文化有深入了解，也需要对我国古代治国理政的探索和智慧进行积极总结。”①

中华民族五千年文明绵延不绝，历史上出现过一个又一个盛世，所形成的治国安邦文化，所积累的治国理政经验，宛若灿烂星辰。其中“关于道法自然、天人合一的思想，关于天下为公、大同世界的思想，关于自强不息、厚德载物的思想，关于以民为本、安民富民乐民的思想，关于为政以德、政者正也的思想，关于苟日新日日新又日新、革故鼎新、与时俱进的思想，关于脚踏实地、实事求是的思想，关于经世致用、知行合一、躬行实践的思想，关于集思广益、博施众利、群策群力的思想，关于仁者爱人、以德立人的思想，关于以诚待人、讲信修睦的思想，关于清廉从政、勤勉奉公的思想，关于俭约自守、力戒奢华的思想，关于中和、泰和、求同存异、和而不同、和谐相处的思想，关于安不忘危、存不忘亡、治不忘乱、居安思危的思想”②，关于礼法合治、德主刑辅，为政之要莫先于得人、治国先治吏的思想，等等，这些中华民族五千多年来积累的伟大智慧对于当代中国国家治理极具借鉴意义。当今天的世界面对越来越严峻的环境问题时，“天人合一”为人类修复自己的家园送上一剂良药；当今天的世界因为各种各样的利益纠纷与冲突而可能擦枪走火的时候，“和而不同”恐怕是实现各得其所的唯一选择；当人类社会越来越沉湎于社会发展方式“唯一解”的时候，让“生生不息”告诉我们还有别样的可能性、别样的精彩是很有意义的。

历史文化在其形成和发展过程中，不可避免地会受到当时人们的认识水平、时代条件、社会制度的局限性的制约和影响，因而也不可避免地会存在陈旧过时或已成为糟粕的东西，就算是完全有益的内容也有一个推陈出新，结合新的实践和时代要求进行正确取舍的问题，这就是

① 《牢记历史经验历史教训历史警示 为国家治理能力现代化提供有益借鉴》，《人民日报》2014 年 10 月 14 日。

② 习近平：《在纪念孔子诞辰 2565 周年国际学术研讨会暨国际儒学联合会第五届会员大会开幕会上的讲话》，《人民日报》2014 年 9 月 25 日。

习近平反复强调的“创造性转化和创新性发展”①。

2. 有定力地学习外国

人类进步的要义在于互学互鉴，《诗经·小雅·鹤鸣》中说：“他山之石，可以攻玉。”2014 年 5 月 22 日，习近平在与外国专家座谈时指出：“任何一个民族、任何一个国家都需要学习别的民族、别的国家的优秀文明成果。中国要永远做一个学习大国，不论发展到什么水平都虚心向世界各国人民学习，以更加开放包容的姿态，加强同世界各国的互容、互鉴、互通，不断把对外开放提高到新的水平。”②

学习和借鉴人类文明的一切优秀成果，不是简单的拿来主义，不是照搬其他国家的政治理念和制度模式，而是要从我国的现实条件出发，必须坚持以我为主、为我所用，认真鉴别、合理吸收，不能搞“全盘西化”，不能搞“全面移植”，“不能想象突然就搬来一座政治制度上的‘飞来峰’”③。我们是中国共产党执政，各民主党派参政，没有反对党，不是三权鼎立、多党轮流坐庄，中国的法治体系当然要与这一制度体系相配套，如果囫囵吞枣、邯郸学步，照抄照搬西方“宪政”“三权鼎立”“司法独立”等法治理念和模式，会水土不服，会画虎不成反类犬，甚至会把国家前途命运葬送掉。对于这一问题，习近平同样讲得斩钉截铁：“我们需要借鉴国外政治文明有益成果，但绝不能放弃中国政治制度的根本。中国有九百六十多万平方公里土地、五十六个民族，我们能照谁

① 习近平总书记关于“创造性转化、创新性发展”的要求，最早是 2014 年 2 月 17 日在省部级主要领导干部学习贯彻党的十八届三中全会精神全面深化改革专题研讨班开班式上的讲话中提出来的，要求实现中华传统美德的创造性转化、创新性发展；2014 年 10 月 15 日在文艺工作座谈会上的讲话中要求实现中华文化的创造性转化和创新性发展；2016 年 5 月 17 日在哲学社会科学工作座谈会上的讲话中提出，要推动中华文明创造性转化、创新性发展。从“中华传统美德”到“中华文化”，再到“中华文明”，创造性转化、创新性发展都是一个基本原则，对于中国历史上国家治理经验的汲取更应该如此，也更是如此。

② 《中国要永远做一个学习大国》，《人民日报》2014 年 5 月 24 日。

③ 《习近平谈治国理政》第 2 卷，外文出版社，2017，第 285~286 页。

的模式办？谁又能指手画脚告诉我们该怎么办？”①

对丰富多彩的世界兼容并蓄，虚心学习他人的好东西，至关紧要的是在独立自主的立场上，把他人的好东西加以消化吸收，化成我们自己的好东西。回望历史，中国把印度文明中的佛教“化”为中国佛教，把产生于欧洲的马克思主义、社会主义“化”为中国化的马克思主义、中国特色社会主义。有了这种“兼容并蓄、海纳百川”的品格，还有什么样的文明成果不能被“化”呢？当然，这个“化”是有讲究的。如何“化人”而不是被“人化”，就是一定要守住主心骨，要扎根本国土壤。中国社会主义市场经济就是有定力地学习外国，化“他”为“我”的制度创新典范。

中国社会主义市场经济体制的建立与完善，不仅显示了中国特色社会主义制度的高度开放与极大包容，更宣示了中国特色社会主义制度极强的消化与吸收能力。市场经济是西方资本主义经济制度中的核心内容，但只要对现阶段社会发展有利，就大大方方“拿来”为我所用，中国共产党人绝不僵化排斥；“拿来”之后还要“社会主义化”，让它成为中国特色社会主义制度中“同质性”的组成部分，而不是以“舶来品”的形态掺杂其中。因此，社会主义市场经济当然是市场经济，这一点毫无疑问；但社会主义市场经济绝对不是西方的市场经济，这一点也确定无疑。中国共产党人在市场经济前面加上“社会主义”这四个字，可谓画龙点睛，既可以把市场经济的好东西拿过来，又可以避免市场经济的一些固有缺陷。有了“社会主义”这四个字，市场经济就与我国的社会主义基本制度有机结合在一起，既可以发挥市场经济的优势，又可以发挥社会主义制度的优越性。这也就是为什么西方市场经济只讲市场的作用，中国市场经济则可以自信地讲两句话——“使市场在资源配置中起决定性作用，更好发挥政府作用”② 的道理所在。

---

① 《十八大以来重要文献选编》（中），中央文献出版社，2016，第 60 页。

② 习近平：《决胜全面建成小康社会 夺取新时代中国特色社会主义伟大胜利——在中国共产党第十九次全国代表大会上的报告》，人民出版社，2017，第 21 页。

五　国家治理能力的锻造与提高

找到一条正确的国家治理之道固然重要，但并不是全部，还需要把它所蕴含的能力、潜力尽可能地激发出来。好的国家治理体系一定包含好的国家治理能力，好的国家治理能力又能进一步推动国家治理体系的优化与完善，并充分发挥国家治理体系的效能。国家治理能力的锻造与提高，要在制度执行力上下功夫，更要在培养造就治国理政人才、提高治国理政本领，以及淬炼治国理政精气神上下功夫。

1. 制度的执行力是最基本的

有道是“徒法不足以自行”，制度的执行力是不会自发形成的。制度哲学研究表明，人与制度的博弈是贯穿整个人类社会制度演化全过程的一个客观现象。要让人与制度的博弈体现制度设计与安排的意图，而不是背离制度设计与安排的初衷，培育制度意识是前提性要求。如果没有足够、正确、科学的制度意识，就会出现“制度空转”的现象。

首先，制度的执行力来自制度的严肃性与权威性。习近平指出：“制度一经形成，就要严格遵守，坚持制度面前人人平等、执行制度没有例外，坚决维护制度的严肃性和权威性，坚决纠正有令不行、有禁不止的各种行为，使制度真正成为党员、干部联系和服务群众的硬约束。”① 过去制度建设方面存在一个突出问题，即“有些明确是刚性要求，却成了‘稻草人’，成了摆设”②。针对这种现象，习近平明确要求，要把制度约束作为刚性约束，要让纪律成为高压线，要把笼子通上电，等等。

其次，制度的执行力来自制度的严密性与科学性。制度建设既要有实体性制度，又要有程序性制度；既要明确规定应该怎么办，又要明确违反规定怎么处理，减少制度执行的自由裁量空间。习近平指出：“我

① 《十八大以来重要文献选编》（上），中央文献出版社，2014，第 318～319 页。

② 《习近平关于严明党的纪律和规矩论述摘编》，中央文献出版社、中国方正出版社，2016，第 73 页。

们的制度有些还不够健全，已经有的铁笼子门没关上，没上锁。或者栅栏太宽了，或者栅栏是用麻秆做的，那也不行。现有制度都没执行好，再搞新的制度，可以预言也会是白搭。所以，我说一分部署还要九分落实。制定制度很重要，更重要的是抓落实，九分气力要花在这上面。”①

最后，制度的执行力还来自制度的可操作性与实践性。习近平指出：“不管建立和完善什么制度，都要本着于法周延、于事简便的原则，注重实体性规范和保障性规范的结合和配套。”② 党的十八大以来，中国共产党高度重视制度设计的“最先一公里”和制度落实的“最后一公里”之间的相互协调，致力于突破制度“中梗阻”，切实把制度优势转化为国家治理的效能。

2. 提高治理能力关键要用好干部、聚齐人才

面对现实社会中制度不能被严格执行的现象，我们很多人没有从制度主体人的角度去找原因，而是把目光盯在制度本身，认为需要让制度更加严密，不要有漏洞。其实，制度，顾名思义“制”是边界，“度”是空间。制度可以细化，但制度不可能无限细化。即使把制度设计得再严密，把制度的篱笆扎得再紧，制度的自由裁量空间依然存在，也必须存在。没有了“度”，也就没有了制度。

既然制度客观存在“度”，那么人的作用就凸显出来了。一个有制度意识、尊重制度权威的人，面对制度的自由裁量空间既不会“过”也不会“不及”，而是随心所欲而不逾矩，甚至碰到制度不完善和有缺憾时，还会按照制度的价值导向自觉救场补台。习近平曾讲过一个在长征途中被冻死的军需处长的故事③，按照制度规定，军需处长当然可以合理合规拿到属于自己的棉衣，但是他宁可自己冻死，也没有自己先穿暖和一点，这就是对制度的高度觉悟与自觉遵守。提升国家治理能力就需要一大批有正确制度意识、自觉尊重制度权威的执政骨干与精英。2013年6月，习近平在全国组织工作会议上提出了好干部标准：“好干部要做

① 《习近平关于严明党的纪律和规矩论述摘编》，中央文献出版社、中国方正出版社，2016，第81页。

② 《习近平谈治国理政》第1卷，外文出版社，2018，第379页。

③ 习近平：《推进党的建设新的伟大工程要一以贯之》，《求是》2019年第19期。

到信念坚定、为民服务、勤政务实、敢于担当、清正廉洁。”① 紧接着，2014年修订颁布了《党政领导干部选拔任用工作条例》，党的十九大提出既要政治过硬，也要本领高强的八大本领，2018年又印发了《关于进一步激励广大干部新时代新担当新作为的意见》，等等，都是为了培养造就一支高素质干部队伍。国家硬实力与软实力，归根结底要靠人才实力，要着眼于人这个国家治理的“第一因素”，把创造活力化为治理的正能量。

3. 淬炼治国理政精气神

“人是要有一点精神的”，国家治理，特别是建设和治理一个伟大的国家，更要有一种伟大的精神。这是一种奋斗担当精神，习近平强调：“我们共产党人的忧患意识，就是忧党、忧国、忧民意识，这是一种责任，更是一种担当。”“这是一种实干兴邦的精神”，“要拿出实实在在的举措，一个时间节点一个时间节点往前推进，以钉钉子精神全面抓好落实”②，“崇尚实干、狠抓落实是我反复强调的。如果不沉下心来抓落实，再好的目标，再好的蓝图，也只是镜中花、水中月”③。这是一种认真精神，“讲认真是我们党的根本工作态度，必须做到无私无畏、敢于担当，把认真精神体现到党内生活和干事创业方方面面”④，“我们共产党人最讲认真，讲认真就是要严字当头，做事不能应付，做人不能对付，而是要把讲认真贯彻到一切工作中去”⑤。这还是一种“如履薄冰，如临深渊”的自觉、一种“治大国若烹小鲜”的态度，“丝毫不敢懈怠，丝毫不敢马虎，必须夙夜在公、勤勉工作”⑥。这更是一种“功成不必在我，

① 《习近平关于全面从严治党论述摘编》，中央文献出版社，2016，第122页。

② 《习近平关于“不忘初心、牢记使命”论述摘编》，党建读物出版社、中央文献出版社，2019，第61页。

③ 《习近平对全国党委秘书长会议作出重要批示》，《秘书工作》2014年第11期。

④ 《习近平关于党的群众路线教育实践活动论述摘编》，党建读物出版社、中央文献出版社，2014，第74页。

⑤ 《习近平关于协调推进“四个全面”战略布局论述摘编》，中央文献出版社，2015，第140页。

⑥ 《习近平谈治国理政》第1卷，外文出版社，2018，第410页。

建功必须有我”的境界，是当代中国共产党人治国理政精气神的最高、最集中体现。2019年3月22日，习近平在罗马会见意大利众议长菲科时讲：“我将无我，不负人民。我愿意做到一个‘无我’的状态，为中国的发展奉献自己。”① 正是中国共产党人的无我奉献，舍“小我”成“大我”，为中华民族、为中国人民托起了一个日益迈向强起来的社会主义现代化国家，为世界、为人类创造出了“中国之治”，贡献了“中国方案”。

习近平曾经引用过北宋欧阳修的一句话，“得其大者可以兼其小”②。国家治理观就是国家治理的“总开关”，有了正确的国家治理观，科学的治国理政实践就有了基础，优异的治国理政成果就有了前提。在习近平新时代中国特色社会主义思想指引下，坚定站在960万平方公里的中国大地上，用信仰的光辉、人民的情怀彰显共产党人的初心与使命，以深邃的历史视野、广阔的世界眼光运用安邦治国、经世济民的经验智慧，以科学的精神、道义的自觉顺应民族复兴、民富国强的客观规律，中国国家治理体系与治理能力现代化就是一件水到渠成的事情，全面建成社会主义现代化强国、实现中华民族伟大复兴中国梦也就离我们越来越近了。

---

① 《行久以致远——习近平主席2019年首访赴欧洲三国纪实》，《人民日报》2019年3月28日。

② 《习近平关于实现中华民族伟大复兴的中国梦论述摘编》，中央文献出版社，2013，第51页。

中国制度的实践辩证法*

辛　鸣

制度总是与一定的经济社会形态相联系，与一定的经济社会发展阶段相联系。中国制度不是墨守历史既成形态的制度“活化石”，不是突如其来从外部输入的制度“飞来峰”，也不是基于抽象理论思维的制度“乌托邦”，而是有着十分确定的时代形态和现实形态，这就是中国特色社会主义制度。

作为一种与现代西方资本主义制度具有质的区别的社会制度形态，从 20 世纪 50 年代开始探索奠基到 20 世纪 70 年代成功破题，再到 21 世纪前 20 年的变革完善，中国制度在不断走向成熟定型的过程中，创造出世所罕见的发展奇迹和治理奇迹，让中国社会迎来了从站起来、富起来到强起来的伟大飞跃，使得与其他制度形态的战略较量态势再一次发生有利于社会主义的重大转换。中国制度是一种什么样的制度，为什么能取得如此这般的制度绩效，其制度基础和制度逻辑是什么，等等，这些基本问题需要从不同学科进行实证性研究，更需要从哲学的层面作出总体性回答。

就当代中国发展的历史进程来看，中国道路是中国制度的实践载体和对象性展开，中国制度是中国道路的重要政治保证和制度保障。本文讲中国制度的实践辩证法，并不是构建一个所谓的“实践辩证法”的体系或方法，这样的实践辩证法不存在也没有必要存在，而是从辩证唯物

* 国家社会科学基金重点项目“中国特色社会主义制度优越性的哲学研究”（20AZX004）的阶段性成果。本文原载于《哲学研究》2020 年第 10 期，收入本书时有改动。

主义和历史唯物主义出发，观察分析中国制度所体现出来的“现实世界的辩证运动的自觉的反映”①，对其作出马克思主义哲学的理解与阐释。本文认为中国制度的实践辩证法就体现在坚持“客观地存在于事物和过程本身中的矛盾”是“一种实际的力量”②，从根本上塑造制度形态，推动制度发展，实现制度优势，彰显制度价值。

一　制度形态：选择、决定与创新

马克思主义认为，经济的社会形态的发展是“一种自然史的过程”③。来自社会形态、从属于社会形态的制度形态的发展当然也是一种自然的历史过程。但是，制度的自然历史形态并不意味着作为主体的人对制度的演化与实现毫无影响，并不意味着全然不可以“选择”和“设计”制度。在认识把握并顺应经济社会发展规律的基础上，把价值诉求、理想目标、立场觉悟体现在制度安排与运行中，不仅是可能的而且是必然的。中国特色社会主义把制度建设建立在对社会发展规律的深刻把握与运用之上，建立在对中国社会发展阶段的清醒认知之上，建立在中国特色社会主义鲜活的实践之上。这样的制度是历史必然性与主观能动性的有机统一，是演化与设计的完美体现。

中国制度是中国社会和中国人民的主动选择。从取得新民主主义革命的胜利，到进行社会主义革命都是为了选择一种全新的制度。这种选择并不是从既有现成的制度中挑拣，而是需要通过斗争弃旧图新、革故鼎新，其斗争是广泛深刻甚至剧烈的。新中国成立后，随着国家安全和社会安定基础的逐步确立，对生产资料私有制的社会主义改造，“以极广阔的规模和极深刻的程度展开起来”④。“这是一场伟大的斗争，是社会制度和人的相互关系的一场大变动。”⑤ 正是通过斗争，消灭了人剥削

① 《马克思恩格斯文集》第 4 卷，人民出版社，2009，第 298 页。

② 《马克思恩格斯文集》第 9 卷，人民出版社，2009，第 127 页。

③ 《马克思恩格斯文集》第 5 卷，人民出版社，2009，第 10 页。

④ 《毛泽东文集》第 7 卷，人民出版社，1999，第 1 页。

⑤ 《毛泽东文集》第 7 卷，人民出版社，1999，第 267~268 页。

人的制度，建立起社会主义制度，并且把“社会主义制度是中华人民共和国的根本制度”郑重写入宪法。

由于这时的社会主义制度尚不是完备成熟的，所以中国共产党使用了一个概念，“社会主义基本制度”①。这一概念表达了三重意蕴：第一，这一制度形态是社会主义制度，“为当代中国一切发展进步奠定了根本政治前提和制度基础”②，其制度的本质属性是社会主义的，而不是别的什么主义。第二，这一制度只是社会主义制度的基本“模样”，尚没有完全展开，并不是社会主义制度的全部内容。关于社会主义制度的更多内涵尚需要在随后的社会主义建设实践中不断发现、不断形成、不断丰富。第三，这一制度的内容，只是以我们当时对社会主义社会认识所达到的程度和水平为依据而作出的设计与安排，不可避免会具有当时的社会历史印记，甚至包括认识的误区。邓小平在 20 世纪 80 年代中期讲：“什么叫社会主义，什么叫马克思主义？我们过去对这个问题的认识不是完全清醒的。”③ 这种“不是完全清醒”确实一度导致对社会主义制度认知及实践的教条化、抽象化和理想化。

作为制度主体，可以通过政治和社会革命把一个社会制度中的根本制度、基本制度大体确定下来，但是根本制度、基本制度在现实的历史实践活动中的“实现形式”却不能也不可能凭主观好恶给确定下来。可以通过社会革命跨越资本主义的“卡夫丁峡谷”，却不能跨越生产力发展的客观历史阶段。这一问题在随后中国农村实行人民公社制度的实践探索中暴露出来。当年为了从小集体所有制尽快变成大集体所有制，不断增加农业生产的基本核算单位，从生产队（高级社）向生产大队乃至公社集中，农民的积极性遭到较大挫伤，社会生产也遭受较大伤害。毛泽东后来在总结教训时讲，“在长时间内不认识公社的集体所有制要有一个由小到大、由量到质的变化过程，几乎普遍否认价值、价格和等价交换的经济法则”④。而“价值法则是一个伟

① 《中国共产党章程》，人民出版社，2017，第 2 页。

② 《习近平谈治国理政》第 3 卷，外文出版社，2020，第 11 页。

③ 《邓小平文选》第 3 卷，人民出版社，1993，第 63 页。

④ 《毛泽东文集》第 8 卷，人民出版社，1999，第 26 页。

大的学校"[1]，走社会主义道路，建设社会主义制度一定要遵循这所学校的基本准则。于是，人民公社制度和计划经济在随后的社会主义实践探索中逐渐退出。

从制度理念上看，注重所有制的公有属性和经济运行的计划方式并无不妥，事实上在社会主义建设初期不长的时间内，计划经济和人民公社制度都发挥了不可否认的作用[2]。但是把一种特定阶段的、短时间内的制度权变当作制度常态会遭到实践的教训。当社会主义改造基本完成之后，当社会转入常态化建设时期，就"不能再搬用过去困难时期那些办法了"[3]。马克思讲，"生产以及随生产而来的产品交换是一切社会制度的基础"[4]。如果一个社会的生产能力及其交换关系尚未达到成熟社会主义的水平，急于求成，追求成熟的社会主义制度形态，特别是僵化搬用成熟社会主义制度中的具体制度实现和运行形式必然不可能走远。

而当时的中国社会，正像毛泽东在《读苏联〈政治经济学教科书〉的谈话》中指出的，还是"不发达的社会主义"[5]，是社会主义社会的第一阶段。我们后来作出"社会主义初级阶段"的判断其实就是对毛泽东这一论断的进一步明确。作为我国在生产力落后、商品经济不发达条件下建设社会主义必然要经历的特定阶段，社会主义初级阶段的制度形态自然不能按照社会主义高级阶段成熟的社会主义制度形态去格式化，在本阶段客观存在的也管用的制度形式都可以拿来。于是，多种所有制形式、多要素分配方式、市场经济的体制就逐步进入了中国特色社会主义制度谱系中。党的十二大提出"计划经济为主、市场调节为辅"的原

① 《毛泽东文集》第 8 卷，人民出版社，1999，第 34 页。

② 不要简单化地把中国在社会主义建设初期采取计划经济体制理解为是对社会主义教条化的认识所致。发展经济学研究表明，对于一个满是战争疮痍、一穷二白，没有工业基础又被西方资本主义社会重重封锁的国家来说，计划经济体制是迫不得已又最为有效的制度选择。没有统一高效的资源集中，没有全国一盘棋的统筹，是不可能建立起独立完整的工业体系，不可能实现现代国防安全的。

③ 《邓小平文选》第 3 卷，人民出版社，1993，第 278 页。

④ 《马克思恩格斯文集》第 9 卷，人民出版社，2009，第 283 页。

⑤ 《毛泽东文集》第 8 卷，人民出版社，1999，第 116 页。

则，明确社会主义经济是“公有制基础上的有计划的商品经济”。党的十三大进一步明确“社会主义有计划商品经济的体制，应该是计划与市场内在统一的体制”。党的十四大提出“在坚持公有制和按劳分配为主体、其他经济成分和分配方式为补充的基础上，建立和完善社会主义市场经济体制”。党的十五大明确提出社会主义初级阶段的基本经济制度，党的十九届四中全会更进一步丰富和拓展了基本经济制度内涵，把分配方式和社会主义市场经济体制也纳入进来。

这样一种制度形态的变化，是对经济社会发展阶段的客观反映，是对现实社会生产力的主动顺应，同时也是对制度形态的创造性转化。制度主体巨大的创造力实现了制度形态的“惊险的跳跃”①。我们以社会主义市场经济体制为例。市场经济是伴随着资本主义社会出现的，是资本主义制度中重要的制度基石，但并不意味着就是资本主义制度专属。如果把市场与计划都理解为一种手段②，社会主义社会完全可以拿来为我所用，并且在这一过程中，让市场经济沐浴社会主义“普照的光”③ 而具有了鲜明的社会主义属性，成为社会主义初级阶段中国特色社会主义制度的重要内容和有机组成。不要简单地把社会主义市场经济与西方资本主义市场经济画等号，更不要狭隘地把西方资本主义市场经济与市场经济画等号，人类社会的市场经济制度同样要有、事实上也确实有其时代形态。发轫于 17 世纪的西方资本主义市场经济只讲市场的决定作用，拒斥政府在市场中的建设性作用。而社会主义市场经济则讲两句话，“使市场在资源配置中起决定性作用，更好发挥政府作用”④。在这个意义上讲，社会主义市场经济制度实现了对人类社会市场经济制度的伟大创造，创新出了 21 世纪市场经济的新形态。

选择与创新建立在历史必然的基础上，历史决定论通过不断的选择

---

① 《马克思恩格斯文集》第 5 卷，人民出版社，2009，第 127 页。

② 邓小平在 20 世纪 90 年代初，明确讲“计划和市场都是经济手段”（《邓小平文选》第 3 卷，人民出版社，1993，第 373 页），这是基于经济社会发展规律的科学判断，更是基于 20 世纪 80 年代中国与世界发展意愿与发展态势的政治判断。

③ 《马克思恩格斯文集》第 8 卷，人民出版社，2009，第 31 页。

④ 《习近平谈治国理政》第 3 卷，外文出版社，2020，第 17 页。

与创新体现出来，中国制度演进过程中呈现出来的不论是对计划经济的运用还是放弃，对市场经济的排斥还是吸纳，对资本等要素的警惕还是包容，对多种所有制的怀疑还是认可，等等，从整体上看都是一个自然的历史过程。也正是在这一历史过程中，确立起了中国特色社会主义制度，构建起了社会主义制度的中国形态与时代形态、现实形态。

二　制度发展：变革、稳定与成熟

制度随着经济社会的发展而发展，也随着经济社会的成熟而成熟。变革与稳定是贯穿制度发展的一对矛盾，科学应对和正确处理这对矛盾，实现制度变革与制度稳定的辩证有机统一是制度成熟的标志。中国制度渐进演进、内生性演化的过程既是制度不断变革的过程，又是不断保持制度稳定以走向成熟定型的过程。

就社会主义的现实形态来看，社会主义社会作为一个“经常变化和改革的社会”①，其制度形态也必然是经常变化和改革的。就社会主义的历史实践来看，随着社会生产力发展水平的阶段性变化，社会发展的阶段性变化，作为反映调节社会关系的制度也会呈现出阶段性的变化。就社会主义制度的发展历程来看，克服对保守僵化教条的理解，也会摒弃一些被曲解为社会主义的制度内容，会吸纳一些曾经被排斥的制度内容。

中国社会从20世纪70年代后期开启的改革开放，从根本上讲就是一场全方位的制度变革，其深度、烈度堪称“革命”。在农村，改变了“政社合一”的人民公社制度，转向了以包产到户、包干到户为主要形式的农村家庭联产承包责任制；在城市，改变了地方“统收统支”的部门化管理模式，采取了扩大地方经济自主权的“分灶吃饭”体制以及后来的“利改税”体制；在企业，改变了企业行政化、车间化的管理模式，采取了“放权让利”以及后来的“递增包干”改革思路；在教育领域，改变了大学推荐录取工农兵学员的方式，恢复“高考”，统一考试、择优录取，直接招收大学生；在对外开放方面，“三来一补”、兴办经济

---

① 《马克思恩格斯文集》第10卷，人民出版社，2009，第588页。

特区、加入世界贸易组织、设立自由贸易试验区等，全方位打开了国门；在经济体制方面，从单一公有制走向公有制为主体、多种所有制经济共同发展，从传统的计划经济走向社会主义市场经济，“从根本上改变束缚生产力发展的经济体制，建立起充满生机和活力的社会主义经济体制”①。更为重要的是进行党和国家领导制度改革，通过组织制度、工作制度等变革，解决“官僚主义现象，权力过分集中的现象，家长制现象”等“形形色色的特权现象”②。党的十八大以来的全面深化改革，同时使用了“全面”“深化”两个限定词，就是强调改革不是零敲碎打的小调整，不是碎片化的小修补，而是对生产关系和上层建筑系统整体的变革。这也就有了党的十八届三中全会提出的十五个领域、三百三十多项制度性变革，涉及经济、政治、文化、社会、生态文明和党的建设等治国理政的各个方面。

就制度的实践品格来说，制度又必须是稳定的，并且是尽可能在较长的时间尺度上的稳定。朝令夕改、朝三暮四难以形成稳定的制度预期，也实现不了制度意图。制度稳定首先是制度内容保持稳定。但是，制度的稳定主要不是制度具体内容的稳定，而是制度根本属性保持稳定，是根本制度保持稳定。如果制度的根本发生变化，根本制度发生改变，则意味着已经从一种制度形态变为另外一种制度形态。中国制度的根本就是社会主义，就是中国共产党领导。这一点中国共产党的决策者有着高度的清醒与自觉。1978 年 10 月 10 日，邓小平在会见德意志联邦共和国新闻代表团时指出：“特别是根本制度，社会主义制度，社会主义公有制，那是不能动摇的。”③ 习近平更是反复强调中国的制度改革是“有方向、有立场、有原则的”④。“决不能在根本性问题上出现颠覆性错误”⑤，“有些不能改的，再过多长时间也是不改”⑥。相关的内容也明确

① 《邓小平文选》第 3 卷，人民出版社，1993，第 370 页。
② 《邓小平文选》第 2 卷，人民出版社，1994，第 327 页。
③ 《邓小平文选》第 2 卷，人民出版社，1994，第 133 页。
④ 《习近平关于全面深化改革论述摘编》，中央文献出版社，2014，第 14 页。
⑤ 《习近平关于全面深化改革论述摘编》，中央文献出版社，2014，第 42 页。
⑥ 《习近平关于全面深化改革论述摘编》，中央文献出版社，2014，第 15 页。

写入宪法："社会主义经济制度的基础是生产资料的社会主义公有制。"[①] 2020 年抗击新冠肺炎疫情的经验教训也表明，社会主义公有制始终是中国社会坚定方向、应对危机、创造奇迹的制度脊梁。

也正是始终保持制度的稳定，经过长期发展演进，中国特色社会主义制度已经成为"一个严密完整的科学制度体系"[②]，不仅有作为"四梁八柱"的根本制度、基本制度、重要制度，还有一系列各个方面的具体制度、体制与运行机制等。根本制度贯穿整个中国社会主义建设全过程没有变也不会变，基本制度在社会主义初级阶段没有变也不能变。

从哲学角度看，"深化改革"实质上内含对改革进行再改革的意蕴。事变时移，曾经管用好用的制度可能会越来越不好用不管用，需要适时变革。但是这种变革变化的是制度的具体实现和运行方式，制度根本属性和目标导向仍然是一以贯之没有变。"让一部分人先富起来"的制度安排在 20 世纪 80 年代初期鼓励中国人敢于富裕方面绩效显著，但是在邓小平心中这一制度的目标导向始终是"先富带后富"，"最终达到共同富裕"。当全社会致富观念普遍确立、致富行动充分展开之后，这一具体的制度运行形式也就完成了历史任务。代替它的是"在促进效率提高的前提下体现社会公平"（党的十三大），"兼顾效率与公平"（党的十四大），"初次分配注重效率，再分配注重公平"（党的十六大），"初次分配和再分配都要处理好效率和公平的关系，再分配更加注重公平"（党的十七大），"调整国民收入分配格局，着力解决收入分配差距较大问题"（党的十八大），"坚持按劳分配原则，完善按要素分配的体制机制，促进收入分配更合理、更有序"（党的十九大），等等。这样的制度变革趋向是为了更好地强化制度属性的稳定性，使发展成果更多更公平地惠及全体人民，进而实现共同富裕这一制度目标导向。

需要特别提出的是，尽管制度内涵的适宜和管用是制度稳定的基础，但在社会政治实践中，制度的稳定性往往不是直接来自制度本身，政治性的判断考量对于制度保持稳定性意义极为重大。20 世纪 80 年代初期，

---

① 《中华人民共和国宪法》，人民出版社，2018，第 10 页。

② 《习近平谈治国理政》第 3 卷，人民出版社，2020，第 125 页。

安徽省芜湖市有一家个体户制作和销售瓜子效益很好，雇工经营规模越来越大，创出了“傻子瓜子”的名号，并且“赚了一百万”。这是鼓励一部分人先富起来的政策和制度下出现的一个很典型的样本。在当时一百万元是很大一笔财富，“许多人不舒服”“主张动他”，邓小平 1984 年、1992 年两次明确讲，“我说不能动，一动人们就会说政策变了，得不偿失”①。几乎完全相同的话在《邓小平文选》中出现过两次，其实就是通过对一项具体的小制度的坚守向全社会传递出极为明确的信号，“基本路线要管一百年，动摇不得”②。

制度走向成熟定型是制度发展的客观要求，这是一个动态的历史过程，也是一种动态的历史形态。这是因为制度成熟与定型不仅要适应现阶段社会生产力发展水平，还要能反映社会生产力的发展趋势，适应随之而来的解放和发展了的社会生产力水平。一个社会的制度在成熟定型过程中，既不能不切合实际地超越现阶段的社会生产力发展水平，一味追求高级的制度模式与制度形态；又不能故步自封，一味地迁就现有生产力系统中落后的部分，出现制度演化的“打字机键盘锁定”③，导致制度僵化，让落后制度形态逆淘汰先进制度形态。在制度定型的过程中要留出制度弹性空间，防止既定制度把一个社会路径锁定在既有阶段而不能跨越的现象出现。

三　制度优势：活力、秩序与奇迹

制度优势通过其制度绩效在制度比较中显现，活力与秩序是制度绩效评估的两个重要维度。没有充分的活力，社会生产力不能摆脱束缚得到真正解

---

① 《邓小平文选》第 3 卷，人民出版社，1993，第 371 页。

② 《邓小平文选》第 3 卷，人民出版社，1993，第 370~371 页。

③ 19 世纪为迁就机械键盘反应迟缓特意降低击键速度而设计的键盘字母排列顺序，到 20 世纪出现电子键盘之后仍然延续而不更改。一种没有利益因素的行为模式一旦形成习惯就不再改变，反映和体现特定利益关系的社会性制度一旦确立，必定会为既得利益者所维护坚守，其变革更为不易，难度更大。

放；没有目的性的秩序，社会不可能摆脱丛林状态走向文明进步。制度激发活力和形成秩序的能力越强，其绩效越突出，优势越显著。中国制度优势为中国经济社会发展和国家治理的显著绩效所证明，经济快速发展奇迹和社会长期稳定奇迹这“两大奇迹”就是中国制度优势的实践体现。

社会活力被充分激发出来，创造了经济快速发展奇迹。经济增长速度是一个社会活力最直观的表征。中国社会从1952年到1978年，在内忧外患的背景下，依然实现了工农业总产值平均年增长率为8.2%，工业总产值平均年增长率为11.2%，发展速度稳居世界前列①。从1978年到2017年，我国国内生产总值年均实际增长9.5%，更是远高于同期世界经济2.9%左右的年均增速，我国成为世界第二大经济体、制造业第一大国、货物贸易第一大国等②。从“一辆汽车、一架飞机、一辆坦克、一辆拖拉机都不能造”③，到嫦娥登月、北斗导航、高铁纵横、5G互联，再到中国制造、中国创造、中国建造走遍世界，充满活力的中国制度是中国经济社会发展最强劲的动力源。

构建出打不倒压不垮的国家秩序，实现了社会长期稳定奇迹。新中国的建设，社会主义的建设也并非一帆风顺。新中国成立之初，以美国为首的西方国家不仅封锁围堵，甚至通过发动朝鲜战争把尚未从战争创伤中恢复的中国再一次拖入战争达三年之久；1959年到1961年的三年严重困难，与当时建设社会主义经验不足导致的失误相交织，国民经济遭遇极为严重困难；随后“文化大革命”导致了中国社会严重“内乱”，但是正像《关于建国以来党的若干历史问题的决议》所讲的，“我国社会主义制度的根基仍然保存着，社会主义经济建设还在进行，我们的国家仍然保持统一并且在国际上发挥重要影响”④。1989年前后国际上发生东欧剧变、苏联解体，以美国为首的西方国家又借政治风波对中国搞所谓“制裁”，可谓“黑云压城城欲摧”“山雨欲来风满楼”，但是中国社会再

① 参见沙健孙《毛泽东与新中国的创立和发展》，《求是》2009年第16期。

② 参见习近平《在庆祝改革开放40周年大会上的讲话》，《人民日报》2018年12月19日。

③ 《毛泽东文集》第6卷，人民出版社，1999，第329页。

④ 《三中全会以来重要文献选编》（下），中央文献出版社，2011，第147页。

一次走了出来、挺了过来，把中国特色社会主义的旗帜在世界东方高高举起。多难而更加万众一心，多难而更加众志成城，多难兴邦的背后是中国制度建构起来的强大国家秩序、社会秩序发挥了定海神针的作用。

活力与秩序不仅是制度功能体现出来的两个方面，也是制度“本质自身中”① 的一对矛盾。一方面，活力意味着对既有秩序的突破，秩序内含对当下活力的必然规制；另一方面，没有活力的秩序是一潭死水，离开秩序的活力是盲目的力量。活力与秩序共存、斗争以及融合的辩证运动越充分，制度绩效越突出，优势越显著。中国制度之所以有显著优势，就在于中国制度激发出的活力是建构秩序的活力，形成的秩序是充满活力的秩序。民主集中制就是这样的制度范本。

邓小平把民主集中制称为“党和国家的最根本的制度”②，“是社会主义制度的一个不可分的组成部分”③。我国宪法更是明确规定“中华人民共和国的国家机构实行民主集中制的原则”。这一制度好就好在“将民主和集中两个似乎相冲突的东西，在一定形式上统一起来”④。“它是民主的，又是集中的，就是说，在民主基础上的集中，在集中指导下的民主。”⑤ 而且民主必须是充分的民主以汇聚民意，集中必须是高度的集中以形成权威；越是充分的民主越为高度集中奠定了基础，越是高度的集中越为充分的民主提供了条件。民主集中制的这种辩证思维有着深厚的中华文化滋养，“阳生阴长，阳杀阴藏”⑥，“阴在阳之内，不在阳之对。太阴，太阳”⑦；亦有着久远的历史脉络，甚至可以追溯到封建与郡县之制，“然则众国分立之中国，果何由而成为大一统之局邪？”⑧ 也正

① 《列宁专题文集——论辩证唯物主义和历史唯物主义》，人民出版社，2009，第 142 页。

② 《邓小平文选》第 1 卷，人民出版社，1994，第 312 页。

③ 《邓小平文选》第 2 卷，人民出版社，1994，第 175 页。

④ 《毛泽东选集》第 2 卷，人民出版社，1991，第 383 页。

⑤ 《毛泽东选集》第 3 卷，人民出版社，1991，第 1057 页。

⑥ 《黄帝内经》。

⑦ 《三十六计》。

⑧ 吕思勉：《中国制度史》，上海世纪出版集团、上海教育出版社，2002，第 326 页。

是有着深厚中华文化根基又进行了创造性转化与创新性发展的民主集中制，使得“民主和集中之间，并没有不可越过的深沟”[①]。

为大家广泛认同的集中力量办大事的制度优势，其实是民主集中制优势的体现。为什么能集中力量？因为力量本身就是有组织的力量；为什么能办大事？因为大事本身就是大家共同要做的事情。当家作主的人民、伟大复兴的共同梦想、源远流长的家国情怀，政党核心“定于一尊、一锤定音的权威”[②]，让集中有了强大的制度基础，让办大事有了强大的力量，也让奇迹有了坚实的制度逻辑。这一逻辑就是制度主体的各安其位，制度结构的科学有序，制度包容的各得其所。

作为调节各制度主体间关系的中介，制度激发活力本质上是激发制度主体的活力，制度主体的活力来自在制度系统中的准确定位。中国制度科学解决了两大制度主体的制度定位问题：人民主体赋予人民群众“主人”的地位，领导核心明确了中国共产党“领导者”的地位。

人是生产力中最活跃的因素，“主要生产力，即人本身”[③]。作为社会生产力的人并不是孤立的个体，而是组织起来的社会主体。“不仅是通过协作提高了个人生产力，而且是创造了一种生产力，这种生产力本身必然是集体力。”“许多力量融合为一个总的力量而产生的新力量。”[④]恩格斯特别重视“新力量”这个概念，他强调“这种力量和它的单个力量的总和有本质的差别”[⑤]。很显然这样一种力量来自有组织和已经组织起来的人们，在阶级社会是先进阶级，“在一切生产工具中，最强大的一种生产力是革命阶级本身”[⑥]。在中国社会这以人民的身份呈现。坚持人民主体地位的中国制度正是这样一种制度安排。毛泽东讲，“在这种制度的基础上，我国人民能够发挥其无穷无尽的力量。这种力量，是任

---

① 《毛泽东选集》第2卷，人民出版社，1991，第383页。

② 《习近平谈治国理政》第3卷，外文出版社，2020，第86页。

③ 《马克思恩格斯全集》第30卷，人民出版社，1995，第406页。

④ 《马克思恩格斯文集》第5卷，人民出版社，2009，第378、379页。

⑤ 《马克思恩格斯文集》第9卷，人民出版社，2009，第134页。

⑥ 《马克思恩格斯文集》第1卷，人民出版社，2009，第655页。

何敌人所不能战胜的”①。

从社会历史发展角度来看，“历史活动是群众的活动”②。但是群众在社会中总是处于不同的阶层或团体之中，而不同阶层和团体在政治利益上往往又有着各自不同的具体要求，在某种程度上“就像一袋马铃薯是由袋中的一个个马铃薯汇集而成的那样”③。如何把自然状态中行动着的群众高度组织动员起来，形成强大的历史创造力量，要靠中国共产党坚强正确的领导。中国共产党的领导不仅体现在组织集体行动的高效有力上，更体现在统一思想、统一身份的高度彻底上。人民群众，在“群众”前面加上“人民”二字，这一历史主体就有了政治归属，有了自组织，就能“军民团结如一人”。也正是在这个意义上，我们充满自信又高度自豪地讲“中国特色社会主义制度的最大优势是中国共产党领导”④。

从制度结构看，中国制度不搞“清一色”，也不是“清一色”。中国所有制结构是多样的，分配方式是多样的，企业形态是多样的，经济运行方式也是复合的，“混合所有制经济”⑤ 甚至成了中国社会基本经济形式的改革方向。在改革开放的过程中，中国社会从西方社会拿来借鉴了众多的规则、制度、体制、机制，与中国社会既有的规则、制度、体制、机制相得益彰，共同发挥作用，这种多样化形成的良性竞争极大地增强了制度的活力。

但是，中国制度又绝非制度的随意组合。不同制度依其制度属性和制度功能在制度体系和制度图谱中有着“各得其所”的定位。马克思讲，“在一切社会形式中都有一种一定的生产决定其他一切生产的地位和影响，因而它的关系也决定其他一切关系的地位和影响。这是一种普照的光，它掩盖了一切其他色彩，改变着它们的特点。这是一种特殊的以太，它决定着它里面显露出来的一切存在的比重”⑥。中国共产党领

① 《毛泽东文集》第 6 卷，人民出版社，1999，第 184 页。

② 《马克思恩格斯文集》第 1 卷，人民出版社，2009，第 287 页。

③ 《马克思恩格斯文集》第 2 卷，人民出版社，2009，第 566 页。

④ 《习近平谈治国理政》第 3 卷，外文出版社，2020，第 16 页。

⑤ 《习近平谈治国理政》第 1 卷，外文出版社，2018，第 78 页。

⑥ 《马克思恩格斯文集》第 8 卷，人民出版社，2009，第 31 页。

导、人民当家作主、社会主义法治体系、社会主义公有制等，就是中国制度中的“普照的光”，它们影响决定着其他制度的所能为和所当为。不同的具体制度在各安其位的制度结构中各尽其能、各得其所，共同推进中国政治文明发展进步。

四　制度价值：权利、权力与解放

不同制度之间的差异不仅表现在制度绩效的差别上，更体现在制度价值的差别上；制度不仅在事功上有好坏，在道义上亦有高下。如果说“制度优势”这一概念主要是以制度绩效为标准，“制度优越性”则是包含了制度价值在内的一个更具全面性的概念。

制度价值可以有多重的指向，事实上也确实有多重的指向。但究其根本来讲，制度价值指向人的实现与发展，人的自由全面发展是制度的最高价值指向。人在实际的制度关系中不可避免会成为手段，但就制度价值来讲人不能仅仅被当作手段来看待和使用。更何况制度视人为目的还是视人为手段，在激发人这一社会生产力中最为活跃的因素方面其结果是大相径庭的。在这个意义上，康德提出“人是目的”① 要求的并不只是一种道德诉求的乌托邦，而是有着坚实的社会发展规律作为支撑。制度背离了道义不可能有真正和真实的事功。

价值，特别是有意义的价值一定是“生命的渴望”②，连生命这一底线都不能保证或者说都不在意的制度，其制度合法性就面临着巨大挑战。邓小平讲，“社会主义制度总比弱肉强食、损人利己的资本主义制度好得多”。好就好在中国制度站上了以人为本的制度价值“道义”制高点，“这是资本主义所绝对不可能做到的”③。

制度以人为目的首先体现在保障人的权利，中国制度充分保障人民的权利。尽管“权利决不能超出社会的经济结构以及由经济结构制

① 康德：《道德形而上学原理》，苗力田译，上海人民出版社，2005，第48页。

② 参见赵汀阳《论可能生活》，中国人民大学出版社，2010，第245页。

③ 《邓小平文选》第2卷，人民出版社，1994，第337页。

约的社会的文化发展”①。在既定的生产力水平下尽力保障在该社会发展阶段所能得到和所应该得到的权利，表征的是一个制度的良心。中国社会建立并巩固发展了工人阶级领导的、以工农联盟为基础的人民民主专政的国体、人民代表大会制度的政体、中国共产党领导的多党合作和政治协商制度、民族区域自治制度、基层群众自治制度等一套具有鲜明中国特色的社会主义政治制度。这一制度安排旨在保证人民享有更加广泛、更加充实的权利和自由，保证人民能广泛参加国家治理和社会治理。在中国各级政府都冠以“人民”二字，亦是一种强烈的权利宣示。

走向现实的权利不是抽象的，也不能纠缠于抽象的概念辩驳。中国制度保证的是在最大多数人的权利基础上的每一个人的权利，致力于每一个人的权利而被确定为权利。换句话讲，不能用少数人的权利替代最大多数人的权利，不能牺牲最大多数人的权利为少数人权利买单。在中国制度的权利清单上，不同层面的权利保障是有次第的。如果置最基础的生命权、生存权不顾，转而奢谈以之为基础的其他权利，在政治上是不公平不正义的。习近平讲“全面小康的路上，一个都不能少”② 是政治要求，亦是权利宣示。中国社会每一个人都能过上与社会发展阶段相适应的生活是最基础的权利，这一权利必须置于绝对优先的位置并通过制度来予以保障。

权利从来不是想当然，所谓“天赋人权”不过是资产阶级对其所主张权利的一种意识形态包装，法律面前人人平等更是一种“虚无飘缈的幻想”③。在现代社会，人们可以对法律有期待，把法律作为权利的最大保障。但一定要看到这不过是现实社会政治生活的冰山露出水面一角，隐藏在水面下更大的事实是，法律是有立场、有阶级属性的，“你们的法不过是被奉为法律的你们这个阶级的意志”④。要想维护我们的权利，

① 《马克思恩格斯文集》第 3 卷，人民出版社，2009，第 435 页。

② 《习近平新时代中国特色社会主义思想学习纲要》，学习出版社、人民出版社，2019，第 62 页。

③ 《马克思恩格斯全集》第 6 卷，人民出版社，1961，第 325 页。

④ 《马克思恩格斯文集》第 2 卷，人民出版社，2009，第 48 页。

一定要有“我们的法”，这就需要让我们先成为统治阶级，掌握国家权力。

权力，就其最基本意义来看，是指一个主体影响其他主体态度或行为的力量，这种力量可以在不顾其他主体进行抵抗的情况下实现自己的意志与利益，哪怕是那种“同意权力”① 也具有不可抗拒的强制力。中国社会让人民掌握权力，中国制度保证人民当家作主的权力。1954 年 9 月，第一届全国人大一次会议通过的《中华人民共和国宪法》明确规定：“中华人民共和国的一切权力属于人民。人民行使权力的机关是全国人民代表大会和地方各级人民代表大会。”毛泽东曾作过一个形象的比喻：“我们的主席、总理，都是由全国人民代表大会产生出来的，一定要服从全国人民代表大会，不能跳出如来佛的手掌。”② 这一比喻用生动的话语深刻说明了中国社会的权力性质与权力关系。邓小平把全国人民代表大会称为“一院制”③，同样是强调人民权力的专属性和至高无上。

究竟劳动驾驭资本是正当权利，还是资本奴役劳动是合法权利，关键是看劳动者掌握权力制定法律，还是资产者拥有权力制定法律。套用马克思的一句话，在现实政治生活中，权利一旦离开权力就会出丑。为什么现代中国社会可以在劳动的逻辑下放手让资本发挥其历史积极作用，就因为中国特色社会主义制度是劳动者握有国家权力而制定的。劳动对资本的权力“重新收回”，劳动对资本的权利也当然“重新收回”了。“重新收回”是马克思在《法兰西内战》中论述巴黎公社政权特征时的用语。权力，尤其是国家权力不是外在独立的一种力量，而是人民本身固有力量的一种让渡与再组织，当这种力量异化为通过占有社会产品奴役他人劳动的力量时，人民群众就需要“把国家政权重新收回，他们组成自己的力量去代替压迫他们的有组织的力量”④。

不论是保障权利还是拥有权力，其指向皆是着眼于人的解放。制度

① 费孝通：《乡土中国》，人民出版社，2008，第 75 页。

② 《毛泽东年谱（1949~1976）》第 2 卷，中央文献出版社，2013，第 228 页。

③ 《邓小平文选》第 3 卷，人民出版社，1993，第 220 页。

④ 《马克思恩格斯文集》第 3 卷，人民出版社，2009，第 195 页。

所确立的各种规则边界，制度所塑造的各种社会关系是要着眼于人的实现、人的发展、人的解放，而不是成为马克思所批判的“使人成为被侮辱、被奴役、被遗弃和被蔑视的东西”① 的关系。从原始的部落所有制到古典古代的公社所有制和国家所有制，从封建的等级所有制到资产阶级所有制，人类社会的制度发展形态各异，总的来说是客观上推动了人的发展，不断迈向人的解放之路。然而，资产阶级国家只能以政治解放为其限度。关于政治解放，马克思有一个很重要的观点，“它不是普遍的人的解放的最后形式，但在迄今为止的世界制度内，它是人的解放的最后形式”②。

何谓“普遍的人的解放的最后形式”？马克思认为，“任何解放都是使人的世界即各种关系回归于人自身”。“只有当人认识到自身‘固有的力量’是社会力量，并把这种力量组织起来因而不再把社会力量以政治力量的形式同自身分离的时候，只有到了那个时候，人的解放才能完成。”③ 人才真正成为恩格斯在《反杜林论》中讲的“自身的社会结合的主人”④。这样的解放之路迢迢未尽，但需要从现在就奋起而前行。恩格斯强调共产主义是一种“消灭现存状况的现实的运动”⑤，讲的正是这个道理。

资本主义制度总是将资产阶级私有制视为不可逾越的现实制度形态，把任何超越资产阶级私有制的实践都视为“乌托邦”。其实，在某一种制度关系下的不可操作性，并不意味着在新的制度关系下也是不可操作的。“克服财富作为社会财富的性质和作为私人财富的性质之间的对立”⑥，“重新建立个人所有制”⑦，“完全自觉地自己创造自己的历史”⑧，实现从必然王

① 《马克思恩格斯文集》第 1 卷，人民出版社，2009，第 11 页。
② 《马克思恩格斯文集》第 1 卷，人民出版社，2009，第 32 页。
③ 《马克思恩格斯文集》第 1 卷，人民出版社，2009，第 46 页。
④ 《马克思恩格斯文集》第 9 卷，人民出版社，2009，第 300 页。
⑤ 《马克思恩格斯文集》第 1 卷，人民出版社，2009，第 539 页。
⑥ 《马克思恩格斯文集》第 7 卷，人民出版社，2009，第 499 页。
⑦ 《马克思恩格斯文集》第 5 卷，人民出版社，2009，第 874 页。
⑧ 《马克思恩格斯文集》第 3 卷，人民出版社，2009，第 564 页。

国到自由王国的飞跃，这可能不是唯一更不是全部，但至少是走向普遍的人的解放的一种形式。当然，这是一个渐进的历史过程。以人的自由全面发展为根本价值指向的中国制度正是沿着这样的历史进程、正是在推进着这样的历史进程中不断走向成熟定型，不断完善提高，向更高级的社会制度形态迈进。

五　结语：制度文明的中国创造

制度文明是人类历史实践的现实关系和交往形式的结晶，记录着人类社会文明进步的足迹，又推动着人类社会文明进步的步伐。在人类社会的历史长河中，不同时代、不同国家、不同形态的制度文明灿若星辰、交相辉映、各领风骚。

作为“中国人民在人类政治制度史上的伟大创造”①，中国制度创造性地在制度生成演化的客观必然与制度设计选择的价值应然的矛盾中激发动力，以其深厚的历史文化底蕴、坚实的历史实践基础让世界500年来薪火相传的社会主义理念成为活生生的现实，让近代以来人类社会最伟大的制度构想走向实践；中国制度创造性地在制度坚持完善、固本培元、吸收消化和制度发展变革、纳新吐故、拿来嫁接的矛盾中从容中道，在对立中实现统一，在统一中包含对立，既不断走向成熟定型，又始终充满弹性包容，跳出了制度发展演化中变与不变的实践悖论；中国制度创造性地实现了制度主体在“各得其所”基础上的“各尽其能”，摆脱了不彻底的历史进步带来的发展异化，在走向世界历史的进程中建立起了人们之间的普遍交往，让制度开始走上内生性促进人的全面发展的道路；中国制度创造性地在制度功能的工具理性与制度价值的人文追求的张力中建构合力，以其鲜明的特色、显著的优势不仅深刻地改变了中国，深刻地影响了世界，也为中华民族伟大复兴、为建设一个更加美好新世

① 《习近平关于社会主义政治建设论述摘编》，中央文献出版社，2017，第40页。

界提供了可靠的制度保障，让“一个强大的、一切时代中最强大的革命远景”[①] 展现在21世纪的世界面前。

不要试图简单地用一些“是就是，不是就不是”“好就是好，不好就是不好”的固定僵硬的表达来描述中国制度，这在认知思维上是一种无能的体现，在社会实践中是一种幼稚的表现。任何简单化的描述，哪怕是极其美好的词语都不仅无益于认知完善中国制度，反而有损中国制度本质的呈现与展开，从而成为恩格斯在致康拉德·施米特信中曾经批判过的“这些先生们”：“他们总是只在这里看到原因，在那里看到结果。他们从来看不到：这是一种空洞的抽象，这种形而上学的两极对立在现实世界只存在于危机中，而整个伟大的发展过程是在相互作用的形式中进行的。”因为“所有这些先生们所缺少的东西就是辩证法”[②]。

从人类制度文明发展史来看，经济社会形态、历史文化形态和制度之间的关系，作为历史主体和制度主体的人与制度之间的关系，历史发展规律、社会发展规律和制度发展规律之间的关系，现实地缘政治、国家间竞争合作与制度之间的关系，以及制度系统内不同层面、不同形态、不同对象相互和相对之间的关系，等等，这一系列的关系构成了一幅错综复杂又纤毫不乱的制度演化图谱。在这一制度演化图谱中，不会有什么僵硬和固定的界限，也不会有一成不变的和神圣不可侵犯的东西，一切都在运动、变化、生成和消逝，曾经现实的变为不现实，曾经合理的变为不合理，唯一的标准就是适应生产力变革，成为生产力的发展形式。

中国制度并没有尽善尽美，更何况中国特色社会主义制度的现实形态建立运行尚不足百年，所立足的又是处于社会主义初级阶段的发展中国家这一与发达资本主义社会生产力水平和物质财富积累存在差距的前提，理论上的制度优越性在其“物质存在条件在旧社会的胎胞里成熟以前”[③] 是不可能充分展开的，不可避免会表现出“不成熟”与“已定

① 《马克思恩格斯文集》第2卷，人民出版社，2009，第597~598页。

② 《马克思恩格斯文集》第10卷，人民出版社，2009，第601页。

③ 《马克思恩格斯文集》第2卷，人民出版社，2009，第592页。

型”之间的反差。但是，2020年一场世界性的疫情再一次证实了《共产党宣言》的宣示，作为既成事物的资本主义制度赖以存在的基础本身已经“从它的脚下被挖掉了”①，“不能再支配自己用法术呼唤出来的魔鬼了”，摆不脱“更全面更猛烈的危机”②。而作为新生事物的中国特色社会主义制度则蕴含了光明的希望和无限的未来，“将一天天完善起来”，“成为世界上最好的制度”③。这就是中国制度的实践辩证法。

① 《马克思恩格斯文集》第2卷，人民出版社，2009，第43页。

② 《马克思恩格斯文集》第2卷，人民出版社，2009，第37页。

③ 《邓小平文选》第2卷，人民出版社，1994，第337页。

制度认同的核心要义及其实践层面的评价*

——兼论自由主义对身份政治的回应

张丽丝

近些年，身份政治（Identity Politics）成为学术热点，在该问题语境中话语权的争夺成为焦点。“到了 1980~1990 年代，身份完全成为大众、政治及学术词汇中的一员——描述‘身份政治’的语言在社会行动和学术活动的空间中都已经是必不可少的，文化、种族、性别和性取向等问题在社会科学、艺术及人文学科中占据了主导地位。”① 随着身份政治在当今时代政治生活中地位的不断提高，各学派开始加入论争。以查尔斯·泰勒、金里卡为代表的社群主义者基于对少数群体权利的承认来瓦解认同危机，多元文化主义理论成为显学。与此同时，马克思主义者提出交错性（Intersectionality）理论作为对身份政治的理解范式。自 20 世纪 90 年代，亨廷顿提出“我们是谁”这一尖锐问题，美国人的国家认同危机开始为人们所关注。“2017 年，有关身份政治的争论在许多方面达到了高潮，不再只是左翼内部的人身攻击，‘阶级政治’与‘身份政治’之间的人为对立也在主流政治和媒体话语中重新浮现。”② 2018 年，

---

* 国家社科基金项目“中国社会核心价值观变迁研究”（13AKA010）。本文原载于《党政研究》2020 年第 1 期，收入本书时有改动。

① 玛丽·莫兰、宁艺阳、陈后亮：《身份和身份政治：文化唯物主义的历史》，《国外理论动态》2019 年第 1 期。

② 阿萨克·库马尔等：《马克思主义对当代身份政治的介入》，《国外理论动态》2019 年第 1 期。

福山指出“我们难以逃离认同或认同政治”①，并且“现代民主政体面临的最重要的威胁便是认同政治的兴起”②。可见，多重认同危机使得自由主义的回应迫在眉睫，“制度认同”③ 便是自由主义回应身份政治的核心内容。

一 制度认同的出发点与归宿：保障个人权利

李强认为自由主义的两个特征是，“第一，个人权利至高无上的原则。第二，政府的目的是保护公民权利，实现个人利益”④。正是这两个特征使得自由主义对于身份政治回应的出发点是维系个体的权利，主张个体对国家没有永久性承诺，维系个体最低限度的国家成员感。

（一）国家作为外在的程序化框架而存在

自然权利神圣不可侵犯，但世俗之恶极易侵犯个人权利，契约由此产生，这也是认同产生的根源。自由主义从个人的角度出发，主张国家是为了保障个人权利而产生的，而作为外在程序框架而存在的国家本身不具有内在价值。

国家的合法性来源于个体权利。在西方政治思想中，契约论一直是国家合法性来源的主要解释。洛克认为“政治社会的创始是以那些要加入和建立一个社会的个人的同意为依据的；当他们这样组成一个整体时，

① Francis Fukuyama, *Identity: The Demand for Dignity and the Politics of Resentment*, New York: Farrar, Straus and Giroux, 2018, p. 339.

② Francis Fukuyama, *Identity: The Demand for Dignity and the Politics of Resentment*, New York: Farrar, Straus and Giroux, 2018, p. 23.

③ 高兆明、孔德永、秦国民、王结发等人都对制度认同进行定义，共识是：制度认同是公民出于理性对于制度体系的肯定与认可。本文不拘泥于制度认同的具体定义，重点在于厘清自由主义面对认同危机如何回答“我们是谁?”这个问题，将其对于身份政治的回应的核心内容解读为制度认同。

④ 李强：《自由主义》，吉林出版集团有限责任公司，2007，第155页。

他们可以建立他们认为合适的政府形式”①。人们为了避免必然的恶产生严重的后果，选择出让部分自然权利，订立契约，组成政治共同体。不仅如此，20世纪以来，自由主义也从不同的角度论证权利的优先性。罗尔斯正义理论的第一个原则便是“每个人对与其他人所拥有的最广泛的基本自由体系相容的类似自由体系都应有一种平等的权利”②。诺奇克从个人权利出发，将个人权利界定为约束国家权力的边界，规定了国家权力的施行范围，超越施行范围就会侵犯到个人权利，国家的“功能局限于保护它的所有公民免于暴力、盗窃、欺诈以及强行履行契约等等”③。哈耶克甚至将个人与国家的关系归纳为“个人主义的秩序”④，这规定了公权力的适用范围。

国家本身不具有内在的价值。自由主义认为，国家是个人为了保障权利签订契约而存在的，国家是作为手段而存在的，因而国家不具有伦理色彩。首先，政治的目的是个体自由，国家只是工具。斯宾诺莎认为“政治的真正目的是自由”⑤。政治是工具，目的是保障先验的自由价值。可见，个人自由是目的，国家是手段，是个人权利的外在保障。其次，作为抽象的概念，国家只是人们出让的自然权利的集合物。霍布斯认为，国家的本质是主权者，国家就是“一大群人相互订立信约，每个人都对他的行为授权，以便使他能按其认为有利于大家的和平和共同防卫的方式运用全体的力量和手段的一个人格”⑥。虽然，霍布斯将国家人格化，但这是将国家作为一种抽象的概念，仍然将国家视为一个载体，是人们出让的自然权利的集合物。最后，国家自身并不蕴含价值。洛克充分发展了霍布斯关于国家工具说，认为政府所拥有的权力，也不过是“自然

---

① 洛克：《政府论》（下），叶启芳等译，商务印书馆，1996，第65页。

② 罗尔斯：《正义论》，何怀宏等译，中国社会科学出版社，1988，第56页。

③ 诺奇克：《无政府、国家和乌托邦》，姚大志译，中国社会科学出版社，2008，第32页。

④ 哈耶克：《个人主义与经济秩序》，贾湛文等译，北京经济学院出版社，1991，第19页。

⑤ 斯宾诺莎：《神学政治论》，温锡增译，商务印书馆，1982，第271页。

⑥ 霍布斯：《利维坦》，黎思复、黎廷弼译，商务印书馆，1985，第132页。

法所给予它的那种保护自己和其余人类的权力”①。虽然，签订契约的人们赋予了国家分辨是非善恶、实施惩罚的权力，但是国家终究只是工具，不具有内在价值，是人们出让的权利赋予它价值。

（二）最低限度的国家成员感不包含对国家的稳固感情

自由主义推崇最弱意义上的国家，最低限度的国家成员感是自由主义对于认同危机的回应。诺奇克指出“守夜人式国家通常被称为‘最低限度的国家’”②，“这种最低限度的国家把我们当作不可侵犯的个人，不可以被别人以某种方式用作手段、工具、器械或资源的个人”③。与此同时，诺奇克也提出疑问，“这种最低限度国家的观念或理想不是缺乏精神追求吗？”④ 可见，最低限度的国家认同不强调深厚的感情基础与长远的精神追求。

个体的存在不以维护国家利益为目的。个体的存在是否以维护国家利益为目的，这是关涉个体权利与公共利益关系的问题。古典自由主义认为个体不必为了公共利益而损害个人利益，个体应当追求个体利益，那么公共利益就可以最大化。并且，罗尔斯认为，政府需要维护个体利益的最大化，个人对国家没有责任，相反国家需要对个体负责。桑德尔认为由公民责任来规定个体认同不利于保障个体的自由，“如果自由要求公民的认同部分地由公民责任来界定，那么中立国家的公共生活就可能会削弱，而不是维护我们作为自由人的主体性”⑤。

无负荷的个体对国家不负有永久性承诺。桑德尔针对罗尔斯的个体概念提出无负荷的自我，意指“一个个个体，拥有每一个人的目标、利益和

---

① 洛克：《政府论》（下），叶启芳等译，商务印书馆，1996，第83页。

② 诺奇克：《无政府、国家和乌托邦》，姚大志译，中国社会科学出版社，2008，第32页。

③ 诺奇克：《无政府、国家和乌托邦》，姚大志译，中国社会科学出版社，2008，第399页。

④ 诺奇克：《无政府、国家和乌托邦》，姚大志译，中国社会科学出版社，2008，第355页。

⑤ 桑德尔：《民主的不满》，曾纪茂译，江苏人民出版社，2008，第30页。

良善生活的观念”[①]。首先，个体对国家没有任何负荷，因为个体不来源于国家，反而是国家来源于个人，个人对国家的情感不像社群主义所主张的人自出生开始就受社群影响[②]。罗尔斯认为“无论我们在私人生活中如何负荷道德纽带及根据道德和宗教信念行事的义务，在公共领域中，我们都应该把我们的负荷悬置起来，并将我们视为公共的自我，独立于特定的忠诚及善的观念”[③]。其次，因为无负荷的个体对国家并无深厚责任，也没有永久性的承诺。不管是平等主义者还是自由至上的自由主义者都在“寻求一种权利框架，以使我们能够实现我们作为自由的道德主体的能力，而它与他人享有同样的自由是相容的”[④]。框架因个人权利保障而存在，个体对国家不具有情感上永久性的忠诚。相反，如果框架不能实现其保障个体权利的目的，那么个体可以通过“不同意”来推翻此框架。所以，自由主义很少论及对国家的热爱，而多谈论对一个政治制度框架本身的认同，而且对这个政治性、工具性的抽象国家，也不具有永久性承诺。

二　制度认同的核心要义：维系国家向心力

民族国家的认同危机往往从政治层面的危机开始，多国政府面临着日益加剧的合法性危机。虽然个体对国家没有永久性的承诺，但是对个体权利的保障需要稳定的政治秩序。因而，自由主义者认为国家有其存在的必要性，有必要增进公民对国家的制度认同，制度认同在价值、机制、成员属性、政治文化等层面具有以下特征。

（一）价值序列：政治价值秩序代替心灵价值秩序

自 20 世纪以来，全球化背景下的民族国家面临大规模的移民浪

① 桑德尔：《民主的不满》，曾纪茂译，江苏人民出版社，2008，第 12 页。

② 社群主义认为这个影响是一生不可磨灭的，每个人时时刻刻都生活在一定的历史、文化、语言当中，受到诸多影响，而这份先天的负荷是个体对国家产生情感、归属、认同的根源。

③ 罗尔斯：《政治自由主义》，万俊人译，译林出版社，2002，第 29~35 页。

④ 桑德尔：《民主的不满》，曾纪茂译，江苏人民出版社，2008，第 30 页。

潮，来自不同族群、有着不同文化背景的移民不断涌入新的国家，而这些人具有不同的群体认同。并且，现代国家并非都由单一的民族组成，每个族群都有各自的族群认同，冲突不可避免。在多元族群共存的社会中，难以形成稳定的族群文化秩序。但是，“在一个组织良好的社会里，公民们持有相同的正当原则，他们在各个具体的例子中都试图达到相同的判断。这些原则将在人们相互之间的冲突的要求中建立一种最终的秩序”①。因此，自由主义放弃以内在的精神性秩序来稳定国家，主张通过一定的原则来建立政治秩序以统摄多元价值。自由主义尝试用一套政治秩序代替心灵秩序，即以制度认同来缓和普遍存在的冲突。

自由主义的制度认同不以固定的内容来使社会稳定，而是以某种变化着的内容维持公民对国家的认同。“这样的集体认同已经不再需要保持固定的内容以使社会稳定，但是它的确需要某种内容来支撑认同。”②制度认同便是这样的一种群体认同，主张以民主制度来维系多元社会中人们对于国家的归属感。缪勒对自由主义所主张的制度认同进行了进一步的阐释：“政治忠诚应当围绕自由主义民主宪政的一套规范、价值和程序。”③ 因此，对制度认同的倡导反映了自由主义不再将宗教、道德价值放置于国家价值序列的核心地位。政治价值逐渐成为制度认同建构中的核心价值，由此心灵秩序为政治秩序所替代。

（二）机制保障：民主商谈动态整合多元文化

德国学者哈贝马斯认为解决合法性危机的方式是构建一种制度的整合性力量，即一种规范结构。这种规范结构“既能有所变化，又不至于引起传统断裂的限度，并不只是依赖，或者说主要不是依赖规范机构本身的坚决要求，因为，社会系统的理想价值一方面是传统文化价值的产

① 罗尔斯：《正义论》，何怀宏等译，中国社会科学出版社，1988，第450页。

② Jürgen Habermas, *Communication and the Evolution of Society*, Boston: Beacon Press, 1979, p. 116.

③ Jan Werner Muller, *Constitutional Patriotism*, Princeton: Princeton University Press, 2007, p. 1.

物，另一方面又是系统整合非规范要求的产物”①。自由主义的制度认同并非一成不变，它处于一种动态平衡的状态，具有政治整合的价值，能够缓解多元文化的冲突。

制度认同产生于民主商谈的过程之中。首先，自由主义对于介于国家与个人之间的空间极其重视，即对公共空间的自由保障。密尔继承了洛克的思想，认为“代议制政府应当促进社会普遍的精神上的进步，将现有的道德的、积极的价值与智力组织起来，以便对公共事务发挥最大作用”②。其次，哈贝马斯认为能使认同更加持久和深厚的是行动主体自愿而非外在的权威的认同，“关于规范和道德命令的证明只能产生于真正的对话协商，而不能产生于独白式的理论论证”③。对于社会的良好秩序的保障而言，公民具有自由表达的权利，国家有义务保障公民商谈的社会公正性。

商谈意味着审慎与互动。审慎思想来源于洛克，他认为无政府状态不利于真正地保护人的基本权利，应由法规来裁决权利纠纷，但走出无政府状态不应诉诸利维坦。因此，洛克提出了文化社会概念，认为文明社会的政府建构应该基于多数人的同意。这一种政治精神被后来新自由主义者发展为审慎的理性，即经过深思熟虑来建立一个良好的政府，保障个体的自由选择。高缇耶在此方向上又进了一步，他认为商谈需要加入反思理性，“道德产生于理性的最大化概念在某些互动结构上的运用”④。审慎理性指向一种开放性的、反思性的理性思考，排除一种绝对的价值判断，审慎追求一种欲求之外的可能性。“深思熟虑”⑤ 在商

① 哈贝马斯：《合法化危机》，刘北成、曹卫东译，上海人民出版社，2009，第 8 页。

② 约翰·密尔：《代议制政府》，汪渲译，商务印书馆，1997，第 43~44 页。

③ Jürgen Habermas, *Moral Consciousness and Communicative Action*, Cambridge: The MIT Press, 1990, p. 68.

④ David Gauthier, “Social Choice and Distributive Justice”, *Philosophoia*, 1978, p. 9.

⑤ David Gauthier, “Social Choice and Distributive Justice”, *Philosophoia*, 1978, p. 28.

谈中极其重要，高缇耶认为审慎理性是一个进行无价值判断的反思的过程，理性选择不是目的而是手段。金里卡认为："这种深思熟虑并不只是采取这样的形式：追求哪一种行动过程会最大化一种被认为是无可争议的特定价值的形式。"① 审慎同样是个体进行选择的手段，抽取价值判断之后的公共领域的内部商谈方有可能。因而，制度认同建立在商谈基础之上与审慎理性保障之下的公共空间秩序的形成基础之上。

（三）成员属性：统一公民身份缓解多元身份冲突

在成员属性方面，自由主义的制度认同主张以公民身份代替自然属性身份，公民意识替代国境意识与族群意识。因为在现代社会文化多元的背景下，自由主义认为这些民族的"自然属性"已经愈来愈难以维系政治共同体的认同。"公民的认同与忠诚首先应当依据对共享政治原则和价值的认知与承诺，而不是民族的'自然属性'（种族、语言、宗教、文化和历史）。"②

民族国家有其自然属性，这种属性指向一种差异性，例如，特定的语言、历史、文化。诚然，民族国家本身产生了集体认同，共同的文化、共享的语言、族群属性及特定的历史叙事方式使人们具有特定的民族意识和自觉的认同。但是，除非一个国家是完全由绝对单一的民族构成，否则多民族国家的集体认同与其内部各自的自然属性必然存在一定的张力，民族情感内部存在着紧张关系。桑德尔认为，"自由主义的正义不涉及诸如种族、宗教、族群与性别之类的人际差异，因为在自由主义的自我形成之中，这些特征并不能在第一步界定我们的认同。这些东西不是自我构成性要素，而只是自我的属性，政治应该超越这些东西"③。因而，哈贝马斯认为，"宪政爱国主义可以取代这种原始的民族主义"④，

① 金里卡：《自由主义、社群与文化》，应奇、葛水林译，上海译文出版社，2005，第 11 页。

② 刘擎：《自由主义与爱国主义》，《学术月刊》2014 年第 11 期。

③ 桑德尔：《民主的不满》，曾纪茂译，江苏人民出版社，2008，第 14 页。

④ 哈贝马斯：《包容他者》，曹卫东译，上海人民出版社，2002，第135 页。

民族国家必须转变其对自然属性的依赖才能真正地超越当下存在的差异，以一种政治性的公民概念来统摄价值多元的社会。

（四）文化归属：以宪法精神为核心的政治文化替代民族文化

自由主义的制度认同不支持公民盲目的政治服从，倡导一种具有反思能力的公民文化。这种公民文化可以替代不同的语言、族群和文化，可以统摄各种差异和分歧。自由主义的制度认同试图以一种宪法精神和公民审慎的理性来塑造一种公共领域的政治文化，且这种政治文化可以替代不同族群具有差异性的自然属性。无可置疑，其制度认同指向一种忠诚度，但这种忠诚度并非指向一个特定的政治共同体，而是一个抽象的理想共同体的热爱，比如，诺奇克认为“具有不同乌托邦梦想的这些人相信这种框架是通过他们梦想的正确道路，所以他们会齐心协力来实现这种框架，即使相互知道他们具有不同的预期与偏好”①。

自由主义的公民文化是以宪法精神为核心的政治文化。自由主义主张的制度认同是以法治为基础的，法律具有至高无上性，保障天赋的人权，对法的崇尚一定程度上也是对自然法的践行。宪法作为自由主义制度的灵魂所在，建立了限制权力的制度格局。“就它设计了权力分割与制衡机制而言，建立了限制权力的有效机制；就它保障权利的基本取向而言，建立了普遍人权基础上的共同体成员平等生活的政治体制。”② 法律与制度对个人自由的保障，顺应了自由主义天赋人权的基本观点。个体权利不能因为契约的产生或国家的出现而丧失，法律与制度正是出于对政府权力进行限制、保障个人权利的目的而产生。

具有反思平衡性的政治文化容纳同质性的民族文化。民族文化内部因共同的语言、族群生活习俗、历史而具有同质性，但它反对其他异质性的文化，导致冲突源源不断。维罗里作为共和主义的代表人物认为民族文化的敌人是文化污染、异质性、种族不纯洁，以及社会、政治和思

① 诺奇克：《无政府、国家和乌托邦》，姚大志译，中国社会科学出版社，2008，第383页。

② 肖明：《当代自由主义宪政的困境与伦理重建》，博士学位论文，复旦大学，2006，第70页。

想的不一致①。自由主义认为多元社会的存在是因为多种族群文化的集合，因而产生了很多冲突，而解决冲突的方法不是压制异质性的文化，而是包容、宽容多元文化。

因而，自由主义的制度认同不仅是对一部宪法的认同，而且是对制度的认同。因而，代替人的自然属性的政治文化是制度文化，其核心是在政治制度框架所提供的对话程序之下，公民经过审慎理性的反思，通过自由表达所传递的情感与价值。这样的制度文化试图保障个体对国家的忠诚，这样的一套规范与程序悬置绝对的价值判断。经过公民的反思，理性审慎思考自由主义核心价值的诉求，这种自我批评的归属模式可以“强化情感忠诚”与“政治能动性”②。

三　对制度认同的实践层面评价

理论本身的意义需要实践的检验，制度认同理论的合理性与可能性同样需要实践的验证。制度认同理论的价值原则、民主商谈机制、公民身份以及政治文化在实践中不断地接受着现实的考验，有其合理成分，当然也存在着很多问题。“问题是时代的声音、实践的起点。”③ 研究自由主义的制度认同理论在现实中遇到的问题有助于我们更加全面地理解该理论，也有益于更加深刻地思考我国的国家认同建构问题。

（一）价值原则的调和作用与不可操作性

国家认同政策大多是一种政治文化的调整，一定程度上有利于化解国家认同危机。共同体不是原生的，是个体不断权衡的结果。相应地，对共同体的认同也存在妥协与调和的色彩。“在民主法制国的范围内，多样的生活形式可以平等相处，但这种生活形式必须重叠于一个共同体

---

① Maurizio Viroli, *For Love of Country: An Essay on Patriotism and Nationalism*, Oxford: Clarendon Press, 1995, pp. 1-2.

② 约翰·密尔：《代议制政府》，汪渲译，商务印书馆，1997，第147~148页。

③ 《习近平总书记系列重要讲话读本》，人民出版社，2016，第34页。

的政治文化，而这种政治文化又必须不拒绝来自新生活形式的碰撞。”①普遍主义原则与国家中立原则作为一种文化政策调整主张通过平衡多元文化来维系政治共同体纽带。就普遍主义而言，政治身份可以统摄多元身份，比如哈贝马斯对欧洲移民持支持态度，主张一种世界公民身份，这在一定程度上出于制度认同的理想性。自由主义的国家认同实质上是以政治文化来统摄多元文化，以一种理性商谈的形式保障审慎主张文化的形成与发展，这其实是以一种形式的普遍性来包容多元异质性文化。

但是，政治秩序替代心灵秩序的现实操作的可能性较低。自由主义坚持对具有争议的善保持中立，这意味着政府首先要判断可能存在的关于善的争议，并且判断争议中存在多种合理善，在此基础之上才能保持中立。在现实中，价值本身的判断具有困难性。中立性原则不是价值无涉，这首先需要进行价值判断，这本身就基于一种价值判断。比如美国有很多因其在进行价值评判时难以保持中立而存在争议的司法判决，移民政策区别对待与其普遍性原则之间的矛盾，族群政策价值标准混乱加重价值的分化倾向等，这是因为很多时候很难把政治价值与道德、宗教价值完全区分开来。同时，中立状态也是很难保持的。价值中立不是不进行价值判断，而是事先不能进行价值判断，要求一个公正的不能参与价值争论的裁决者，这在现实之中难以实现。

（二）民主商谈的现实对话性与不健全性

自由主义的制度认同的形成机制是民主商谈，具有现实对话性。认同的前提是承认，承认离不开理解，而理解则需要对话。自由主义主张民主商谈以达成制度认同，这符合人的心理活动。民主商谈意味着公共空间讨论机制的建立，所有公民都拥有对话的权利，都有表达的空间。多元的社会之中，大多数人都是不同的，多样性普遍存在，人们需要对话，需要理解。自由主义试图给予人们这样一个机会：在跨文化的对话中，人们都试图去理解对方。1975 年的《詹姆斯与北魁北克协议》便体

① 哈贝马斯：《在事实与规范之间》，童世骏译，生活・读书・新知三联书店，2003，第 678 页。

现了双方协商代表在对话的基础之上尝试理解对方，加深理解，尝试以宽容的态度对待差异。

但是，自由主义主张的民主协商机制不够健全，难以产生真正的制度认同。自由主义对于一场对话的准入机制、场所、规则、结果都没有定论，不健全的机制难免不受把控，其路径不受控制，不可避免地产生意想不到的结果。民主商谈是一把双刃剑，完善的对话机制能够产生较好的结果，而有纰漏的机制也有可能催生不良后果。理性的商谈能够使得商谈者之间互相理解，宽容多元文化，缓和冲突，稳定社会秩序，提升公民的归属感。而不健全的民主商谈极有可能会忽视少数群体。首先，少数群体难以参与对话。少数群体不能参与很多专业与要求过高的对话，抑或是很多讨论不向某些群体开放。其次，少数群体在对话之中处于弱势地位。少数群体在对话中的理解力、接受力、表达力都会影响其对话结果。最后，少数群体处于弱势地位，尤其在数量方面处于弱势地位，因而少数群体的意见难以在对话中产生较大影响。

（三）公民身份的现实统摄作用与武断性

公民身份提供了政治层面的平等，具有一定的统摄力。政治上的平等为其他不平等身份提供了一定的空间，政治权利的平等弱化了其他方面的不平等。《加拿大地区印第安部落逐步教化法案》于 1857 年颁布，主张以教化的方式来使土著居民接受新的生活方式，但是这种改造未经土著居民的同意。这种未对所有人一视同仁，未把所有人当作公民平等对待的方式没有真正使加拿大地区印第安部落对英国在此地的政权产生认同。相反，1832 年的“伍斯特诉乔治亚州案”反映了美国最高法院对国家与土著居民关系的处理：“‘条约’与‘民族国家’……我们将这两个词运用于印第安人身上，如同我们将这两个词运用于世上其他‘民族’一样。”① 这是一种更为平等的方式，平等对待印第安人与其他群

① 塔利：《陌生的多样性：歧异时代的宪政主义》，黄俊龙译，上海译文出版社，2005，第 125 页。

体，这样的方式也使得印第安人能够产生一定的归属感。可见，平等的政治身份所具有的包容性在民族国家的现实中体现为其统摄力，公民身份的包容性提升了国家的认同度。

虽然如此，在现实生活中，自由主义信奉的公民身份的包容性大多体现为一致性，而这间接说明一元的公民身份具有一定的武断性。自由主义信奉的公民身份一致性体现为国家的所有成员不分族群、文化、肤色、性别皆被平等地对待，而这种绝对的平等可能导致不平等。首先，绝对一元的公民身份忽视了多样性。一元的公民身份试图包容个体多元的背景，但却容易导致对个体多样性的忽视。多元的社会之中，个体之间具有较大的差异，公民身份的核心标签一定程度上是对个体的多元差异的忽视。其次，公民身份的一致性具有一定的武断性。自由主义主张个体之间的平等，对所有人的平等一定程度上就是对少数人的不平等，比如，加拿大体现一致性的公民身份政策对少数族群权利的忽视。《加拿大权利与自由宪章》颁布之后，有近十个地区皆宣称该宪法违背了其文化独立性，尤其魁北克民族认为其独特的法语语言背景与文化，不应被统一的公民身份所抹平。不仅如此，很多原住民也有着自身文化承认的诉求。少数族群难以在公民身份的统一性政策之中获得应有的承认，这时公民身份的武断性暴露无遗。而且，公民身份基础之上的选举制更加凸显了其任意性，一人一票制便是对少数族群的忽视，这种绝对平等便是自由主义公民身份的武断性体现，而这是一种打着合理旗号的不公平，不利于国家认同的形成。

（四）以制度认同为核心要义的国家认同的协调性与空想性

自由主义的制度认同以现实为基础，相比其他认同模式能够不断协调，保持平衡。自由主义不认为政治制度框架是灵丹妙药，在实践过程中不断地遇到问题，也要不断地在实践中调整。“事实上也不存在着一种可以将全部成员的合作关系整合为一体的民族形式，实际上存在的是各式各样相互交错竞逐的无数形式。经由这些过程，公民参与到宪政结合体之中，并且认同他们所参与的宪政结合体。宪政并不是某个创制时期达成之后，便成为固定不可改变的协议，宪法其实是一连串跨越文化藩篱的持续协商与协议，这一连串协商与协议的过程既是遵循着相互承认、延续与同意等常规，同时也抗拒着这些常规。”① 自由主义所主张的制度认同，是在规范层面的认同，这给予每个人空间，基于此个体对制度的认同才能是发自内心的。但是，塔利对政治制度框架在实践中遇到的问题是有先见的，就制度认同来说，自由主义不断地回避族群认同，悬置价值判断，这为社群主义等学派所诟病。虽然制度认同在不断地调整，但在这个过程之中也出现了很多问题。

自由主义的制度认同的动态平衡与整全性规则的矛盾难以调和。制度认同是一个动态的、开放的过程，是公民自己不断商谈的结果，为社会共识提供了制度保障，但是制度认同本身是基于规范与法律的形式来达成公民的共识。“回想过去，霍布斯诉诸现代宪政主义的科学地位，建立了全面独尊现代宪政主义的权威。黑尔则反驳，科学的模型在夹缠不清的宪政主义领域中并不适用。科学模型并不能帮助我们解决宪政结合体的行动者应如何被统治这样的问题，因为这些行动者并不是，也无法被迫接受整全性规则的统治，如同科学模型事先所作假定那般秩序井然。”② 塔利认为，自由主义的整全性理论难以解决现实中权力分配的问题，而且即使这种整全性表达作为一种方案出现也很难为人所接受。这是很现实的问题，整全性的表达难以使动态的冲突得到彻底的、永久性的解决。商谈伦理为制度认同提供了一种结构性的正当性，但是具体的规则制定难以对制度认同的具体内容进行整全性的概括。

作为一种乌托邦，自由主义的制度认同虽然具有可能性与理想性，但对现实提出了过高要求。哈贝马斯一直强调个体在法律框架内的民主商谈。个体就具有表达自己的价值判断，表达自我对于什么是善，什么样的生活值得推崇的价值倾向。但是，商谈要求公民在审慎的基础之上，参与公共生活，表达自己的情感与诉求。在这个过程中，政治文化得以形成，这是公民参与政治活动的结果。在一种开放的过程中能否形成认

① 塔利：《陌生的多样性：歧异时代的宪政主义》，黄俊龙译，上海译文出版社，2005，第 192 页。

② 塔利：《陌生的多样性：歧异时代的宪政主义》，黄俊龙译，上海译文出版社，2005，第 193 页。

同很大程度上取决于公民本身，因而制度认同对公民的要求是有审慎的理性，但这在实践中很难实现，因此哈贝马斯所提倡的制度认同被认为是一种乌托邦。哈贝马斯对此有解释，“乌托邦的意思如果是指一种具体生活形式的理想投影，那么理解为方案的宪法就既不是社会乌托邦，也不是那种乌托邦的代替物。这种方案实际上是‘乌托邦’——一个在国家中建制化的集体理性与世俗化过程中并通过明智的建制化而自我影响的能力”①。共享身份的商谈伦理要求公民间的交往与理性的协调，这都是在现实中很难呈现的。的确，一种商谈伦理要求的公民审慎思考的能力不是所有公共领域的个体都能达到的，它具有理论上的可能性，哈贝马斯也认为真正的制度认同需要集体理性与明智。宪法爱国主义与现实距离遥远，对现实提出的要求过高。

综上，自由主义的制度认同在其价值原则的践行、形成机制、成员身份以及其本身的践行方面都存在操作困难。自由主义的制度认同需要一种理想化的制度设计来获得民主商谈的可能，公民需要具有审慎与反思的能力，这对社会与个人都提出了过高的要求。自由主义的制度认同实质上是一种乌托邦思想，在现实中个体难以通过制度产生对国家的认同。可见，国家认同的建构过程要“处理好顶层设计和摸着石头过河的关系”②，要符合马克思主义的认识论和实践论的方法，国家认同的理论与实践决不能割裂，摸着石头过河与顶层设计是相辅相成的，二者要协调一致。

① 哈贝马斯：《在事实与规范之间》，童世骏译，生活·读书·新知三联书店，2003，第548页。

② 《习近平总书记系列重要讲话读本》，人民出版社，2016，第80页。

第五编　党的建设

使命型政党与中国的现代化建构*

——基于历史之维的审视

李海青

政党作为一种带有极强政治色彩的目标性组织，其产生、存在与发展都是由一个国家特定的历史形势与社会需要决定的。对于拥有近百年历史的中国共产党而言，其同样需要被放到近现代以来中国社会的历史潮流与客观需要中来把握。近现代迄今，中国社会的根本任务是什么呢?一言以蔽之，现代化。在近现代以来中西对比的坐标系上，在西方现代化成就的强烈刺激下，通过现代化摆脱民族危机、推进发展乃至实现赶超，可以说是中华民族近两百年一以贯之的目标诉求。而中国共产党恰恰是因为有效承担了这一现代化的历史使命，才以艰苦卓绝的努力与伟大不凡的成就，最终成为中国社会的中流砥柱。在自觉认定、主动承担与积极推进现代化使命的进程中，中国共产党也充分证明了自己不愧是一个以马克思主义为指导的使命型政党。就此而言，中国的现代化可称为政党主导型。当然，作为一个以马克思主义为指导的使命型政党，中国共产党承担的使命具有多重性，推进中国现代化、实现中华民族伟大复兴、对人类作出更大贡献、实现共产主义等皆属于此，但现代化的完成在各项使命中无疑具有基础性。这是因为，没有现代化的成功，民族复兴就无法实现，更谈不上对人类的更大贡献，没有近景使命的完成，遑论最终使命的承担。正所谓“皮之不存，毛将焉附”。“我们当前以及今后相当长一个历史时期的主要任务是什么？一句话，就是搞现代化建

* 本文原载于《浙江学刊》2020 年第 1 期，收入本书时有改动。

设。……社会主义现代化建设是我们当前最大的政治，因为它代表着人民的最大的利益、最根本的利益。”① 当然，现代化的实现也是一个历史过程，需要一步步来推进，就此而言，中国共产党对这一使命的承担也必然是分阶段、分步骤的。

对于中国的现代化而言，首先必须完成国家独立与民族解放的任务，建立集中统一的现代民族国家，这是现代化的政治前提；国家独立以后必须集中精力于经济的建设与现代化，大力解放和发展社会生产力，这是现代化的经济基础。当然，经济现代化是一个长期的过程，而不是在一个具体阶段就可以完成的任务；随着经济的现代化，整个社会系统的结构日益分化，经济、政治、文化、社会、生态等各领域的相对独立性日益增强，分离日益明显，整个社会系统的生活与各领域的关系日益复杂化。结构的分化和关系的复杂化与政策主治的粗放式现代化不再适应，并对制度的系统建构与治理能力提出了明确要求，要求治理体系与治理能力的现代化，这是现代化系统性的制度保障；经济的现代化、社会结构的分化、关系的复杂化除了要求制度体系的进一步健全完善外，还内在要求整个社会塑造、生成一种现代性的价值理念作为共识以发挥整合作用，制度体系的有效运作本身也要求这种具有现代性的价值共识作为深层的文化因素来配合。如果这种现代性价值观在整个社会普遍生成，社会成员的思想观念与思维方式实现大的提升，呈现一个理性化的被启蒙状态，现代化进程就达到了人的现代化这一高级阶段。这种价值观的现代化、稳定化、内在化比制度的系统建构显然更有难度，这是因为，一方面，现代性价值观的生成与发育本身就需要一个渐进的过程，只有现代化达到一定阶段，现代性价值观才有可能被愈益深刻地认知、更加全面地提出；另一方面，价值观改变、塑造的是人的内在精神世界，心灵的重塑尤为不易。这种现代性价值观的普遍生成是现代化的价值表征。下文将按照政治前提、经济基础、制度保障和价值表征四个方面来系统梳理中国共产党对于中国现代化这一历史使命的承担及其进程，最后落脚于对政党推动型现代化特点的分析总结。

---

① 《邓小平文选》第 2 卷，人民出版社，1994，第 162~163 页。

一　现代化的政治前提：集中统一的现代民族国家的建立

鸦片战争后，中国开始沦为半殖民地半封建社会，面临晚清名臣李鸿章所谓“三千年未有之大变局”。为摆脱这种任人宰割的状态，国内的各种政治势力先后发起了各种运动，做了各种探索，但最终无一成功。在此历史形势下，实现救亡图存成为中华民族面临的最为紧迫的历史任务。辛亥革命尽管推翻了封建帝制，形式上建立了中华民国，但没有真正完成这一任务，内部军阀割据，对外仍然受制于西方势力。而以上各种努力与运动之所以失败，一是由于缺乏集中有力的领导力量，二是由于缺乏先进的理念指导。就前者而言，没有强有力的组织者、宣传者、发动者，如一盘散沙的中国民众尤其是广大小农就无法被有效整合、调动起来；而如果民众的力量无法被充分激发，依靠少数先觉者的单打独斗，革命自然难以成功。在现代性语境下，这种集中有力的领导力量只能是现代政党。就后者而言，要想唤起民众，改变其旧的思维，重塑其精神世界，达到救亡图存之效果，必须引入西方的先进思想观念，这是因为中国传统文化在近现代的中西冲突中整体而言已被证明无法担负历史之重任。

在近现代涌入中国的各种西方思潮中，马克思列宁主义对落后国家的关切、对组建政党必要性的强调、对马克思主义政党高度集中统一性质的阐发、对人民主体地位的揭示、对未来社会主义美好图景的描绘，恰恰契合了近现代中国救亡图存的需要。正是在这样一种背景下，以马克思列宁主义为指导的中国共产党应运而生，共产党一成立就以纪律严明、集中统一、组织与宣传有力作为鲜明特点，而挽救民族危亡的历史重担、实现民族独立的使命也就历史性地落到了中国共产党身上。我们之所以强调马克思列宁主义，而不仅仅是马克思主义，是因为当时为中国共产党所接受并长期影响中国共产党的是经过列宁发展了的马克思主义。列宁的建党学说源于严酷的俄国革命实践，相比于马克思恩格斯的建党思想，更为强调政党的集中统一与高度的组织纪律。俄国十月革命的成功为中国共产党树立了完成使命的典范标杆。尤其是中国共产党一成立，就是作为共产国际的一个支部而存在。凡此种种，都使得中国共产党人长期接受的马克思主义被打上了深深的列宁主义的烙印，很大程度上是被苏俄化、列宁化乃至斯大林化（成为最高领袖后的斯大林垄断了列宁主义的解释权）了的马克思主义。

革命战争年代，以马克思主义为指导，中国共产党在不断的探索中历经艰难困苦，作出巨大牺牲，终于找到了一条适合中国国情的解放道路与民族独立道路，于 1949 年 10 月 1 日建立了中华人民共和国。“1949 年革命胜利的意义在于，共产党通过社会动员和革命战争的手段，对外有效地争取到了国家主权独立和领土完整统一，在平等、互利、自主的基础上发展同其他国家的关系；对内按照民主集中制的原则建立了相对完备的国家政治与行政体系（各级人民代表大会制度和各级政府制度），使中央政府的政令通过遍布国中的党的组织网络贯彻到基层；……共产党革命克服了社会低组织化状态和国家权力分散化状态，为中国现代化提供了坚实的权威基础。”① 当然，中华人民共和国的成立只是初步完成了建立独立的现代民族国家的历史任务，之所以说是初步完成，一是因为当时香港、澳门与台湾问题并未解决，国家的最终统一并未实现；二是因为虽然形式上现代民族国家得以建立，但实质内容方面，国家经济现代化、治理现代化等仍然任重道远。

应认识到，中华民族寻求独立的过程不仅是一个政治过程，同时也是中国文化从传统向现代转化的过程，尤其是马克思主义的思想观念开始全面影响、渗透与改造中国传统文化的过程。中国文化的这一改造与转化过程自近代国人迫于危机与压力不得不睁眼看世界时即已开始，然后一直持续，如魏源、严复、康有为、梁启超、孙中山、陈独秀、李大钊……但只是在马克思主义真正在中华民族救亡图存的运动中发挥作用之后，中国文化才开始受到更具实质性的影响与改造，中国的民族精神与国民性才开始得到更大程度的重塑。这是因为，在此之前的各种思潮

---

① 陈明明：《在革命与现代化之间——关于党治国家的一个观察和讨论》，复旦大学出版社，2015，第 298 页。

都未在民族救亡与国家独立中真正成功，未真正深入大众之中切实改造他们的世界观与价值观，只有马克思主义随着中国共产党中流砥柱作用的发挥，随着群众路线的践行，随着共产党的深入宣传，被有效地大众化了，被大众广泛接受、认同乃至信仰。尽管大众对于马克思主义的理解往往是非常通俗化乃至有些简单化的，但这不妨碍像共产党、人民、阶级斗争、历史规律、工人阶级、资本主义、地主、剥削、革命、解放、当家作主、中华民族、共产主义等词语的广泛流行及民众对其在实践中有切身性的理解感受，不妨碍马克思主义逐步作为强势意识形态对中国文化传统与民族性的有力冲击与有效重塑。就此而言，中国共产党承担的现代化使命也包括民族文化的现代化改造与转化。

二　现代化的经济基础：以经济建设为中心

民族独立实现以后，经济的现代化与民族的复兴即提上日程。但是，中华人民共和国成立以后，我们党尽管也提出要实现马克思主义与中国具体实际的第二次结合，要“以苏为鉴”，但实际上很长一段时间没有摆脱苏联模式，忽视生产力的发展程度，主要在生产关系上做文章，追求所谓“一大、二公、三纯”，从而得到了惨痛的教训。对于这些教训，我们到底应该如何认识与总结？实际上，这种教训深刻涉及马克思主义政党承担使命的思想条件与制度机制问题。

就承担使命的思想条件而言，既然马克思主义政党以马克思主义为指导，就必须全面准确地理解这一理论体系尤其是唯物史观。但是，要完整准确地理解唯物史观，却不像学习经典著作那样简单。原因就在于，对于任何一种思想理论而言，只有在相应的社会存在条件已经具备的情况下，人们才能对之形成真正深入的理解。如果相应的社会存在条件不充分具备，对之的理解就很容易发生偏差。唯物史观的生产力决定论是以马克思那个时代西欧资本主义大工业的发展发达作为现实背景的，而近现代中国在一个相当长的历史时期内恰恰缺乏理解生产力决定作用的经济与生活基础。中国近现代，传统生产方式依然占主导地位，新质的生产力非常微弱。也正是由于新兴经济力量不强，无法展现为生产关系选择的强制力量，生产关系的决定作用就无法充分体现，落后国家的社会主体自然也就无法直接观察与切实体验这种强制性与决定性，从而在生产关系的选择上就很容易陷入空想，把马克思主义创始人针对未来社会的论述生硬搬到现实。

就承担使命的制度机制而言，高度集权的一统体制不仅使得作为马克思主义政党根本组织原则的民主集中制遭到了破坏，还严重窒息了社会自身的活力。民主集中制本来就是一种极其微妙的制度设计，理想状态是民主与集中的最佳平衡，也就是毛泽东讲的“又有集中又有民主，又有纪律又有自由，又有统一意志、又有个人心情舒畅、生动活泼，那样一种政治局面”。[①] 但是，这种微妙平衡往往很难达到，中华人民共和国成立后社会主义建设时期的诸多问题皆源于现实中民主不够、集中过度。一旦社会民主与党内民主不够，权力过度集中，而最高领导人的思想又深受主观主义束缚，教条主义就会盛行，实事求是就难以做到。实际上，教条主义的悲剧正在于已经脱离了实际时还始终认为自己在捍卫真正的马克思主义。此外，高度集权的政治经济体制在资本积累与工业化赶超的初始阶段虽然能够发挥积极作用，但最终难以持续。急功近利、好高骛远的命令式、运动式建设往往造成资源的巨大浪费。特别是国家对经济生活的严密控制导致社会自主性、创造性严重缺失。“由于政治改造消灭了私人资本、个体经济乃至民间社会，破坏了正常的社会结构、社会关系和社会发展逻辑，在经济上引发了工业化的危机，造成了经济增长的不可持续和普遍困顿，大大削弱了国家扩张赖以为继的物质基础和社会资源的支持。”[②]

1978 年党的十一届三中全会实现了中华人民共和国成立以来我们党历史上具有深远意义的伟大转折。这一转折之所以伟大，一个重要原因就在于，基于惨痛的教训，我们党积极推进思想解放，对什么是马克思主义、什么是社会主义等根本性问题进行了正本清源、返本开新的理解。

---

① 《毛泽东文集》第 8 卷，人民出版社，1999，第 293 页。

② 陈明明：《在革命与现代化之间——关于党治国家的一个观察和讨论》，复旦大学出版社，2015，第 203 页。

关于什么是马克思主义，邓小平强调最多的是两点。一是马克思主义的精髓是实事求是。实事求是就是要恢复人们对实践与理论关系的正确认知，打破僵化的教条束缚，面对现实问题，树立彻底的实践思维，探索一条新的区别于苏联模式的现代化之路。二是马克思主义最注重发展生产力，实际上意味着对过去单纯注重生产关系变革的一种反思。关于什么是社会主义，在20世纪80年代，邓小平强调，社会主义原则，一是发展生产，二是共同富裕。在1992年南方谈话中，社会主义原则又被进一步发展为社会主义本质。“社会主义的本质，是解放生产力，发展生产力，消灭剥削，消除两极分化，最终达到共同富裕。”① 原则也好，本质也罢，邓小平对于社会主义的理解有一个根本特点，就是着眼于实际功能与现实效果来思考问题，这样就避免了把社会主义过度理想化、高调化，使社会主义可以更好地与现实生活相对接，与经济的现代化相对接，消除了社会主义高远意识形态与现代化的内在张力。

要切实承担现代化的伟大使命，马克思主义使命型政党除在意识形态领域必须推进重大问题的思想解放外，在实践领域还必须处理好集中与民主、集权与分权的关系。在实践中，这种重大制度机制的调整沿着三个方向展开。一是党内民主集中制的探索与改革。“我们需要集中统一的领导，但是必须有充分的民主，才能做到正确的集中。”② 在1980年8月18日《党和国家领导制度的改革》的重要讲话中，邓小平对此做了全面系统而深入的分析。二是中央、地方与基层合理关系架构的探索与改革。邓小平强调要让地方与基层具有更多的经济自主权。三是国家与社会关系的探索与改革。邓小平强调经济民主，强调要把生产经营的自主权下放给农民、工人、知识分子，调动他们的积极性，而这也就意味着社会本身开始获得相对自主性与发育空间。

无论是思想解放，还是实践改革，最终还是为了激发整个体制与社会的活力，推动生产力的解放与发展。正是着眼于此，改革开放以后，我们党提出了以经济建设为中心的发展战略，并最终确定了社会主义市

① 《邓小平文选》第3卷，人民出版社，1993，第373页。

② 《邓小平文选》第2卷，人民出版社，1994，第144页。

场经济体制的改革目标。这样，在经验教训基础上，随着对马克思主义唯物史观理解的逐步深入，随着高度集中的权力体制的松动与逐步改革，中国共产党终于找到一条适合自己国情的经济现代化之路，并集中精力专注于此，从而奠定了中国现代化腾飞的经济基础。

三　现代化的制度保障：国家治理体系现代化的推进

改革开放以来，经过经济的持续高速增长，21 世纪初中国社会的现代化进入了新的阶段，有了新的表现和趋向，面临着新的风险与挑战。具体而言，一是政策主导的经济发展模式弊端愈益显现，经济的法治化成为必然趋势；二是政治、经济、社会、文化等领域逐步自主化与分离发展的趋势更加明显；三是由前两者所引发的整个社会生活与社会交往关系的愈益复杂化；四是权力贪腐、社会公平、发展失衡、利益冲突等问题集中显现、相互叠加。而这四个方面的趋势都对治理体系即制度体系的现代化提出了新的要求。

改革开放以来，中国的经济发展主要是政策主导型的，在很大程度上依靠政策释放的空间和资源，权力部门也往往习惯通过政策对经济进行直接干预。但随着经济现代化的推进，主要依靠政策调控的惯用方式暴露出了越来越多的问题。其一，由于缺乏法律规则与程序的支撑，政策的制定容易受到各种利益因素和非理性因素的影响，往往具有较大的随意性和较强的封闭性；其二，很多政策的制定总是针对具体问题，政策之间往往缺乏系统性、配套性，难以形成有机合力；其三，与相对健全明确的法律相比，政策一般是针对已经发生或存在的问题而制定的，往往具有事后性，难以起到未雨绸缪的作用；其四，要有效保障市场主体的经济权利，也必须要进一步加强法治建设，特别是随着第三产业尤其是金融业、服务业的发展，法治环境的塑造就显得更为必要。综合以上，中国经济的进一步发展，市场体制的进一步完善，就对法治提出了更高的要求。

基于市场经济的催生与现代社会结构本身的发展规律，本世纪以来政治、经济、社会、文化等领域的相对自主化与分离发展的趋势更为明显，整个社会生活与社会交往关系也变得愈益复杂化。而这种领域分离与关系的复杂化既进一步推动了制度的分化整合，也凸显了制度建设的重要性。改革开放前大一统的制度模式现在分化出边界相对清晰的政治制度、经济制度、文化制度、社会制度与生态制度等，但无论哪个领域，制度之间都必须相互协调，在法治框架内构成一个内容自洽、层级合理的制度体系。但是现代社会大分化大整合的极度复杂态势与瞬息万变的迅即发展态势也使得制度建设的难度加大。在现实中，制度本身的有效供给往往不足，制度短缺现象有时十分明显，制度的实施效果往往不佳，制度虚置现象往往较为严重，良好的制度本身成了一种虽然必需但是稀缺的资源。

进入 21 世纪，中国的改革发展明显进入了一个风险时期，各种问题与挑战不但日益明显化，而且集中出现。发展不平衡、不协调、不可持续，改革举措碎片化、缺乏统筹，党的建设面临巨大风险挑战，权力贪腐、贫富差距、矛盾冲突、行为失范、外部压力，各种问题交错叠加。在这种情况下，必须加强改革发展的顶层设计，着力推进系统的制度建设。这是因为，无论哪一类型风险的化解、哪一方面危机的应对、哪一领域问题的解决，制度建设都是根本与长久解决之道。

21 世纪以来，我们党对于制度建设的体系化与国家治理问题就已经有所关注。胡锦涛提出的科学发展观就意在强调各领域、各方面发展的复杂性、统筹性、协调性。习近平在党的十八大以后提出了“四个全面”战略布局，强调新时代改革的关联性、系统性，强调各领域改革要统筹谋划、相互配合。而不论是科学发展，还是全面深化改革，实践中都必须落实到制度的体系化与进一步现代化上，没有规范系统的现代制度体系，改革发展的理念、思路再好，也难以落地，难以达到整体最佳效果。在中国由“富起来”向“强起来”的飞跃过程中，系统性的制度之维始终是不可或缺的，运动式治理、政策式治理都必须在制度尤其是法治的框架内发挥作用，其运用都应有制度的依据，而不能脱离整个制度体系特别是法治框架过度使用。中国共产党不仅本身要在宪法法律范围内活动，也必须更为注重制度体系的现代化，依靠现代化的制度体系治国理政。正是在这个意义上，党的十八届三中全会才提出国家治理体系现代化的重要理念。“国家治理体系和治理能力是一个国家制度和制度执行能力的集中体现。国家治理体系是在党领导下管理国家的制度体系，包括经济、政治、文化、社会、生态文明和党的建设等各领域体制机制、法律法规安排，也就是一整套紧密相连、相互协调的国家制度；国家治理能力则是运用国家制度管理社会各方面事务的能力，包括改革发展稳定、内政外交国防、治党治国治军等各个方面。国家治理体系和治理能力是一个有机整体，相辅相成，有了好的国家治理体系才能提高治理能力，提高国家治理能力才能充分发挥国家治理体系的效能。”① 提出治理体系现代化理念是对马克思主义的重大创新与发展，因为马克思主义经典作家对此并无太多论述，同时这也表明马克思主义中国化进入了系统而明确的大规模制度建构阶段。

从现代化的历程来看，治理体系的现代化属于现代化的中轴，既是经济现代化进一步推进的必然要求，又可以为价值观现代化奠定牢固基础，上下沟通，在一国现代化进程中尤其关键。如果中国的现代化模式真的对于世界有所贡献的话，首先体现在制度的维度方面。中国能够构建一种什么样的现代化制度模式，不仅关系到中国的现代化能否最终成功，也关系到中国的现代化能够在多大程度上具有世界意义，对其他国家的现代化具有多大程度的借鉴与参考价值。换言之，中国的制度现代化在制度的构成要素、制度的内在机制、制度的运作逻辑等方面必须显示自己的成功之道、引领价值与较多的复制性，这是中国成长为一个真正的世界性强国的决定性衡量标准。作为一个具有世界眼光、人类情怀，一直致力于超越西方现代化模式的马克思主义使命型政党，中国共产党对于这一点始终有着清醒认识与强烈期待。针对于此，这一阶段党必须担负起制度有效供给的责任。正如习近平所强调的：“真正实现社会和谐稳定、国家长治久安，还是要靠制度，靠我们在国家治理上的高超能力，靠高素质干部队伍。我们要更好发挥中国特色社会主义制度的优越性，必须从各个领域推进国家治理体系和治理能力现代化。”②

① 《习近平谈治国理政》第 1 卷，外文出版社，2018，第 91 页。

② 《习近平谈治国理政》第 1 卷，外文出版社，2018，第 91~92 页。

四　现代化的价值表征：现代性价值观的确立与生成

现代化作为一个持续的发展过程，最终还是需要落实到现代性价值观的确立与生成上。现代性价值观大致而言包括两个方面，一是针对共同体的，包括针对国家以及针对社会的，表明的是现代社会对待政治共同体与社会共同体应该具有什么样的价值理念，比如理性爱国、信仰法治、注重参与、追求和谐、维护公正、讲求诚信、重视公益等；二是针对公民个人的，表明的是现代社会对待公民个人应该具有什么样的价值理念，比如尊重公民的独立人格、个人权利、个体自由、个性发展等。换言之，现代性价值观同时体现于共同体与个人两个领域。

现代性价值观的普遍确立与生成表明一个国家的现代化已经到了一个非常稳定的高质量阶段，其固化在制度体系中，体现在社会交往中，内化在民众思维中。就作为共同体的国家或社会而言，现代性价值理念与思想观念作为共识被广泛接受，其持久而内在，是共同体强大的思想黏合剂与规约定向力量，提供着评判国家工作与社会行为的价值准则。就社会成员个体而言，现代性价值观的确立与生成表明民众被普遍启蒙，既摆脱了传统的等级观念与臣民人格，又在一定程度上形成了对金钱的正确观念，摆脱了现代化早期那种过度的经济冲动与拜金人格，既对自己的权利与自由有较为充分的理解，又对自己的义务与责任有较为充分的认知，成员的独立人格、权利意识、责任观念、公共精神得以形成，人的现代化得以完成。

对于中国共产党而言，必须在经济发展与制度建构的基础上致力于推进形成这样一种现代性的价值观，这是文化现代化的核心所在，是现代化进程中国民性重塑的最终结果。其一，这样一种现代性价值观必须体现以市场经济和民主政治为基础的现代社会的人类共同价值，比如和平、发展、公平、正义、民主、自由等。这就要求我们在价值观的现代化过程中，必须吸纳包括西方国家在内的整个人类所创造的优秀的现代文明成果。其二，这样一种现代性价值观根植于中国优秀传统文化的深厚沃土上，肯定具有中国特色，应该充分体现中国优秀传统文化的理念精华。就此而言，这样一种现代化价值观的塑造意味着传统文化的创造性转化与创新性发展，意味着优秀传统文化时代价值与世界意义的显现。其三，这样一种现代性价值观既然以马克思主义为指导，就应该深刻体现马克思主义的人文关怀与价值追求，马克思主义强调每个人的自由全面发展的人学内涵应该得到更为明确的认可与更为认真的对待。而对每个人自由全面发展的关注必然会凸显社会成员个体化的公民身份以及这一公民身份所承载的权利与自由。特别是随着中国现代化进程中经济腾飞、国家富强等整体性目标的逐步实现，原来掩蔽在整体性目标之中的个体角色将会逐渐凸显。回顾中国艰难曲折的现代化进程可以看到，在至关重要的整体性目标未实现之前，个体发展的目标也难以实现，只能与宏大的整体性目标合二为一，个体服从乃至服务于整体。不论是在挽救民族危亡时期还是在追求国家富强阶段都是如此。而随着国家现代化的不断推进，尤其是工业化、城市化、市场化达到较高程度，使命型政党尽管仍会追求宏大的整体性目标，但也将会更为关注社会成员个体的权利与发展。这既是中国现代化发展的必然趋势，也是马克思主义价值追求的题中应有之义。

价值观的现代化不仅对于中国现代化和中华民族的伟大复兴而言意义重大，更为重要的是对始终致力于对人类作出更大贡献的马克思主义使命型政党而言，其将会在世界上树立一种现代性价值观的典范。这种现代性价值观既体现现代人类文明的共同价值，又根植于中国国情与中国文化传统，既借鉴资本主义的文明理念，又体现出社会主义的价值底蕴。这样一种现代性价值观是中国文化软实力的核心性支撑，配合中国的硬实力，其将会助力中华文化确立起在世界上的引领地位。对于具有天下情怀、雄心壮志的共产党人而言，引领世界文明潮流是其实现伟大使命与高远理想的必然要求。有效的制度模式、柔性的价值引领双轮驱动，将会使中国在成为现代化强国的同时真正走近世界舞台的中心。

五　结语：政党主导型现代化的特点

中国的现代化属于比较典型的政党主导型，那么中国共产党主导推动的现代化具有何种特点呢？分析中国现代化的实际进程与未来走向，对此可从以下几个方面予以总结。一是注重规划设计与组织动员。中国的现代化属于后发追赶型，而要追赶，党和国家就必须最大限度地整合民众力量，通过规划设计明确任务重点，将资源予以集中调配使用。尽管随着现代化的推进，那种将民众直接组织起来的整合机制、那种普遍而强制性的计划思维、那种以纯粹公有为基础的资源集中模式已经发生了深刻的改变，但是中国共产党这种注重动员、规划、集中的行为逻辑本身很难发生多大变化，而是始终保持很大程度的一贯性。这是由中国现代化的历史背景与社会条件所决定的。二是具有使命情怀与高远立意。中国的现代化尽管是追赶型的，但是从一开始就被赋予了特殊的意义与伟大的使命，那就是寻找一条不同于资本主义的现代化道路，塑造一种不同于资本主义的现代化模式，超越资本主义并贡献于世界与人类。这是由马克思主义作为指导思想所决定的，是由社会主义的国家性质所决定的，中国共产党人对此有非常清醒的意识。毛泽东如此，邓小平如此，习近平亦是如此。正如党的十九大报告明确指出的："中国特色社会主义进入新时代，……意味着中国特色社会主义道路、理论、制度、文化不断发展，拓展了发展中国家走向现代化的途径，给世界上那些既希望加快发展又希望保持自身独立性的国家和民族提供了全新选择，为解决人类问题贡献了中国智慧和中国方案。"① 这一特点使得中国的现代化起点虽低，追求却高。三是强调政党建设与自我革命。中国现代化既然是由政党主导推动，政党自身建设就至为关键。在现代化进程中，共产党必须处理好党和人民的关系、党和国家的关系、党和法的关系、国家和社会的关系、政府和市场的关系、理论和实践的关系、理想与现实的关系，科学执政、民主执政、依法执政，不断提高领导水平与执政能力。特别是中国共产党作为中国的领导力量和唯一的执政党，强调刀刃向内的自我革命极为必要，这种自我革命实为中国共产党承担使命所必需。

---

① 习近平：《决胜全面建成小康社会 夺取新时代中国特色社会主义伟大胜利——在中国共产党第十九次全国代表大会上的报告》，人民出版社，2017，第10页。

马克思主义使命型政党的伟大建党精神*

——基于中国共产党特质的分析视角

李海青

在庆祝中国共产党成立100周年大会上的重要讲话中，习近平明确提出了中国共产党的伟大建党精神。“一百年前，中国共产党的先驱们创建了中国共产党，形成了坚持真理、坚守理想，践行初心、担当使命，不怕牺牲、英勇斗争，对党忠诚、不负人民的伟大建党精神，这是共产党的精神之源。”① 之所以能够形成这样的伟大建党精神，归根结底是由中国共产党的政党特质所决定的，换言之，有什么样的政党特质就会有什么样的建党精神，不同的政治特质则会形成不同的建党精神。那么，中国共产党根本而言是一个什么性质的政党？其政党特质是什么，与其他政党的最根本区别又是什么？根本而言，中国共产党是一个典型的马克思主义使命型政党，正是这一政党特质决定了中国共产党的伟大建党精神，决定了中国共产党与其他任何类型政党的显著区别。所谓马克思主义使命型政党，是指以马克思主义及其中国化的理论成果为指导，以人民至上为价值宗旨，致力于实现中华民族伟大复兴，致力于对人类社会作出更大贡献，最终致力于实现共产主义，积极促进人的解放与自由全面发展、社会全面进步，具有强烈历史主体意识和责任担当情怀的政党类型。只有深刻把握中国共产党作为马克思主义使命型政党的特质，才能更为透彻准确地理解伟大建党精神的提出及内涵。本文试从这一视角对此问题予以分析。

---

* 本文原载于《马克思主义理论学科研究》2021年第7期，收入本书时有改动。

① 习近平：《在庆祝中国共产党成立100周年大会上的讲话》，人民出版社，2021，第8页。

一　坚持真理、坚守理想：马克思主义使命型政党的理论品格

鸦片战争以后，近现代中国逐步沦为半殖民地半封建社会，为了挽救民族危亡、实现民族独立，国内的各个阶级都进行了持续的探索：封建统治内部的洋务派推行洋务运动，资产阶级维新派实行戊戌变法，资产阶级革命派进行辛亥革命，但无一克臻全功，最终结果还是军阀割据，对内不统一，对外不独立。这说明，这些政治力量，不论是封建集团中的自强势力也好，还是当时孱弱的资产阶级也好，皆无力应对危局，扶大厦之将倾，拯黎民于水火。这些政治力量的指导思想与政治理念，不论是传统的儒家学说，还是西方的启蒙之学，皆不适用于当时中国之救亡大势。特别是新文化运动和五四反帝爱国运动，一方面深刻地批判了中国传统宗法伦理与封建糟粕，有力证明了其总体而言对于中国救亡已无能为力；另一方面也打破了对西方资本主义文明的盲目迷信，认识到西方文明的深刻弊端与虚伪性，有力证明了资本主义文明也并非中国之救世良方。在这种情况下，中国的救亡图存呼唤新的科学理论作为指导，呼唤奉行科学理论指导的新的政治力量的诞生。而俄国十月革命的爆发，使得马克思主义在中国当时先进知识分子中开始产生巨大而广泛的影响，给苦苦寻求救亡之道、独立之路的先知先觉者以光明和希望。“近代中国的知识分子是怀着十分矛盾的心理学习西方的。他们无法回归传统，又不能与表现为殖民主义的西方资本主义相结合。马克思主义的建构本身，就是对西方资本主义价值观的否定与超越。它不仅可以为中国先进分子提供所关心问题的合理答案，而且与其民族感情不相冲突，因而受到普遍欢迎。从一定意义上说，马克思主义是在中国先进知识分子陷入认同危机的极度痛苦而不能自拔的情况下，走入他们心灵并受到崇信的。”①

① “马克思主义中国化的历史进程和基本经验”课题组：《马克思主义中国化研究》，人民出版社，2009，第 68 页。

如果说俄国十月革命的发生对于推动马克思主义在中国的迅速传播是个有利契机，马克思主义本身的理论特质则使得其在中国的迅速传播具有了很大必然性。马克思主义作为人类文明的智慧结晶，是对封建主义文化的超越，是对资本主义文明的扬弃，具有高度的人民性、真理性、实践性、开放性。在近现代中国的历史语境下，马克思主义对历史发展规律的剖析、对阶级斗争理论的阐发、对社会进步信念的肯定、对人类共产主义前景的揭示、对人民群众主体地位的强调、对无产阶级历史作用的宣告、对工人政党历史使命的论述、对受压迫国家与弱势群体的同情，契合了近现代中国国家独立与民族解放的需要，使其在十月革命与五四爱国运动之后成为西学东渐思潮中的执牛耳者。在此要特别强调一下唯物史观与马克思主义建党学说的巨大意义。马克思主义的唯物史观通过对历史规律的科学阐述超越了中国传统的循环史观与变易史观，也超越了近代传入中国，虽有进步启蒙意义但又无法真正讲清历史内在机制的进化史观，以一种崭新的历史思维、巨大的逻辑力量提供了一幅清晰明确的历史进步图景，给了当时的先进知识分子巨大的启示鼓舞。马克思主义建党学说十分强调无产阶级建立政党的历史必要性，强调共产党的历史使命、性质特点，对于中国先进知识分子建立无产阶级政党发挥了强劲的促进作用。就这样，“在中国人民和中华民族的伟大觉醒中，在马克思列宁主义同中国工人运动的紧密结合中，中国共产党应运而生。中国产生了共产党，这是开天辟地的大事变，深刻改变了近代以后中华民族发展的方向和进程，深刻改变了中国人民和中华民族的前途和命运，深刻改变了世界发展的趋势和格局”①。可以说，没有马克思主义的科学理论，就没有作为马克思主义使命型政党的中国共产党。

马克思主义是科学的理论，但作为世界性学说的马克思主义是基于对人类社会发展一般规律的把握而形成的总的指导原理，其作为认识工具提供的是观察、分析和解决问题的一般方法论原则，而不是现成的答案。“马克思的历史理论是任何坚定不移和始终一贯的革命策略的基本

① 习近平：《在庆祝中国共产党成立100周年大会上的讲话》，人民出版社，2021，第3页。

条件；为了找到这种策略，需要的只是把这一理论应用于本国的经济条件和政治条件。”① 在这种情况下，中国共产党人在接受马克思主义的时候，实际上同时也就接受了一项艰巨的任务——如何使马克思主义适合中国的国情，把马克思主义中国化。换言之，对于中国共产党人来说，在运用马克思主义时，一定要将其与本国具体实际和中华优秀传统文化相结合，深入研究当前的实践，分析中国革命、建设与改革中的重大现实问题，切实把握当前的主要矛盾，把马克思主义中与当前实践密切相关的方面发掘出来，找准结合点，在实际应用中将之具体化为符合中国实际、指导中国现实实践的科学理论、路线、方针、政策，并用实践中产生的新观点、新经验来丰富和发展马克思主义。正是基于此，百年进程中，我们党深刻总结经验教训，注重解放思想，打破本本主义与经验主义，逐渐形成并牢固确立了实事求是的思想路线：一切从实际出发，理论联系实际，实事求是，在实践中检验真理和发展真理。

按照实事求是的思想路线，我们制定路线、方针、政策的出发点不是本本，而是具体的实际。因为，正像马克思恩格斯在《德意志意识形态》中指出的：“不是意识决定生活，而是生活决定意识。”② 中国的具体实际包括中国的历史与现实，中国的经济、政治、文化、社会状况，自然、人口、民族、宗教状况，阶级阶层状况，中国社会的性质、形势与主要矛盾，中国的外部环境与对外关系等，而中国社会的性质特点、问题挑战、主要矛盾则构成具体实际的主要内容。而要真正把握中国具体实际，就必须进行艰苦的调查研究、实践探索、分析概括、归纳总结工作，这绝非易事。正是在这个意义上，我们党才特别强调马克思主义的实践认识论，强调“从群众中来，到群众中去”的深入细致的调查研究。“通过实践而发现真理，又通过实践而证实真理和发展真理。从感性认识而能动地发展到理性认识，又从理性认识而能动地指导革命实践，改造主观世界和客观世界。实践、认识、再实践、再认识，这种形式，循环往复以至无穷，而实践和认识之每一循环的内容，都

① 《马克思恩格斯文集》第 10 卷，人民出版社，2009，第 532 页。

② 《马克思恩格斯文集》第 1 卷，人民出版社，2009，第 525 页。

比较地进到了高一级的程度。这就是辩证唯物论的全部认识论，这就是辩证唯物论的知行统一观。”① 也正是致力于把马克思主义同中国具体实际相结合，以现实问题为基点来运用马克思主义，中国共产党才能够在理论上发展马克思主义，在实践中带领全国人民取得一个又一个伟大胜利。

马克思主义中国化，不仅意味着马克思主义的基本原理与基本方法要运用于中国实际，马克思主义的价值理念与理想目标也要中国化。换言之，中国共产党人在坚持共产主义最高理想的同时，必须要将马克思主义的价值理念与中国实际及时代要求相结合，确立符合中国特定发展阶段、解决特定阶段核心问题与主要矛盾的实践蓝图与目标理想。改革开放以后，我们党既坚持科学社会主义基本原则，又根据时代条件赋予其鲜明的中国特色，既吸收中华优秀传统文化的精华，又借鉴其他国家的合理经验，开创和发展了中国特色社会主义道路，提出了中国特色社会主义共同理想这一奋斗目标。中国特色社会主义道路“是党和人民历经千辛万苦、付出巨大代价取得的根本成就，是实现中华民族伟大复兴的正确道路。我们坚持和发展中国特色社会主义，推动物质文明、政治文明、精神文明、社会文明、生态文明协调发展，创造了中国式现代化新道路，创造了人类文明新形态”②。在此意义上，中国特色社会主义共同理想，集中代表了当代中国最广大人民群众的共同利益和根本要求，是当代中国社会发展进步与全党全国各族人民团结奋斗的旗帜。基于此，“要教育引导广大党员、干部把践行中国特色社会主义共同理想和坚定共产主义远大理想统一起来，做到虔诚而执着、至信而深厚”③。中国共产党作为马克思主义使命型政党，必须毫不动摇地举起中国特色社会主义伟大旗帜，坚定走中国特色社会主义道路的信念。

---

① 《毛泽东选集》第1卷，人民出版社，1991，第296~297页。

② 习近平：《在庆祝中国共产党成立100周年大会上的讲话》，人民出版社，2021，第13~14页。

③ 《习近平关于全面从严治党论述摘编》，中央文献出版社，2016，第59页。

二　践行初心、担当使命：马克思主义使命型政党的实践要求

对马克思主义真理的信仰，对中国特色社会主义理想的信念，落实到实践活动中，最为根本的就是要求中国共产党人不忘初心并践行初心，牢记使命并且担当使命。

人民性是马克思主义最鲜明的品格，人民至上是中国特色社会主义的价值追求，中国共产党作为马克思主义使命型政党的初心就是为人民谋幸福，必须始终将人民放在心中最高位置。在标志着马克思主义诞生的《共产党宣言》中，马克思恩格斯就明确指出：共产党人没有任何同整个无产阶级的利益不同的利益，其所代表的就是无产阶级与广大劳动人民的利益，追求的是每个人的自由全面发展与整个社会的进步和谐。中国共产党自诞生之日起，就以全心全意为人民服务为价值宗旨，不仅把自己作为中国工人阶级的先锋队，同时也自觉作为中国人民和中华民族的先锋队。在百年历程中，中国共产党以高度的历史责任感和使命担当意识，作为中国人民和中华民族利益的忠实代表，教育人民、引导人民、组织人民、为了人民，矢志不渝、顽强奋斗，沐风栉雨、砥砺前行，创造了举世瞩目的辉煌成就，践行了自己的初心与承诺。“江山就是人民、人民就是江山，打江山、守江山，守的是人民的心。中国共产党根基在人民、血脉在人民、力量在人民。中国共产党始终代表最广大人民根本利益，与人民休戚与共、生死相依，没有任何自己特殊的利益，从来不代表任何利益集团、任何权势团体、任何特权阶层的利益。”①

中国共产党作为马克思主义使命型政党的一个主要特点就是主动宣示对于人民的初心，自己主动承担对于人民的代表角色，这种主动宣示和主动承担同西方选举型政党是有极大差别的。如果说西方选举型政党的政治认同来源于选举授权，那么民众对于中国共产党的政治认同则来

---

① 习近平：《在庆祝中国共产党成立 100 周年大会上的讲话》，人民出版社，2021，第 11~12 页。

源于其基于初心的主动积极作为，来源于其对于民众利益的高度关心、切实维护与有效实现。这样，共产党主动作为在先、宣教在先、付出在先，民众对此的感知、理解、认同在后，随着中国共产党对于初心的不断有效践行，对于自身代表角色的持续有效承担，人民群众认识到共产党是代表自己利益的，认识到共产党是真心为了自己的，就会在内心深处逐渐形成与党的“一体感”“我们感”“亲切感”，最佳效果就是我们通常说的“鱼水深情”“骨肉亲情”。这种发自内心的认同无疑比单纯的选举认同更为扎实、更为深刻、更为稳固，是中国共产党真正的伟力之源。

初心作为一种价值理念，必须要有使命来承载。使命是初心的实践体现和实现形式，初心凝成使命，使命承载初心，两者实际上是一而二，二而一的关系。“中国共产党一经诞生，就把为中国人民谋幸福、为中华民族谋复兴确立为自己的初心使命。一百年来，中国共产党团结带领中国人民进行的一切奋斗、一切牺牲、一切创造，归结起来就是一个主题：实现中华民族伟大复兴。”① 当然，中国共产党作为马克思主义使命型政党，不仅承担着民族复兴的历史使命，还承担着对人类的更大贡献和最终实现共产主义的历史使命，但中华民族的伟大复兴是最为基础性的历史使命。整个马克思主义中国化的进程，整个中国革命、建设与改革的进程，整个中国共产党带领中国人民的奋斗历程，都是实现中华民族伟大复兴的进程。习近平在庆祝中国共产党成立 100 周年大会上的讲话中指出，百年进程中，“为了实现中华民族伟大复兴，中国共产党团结带领中国人民……创造了新民主主义革命的伟大成就……创造了社会主义革命和建设的伟大成就……创造了改革开放和社会主义现代化建设的伟大成就……创造了新时代中国特色社会主义的伟大成就……实现中华民族伟大复兴进入了不可逆转的历史进程！”② 应该看到，在近现代以来中国历史舞台上出现的各种政治力量中，并非只有中国共产党主张民族复兴的历史使命，有的政治团体与党派也有过宣告与追求，也并非只

① 习近平：《在庆祝中国共产党成立 100 周年大会上的讲话》，人民出版社，2021，第 3 页。

② 习近平：《在庆祝中国共产党成立 100 周年大会上的讲话》，人民出版社，2021，第 4~7 页。

有近些年特别是党的十八大以后民族复兴才被广泛强调，在20世纪三四十年代，基于外国侵略、民族危亡的形势，民族复兴就是一个比较热的词，但历史证明，只有中国共产党能担此伟大使命。“办好中国的事情，关键在党。中华民族近代以来180多年的历史、中国共产党成立以来100年的历史、中华人民共和国成立以来70多年的历史都充分证明，没有中国共产党，就没有新中国，就没有中华民族伟大复兴。”① 中国共产党之所以能，和中国共产党作为马克思主义使命型政党的特征有分不开的关系。高尚的价值情怀、自觉的使命担当、高效的组织动员、持续的探索创新、正确的大政方针、科学的原则路线、有效的思维方式、积极的学习借鉴、不断的自我革命，使得中国共产党的领导能力不断增强，领导水平不断提升，领导艺术不断提高，历史、民族和人民从而最终选择了中国共产党。

三　不怕牺牲、英勇斗争：马克思主义使命型政党的精神力量

坚持真理、坚守理想，践行初心、担当使命，都绝非轻轻松松的事情，而是需要英勇的斗争、艰辛的付出，乃至巨大的牺牲。

之所以需要英勇斗争，是因为党要实现的历史使命极其伟大，实现使命的任务极为艰巨，任务的实现面临着国内外重重的阻力与挑战，各种敌对势力始终存在。在此，斗争的含义是极为丰富的，涉及经济、政治、意识形态、军事、自然界等各个领域，包括各种各样的手段与方法，所以，对于我们党所提的斗争应作广义理解，而不能仅仅局限于军事领域。不仅革命战争年代需要英勇斗争，和平建设和改革时期同样也需要艰苦奋斗、英勇斗争。没有斗争就没有进步，就无法战胜敌人、攻坚克难、化解风险、应对挑战，就无法有效地实现历史使命。建党百年中国共产党取得的所有伟大成就都是英勇斗争并且善于斗争的结果。“敢于斗争、敢于胜利，是中国共产党不可战胜的强大精神力量。实现伟大梦想就要顽强拼搏、不懈奋斗。

① 习近平：《在庆祝中国共产党成立100周年大会上的讲话》，人民出版社，2021，第10~11页。

今天，我们比历史上任何时期都更接近、更有信心和能力实现中华民族伟大复兴的目标，同时必须准备付出更为艰巨、更为艰苦的努力。”① “夺取坚持和发展中国特色社会主义伟大事业新进展，夺取推进党的建设新的伟大工程新成效，夺取具有许多新的历史特点的伟大斗争新胜利，我们还有许多‘雪山’、‘草地’需要跨越，还有许多‘娄山关’、‘腊子口’需要征服，一切贪图安逸、不愿继续艰苦奋斗的想法都是要不得的，一切骄傲自满、不愿继续开拓前进的想法都是要不得的。”②

斗争就会有付出乃至牺牲。中国共产党的入党誓词就强调，共产党员要随时准备为党和人民牺牲一切。自中国共产党诞生，这种牺牲精神一直传承至今。正所谓“革命理想高于天”“砍头不要紧、只要主义真”“为有牺牲多壮志，敢教日月换新天”。中国共产党人这种视死如归的大无畏牺牲精神，来源于对马克思主义真理的坚信，来源于对自身事业正义性的坚信，来源于对自身使命崇高神圣的坚信，来源于对自身为之奋斗牺牲的美好社会必然会到来的坚信。“以中国最广大人民的最大利益为出发点的中国共产党人，相信自己的事业是完全合乎正义的，不惜牺牲自己个人的一切，随时准备拿出自己的生命去殉我们的事业。”③ “‘石可破也，而不可夺坚；丹可磨也，而不可夺赤。’理想信念的坚定，来自思想理论的坚定。认识真理，掌握真理，信仰真理，捍卫真理，是坚定理想信念的精神前提。中国共产党人的理想信念，建立在马克思主义科学真理的基础之上，建立在马克思主义揭示的人类社会发展规律的基础之上，建立在为最广大人民谋利益的崇高价值的基础之上。我们坚定，是因为我们追求的是真理。我们坚定，是因为我们遵循的是规律。我们坚定，是因为我们代表的是最广大人民根本利益。”④ “这种信仰和信念，

---

① 习近平：《在庆祝中国共产党成立 100 周年大会上的讲话》，人民出版社，2021，第 17 页。

② 《习近平关于“不忘初心、牢记使命”重要论述选编》，党建读物出版社、中央文献出版社，2019，第 246 页。

③ 《毛泽东选集》第 3 卷，人民出版社，1991，第 1096~1097 页。

④ 《习近平关于“不忘初心、牢记使命”重要论述选编》，党建读物出版社、中央文献出版社，2019。

可以内化为革命者的内在动力，使其变得崇高而无所畏惧，他已与历史的‘大我’——人民联成了一体，已与历史发展的‘必然性’联成了一体。革命者一切的苦难、牺牲都在革命胜利后的礼炮中得到彰显：‘忽报人间曾伏虎，泪飞顿作倾盆雨。’那是多么壮丽、崇高的人生啊！渺小的个体汇入革命的洪流，在达于人类解放的共产主义壮阔航程中化为永恒。”① 中国共产党人为了人民群众的利益慷慨赴死，并将这种牺牲视为自己人生的应然追求与最高意义，共产党人与人民群众之间这种特殊的伦理关系可以称为伟大的生死伦理，这是一种典型的责任伦理、义务伦理与使命伦理。基于这种坚定的理想信念，基于这种与众不同的精神力量，基于这种取义成仁的精神状态，可以说共产党人确实是“用特殊材料制成的”，这是共产党人安身立命之本，是中国共产党作为马克思主义使命型政党的显著标志。基于这种信仰信念与精神追求，人全部的能力、能量才能被充分地激发调动，中国共产党人才能百折不挠、坚韧不拔、无坚不摧，无往而不胜。也正是通过这种奋斗乃至牺牲，共产党人才真正地感动了人民，教育了人民，唤起了人民一起奋斗，凝聚起战胜一切艰难险阻的无穷伟力。

四　对党忠诚、不负人民：马克思主义使命型政党的政治品格

伟大建党精神最终要落实到对每一个党员的政治品格与党性要求上，而最为根本的就是对党忠诚、不负人民。“忠于党、忠于人民、无私奉献，是共产党人的优秀品质。党的事业、人民的事业，是靠千千万万党员的忠诚奉献而不断铸就的。不忘初心，方得始终。全国广大共产党员要始终在党爱党、在党为党，心系人民、情系人民，忠诚一辈子，奉献一辈子。”②

---

① 李佑新主编《毛泽东研究》，湘潭大学出版社，2011，第 64 页。

② 《习近平关于“不忘初心、牢记使命”重要论述选编》，党建读物出版社、中央文献出版社，2019，第 180~181 页。

马克思主义是中国共产党的指导思想，共产主义与中国特色社会主义是中国共产党的理想信念，不忘初心、牢记使命是中国共产党内在的价值追求，勇于斗争、敢于牺牲是中国共产党自觉的精神状态，所以每一个加入中国共产党的党员都要做到坚持真理、坚守理想，践行初心、担当使命，不怕牺牲、英勇斗争，而这在组织要求上就必须做到对党忠诚。中国共产党是伟大建党精神的组织载体，弘扬伟大建党精神就必须切实对党忠诚，这是共产党人的首要政治品质。正如入党誓词所表明的，对党员个体来说，志愿加入中国共产党就意味着拥护党的纲领，遵守党的章程，履行党员义务，执行党的决定，严守党的纪律，保守党的秘密，对党忠诚，积极工作，为共产主义奋斗终生，随时准备为党和人民牺牲一切，永不叛党。宣誓入党实际上就是同党签订了一份使命型契约：由于高度认同党的主义与主张，自觉加入党的组织，为了党的使命而奋斗，严格按照组织规章行为，忠诚于党。宣誓仪式就相当于签约仪式。如果违背了入党誓词，违反了同党签订的使命型契约，背叛了党，给党的事业造成了损失，就要受到党规党纪的惩罚。只有每个成员都对党忠诚，整个党组织才能凝心聚力，才能富有战斗力，才有可能完成使命。当然，“对党忠诚，不是抽象的而是具体的，不是有条件的而是无条件的，必须体现到对党的信仰的忠诚上，必须体现到对党组织的忠诚上，必须体现到对党的理论和路线方针政策的忠诚上”①。特别是党员“要严守政治纪律，在政治方向、政治立场、政治言论、政治行为方面守好规矩，自觉坚持党的领导，自觉同党中央保持高度一致，自觉维护党中央权威。党中央提倡的坚决响应，党中央决定的坚决照办，党中央禁止的坚决杜绝，决不允许上有政策、下有对策，决不允许有令不行、有禁不止，决不允许在贯彻执行中央决策部署上打折扣”②。

党性和人民性是内在统一的，对党忠诚也就意味着忠于人民、人民至上、不负人民。其一，不负人民要求我们要把实现好、维护好、发展好最广大人民根本利益作为一切工作的出发点和落脚点。中国共产党所

---

① 《习近平谈治国理政》第2卷，外文出版社，2017，第189页。

② 《习近平谈治国理政》第2卷，外文出版社，2017，第143页。

有的理论观点、理念主张和大政方针不仅表明党是一个典型的马克思主义使命型政党，自己明确初心，自己认定使命，同时，这些理论观点、理念主张和大政方针也是对人民群众的一种承诺：承诺作为人民利益的忠实代表，为了人民的解放与发展，为了人民的现实利益特别是长远利益、根本利益与整体利益而奋斗，承诺在党的领导下人民一定能够过上美好幸福的生活，未来的理想社会一定会到来。正所谓一诺千金，言必信，行必果，中国共产党决不能言而无信，辜负了人民的信任、委托与期望。基于对马克思主义的科学信仰与历史发展规律的深刻认知，中国共产党作为马克思主义使命型政党百年来秉持“我将无我，不负人民”的初心本色，始终把人民的利益放在首位，严肃而忠诚地兑现了自己的庄严承诺，从而鲜明地体现了共产党人的党性品格。其二，不负人民绝不意味着把人民视为被单纯恩赐的消极客体。按照马克思主义唯物史观特别是群众史观，从事实践活动的人民群众归根结底是历史的真正主体，马克思主义党群关系的要义就是通过党的教育、引导、启发、组织使人民群众逐渐认识到自己的主体地位，自己起来解放自己、发展自己，充分发挥自己的积极性、能动性、自觉性，争取自己的美好幸福生活。“确认这个关于党的观念，就是确认党没有超乎人民群众之上的权力，就是确认党没有向人民群众实行恩赐、包办、强迫命令的权力，就是确认党没有在人民群众头上称王称霸的权力。”① 在此意义上，不负人民要求，一切依靠人民，切实尊重人民主体地位，注重发挥人民首创精神，保证人民当家作主。其三，不负人民意味着人民是我们各项工作成败得失的最终评判者。党的领导水平和执政成效都不是由自己说了算，必须而且只能由人民来评判。时代是出卷人，我们是答卷人，人民是阅卷人，党的各项工作必须要不断切实增强广大人民群众的获得感、幸福感、安全感，党领导与执政的绩效最终必须落实到广大人民群众的实际利益满足与实际感受上才是合理的。

① 《邓小平文选》第 1 卷，人民出版社，1994，第 218 页。

群众路线与使命型政党的成功之道*

李海青

中国共产党立志于中华民族千秋伟业，百年恰是风华正茂。作为百年大党，尤其是在社会主义国家领导与执政的马克思主义使命型政党，中国共产党的成功绝非偶然。当然，对于中国共产党的成功经验可以从不同层面、不同角度进行概括，既可以专注其战略制胜之道，也可以探究其战术执行之策。本文不拟在战术层面进行具体因素的剖析，而是要聚焦党的群众路线这一大的战略问题做一论述。群众路线是一个典型的马克思主义中国化的范畴。马克思主义经典作家尽管围绕人民群众的历史地位以及党群关系有诸多精辟深刻论述，但并没有在理论上形成一个涵括基本观点与根本方法在内的较为系统的内容架构。在马克思主义中国化过程中，中国共产党人将马克思主义的群众史观应用于中国的具体国情，经过艰辛探索与理论总结，最终形成了一切为了群众、一切依靠群众，从群众中来、到群众中去，把党的正确主张变为群众的自觉行动的群众路线，并将这一路线上升到党的生命线和根本工作路线的高度。

党的文献中，关于群众路线最为集中、最为经典的论述主要见于如下三处。一是 1943 年 6 月毛泽东在《关于领导方法的若干问题》一文中的精辟概括："在我党的一切实际工作中，凡属正确的领导，必须是从群众中来，到群众中去。这就是说，将群众的意见（分散的无系统的意见）集中起来（经过研究，化为集中的系统的意见），又到群众中去作

* 中宣部文化名家暨"四个一批"人才资助项目"马克思主义使命型政党研究"的阶段性成果。本文原载于《山东社会科学》2021 年第 3 期，收入本书时有改动。

宣传解释，化为群众的意见，使群众坚持下去，见之于行动，并在群众行动中考验这些意见是否正确。然后再从群众中集中起来，再到群众中坚持下去。如此无限循环，一次比一次地更正确、更生动、更丰富。这就是马克思主义的认识论。”① 二是 1945 年 4 月毛泽东在《论联合政府》一文中对群众路线的核心内容的进一步阐述：“我们共产党人区别于其他任何政党的又一个显著的标志，就是和最广大的人民群众取得最密切的联系。全心全意地为人民服务，一刻也不脱离群众；一切从人民的利益出发，而不是从个人或小集团的利益出发；向人民负责和向党的领导机关负责的一致性；这些就是我们的出发点。”② 三是 1945 年 5 月刘少奇在《关于修改党章的报告》中对党的群众路线的专门论述：“党的群众路线，是我们党的根本的政治路线，也是我们党的根本的组织路线。”③ “所谓密切联系人民群众的路线，就是党的群众路线，毛泽东同志的群众路线，就是要使我们党与人民群众建立正确关系的路线，就是要使我们党用正确的态度与正确的方法去领导人民群众的路线，就是要使我们党的领导机关和领导人与被领导的群众建立正确关系的路线。”④ “一切为了人民群众的观点，一切向人民群众负责的观点，相信群众自己解放自己的观点，向人民群众学习的观点，这一切，就是我们的群众观点。”⑤ 从以上经典论述可以看出，群众路线实际上是要通过一套比较系统化的运作机制来有效建构党与人民群众之间的良性互动关系，良性互动关系和有效运作机制是把握群众路线作为党的生命线与根本工作路线的两个关键点。

一 “一切为了群众”与党民之间的道义性心理契约

中国共产党并不是中国近现代历史上第一个，也不是唯一一个致力

① 《毛泽东选集》第 3 卷，人民出版社，1991，第 899 页。

② 《毛泽东选集》第 3 卷，人民出版社，1991，第 1094~1095 页。

③ 《刘少奇选集》（上），人民出版社，1981，第 342 页。

④ 《刘少奇选集》（上），人民出版社，1981，第 348 页。

⑤ 《刘少奇选集》（上），人民出版社，1981，第 354 页。

于实现民族独立与人民解放的政党，孙中山的政党实践就早于中国共产党的建立，战争年代与中国共产党并肩奋斗的各个民主党派也都怀有救国济民之志，但是，只有中国共产党实现了自己的价值追求，成为中华民族实现命运转折的中流砥柱。之所以如此，很大程度上是因为中国共产党形成了一条以科学思想为指导、以组织力量来保障、以党员先锋来引领、一切为了群众的群众路线。

中国共产党作为马克思主义政党有一个巨大的优点，就是有一个科学的世界观作为基础。马克思主义作为科学的世界观揭示了生产力在人类社会发展中的决定性作用，揭示了人类社会的发展规律，揭示了共产主义代替资本主义的历史必然，指出了代表生产力发展方向的无产阶级及其政党在此过程中所应肩负的历史使命，勾勒了未来理想社会中自由人联合体的理想图景。在《共产党宣言》中，马克思恩格斯特别强调，过去的一切运动都是少数人的，或者为少数人谋利益的运动，无产阶级的运动则是绝大多数人的，为绝大多数人谋利益的独立的运动，而作为无产阶级先进分子的共产党人没有任何同整个无产阶级的利益不同的利益。“始终同人民在一起，为人民利益而奋斗，是马克思主义政党同其他政党的根本区别。”① 正是基于马克思主义这样一种科学的世界观与彻底的人民立场，基于对历史必然规律的理解与认同，中国共产党人民至上的价值情怀深深根植于内心、体现于行动，显得尤其强烈。按照马克思主义政党学说的理论逻辑，共产党的存在就是要实现无产阶级与广大人民群众的解放与自由全面发展，这是共产党的存在依据与存在价值，是共产党出生的合法证明，也是共产党人的初心和使命。人类历史上没有一个政党像马克思主义政党一样明确地将最广大人民群众置于心中最高位置，以实现人民解放与自由全面发展为初心与使命，具有这样鲜明的人民性。在此意义上，中国共产党是一个典型的马克思主义使命型政党。

中国共产党这样一种人民情怀与使命担当是以有效的组织机制来保障的。众所周知，在世界所有政党类型中，马克思主义政党本来就是以

① 习近平：《在纪念马克思诞辰 200 周年大会上的讲话》，人民出版社，2018，第 23 页。

组织性与纪律性而著称的。特别是中国共产党，更是极为强调组织体系的严密、组织纪律的严格、组织作风的严谨、组织机构的健全，强调党的思想一致必须用组织统一来巩固。任何一个社会成员加入党的组织，首先是因为自觉认同党的理论、信仰党的主义，为党的初心所激励、为党的使命所鼓舞，而一旦加入党组织，这种认同与信仰就同时带有了很强的外在组织约束的一面。政党成员如果违背自己的入党誓言，背叛自己的信仰，就要视情况之严重程度受到相应的惩处。就此而言，入党就是与党组织签订一种契约，成为党员就意味着必须服从党章的规定、遵守党的纪律、听从党的指挥、践行党的初心、承担党的使命，入党宣誓本身就是签约仪式，而入党誓词与党章的相关规定则是契约的内容。党员个体与党组织之间的这种契约可以称为使命型契约，因为契约的订立与内容最终都是为了实现党所承担的使命。通过这种契约的订立，订约的个体实现了身份的转化，开始受到组织的有效规范与约束。原来只是作为个体价值追求的信仰与情怀，现在不再是纯个体的事情了，而是被纳入组织共同的事业，而这种组织化大大增强了个体的力量，使个体的价值追求有了强大可靠的组织保障。

初心的实现与使命的担当并非易事，必须充分发挥共产党人的先锋模范作用，让人民监督、受人民评判、全心全意为人民服务，而这就需要党员的巨大付出甚至牺牲。有初心易、守初心难，知使命易、行使命难，难就难在践行初心使命的过程往往伴随着巨大的风险挑战，面临着严峻的形势考验，非意志强大、信念坚定、勇于付出、敢于牺牲者不能有效应对、长期坚持。在我们党的历史上，无数革命先烈舍生取义、杀身成仁，信守了自己入党时的承诺。“我们党从最初起，就是为了服务于人民而建立的，我们一切党员的一切牺牲、努力和斗争，都是为了人民群众的福利和解放，而不是为了别的。这就是我们共产党人最大的光荣和最值得骄傲的地方。……我们要在一切党员和一切人员中，提高自觉性，使我们一切党员和一切人员都在高度自觉的基础上为人民服务，对人民负责。”① 这样一种一切为了群众的立场情怀，这样一种心底无私天地宽的高远境界，这样

① 《刘少奇选集》（上），人民出版社，1981，第348~349页。

一种先锋模范作用的充分发挥，这样一种巨大的付出与牺牲，表明党与人民之间存在着一种具有深厚价值底蕴的伦理关系——生死伦理。只有从中国共产党作为马克思主义使命型政党的特质出发，从中国共产党一切为了群众的价值理念出发，才能更为深刻地理解中国共产党这种不同于西方选举型政党的独特正当性基础。在此意义上，群众路线的提出与践行对于中国共产党的正当性而言，具有极为重要的奠基性意义。

二 “一切依靠群众”与党的力量之源

中国共产党作为使命型政党代表人民，但是这种代表决不能脱离人民，而是必须紧紧依靠人民，必须与人民达成有效的互动，形成整体的合力。马克思主义唯物史观的深刻之处就在于，它揭示了为以往的唯心史观所忽视的人民群众的活动及其对历史发展的作用。“历史活动是群众的活动，随着历史活动的深入，必将是群众队伍的扩大。”① “只有相信人民的人，只有投入生气勃勃的人民创造力泉源中去的人，才能获得胜利并保持政权。”② “先锋队只有当它不脱离自己领导的群众并真正引导全体群众前进时，才能完成其先锋队的任务。”③ 唯心史观将人民群众视为历史发展的被动力量，唯物史观则将人民群众视为历史发展的真正主体。在马克思主义中国化的过程中，中国共产党人有效践行了马克思主义的群众史观，始终强调依靠群众，唤起人民的力量。

在党的历史上，这种对人民力量的唤起是通过多种途径进行的：一是通过思想启蒙，即马克思主义的大众化，使马克思主义的基本观点、马克思主义中国化的理论成果、党的大政方针通过宣传、教育为广大群众所认知、理解、接受、认同、践行，激发民众的主体意识、自觉观念、积极性和能动性。二是通过对群众切身利益的实现与维护，使人民认识到党是自身利益的最佳代表，认识到在党的领导下通过自

① 《马克思恩格斯文集》第1卷，人民出版社，2009，第287页。

② 《列宁全集》第33卷，人民出版社，2017，第61页。

③ 《列宁全集》第43卷，人民出版社，2017，第23页。

己的奋斗可以有效改善自己的生活，获得权利与幸福。这种现实利益的获取，对于唤起民众意义是不言而喻的。三是通过对群众的有效组织，使其凝聚成一个整体。传统社会中，民众的力量之所以难以从根本上持续调动激发，其原子化的分散状态是一个非常重要的原因。正是在这个意义上，马克思将法国小农比作一个个马铃薯，放在一个袋子里看似一个整体，打开来看其实还是一个个分散孤立的、无有机联系的个体。而中国共产党成功的一个关键，就在于彻底改变了传统社会中民众的无组织化或低组织化状态，实现了民众的高度组织化。“把群众力量组织起来，这是一种方针。还有什么与此相反的方针没有呢？有的。那就是缺乏群众观点，不依靠群众，不组织群众，不注意把农村、部队、机关、学校、工厂的广大群众组织起来。”① “我们的同志学会了组织群众的劳动……发动群众的创造力和积极性，加上旁的各项本领，我们就一定可以把日本帝国主义打出去，一定可以协同全国人民，把一个新国家建立起来。”② 历史和实践证明，将原子化的广大群众有效组织起来，是进行伟大斗争、夺取伟大胜利的关键点，实现民族独立如此，实现民族伟大复兴亦是如此。四是通过在政策与制度上对民众赋权实现其主体地位，保障其主体性的有效发挥。在马克思主义中国化的进程中，我们党在这方面可以说既有成功经验，也有深刻教训。在改革开放的新时期，我们党特别强调在政策与制度上有效实现、保障民众各方面的自主权利，这也是中国奇迹诞生的奥秘所在。通过以上四种途径，中国共产党实现了对广大民众的成功唤起，真正调动激发了人民群众的自主性、积极性和能动性，紧紧依靠人民群众克服了一个又一个艰难险阻，取得了革命、建设和改革的辉煌成就。在新时代，我们党要续写中国特色社会主义的光辉篇章，有效应对各种重大风险挑战，进一步推进全面从严治党，仍然必须深深扎根人民之中，汲取、依靠人民之伟力。

---

① 《毛泽东选集》第 3 卷，人民出版社，1991，第 930 页。

② 《毛泽东选集》第 3 卷，人民出版社，1991，第 932~933 页。

三 “从群众中来”与党政策制定的科学性

如果说为党领导的正当性奠定基础凸显的是群众路线的价值维度，作为党的力量之源凸显的是群众路线的功能维度，那么依靠群众制定政策、确保政策的科学性与合理性凸显的则是群众路线的方法维度。依靠群众，一切从群众中来，对于今天的政策制定来说似乎已是老生常谈，其实则不然。一切从群众中来的理念在历史上的形成有其深刻的针对性，在今天仍具有非常重大的现实意义。

就历史而言，在马克思主义中国化的进程中，我们党之所以会逐步形成并高度强调群众路线，很大一个原因就是针对政策制定中存在的主观主义。“我们党内的主观主义有两种：一种是教条主义，一种是经验主义。他们都是只看到片面，没有看到全面。”①

主观主义最突出的表现形式就是本本主义或教条主义：照搬照抄马克思主义经典作家的相关论述，机械执行上级的任务指示，脱离具体实际尤其是民众具体的利益、意见与诉求。在马克思主义指导下，在中国这样一个古老的东方大国到底怎样进行革命与建设，除了经典作家的相关论述以及苏联的某些经验做法外，其他几乎全靠中国共产党自己的艰辛探索。在这种情况下，由于缺乏经验，在思想观念上把马克思主义当作不容置疑的真理体系而对其基本观点与具体判断难做区分，很容易犯将其教条化的错误。确实，在没有经历严重挫折、缺乏深入反思的情况下，要驱除头脑中那种对马克思主义的教条化理解难度是非常大的。尽管有些党的领袖如李大钊、瞿秋白等在接受马克思主义之初，就认识到必须将之与中国的具体实际相结合，但这种认识一开始是极为原则化的，并不深刻，也不可能有效指出较为实际的结合路径。在我们党的历史上，教条主义给党和人民的事业造成了极大的损失。危机倒逼思想解放，惨痛的教训迫使中国共产党开始逐渐打破对马克思主义的教条化理解，毛泽东的《反对本本主义》《矛盾论》《实践论》《改造我们的学

① 《毛泽东选集》第3卷，人民出版社，1991，第819页。

习》等名篇正是在这一背景下写就的。反对本本主义就是要回归现实生活本身，强调矛盾的普遍性与特殊性最终是为了把握中国国情的特殊性，强调理论和实践的关系最终是为了落脚于中国自身的实践需要，改造我们的学习就是要树立有的放矢、实事求是的态度。不论是回归现实生活也好，把握中国的特殊国情与具体实践也好，还是有的放矢、实事求是也好，核心的意思都是要解放思想，一切从实际出发。而要做到解放思想，一切从实际出发，就要深入实践、深入群众、深入基层进行实际调查研究，问需于民、问情于民、问计于民。“共产党的正确而不动摇的斗争策略，决不是少数人坐在房子里能够产生的，它是要在群众的斗争过程中才能产生的，这就是说要在实际经验中才能产生。因此，我们需要时时了解社会情况，时时进行实际调查。”① “没有满腔的热忱，没有眼睛向下的决心，没有求知的渴望，没有放下臭架子、甘当小学生的精神，是一定不能做，也一定做不好的。必须明白：群众是真正的英雄，而我们自己则往往是幼稚可笑的，不了解这一点，就不能得到起码的知识。”② 当然，对于政策制定而言，尽可能全面系统地把握群众的诉求、观点只是一个基础，在此基础上还有一个去粗取精、去伪存真、由此及彼、由表及里的改造、制作、提升的过程。在此过程中，决策者的理论素养尤其是对事物的规律性认识也发挥着极为重要的作用，但从群众中来的决策大方向是正确的，应予以牢牢坚持。可以说，正是从群众中来的群众路线把政策制定的出发点由本本、条条、框框转到广大民众的所想所感所需所知，使政策制定牢牢扎根于现实实践的沃土之中。也正是因为群众路线在马克思主义中国化进程中的重大作用，其才成为毛泽东思想活的灵魂。教条主义除了对经典观点的教条化，还有一个重要表现，就是对上级命令教条化的机械执行，或者说唯上。“共产党内讨论问题，也还有人开口闭口‘拿本本来’。我们说上级领导机关的指示是正确的，决不单是因为它出于‘上级领导机关’，而是因为它的内容是适合于斗争中客观和主观情势的，是斗争所需要的。不根据实际情况进行讨论和

① 《毛泽东选集》第 1 卷，人民出版社，1991，第 115 页。

② 《毛泽东选集》第 3 卷，人民出版社，1991，第 790 页。

审察，一味盲目执行，这种单纯建立在‘上级’观念上的形式主义的态度是很不对的。为什么党的策略路线总是不能深入群众，就是这种形式主义在那里作怪。盲目地表面上完全无异议地执行上级的指示，这不是真正在执行上级的指示，这是反对上级指示或者对上级指示怠工的最妙方法。”① 怎么纠正这种机械执行的教条主义呢？一个重要方面就是要通过调查研究掌握实际情况，了解民众的具体观点与生动诉求，并以此为基点实施政策。

除了本本主义或教条主义，主观主义还表现为经验主义。我们党历史上的经验主义，一是表现为对苏联某些经验做法的照抄照搬，二是表现为对自身某一阶段经验做法在后续阶段的机械搬用。苏联是世界上第一个社会主义国家，无论是革命模式还是建设模式都对社会主义阵营产生了极大影响，在只有此一先例可以借鉴的条件下，对苏联经验的神圣化在一个时期内几乎是无法避免的，这种情况下制定的政策之效果也是可想而知的。毛泽东在革命年代提出马克思主义中国化，新中国成立以后又强调要实现马克思主义与中国具体实际的第二次结合，很大程度上都是针对带有神圣光环的苏联革命与建设模式而言的。对自身历史上某些经验做法的僵化搬用，是经验主义的另一种重要表现形式。历史上的成功经验做法总是具有强烈的首因效应，会给人留下深刻的印象，正是这种首因效应与深刻印象使得后来遇到问题时总是无意识地向过去寻求帮助。

综合而言，不论是本本主义还是经验主义，都需要在经验教训的基础上，最终通过现实实践，通过群众诉求的表达与群众力量的推动来打破。只有立基于现实实践，深入群众调查研究，知民情、晓民意、汇民智，一切从实际出发、实事求是，才有可能制定出科学合理的政策，从而避免政策制定上的主观主义错误。以上分析充分说明了群众路线在政策制定中所具有的重大意义，也说明实事求是的思想路线和从群众中来的群众路线很大程度上是内在相关的，从群众中来是做到实事求是的根本途径，而实事求是的思维与路线则是贯彻群众路线的思想保证。

---

① 《毛泽东选集》第1卷，人民出版社，1991，第111页。

就当今而言，政策制定仍要牢牢秉持群众路线。一方面，只要制定政策，总会面临一个打破主观主义的问题。作为我们党根本指导思想的马克思主义是一个博大精深的思想体系，囿于主观认识或理论本身，我们可能在一定历史时段实现了对某个观点或某些观点的思想解放，但在新的发展阶段仍需要实现对另一个或另一些观点的思想解放。与此同时，在历史发展过程中，人们也容易把一个时期行之有效的经验做法予以固化以应对以后，这种做法可以理解，也较为常见，但其中也包含着经验主义的危险。就此而言，思想解放永无止境，经验主义的破除永无止境，依靠群众活力、智慧推进理论创新与实践发展也永无止境，群众路线具有长久而根本性的指导意义。另一方面，现代社会，民众的主体意识、能力水平、知识素质不断提升，这使得在政策制定中践行群众路线具有了更为现代化的主体基础。党的十八大以来，习近平总书记也反复强调新时代坚持群众路线的重大意义，并指导开展了党的群众路线教育实践活动。“在人民面前，我们永远是小学生，必须自觉拜人民为师，向能者求教，向智者问策；必须充分尊重人民所表达的意愿、所创造的经验、所拥有的权利、所发挥的作用。”①

四　“到群众中去”与党政策实施的有效性

中国共产党的成功不仅在于能够科学地制定政策，也在于能够有效地实施政策。就群众路线而言，从群众中来针对的是政策的制定，到群众中去针对的则是政策的实施。对于政策的有效实施，群众路线一是着眼于解决群众的现实利益问题，二是强调细致扎实的群众思想工作，三是通过群众的实践检验推动政策的调适和进一步科学化。

政策的实施最终是为了解决群众的利益问题，而对群众最直接、最现实、最具体利益的关注则是基础。只有这样，政策才能得到群众的支持，也才能有效调动起群众的积极性与热情，使其认同并服从党的领导。毛泽东等老一辈革命家对于这一点认知极为深刻，有着相当多的明确论

① 《习近平谈治国理政》，外文出版社，2014，第 27 页。

述。“我郑重地向大会提出，我们应该深刻地注意群众生活的问题，从土地、劳动问题，到柴米油盐问题。妇女群众要学习犁耙，找什么人去教她们呢？小孩子要求读书，小学办起了没有呢？对面的木桥太小会跌倒行人，要不要修理一下呢？许多人生疮害病，想个什么办法呢？一切这些群众生活上的问题，都应该把它提到自己的议事日程上。应该讨论，应该决定，应该实行，应该检查。要使广大群众认识我们是代表他们的利益的，是和他们呼吸相通的。要使他们从这些事情出发，了解我们提出来的更高的任务，革命战争的任务，拥护革命，把革命推到全国去，接受我们的政治号召，为革命的胜利斗争到底。”① 针对中国社会主义的建设与发展，邓小平也多次强调，人民是看实际的，一定要使人民得到实惠，得到看得见的物质利益，从切身经验中感到社会主义制度的确值得爱②。中国特色社会主义进入新时代以来，习近平总书记也多次强调要牢固树立以人民为中心的发展思想，切实解决好同老百姓生活息息相关的各种民生问题，使人民获得感、幸福感、安全感更加充实、更有保障、更可持续③。人们奋斗的一切，都同他们的利益有关，群众路线的实施如果不和群众的具体利益与现实诉求相联系，既违背群众路线之价值理念，也会从根本上影响相关政策实施的效果。

政策的实施在很多情况下还必须辅以耐心细致的群众思想工作。这是因为，党的政策是党员干部在综合群众各方面意见与诉求的基础上，结合自己对事物本质与规律的认识，加以提炼与加工而制定的，这样制定出来的政策已经不同于群众杂多的意见，不仅代表着群众具体的、现实的、直接的利益，而且往往代表着群众的整体利益、根本利益与长远利益。但群众囿于自身地位与眼界，更多的是认识到自己眼前的具体利益，对自己的整体利益、根本利益与长远利益则认识不清或认识不到，既如此，其就会对党的政策难以完全理解，甚至有不同程度的抵触。特别是在政策要求其牺牲具体利益、现实利益、直接利益而去追求整体利

---

① 《毛泽东选集》第 1 卷，人民出版社，1991，第 138 页。

② 《邓小平思想年谱（1975～1997）》，中央文献出版社，1998，第 173 页。

③ 《新中国 70 年大事记（1949.10.1～2019.10.1）》（下），人民出版社，2020，第 1842～1843 页。

益、根本利益与长远利益时，更是如此。在这种情况下，扎实、细致、认真的群众工作就是必不可少的。做群众的尾巴，搞尾巴主义固然不行；在群众思想不通时进行强迫命令，搞命令主义也不行。人民群众是实践的主体，共产党人只能是启发者、教育者、组织者，其作用就在于通过教育和组织使人民群众认识到自己的主体地位与历史作用，并将这种作用尽可能充分地发挥出来，以求历史活动的最佳效果，这是党的领导的固有含义和内在要求。在此意义上，群众工作作为人的工作，远不是通过建章立制、健全完善制度就能够替代的。任何制度都只是外在的规定，都无法替代面对面的交流沟通与情感交融式的循循善诱，也替代不了深入人心、打开心锁的群众工作。通过群众工作，政策与制度就可以更好地走进民众的内心，为民众所理解、认同、接纳，政策与制度的实行也就有了更多情感认同的基础，也就会更加顺畅有效。对于群众思想工作的极端重要性，我们党始终予以高度强调。在古田会议决议中，毛泽东就批评了红军中存在的单纯军事主义观点，提出了思想建党、政治建军的理念：红军的打仗，不是单纯地为了打仗而打仗，而是为了宣传群众、组织群众、武装群众，并帮助群众建设革命政权才去打仗的，离了对群众的宣传、组织、武装和建设革命政权等项目标，就失去了打仗的意义，也就失去了红军存在的意义①。他指出，动员群众的方式，不应该是官僚主义的，要把官僚主义方式这个极坏的家伙抛到粪缸里去，每一个同志喜欢的应该是群众化的方式，即每一个工人、农民所喜欢接受的方式②。共产党员要“根据群众的觉悟程度，去启发和提高群众的觉悟，在群众出于内心自愿的原则之下，帮助群众逐步地组织起来，逐步地展开为当时当地内外环境所许可的一切必要的斗争。在一切工作中，命令主义是错误的，因为它超过群众的觉悟程度，违反了群众的自愿原则，害了急性病”③。刘少奇在《论党》中也有非常精辟的论述。“有些同志在自己的工作中不对人民群众负责，不相信群众是自己解放自己，而站

① 《毛泽东选集》第1卷，人民出版社，1991，第86页。

② 《毛泽东选集》第1卷，人民出版社，1991，第124页。

③ 《毛泽东选集》第3卷，人民出版社，1991，第1095页。

在人民群众之上，去代替群众斗争，恩赐群众解放，命令群众行动。他们犯了急性病，表面上积极，然而他们不知道怎样才能把党的口号变为群众自己的口号，怎样才能把党所提出的任务变为群众自己的任务。他们不知道如何才能去启发群众的觉悟并适当地等候群众的觉悟，不知道采取许多步骤去使群众自然而然地革命化，而企图用简单的、生硬的、命令的办法强制群众接受党的口号和任务，并强制群众起来行动。他们违反了群众的自愿原则。”① 而脱离了扎实细致的思想工作，即使好的政策也未必能取得好的效果，反而有可能制造矛盾。特别是在党取得执政地位以后，脱离群众、强迫命令的可能性大大增加了，在这种情况下，尤其需要深刻认识群众思想工作的极端重要性及其不可替代性。党的十八大以来，习近平总书记对于群众工作，特别是基层群众工作和网络群众工作极为重视，强调面对新形势新任务要推动群众工作的改革创新，把群众工作做深做细做实，增强群众工作的亲和力和感染力，提高群众工作的针对性和实效性。

对于党的政策而言，群众路线还可以检验其实施效果，并不断推进其调适与优化。决策者制定的政策到底是否符合实际、符合群众利益，要以广大人民群众为最终的评判主体，要看广大人民群众满意不满意、高兴不高兴、答应不答应、赞成不赞成。任何政策，即使是充分吸纳群众的意见与智慧，即使领导者的水平与素养再高，也无法保证完全符合实际，因为任何政策毕竟只是感性素材基础上理性加工的产物，其正确性与有效性都需要经过群众的实践检验。正是在这个意义上，持续的“到群众中去”提供了政策的有效反馈与调适机制，推动着政策的立、改、废。

五 结语

群众路线是中国共产党人依据马克思主义基本原理而进行的伟大创造。在一定意义上，马克思主义中国化的过程，也就是中国共产党人探

① 《刘少奇选集》（上），人民出版社，1981，第345~346页。

索、创立、运用与发展群众路线的过程。群众路线对于中国共产党不仅具有价值论意义——奠定了中国共产党领导的正当性基础，具有功能论意义——是党的伟力之源，而且具有方法论意义——大大推进了政策制定的科学化和提高了政策实施的有效性。当然，在现代性语境中，应该积极推进群众路线的制度化，从而使人民利益的维护与实现、人民诉求的回应与整合、人民智慧的吸纳与汲取、人民评价的形成与反馈通过民主与法制途径得到制度化的保障。这种制度化比之于主要依靠领导干部来实施群众路线要更为稳定、更加有效，也更符合现代民主政治发展的趋势与规律。一方面，领导干部的水平、时间、精力毕竟有所限制，有一个会不会、能不能的问题；另一方面，还有一个主观觉悟的问题，有一个想不想、愿不愿的问题。会不会和想不想、能不能和愿不愿都会限制领导干部在群众路线实施中作用的发挥，而民主法制的健全完善则可以有效保障人民群众的主体地位，很大程度上解决群众路线实施中过于依赖领导干部的问题。但是，不管如何制度化，不管现代民主法制如何健全完善，条条框框式的制度体系毕竟无法完全替代具有高度能动性的人，传统形式的群众路线仍然具有不可替代的独特功能与巨大价值：领导干部仍然极有必要深入群众，仍然极有必要从群众中来、到群众中去，细致扎实的群众工作特别是思想工作是现代制度无法替代，也难以替代的。牢牢坚持群众路线，一方面继承传统好的经验做法，另一方面根据形势发展与时代需要不断探索和创新其实现形式，乃是中国共产党恒久的成功之道。

从道义性契约到法理性契约：党与民众的双重契约*

李海青

在当代中国的政治生活中，中国共产党与民众的关系毫无疑问具有核心意义。中国共产党是中国的最高政治领导力量，民众则是中国社会发展的依靠力量和价值主体。然而，在当代中国的政治语境下，中国共产党与民众的关系并不是单一的，而是具有双重维度。在这双重维度中，党与民众各自具有不同的角色定位。就党而言，它既是领导党又是执政党，具有双重身份。领导党是在国家政权系统之上或之外发挥作用，依靠的是党预先把握社会发展规律，提出方向性的大政方针，进行耐心细致的群众工作，强调的是党的引领、教育、宣传、组织、号召、凝聚作用；执政党则是进入国家政权系统之内发挥作用，依靠的是民主法治的制度机制、严格合理的程序环节、清晰明确的权责规定、科学有效的现代治理，强调的是党的活动必须符合国家政权机构的运作逻辑，而不能超脱于国家政权机构之外。"'领导'与'执政'是两个重复率和互换使用率极高的概念，从权力的意义上看，或者从支配的意义上看，两者是相通的，都是指主体所具有的对客体施加影响、控制以达到自己目的的能力和过程，但两者不能简单地等量齐观。'领导'偏重政治性质，是指主体基于其道义、价值和理论上的正当性和公信力去说服、劝导、引领对象的过程；'执政'则偏重法理性质，是指主体基于法律、制度和程序上的'合法性'去要求、规范、支配对象的过程。前者……所针对

---

* 本文原载于《马克思主义与现实》2020 年第 1 期，收入本书时有改动。

的是全部社会政治生活；后者主要发生在与公共权力相联系的正式领域，如国家领域中，所针对的是国家政权的运作过程，是取得执政地位的政党以公共权力的强制力为后盾，并以公共权力的名义所采取的行动。”① 相对于领导党的定位，民众的角色是人民。相对于执政党的定位，民众的角色是公民。与这种双重角色定位相对应，党与民众之间达成了两种类型的契约。从理论上深入研究这种双重维度，进一步明确党与民众的不同角色定位以及与之相对应的不同类型契约，对正确处理和进一步推进两者关系的调适优化具有极为重要的意义。

一　领导党与人民之间的道义性契约

党的十九大报告明确规定：“中国特色社会主义最本质的特征是中国共产党领导，中国特色社会主义制度的最大优势是中国共产党领导，党是最高政治领导力量。”② 既然党是最高政治领导力量，那么党领导的对象、目的、方式和方法就必须加以明确。党领导的对象是全国广大人民群众。如果不充分唤起广大人民群众，没有广大人民群众的信任、支持与拥护，党就成了无源之水、无本之木，存在都谈不上，更遑论发挥领导作用。党领导的目的是为中国人民谋幸福、为中华民族谋复兴。这是中国共产党作为马克思主义政党的初心与使命。共产党人“没有任何同整个无产阶级的利益不同的利益”③。“同资产阶级的政党相反，工人阶级的政党不是把人民群众当作自己的工具，而是自觉地认定自己是人民群众在特定的历史时期为完成特定的历史任务的一种工具。共产党——这是工人阶级和劳动人民中先进分子的集合体，它对于人民群众的伟大的领导作用，是不容怀疑的。但是，它之所以成为先进部队，它之所以能够领导人民群众，正因为，而且仅仅因为，它是人民群众的全

① 景跃进等主编《当代中国政府与政治》，中国人民大学出版社，2016，第52页。

② 习近平：《决胜全面建成小康社会 夺取新时代中国特色社会主义伟大胜利》，人民出版社，2017，第20页。

③ 《马克思恩格斯文集》第2卷，人民出版社，2009，第44页。

心全意的服务者，它反映人民群众的利益和意志，并且努力帮助人民群众组织起来，为自己的利益和意志而斗争。确认这个关于党的观念，就是确认党没有超乎人民群众之上的权力，就是确认党没有向人民群众实行恩赐、包办、强迫命令的权力，就是确认党没有在人民群众头上称王称霸的权力。”① 因此，只有没有私心全心全意为人民服务，甘于做人民群众的工具，共产党才有可能当好人民的代表，才有可能赢得群众的信任，人民才有可能把自身解放和发展的领导权委托给共产党。那么共产党如何才能有效地代表人民实现人民利益呢？这就需要通过科学的领导方式和领导方法。党的领导方式主要包括政治领导、思想领导、组织领导。政治领导是依靠正确路线、方针、政策和政治方向的引领，思想领导是依靠党的指导思想入脑入心的宣传教育，组织领导是通过党培养、选拔、使用和监督干部并通过党员的先锋模范作用和干部的骨干作用来带动群众。科学的指导思想揭示了人民的利益诉求，正确的大政方针体现了人民的利益诉求，党员的行为实践实现着人民的利益诉求，不论哪一种领导方式，党对人民群众的领导都不是命令强迫式的，而是依靠思想的先进、政策的正确与实践的带动，依靠对规律的把握、对理论的重视、对典型的树立。“这其实是‘先锋队’型政党的基本要求。‘先锋队’的要义有三：其一，代表了所属阶级和人民的最高利益；其二，把握了历史运动和潮流的根本方向；其三，构成了所有从事社会进步事业和主体中最具有远见卓识和献身精神的精英力量。”② 而党对民众最根本的领导方法则是众所周知的群众路线。

综上所述，作为最高政治领导力量，党是依靠广大人民群众、通过科学的领导方式和方法来发挥自身领导作用的。在这样一个互动过程中，一方面，党宣示自己的人民立场，表明自己道义上的正当性、理论上的先进性与实践中的坚定性，耐心教育、宣传引导、真心为民，不畏艰辛、不惧牺牲；另一方面，广大民众在党的宣传教育下认识到社会的发展趋势、自己的利益所在、自己的主体作用、党的领导的意义，以及在党的

① 《邓小平文选》第 1 卷，人民出版社，1994，第 217~218 页。

② 景跃进等主编《当代中国政府与政治》，中国人民大学出版社，2016，第 48 页。

领导下自身利益能够得到最大程度的实现与保障，思想上被启蒙，感觉生活有希望，未来有奔头。在这种情况下，如果党能够兑现自己的承诺，民众的利益在实践中得到切实维护与保障，民众就会逐渐地真正认可党的理论与政策，发自内心地信任、拥护、支持党，承认其先进性与领导地位。这样，党和人民之间在良性互动中就会相互信任、达成默契，形成一种道义性的契约关系：党表明自己对民众的道义关切与价值承诺，期待民众的拥护和支持，并以自身的努力、付出乃至牺牲换取民众的拥护和支持；民众则基于党的道义关切与价值承诺期待党的有效领导，并在客观实践中直观感知党的努力、付出乃至牺牲，直接感受党对民众利益的切实有效维护，从而对党高度认同、自觉拥护。双方彼此期待、良性互动、相互信任，最终达成默契。

这种领导力量与人民之间的契约关系具有以下几个鲜明特点。其一，强烈的道义性。在这种契约关系中，党之所以期待并需要人民的支持是因为要去实现人民的解放与发展，恰恰是为了人民的利益，是为了人民而依赖人民，而不是为一党之私。这就使得党在这种契约关系中处在道义的制高点，契约关系本身具有了价值观上的合理性与正当性。特别是这种契约的最终达成，党是需要付出巨大努力的，甚至包括牺牲党员的生命，这种付出与牺牲凸显了契约达成的艰难与代价，尤其凸显了契约本身的强烈道义色彩。“人总是要死的，但死的意义有不同。……为人民利益而死，就比泰山还重；替法西斯卖力，替剥削人民和压迫人民的人去死，就比鸿毛还轻。……要奋斗就会有牺牲，死人的事是经常发生的。但是我们想到人民的利益，想到大多数人民的痛苦，我们为人民而死，就是死得其所。”① “在我们共产党员看来，为任何个人或少数人的利益而牺牲，是最不值得、最不应该的。但是，为党、为阶级、为民族解放，为人类解放和社会的发展，为最大多数人民的最大利益而牺牲，那就是最值得、最应该的。我们有无数的共产党员就是这样视死如归地、毫无犹豫地牺牲了他们的一切。‘杀身成仁’、‘舍生取义’，在必要的时候，对于多数共产党员来说，是被视为当然的事情。这不是由于他们的

① 《毛泽东选集》第3卷，人民出版社，1991，第1004~1005页。

个人的革命狂热或沽名钓誉，而是由于他们对于社会发展的科学的了解和高度自觉。”① 党的存在与付出是为了广大人民，并且在道义上应该如此。就此而言，马克思主义政党对于人民群众有一种深沉的价值承诺。脱离这种价值承诺，脱离这种道义关怀，就无法理解中国共产党存在的本身，共产党也就违反了自己的宗旨。

其二，政党的主动性。在这种契约关系的达成中，党居于相对主动的地位。这是因为，党之所以需要民众的支持与信任，并坚持人民立场，是基于党对自身使命与功能的自觉认定。按照马克思主义政党理论，共产党存在的本身就是要承担使命。在标志着马克思主义诞生的《共产党宣言》中，马克思恩格斯就明确规定了共产党人的历史使命：消灭资本主义私有制与阶级的剥削压迫，在生产力发展的基础上建立共产主义社会，实现每个人的自由全面发展。尽管马克思主义政党在后来的发展中，对于使命的认知又因具体情况而国别化与时代化了，但根据社会规律、历史趋势与人民需求自觉承担使命这一点是一以贯之的。就此而言，共产党可以称为马克思主义使命型政党。共产党在完成自身所具有的初心与使命的过程中，依赖人民、唤起人民，通过思想引领、政策引导与党员示范，逐步与人民形成这样一种深刻的信任与默契关系。对于自发的民众而言，党是自觉的唤起者、宣教者、组织者、引导者，也是承诺者。正是通过党的这一系列举措，通过党的理论的大众化，民众的思想才被启蒙，才对党的使命与功能形成逐渐清晰的认知，才会逐渐形成对党的期待。也正是因为在这种契约关系的达成中，党具有主动性，所以一旦党的道义性、先进性缺失，党的指导思想、大政方针出现大的问题，实践行为出现严重偏差，或者党员个体的表率作用无法真正发挥，各种消极后果长期显现，人民就会逐渐丧失对党的领导的认同与支持，这种契约关系就会面临被破坏的危险。民众在这种契约关系中很大程度上居于相对被动的地位，他们对政党的态度由政党的言与行而起，最终也将视政党的言与行而定。

其三，形式的内隐性。这种道义性契约与制度性契约不同，本身

① 刘少奇：《论共产党员的修养》，人民出版社，2018，第64~65页。

并不以明确的制度规定为必要条件；与一般的合同条款中对甲方乙方的权利责任规定具体明确也不同，而是通过党积极的理论宣教与主动的实践作为来唤起人民心理和情感上的认同与接受。也就是说，它是一种无形的内在的心理契约，不必通过明确硬性的制度规定而表明自身之存在，只要人民在心理上接受、达成即可。正由于这种心理内隐，道义性契约的达成具有一定难度，需要时间磨合，需要政党先主动作为，民众再观察接受、入脑入心，而对政党言与行的观察接受、对政党的信任是一个渐进的过程。对于制度性契约而言，制度规定本身就是一切，内容通常都明确清楚；而对于这种道义性契约，具体的内容不是最重要的，重要的在于党与人民这种互动关系本身的有效持续。因为在不同时代、不同条件下，党服务于人民的内容与事项是不断变化的，不变的只有这种承诺与服务本身。如果党对于人民的代表行为是一次性的，这种基于信任的契约关系就难以建立起来，因为一次性的代表行为具有很大的偶然性，无法唤起民众有效且牢固的认同。因此，党与民众的代表行为与利益关系应该是长期的和持续的，心理的契约才能牢固持久。也正是因为这种契约具有内在性、心理性，是长期积淀而成，所以一旦形成就具有很大的稳定性。对于明确的制度性契约而言，一次违约行为就意味着对制度的损害或者侵害，甚至破坏；而对于道义性契约而言，即使某一方存在一定的违约行为，长期形成的信任与默契也会在一定程度上抵消这种危害，而只有违约行为持续进行时，这种契约关系才会最终不复存在。就此而言，这种心理契约具有较大的弹性空间和相互容忍度。

总之，在这种道义性契约关系中，共产党的角色是政治意义上的领导党，社会成员的角色是政治意义上的人民，契约形式则是一种无形的、内在的、长期积淀而成的、持久的心理契约。党在这种契约达成中居于相对主动地位。这种道义性契约由共产党的存在本身所决定。因为这种道义性契约自革命战争年代即已达成，尽管革命与建设过程中也有失误挫折，但基于党及其领袖的崇高威望与党的领导的卓越成就，这种契约关系始终较为稳固，党的领导始终为人民所认同和拥护。

二　执政党与公民之间的法理性契约

共产党除了是领导党，还是执政党，社会成员除了有人民的角色，还有公民的角色。人民是一个集体性的政治概念，更多用于在政治上对某一人群的性质界定，公民则是一个相对具体的个体性概念，适用于法律领域对个人权利义务的角色规定。“‘人民’是一个集体名词，任何一个单独的个体都无法称为人民，而只是人民中（微不足道）的一分子，于是极有可能出现‘人民缺位’的局面；相反，‘公民’则可以具体化，其资格、权利和义务都是明确规定好的，有宪法和法律的切实保障。”① “公民身份是个人在一个民族国家中，在特定平等水平上，具有一定普遍性权利与义务的被动及主动的成员身份。”② “要使我们的宪法更加完备、周密、准确，能够切实保证人民真正享有管理国家各级组织和各项企业事业的权力，享有充分的公民权利。”③

这种党和民众角色的双重性决定了两者之间除了有道义性契约之外，还存在另外一种契约，即法理性契约。在这种契约中，党的角色是进入国家政权系统的执政党，社会成员的角色是法律意义上的公民，契约形式则是法律特别是宪法的明确制度规定。依照这种法理性契约，党作为执政主体应保障公民权利与社会公共利益，公民作为社会主体则相应认可与接受党的执政，宪法法律对双方的责权利作出规定。

一方面，这种法理性契约规定了公民对于执政党的选择及其在国家政权系统内的运作规则。在现代民族国家中，任何政党只有掌握政权，成为执政党，才能将自身意志转化为国家意志，中国共产党亦不例外。中国共产党不仅作为领导党而存在，也必然会寻求将领导有效转化为执政，换言之，既要在政权之上之外进行领导，又要在国家政权系统之内借助国家政权的力量实现自己的目标使命。“对西方多数政党而言，拥

① 熊易寒：《观念的进化：由人民到公民》，《书屋》2004 年第 5 期。

② 雅诺斯基：《公民与文明社会》，柯雄译，辽宁教育出版社，2000，第 11 页。

③ 《邓小平文选》第 2 卷，人民出版社，1994，第 339 页。

有执政权未必拥有领导权，因为在多元自由主义社会，承认和服从某个政党的执政权，并不意味着其他社会政治集团必然接受其领导权。对中国共产党而言，它在革命中已经以它卓有成效的宣传、动员和组织在社会政治领域建立起统摄一切的领导权，拥有领导权必然要求执政权。”① 党掌握政权主要是通过代议机构实现的。在我国，代议机构就是各级人民代表大会。从法理意义上讲，公民是现代立宪民主国家最基本的构成单位，具有政治权利的公民通过选举组成各级人民代表大会，人民代表大会代表公民行使权力。因此，党的意志要转化为国家意志，必须通过作为公民意志体现的人民代表大会这个途径。公民意志与党的意志在人民代表大会这个平台上进行碰撞与对接，经由民意代表的选举，党推荐的候选人才有可能通过任命进入国家政权系统。而一旦党推荐的候选人通过选举进入国家政权系统，掌握了政权，党就成了执政党。由于党的执政经过了公民的选举认可，党的意志经过了民意的检视修正，所以在法理上执政党必须服从民意，服从作为民意体现的国家宪法法律，这是执政党的合法性基础之所在。就此而言，党执政就是基于公民的选举与信托，其权力的运作行使由宪法法律规定和约束。由此，执政党与全体公民之间就产生了一种契约关系。

另一方面，这种法理性契约也规定了执政党对公民所应承担的责任与负有的义务。执政党必须为全体选民负责，执政党的党员必须积极履职，公民之所以选择执政党就是期待通过党的执政有效维护自己的权利和自由，有效保障公共利益，有效推进国家治理。对于公民的权利，我国的宪法法律有着非常明确的规定，比如我国宪法第二章对于公民基本权利就有着比较全面的阐述。在此意义上，正如列宁所说，“宪法就是一张写着人民权利的纸”②。执政党不仅要尽可能全面地确认公民的各项权利并将其体现于法律规定之中，而且要有效地予以保障落实，并在公民权利受到侵害时及时提供救济。关于公民权利的法律规定与制度安排

① 景跃进等主编《当代中国政府与政治》，中国人民大学出版社，2016，第52页。

② 《列宁全集》第12卷，人民出版社，2017，第50页。

体现了进入国家政权系统内的执政党的执政理念与执政行为。一旦公民权利在法律上得以确认，在实践中有效落实，公民权利建设的进程就是不可逆的，执政党就必须秉持明确的公民权利理念，民主执政、科学执政、依法执政，并通过治理的现代化更好地实现公民权利。作为执政党，执政的合法性与有效性最终体现在对公民权益的实现与维护上。

概言之，在现代民主政治的视野中，中国共产党与作为公民的社会成员之间存在一种制度化的契约关系：党通过人民代表大会，以民意为基础进入国家政权系统，作为执政党以制度化的形式确认、维护与实现公民权利；与之相应，公民高度认同、积极拥护党的执政地位。这种执政党与公民之间的法理性契约在当代中国尽管有其独特的实践过程和表现形式，但这种契约本身是现代政党政治的内在要求、现代民主政治的必然表现。

三　道义性契约与法理性契约的差异与结合

在党与民众达成的这种双重契约中，道义性契约针对共产党的领导角色而言，侧重于政治层面，法理性契约则针对共产党的执政角色而言，侧重于法治层面。在道义性契约的达成中，党居于主动地位，而在法理性契约的达成中，公民处于主动地位，因为就法律程序而言，党能否进入国家政权系统执政需经过广大公民的选择，执政的效果也最终要由公民来检验评判，这是现代人民主权的精髓要义所在。道义性契约基于领导力量对高远使命的自觉认定、对历史规律的深刻把握与对民众的主动承诺，显现了党的理论的先进性、实践的引领性，具有为了人民的根本和长远利益奋斗乃至牺牲的道义责任与信念和情怀。这种道义责任在政党的党章中有清晰、集中的表述。而在法理性契约中，执政党更多关注的是公民现实的权利保障和利益诉求。这种具体的权利在国家的宪法法律中有非常明确的规定。道义性契约体现了中国共产党作为马克思主义使命型政党的本质规定与内在要求，法理性契约则反映了现代政党政治的一般规律与普遍要求。道义性契约是无形、内隐而柔性的，直指人心；法理性契约则是外显的，更关乎外在的行为规范与权责要求。两种契约形式指向不同层面，特点不同，其中中国共产党与社会成员各自承担不同的角色，体现了不同的关系要求。

对这两种契约来说，道义性契约更具有始源性与根本性。这是因为中国共产党的马克思主义性质内在地要求与人民达成这种形式的契约。也正是因为这种契约关系的达成与持续，党才能够唤起人民、依靠人民、团结人民共同奋斗、砥砺前行，克服一个又一个艰难险阻，在革命、建设与改革过程中取得一个又一个伟大成就，推动中华民族实现伟大复兴。可以说，党在领导过程中对自身道义使命的自觉承担、对各方面规律的探索运用、对指导思想的高度重视、对理论创新的持续推进、对群众路线的反复强调，始终是中国共产党巨大的独特优势。另一方面也要看到，这种道义性契约亦有其内在局限性，因为随着中国共产党在市场经济条件下长期执政，仅仅强调与依靠这种尽管强大但内隐的道义性契约是不够的。

就道义性契约的内在局限而言，党由于是领导角色而居于主动地位，但党能否完全正确地把握和运用规律，能否完全避免决策上的主观主义和理论上的本本主义，党的干部能否完全遵守民主集中制的运作逻辑，能否自觉主动践行群众路线，能否有足够的时间精力深入民众调查研究，党组织和党员干部能否得到有效的监督制约，这些都是需要认真审视和研究的。从规范意义上讲，共产党的领导处于自觉层面，相对被动的民众处于自发层面，但如何保证自觉源于自发、高于自发但又不脱离自发，在实践中殊为不易。主观认定的自觉与群众客观的自发的脱节现象在党的革命与建设历史上是有教训的。

就中国共产党在市场经济条件下长期执政而言，随着市场经济的不断发展，随着现代生活的愈益复杂化与对高度的秩序的需求，随着社会成员普遍性公民身份的不断确立及其权利意识与参与意识的强化，党必须以执政的角色通过国家政权与作为公民的社会成员在现代民主政治的架构中建立一种法理性的契约关系。这是因为，只有通过系统的法理建构，契约双方的责权利才能有效地明晰化、稳定化、规范化，才能适合现代社会的需要。一种稳定的现代政体，要求这样一种稳定的法理性契约。中国共产党长期执政，这决定了中国共产党作为执政党必须更注重建构与公民之间持久稳定的法理性契约。如果没有这样一种契约，公民权利就无法有效实现规范化、系统化，以市场经济为基础的现代社会就不可能持续，一种后革命时期复杂而稳定的秩序便不可能生成，国家治理的现代化也无法实现。基于以上分析，在治国理政的过程中，党不仅需要通过先进理论、为民实践进行领导，更要切实在宪法法律范围内有效执政；完善的政党与民众的关系不能仅仅停留在道义性契约上，而必须最终落实到对公民权利的高度重视，落实到人民代表大会作用的有效发挥，落实到法理性契约的达成上。

总之，就中国共产党与社会成员的关系而言，道义性契约与法理性契约同时存在但又有所不同。强调这两种契约的不同，是提示我们要从不同契约的角度来看待政党与社会成员角色的双重性、联系的复杂性、两者关系的发展演进及其现代化程度。一旦党的角色从包括政治领导、思想领导与组织领导在内的领导层面转到执政层面，其在高远的道义性契约之外就需要构建一种治国理政的现实的、稳定化的法理性契约。两种契约类型相结合，党的作用与民众作用相结合，共同夯实党的民意基础，共同推进国家治理体系和治理能力的现代化。

中国共产党的实践辩证法*

辛　鸣

中国共产党“能”已经是一个客观的历史和事实判断。不论是让“近代以来久经磨难的中华民族迎来了从站起来、富起来到强起来的伟大飞跃”①，还是“领导人民创造了世所罕见的两大奇迹”②，即经济快速发展奇迹和社会长期稳定奇迹，中国共产党都做到了并且做得很好。

中国共产党为什么“能”因之成为广受关注的时代之问。对这一问题的回答，不仅关乎对历史进程与经验的真实理解，更关乎对未来方向与行动的正确把握；不仅关乎中国社会和中华民族的光荣与梦想，亦关乎人类社会和世界图景的趋向与希冀。从对现象及经验的描述看，信仰伟大、革命彻底、代表广泛、领导有力等，这些回答无疑都是正确的，这样的答案清单还可以列很长很长，但是仅仅止于这样的回答是不够的，还需要“从事实中发现联系”③，发现“以铁的必然性发生作用并且正在实现的趋势”④，也就是哲学的回答。

作为马克思主义政党，中国共产党的成功就是坚持运用实践马克思主义的成功。在政治学、政治政策实践、政党建设等实证性研究的基础上，从共产党执政规律、社会主义建设规律、人类社会发展规律出发，

---

* 国家社会科学基金重点项目“中国特色社会主义制度优越性的哲学研究”（20AZX004）的阶段性成果。本文原载于《哲学研究》2021 年第 7 期，收入本书时有改动。

① 《习近平谈治国理政》第 3 卷，外文出版社，2020，第 8 页。

② 《习近平谈治国理政》第 3 卷，外文出版社，2020，第 124 页。

③ 《马克思恩格斯文集》第 4 卷，人民出版社，2009，第 312 页。

④ 《马克思恩格斯文集》第 5 卷，人民出版社，2009，第 8 页。

通过梳理分析作为“现实世界的辩证运动的自觉的反映”① 的中国共产党百年波澜壮阔的历史实践活动所体现出来的实践辩证法，把握其“运动和发展的普遍规律”②，对中国共产党信仰何以必然、革命何以必需、代表何以可能、领导何以实现等基础性问题作出马克思主义哲学的回答，这是当代中国哲学研究的学术担当，也是哲学工作者庆祝中国共产党成立100周年的理论自觉。

一　信仰何以必然：历史规律的深刻认知

共产主义是中国共产党的信仰。一百年来，中国共产党不仅对共产主义信仰坚定不移、始终不渝，更把这一信仰作为政党确定其存在、彰显其先进的质的规定性。习近平总书记讲：“中国共产党之所以叫共产党，就是因为从成立之日起我们党就把共产主义确立为远大理想。”③

中国共产党对共产主义的信仰建立在对马克思主义的深刻理解之上，建立在对历史规律的深刻把握之上。马克思主义认为，生产方式是社会发展的决定力量，生产方式和交换方式的变更推动着人类社会的变迁，这是“一切重要历史事件的终极原因和伟大动力”④。而生产方式是生产力和生产关系的有机运动与现实统一，社会的物质生产力发展到一定阶段，与它们一直在其中运动的现存生产关系发生矛盾，既有生产关系就会从生产力的发展形式变成生产力的桎梏，社会革命就会出现，容纳新的生产方式的新的社会形态就会到来。这一历史进程不以人的主观意志为转移，而是以铁的必然性呈现出来。共产主义就是顺应社会生产力的发展，社会占有了生产资料，通过社会化生产，使得“至今一直统治着历史的客观的异己的力量”⑤ 处于人们自己的控制之下，进而人类从必然王国进入了自由王国的最高社会形态。

---

① 《马克思恩格斯文集》第4卷，人民出版社，2009，第298页。
② 《马克思恩格斯文集》第9卷，人民出版社，2009，第149页。
③ 《习近平谈治国理政》第2卷，外文出版社，2017，第34页。
④ 《马克思恩格斯文集》第3卷，人民出版社，2009，第509页。
⑤ 《马克思恩格斯文集》第9卷，人民出版社，2009，第300页。

中国共产党坚持共产主义是远大理想与现实运动的辩证统一。

共产主义首先表现为最高理想。共产党人把实现共产主义这一最高社会形态作为不懈奋斗的最高理想，是其理论逻辑使然。“革命理想高于天。实现共产主义是我们共产党人的最高理想，而这个最高理想是需要一代又一代人接力奋斗的。”① 这不仅是百年来中国共产党人对共产主义最直接最基础的认知，也是始终保持昂扬奋斗姿态、不断奋勇前行的强大动力源泉。对于共产主义的理想属性不能机械地否定和抽象地虚化。马克思恩格斯之所以讲：“共产主义现在已经不再意味着凭空设想一种尽可能完善的社会理想，而是意味着深入理解无产阶级所进行的斗争的性质、条件以及由此产生的一般目的。”② 不是否定共产主义的理想属性，而是否定对共产主义的“凭空设想”“夸夸其谈”，以及看不到任何历史主动性、任何现实政治运动的思想与行为，是为了与形形色色的空想主义者们划清界限，是为了把共产主义建立在坚实的实践基础之上。不主张凭空设想社会理想不等于不要社会理想，强调共产主义的现实运动性不等于共产主义不是社会理想。

对于政党来说，理想是对奋斗方向的引领，是对实践意义的塑造。“共产主义决不是‘土豆烧牛肉’那么简单，不可能唾手可得、一蹴而就，但我们不能因为实现共产主义理想是一个漫长的过程，就认为那是虚无缥缈的海市蜃楼，就不去做一个忠诚的共产党员。”③ 共产党人为什么要不懈奋斗，因为共产主义理想就在正前方；共产党人为什么要做这样的事情而不是别的什么事情，因为这一切都是实现共产主义理想的必然要求与必要准备。百年来中国共产党人前赴后继的奋斗牺牲、筚路蓝缕的艰辛探索都指向这一理想，也因为这一理想而越发彰显出其现实运动的伟大意义，越发激发出其奋勇前行的力量与豪情。

中国共产党深刻认识到，“在中国，任何忠实的马克思主义者，他是同时具有现时实际任务与将来远大理想两种责任的。并且应该懂得：

① 《习近平谈治国理政》第 2 卷，外文出版社，2017，第 142~143 页。

② 《马克思恩格斯文集》第 4 卷，人民出版社，2009，第 233 页。

③ 《习近平谈治国理政》第 2 卷，外文出版社，2017，第 142 页。

只有现时的实际任务获得尽可能彻底的完成，才能有根据有基础地发展到将来的远大理想那个阶段去”①。所以，共产主义同时又是共产党人正在做的事情、正在进行的现实运动。“共产主义对我们来说不是应当确立的状况，不是现实应当与之相适应的理想。我们所称为共产主义的是那种消灭现存状况的现实的运动。这个运动的条件是由现有的前提产生的。”② 中国共产党把对共产主义的远大理想与中国社会必须做、正在做的事情结合起来：领导民族解放运动，建立新中国是“消灭现存状况的现实的运动”；进行社会主义改造，确立社会主义基本制度是“消灭现存状况的现实的运动”；推动改革开放，开辟中国特色社会主义是“消灭现存状况的现实的运动”；全面建设社会主义现代化国家，实现中华民族伟大复兴更是“消灭现存状况的现实的运动”。这一“消灭现存状况的现实的运动”贯穿中国共产党从历史走向未来的全过程。

坚持共产主义的远大理想，不因共产主义的漫长历史进程而放弃；坚持共产主义的现实运动，不把共产主义庸俗化，把共产主义的基本原理、科学社会主义的基本原则贯穿具体的实践活动始终。远大理想与现实运动的辩证统一让中国共产党的信仰建立在坚实的基石之上。

中国共产党坚持共产主义是自然历史进程与追求自己目的的人的活动的辩证统一。

经济社会发展是一个自然的历史进程，共产主义社会的实现同样是一个自然的历史进程。“无论哪一个社会形态，在它所能容纳的全部生产力发挥出来以前，是决不会灭亡的；而新的更高的生产关系，在它的物质存在条件在旧社会的胎胞里成熟以前，是决不会出现的。”③ 马克思的“两个决不会”是对人类社会发展规律的深刻认知。我们反对资本主义社会的腐朽、呼唤美好社会的愿望是正当合理的，也是对历史发展规律的自觉追求。

① 《建党以来重要文献选编（1921～1949）》第15册，中央文献出版社，2011，第627页。

② 《马克思恩格斯文集》第1卷，人民出版社，2009，第539页。

③ 《马克思恩格斯文集》第2卷，人民出版社，2009，第592页。

二　革命何以必需：历史实践的客观要求

革命是马克思主义历史实践活动的根本属性，共产主义来自革命并且只有在革命中才会实现。关于共产主义与革命之间的关系，马克思恩格斯在《德意志意识形态》中有清晰的阐述："无论为了使这种共产主义意识普遍地产生还是为了实现事业本身，使人们普遍地发生变化是必需的，这种变化只有在实际运动中，在革命中才有可能实现；因此，革命之所以必需，不仅是因为没有任何其他的办法能够推翻统治阶级，而且还因为推翻统治阶级的那个阶级，只有在革命中才能抛掉自己身上的一切陈旧的肮脏东西，才能胜任重建社会的工作。"① 这段话其实还讲出了作为共产主义的推动者共产党与革命之间的关系。

革命就其本源意义来讲是革故鼎新，其方法论的特点是根本性的变化、深层次的变动，是完全彻底的改变；革命不是自然自发的历史现象，一定有着主体意向性的活动介入，体现着追求自己目的的人的活动，其价值指向是向好、向新、向善。"环境的改变和人的活动或自我改变的一致，只能被看做是并合理地理解为革命的实践。"②

中国共产党的革命实践首先体现为推进社会革命。中国是一个富于革命传统的国家，无论是思想史上"苟日新，日日新，又日新"③ 的理念先导，还是现实社会历史中"顺乎天而应乎人"④ 的汤武革命，都深刻塑造了中国社会的历史形态。进入封建社会以来，虽然也不乏灿烂创造和文明积淀，也曾处于世界发展高峰，但正像毛泽东所言，"长期地陷在发展迟缓的状态中"⑤，一直延续了三千年左右。到 19 世纪中叶，帝国主义列强侵入中国，又把中国社会变为了一个"殖民地、半殖民

---

① 《马克思恩格斯文集》第 1 卷，人民出版社，2009，第 543 页。

② 《马克思恩格斯文集》第 1 卷，人民出版社，2009，第 500 页。

③ 《礼记・大学》。

④ 《周易・彖传・革》。

⑤ 《毛泽东选集》第 2 卷，人民出版社，1991，第 623 页。

地、半封建的社会”①。后有孙中山领导的资产阶级革命推翻了封建帝制，但并没有“推翻帝国主义和封建主义的压迫和剥削”②，并没有给苦难深重的中国走出一条新路。这样的革命不彻底，所以孙中山临终嘱托“革命尚未成功，同志仍须努力”。

十月革命一声炮响，送来马克思列宁主义，成立了中国共产党，“中国革命的面目就焕然一新了”③，“中国就改变了方向，五千年的中国历史就改变了方向”④。经过 28 年浴血奋战完成新民主主义革命，建立中华人民共和国，彻底结束了旧中国半殖民地半封建社会的历史。在随后不长的时间内，又迅速完成社会主义革命，确立起社会主义基本制度，消灭一切剥削制度，完成了中华民族有史以来最为广泛而深刻的社会变革，实现了“社会制度和人的相互关系的一场大变动”⑤。改革开放新的伟大革命开辟中国特色社会主义道路，迎来 21 世纪中国特色社会主义进入新时代。习近平总书记讲：“新时代中国特色社会主义是我们党领导人民进行伟大社会革命的成果，也是我们党领导人民进行伟大社会革命的继续。”⑥

中国共产党领导的这一系列革命，对象、任务、动力有着很大不同，但根本指向始终一致，就是通过革命解放和发展社会生产力。新民主主义革命是如此，通过“消灭地主阶级和官僚资产阶级（大资产阶级）的剥削和压迫，改变买办的封建的生产关系，解放被束缚的生产力”⑦。“推翻妨碍生产力发展的力量，目的是为着解放生产力，发展经济。”⑧社会主义革命是如此，“社会主义革命的目的是解放生产力”⑨；“只有完

---

① 《毛泽东选集》第 2 卷，人民出版社，1991，第 664 页。
② 《毛泽东选集》第 4 卷，人民出版社，1991，第 1511 页。
③ 《毛泽东选集》第 4 卷，人民出版社，1991，第 1357 页。
④ 《毛泽东文集》第 3 卷，人民出版社，1996，第 397 页。
⑤ 《毛泽东文集》第 7 卷，人民出版社，1999，第 268 页。
⑥ 《习近平谈治国理政》第 3 卷，外文出版社，2020，第 69~70 页。
⑦ 《毛泽东选集》第 4 卷，人民出版社，1991，第 1254 页。
⑧ 《毛泽东文集》第 3 卷，人民出版社，1996，第 109 页。
⑨ 《毛泽东文集》第 7 卷，人民出版社，1999，第 1 页。

成了由生产资料的私人所有制到社会主义所有制的过渡，才利于社会生产力的迅速向前发展，才利于在技术上起一个革命”①。改革开放新的伟大革命是如此，没有社会生产力极大解放，也就没有人民生活的显著改善，综合国力的显著增强和国际地位的显著提高。新时代中国特色社会主义这一伟大社会革命的继续，更是一以贯之地把解放和发展社会生产力作为“社会主义的本质要求和根本任务”②。

中国共产党不仅能够带领人民进行伟大的社会革命，也能够进行伟大的自我革命，百年征程就是“坚持以伟大自我革命引领伟大社会革命”③ 的实践自觉。中国共产党犯过错误，但是中国共产党能够一次次拿起手术刀来革除自身的病症，解决自身的问题。中国共产党在建党初期通过大浪淘沙对党内存在的“农民意识”、右倾机会主义错误进行深刻自我革命，在长征途中通过严肃斗争对党和军队中存在的“左”倾冒险主义、分裂逃跑主义进行自我革命，在延安时期通过整风运动对党内存在的主观主义、教条主义、经验主义、宗派主义进行自我革命，到新中国成立后又开展反贪污、反浪费、反官僚主义以及反修正主义等一系列的自我革命。党的十八大以来全面从严治党，以刀刃向内的勇气向党内顽瘴痼疾开刀，更是把自我革命进行到底。

保持一个政党的革命性不是一件容易的事情。毛泽东在读苏联《政治经济学教科书》时，引用过孙中山的一句话，“革命功成，革命党消”④，讲的就是辛亥革命以后，资产阶级的政党走向堕落。走过百年风雨又执政 70 余年的中国共产党客观上也面临着继续革命化的问题：一些政党成员精神上得“软骨病”，在风雨面前东摇西摆；不愿意念马克思主义“真经”，总想着“西天取经”；满足于小富即安，沉湎于既有利益而松口气、歇歇脚；等等。固然社会主义初级阶段是一个客观的长的历史过程，绝不能轻言跨越，但是过度强调客观而不思进取，任由中国特色社会主义因路径依赖停顿在初级阶段则是革命意志衰退的体现。

① 《毛泽东文集》第 6 卷，人民出版社，1999，第 316 页。

② 《习近平谈治国理政》第 3 卷，外文出版社，2020，第 186 页。

③ 《习近平谈治国理政》第 3 卷，外文出版社，2020，第 546 页。

④ 《毛泽东著作专题摘编》（下），中央文献出版社，2003，第 2189 页。

习近平总书记反复强调“我们是革命者，不要丧失了革命精神”；2016年底在全国政协新年茶话会上，明确号召“大力弘扬将革命进行到底精神”①，皆是呼唤中国共产党的自我革命。也正是因为深刻彻底的自我革命，中国共产党才实现了党的十八大以来的“革命性锻造”②。

需要特别指出的是，中国共产党领导社会革命是革故鼎新，是对旧社会、旧制度、旧模式、旧实践的彻底决裂与彻底根除。自我革命则是回归初心，恢复本来，是把遮蔽在共产党肌体上的灰尘涤荡干净。是通过刮骨疗毒、壮士断腕把病灶割除，是通过补钙塑魂、涵养正气以祛邪扶正、固本培元。自我革命不是“革”中国共产党的“命”，而是通过自我革命让中国共产党更加强大。

社会革命和自我革命的辩证统一体现在政党历史方位上是革命党与执政党的辩证统一。对中国共产党来讲，执政与革命不是对立的。正如前文所叙，从社会主义革命到改革开放伟大革命，再到新时代“伟大社会革命的继续”，70多年来中国共产党执政的过程本身就是革命的过程，执政实践本身就是革命实践。“既要革命，就要有一个革命党。”③ 如果在执政的过程中背离了革命理想，淡漠了革命精神，不仅不可能执好政，甚至还会出现执政异化，世界社会主义运动史上有过这样的教训。对于把执政党与革命党对立的说法，习近平总书记专门讲道：“有人说，我们党现在已经从‘革命党’转变成了‘执政党’。这个说法是不准确的。”④“我们党是马克思主义执政党，但同时是马克思主义革命党。”⑤ 中国共产党从来没有把革命和执政当作两个截然不同的事情。为什么一些政党成员在功成名就时忘记居安思危，不再有创业初期那种励精图治的精神状态，为什么执掌政权后就粉饰太平、得过且过，不愿意正视矛

① 《习近平关于“不忘初心、牢记使命”论述摘编》，党建读物出版社、中央文献出版社，2019，第15、233页。

② 《习近平谈治国理政》第3卷，外文出版社，2020，第7页。

③ 《毛泽东选集》第4卷，人民出版社，1991，第1357页。

④ 《新时代强国之道》，人民出版社，2021，第143页。

⑤ 《习近平关于“不忘初心、牢记使命”论述摘编》，党建读物出版社、中央文献出版社，2019，第170页。

盾、进行斗争，不重视严以治吏、防腐戒奢，就是因为丧失了革命的精神。反过来，为什么中国社会在对外开放的环境中能始终保持独立自主、自力更生，为什么在发展社会主义市场经济的过程中能始终保持以人民为中心，为什么在东欧剧变后世界社会主义万马齐喑的被动局面中能坚定走自己的路，让科学社会主义在21世纪中国焕发出强大生机活力，就在于革命精神一直是中国共产党永不泯灭的政治基因，永不褪色的斗争品格。

三　代表何以可能：主体地位的历史自觉

不论是从“一种古老的历史现象”① 看，还是从近代政治文明发展中越来越活跃并且起主导作用的政治组织看，政党都不是游离于历史主体之外的独立主体，必须也必然代表矗立其后的不同的历史主体。政党通过代表来实现其信仰，通过代表来完成其使命，亦通过代表来寻找其力量。中国共产党代表中国工人阶级，代表中国人民和中华民族，代表全世界希望过上更加美好生活的人们，这是对阶级属性的高度自觉和历史发展的理性回应。中国共产党为中国人民谋幸福、为中华民族谋复兴、为人类谋和平与发展的初心使命与担当，也是建立在最鲜明、最广泛、最真实的代表之上的。

代表中国工人阶级是中国共产党的必然要求和当然选择。政党是阶级的组织，这是马克思主义的基本观点。基于对马克思主义政党阶级属性的高度自觉，中国共产党在政党章程中开宗明义地宣示阶级立场。不论是“中国工人阶级的先进的有组织的部队”（七大党章）、“中国工人阶级的阶级组织的最高形式”（八大党章），还是“中国工人阶级的先锋队”（十二大党章），变化的表述背后是不变的阶级代表。共产党就是由无产者、工人阶级组成的，“无产者组织成为阶级，从而组织成为政党”②。从本

① 王沪宁主编《政治的逻辑——马克思主义政治学原理》，上海人民出版社，1994，第342页。

② 《马克思恩格斯文集》第2卷，人民出版社，2009，第40页。

源、本质、本心上与无产者、工人阶级是同一的，代表无产者、工人阶级是阶级属性的自然体现。因此，“共产党人不是同其他工人政党相对立的特殊政党”，“没有任何同整个无产阶级的利益不同的利益”，“不提出任何特殊的原则，用以塑造无产阶级的运动”①。这些关于共产党阶级立场的论述，从1848年《共产党宣言》提出到现在170多年过去了，仍然是中国共产党始终不渝的政治原则。

中国共产党代表无产者、工人阶级也就代表了未来，代表了先进生产力的发展要求。因为，只有工人阶级和无产者，才能把自己的要求和权利转化为“社会本身的权利和要求”，才能“与整个社会亲如兄弟”，成为“社会的总代表”，成为“社会的头脑和社会的心脏”②。无产者从不因为自己的阶级身份感到自卑，但以此为荣并不意味着永远去做无产阶级。只是无产者深深知道单独一个无产者靠个人的力量获得财富改变地位是没有意义的。只有解放全人类，最终才能解放无产阶级自己；只有消灭整个与无产阶级相对应的社会关系，才能最终消灭掉无产阶级本身。在这一过程中一定要有代表自己阶级根本利益的政党，这就是共产党。所以，“共产党人为工人阶级的最近的目的和利益而斗争，但是他们在当前的运动中同时代表运动的未来”③。这一逻辑与共产主义的逻辑是高度一致的。

中国共产党的阶级属性在现实社会政治生活中集中体现为人民立场。在迈向无产阶级、工人阶级彻底解放的历史进程中，中国共产党阶级属性的实现来自对人民立场的坚守，对民族和国家复兴的担当。毛泽东在1937年就提出，“我们共产党是无产阶级的先锋队，同时又是最彻底的民族解放的先锋队”④。“共产党人决不将自己观点束缚于一阶级与一时的利益上面，而是十分热忱地关心全国全民族的利害，并且关心其永久的利害。”⑤ 并且把中国共产党二十年来的历史概括为“是为中华民族与

① 《马克思恩格斯文集》第2卷，人民出版社，2009，第44页。
② 《马克思恩格斯文集》第1卷，人民出版社，2009，第14页。
③ 《马克思恩格斯文集》第2卷，人民出版社，2009，第65页。
④ 《毛泽东文集》第2卷，人民出版社，1993，第42页。
⑤ 《毛泽东文集》第1卷，人民出版社，1993，第483页。

中国人民解放事业英勇奋斗的历史。它最忠实地代表中华民族与中国人民的利益"①。中国共产党的这一历史自觉在2002年党的十六大党章修正案中被予以更完整准确的表述："中国共产党是中国工人阶级的先锋队，同时是中国人民和中华民族的先锋队。"这一表述通过"两个先锋队"的有机统一，实现了中国共产党阶级基础与群众基础的有机统一，阶级代表与民族、国家代表的有机统一。在当下的社会发展阶段，最真实地代表工人阶级就体现为真正为中国人民谋幸福，为中华民族谋复兴。

中国共产党生长于中华民族五千年文明滋养的广袤大地上，与中国人民、中华民族的命运紧紧联系在一起。中国共产党代表中国人民、代表中华民族是中国人民的选择，是中华民族的选择。中国社会发展历史表明，"人民要解放，就把权力委托给能够代表他们的、能够忠实为他们办事的人，这就是我们共产党人。我们当了人民的代表，必须代表得好"②。"老百姓拥护共产党，是因为我们代表了民族与人民的要求。"③没有中国共产党就没有中国人民翻身做主人，也没有中华民族的独立自由解放。

中华民族伟大复兴是近代以来中国社会和中国人民最伟大的梦想，但在中国共产党成立之前也仅止于"梦"和"想"。对于这一点，毛泽东讲得很明白，"中国过去一切革命斗争成效甚少，其基本原因就是因为不能团结真正的朋友，以攻击真正的敌人"④。正是中国共产党让中国人民和中华民族逐步认识到中国革命的敌人"不是别的，就是帝国主义和封建主义"⑤，只有"打击这两个敌人，就是对外推翻帝国主义压迫的民族革命和对内推翻封建地主压迫的民主革命"⑥，才有了中华人民共和国的成立，也才有了中华民族复兴的基础。团结朋友与打击敌人是政党代表不可分割的一体两面。

---

① 《毛泽东著作专题摘编》（下），中央文献出版社，2003，第1877页。

② 《毛泽东选集》第4卷，人民出版社，1991，第1128页。

③ 《毛泽东文集》第3卷，人民出版社，1996，第147页。

④ 《毛泽东选集》第1卷，人民出版社，1991，第3页。

⑤ 《毛泽东选集》第2卷，人民出版社，1991，第633页。

⑥ 《毛泽东选集》第2卷，人民出版社，1991，第637页。

中国共产党领导中国人民和中华民族把自己的事情做好，本身就是对世界的贡献，但是中国共产党还要领导中国人民和中华民族为人类社会作出更大贡献。习近平总书记讲："中国共产党是为中国人民谋幸福的党，也是为人类进步事业而奋斗的党。"① 这不是中国共产党的自我期许，而是中国共产党百年奋斗的历史写照。从 20 世纪上半叶投身世界反法西斯统一战线到后来推动以和平共处五项原则和三个世界基本格局为基础的国际新秩序，再到 21 世纪以来推动构建人类命运共同体，中国共产党始终站在历史正确的一边，始终坚持在历史前进的逻辑中前进，在时代发展的潮流中发展，代表着全人类共同的利益和共同的梦想，用现实的行动告诉世界，中国梦与世界各国人民的梦想是相通的。

面对保护主义和单边主义的逆潮，中国共产党扛起经济全球化的大旗，通过倡导和推动"一带一路"建设，以开放、包容、普惠、平衡、共赢构建起 21 世纪经济全球化的新样态，让世界搭中国发展的"快车""便车"，以"帮助发展中国家摆脱贫困，让所有国家的人民都过上好日子"②。面对一些霸权国家拉帮结派，排斥异己，中国共产党致力于"在国际和区域层面建设全球伙伴关系"③，从"互信、包容、合作、共赢的亚太伙伴关系"（2014）到"中欧和平、增长、改革、文明伙伴关系"（2015），再到数十年的"中俄全面战略协作伙伴关系"以及"中非全面战略合作伙伴关系"（2015），朋友圈越来越广泛，努力推动着国际政治经济秩序朝着更加公正合理的方向发展。面对传统西方社会那种"中心—边缘"等差分明的世界格局，中国共产党提出构建和谐共生、平等共享、荣辱与共的人类命运共同体。从"网络空间命运共同体"（2015）、"中非命运共同体"（2018）到"亚洲命运共同体"（2019），再到"海洋命运共同体"（2019）等各个层面各个领域各种样态共同体的建设，人类命运共同体的新世界图景越来越清晰，和平、发展、公平、正义、民主、自由的全人类共同价值越来越引发共鸣。

---

① 《习近平谈治国理政》第 3 卷，外文出版社，2020，第 436 页。
② 《习近平谈治国理政》第 3 卷，外文出版社，2020，第 457 页。
③ 《习近平谈治国理政》第 2 卷，外文出版社，2017，第 523 页。

中国共产党这一系列的理念与行动背后是“大道之行也，天下为公”① 的政治理念和“和而不同”② 的文明光辉。在现实政治生活中，代表阶级、人民、民族、国家与代表世界、代表人类的理论逻辑与行为逻辑有着质的不同。人类社会不是也不能趋同为一，而是各尽其能；不是也不能赢者通吃，而是各得其所。不同并不必然是对立和对抗，“阴在阳之内，不在阳之对”③。事实上不同制度、不同国家、不同民族之间的交往不是零和博弈，而是相互激发，是通过合作共赢在更高水平上的竞争，在更高水平上来实现世界大同与人类解放。坚守公正、致力和谐、引领进步，这样的境界让中国共产党站上了人类社会发展的道义制高点，也筑就了中国共产党为世界谋大同的方法论基础。

四　领导何以实现：主体关系的实践自觉

领导是马克思主义政党功能的基本实现形式。关于这一点列宁特别强调：“我们应当记住，革命政党只有真正领导革命阶级的运动，才无愧于自己的称号。”④ 中国共产党高度重视政党的领导。无论是毛泽东坚持“共产党的这种绝对的领导权，是使革命战争坚持到底的最主要的条件”⑤，还是党的十九大宣示“中国特色社会主义最本质的特征是中国共产党领导，中国特色社会主义制度的最大优势是中国共产党领导”⑥，百年来的中国共产党就是在不断加强党的领导、不断提高党的领导水平和领导能力的实践中发展壮大的。

领导表现出来是一种行为方式，究其根本是主体间关系的互动，是政党这一主体与国家、社会、群众等各类主体之间主动与被动、主导与从属、决定与被决定甚至包括要求与接受、命令与服从等行为关系的呈

① 《礼记·礼运》。

② 《论语·子路》。

③ 《三十六计》。

④ 《列宁全集》第6卷，人民出版社，2013，第373页。

⑤ 《毛泽东选集》第1卷，人民出版社，1991，第184页。

⑥ 《习近平谈治国理政》第3卷，外文出版社，2020，第16页。

现。在现实政治实践中，政党通过确定方向、设置目标、运筹大局、制定政策、组织推动等行为来体现领导。但是，这样的关系并不是理所当然的，既不是天赋的也不能自我宣布，而是需要在历史实践活动中，采用正确的行为模式，通过客观的实践绩效来确立。

中国共产党以核心与工具辩证统一的身份实现领导。

关于中国共产党的领导身份，毛泽东讲过两句话：一句是在第一届全国人民代表大会开幕词中，“领导我们事业的核心力量是中国共产党”①。一句是在接见新民主主义青年团代表时讲的，“中国共产党是全中国人民的领导核心。没有这样一个核心，社会主义事业就不能胜利”②。这其实讲出了中国共产党领导最基础的身份定位——“核心”。这一定位来自共产党的先进属性，也就是《共产党宣言》中提出的“最坚决的、始终起推动作用”“了解无产阶级运动的条件、进程和一般结果”③“在当前的运动中同时代表运动的未来”④等马克思主义政党的先进品格，以及基于这些品格而具有的政治能力，比如战略前瞻、战略洞察、战略统筹等等。政党核心不是抽象的话语，而是体现在具体的组织形式上，比如从党中央到各级基层组织；具体的制度体制上，比如民主集中制；具体的领导者上，比如“政治领袖和先进代表”⑤；等等。作为核心，权威是最基础的，有充分权威才能形成集体行动，形成意志统一，从而实现领导。新时代中国共产党强调“党是最高政治领导力量”⑥，党中央“定于一尊、一锤定音的权威”⑦，要求做到“两个维护”，正是遵循着“核心”这一逻辑讲的。人民群众踏上漫漫征途需要舵手领航，应对复杂环境需要“定海神针”，作出困难决断需要“主心骨”，由之而拥戴、遵从、维护核心，领导关系自然形成。

① 《毛泽东文集》第6卷，人民出版社，1999，第350页。
② 《毛泽东文集》第7卷，人民出版社，1999，第303页。
③ 《马克思恩格斯文集》第2卷，人民出版社，2009，第44页。
④ 《马克思恩格斯文集》第2卷，人民出版社，2009，第65页。
⑤ 《列宁全集》第4卷，人民出版社，2013，第336页。
⑥ 《习近平谈治国理政》第3卷，外文出版社，2020，第16页。
⑦ 《习近平谈治国理政》第3卷，外文出版社，2020，第86页。

但是，在中国共产党的领导实践中，领导不只是一种单向的主导性关系，还是一种双向互动的认同关系。中国共产党不仅以核心、以主导者的身份进行领导，还以工具、以从属者的身份来实现领导。毛泽东在中国共产党七大上提出：“群众是从实践中来选择他们的领导工具、他们的领导者。被选的人，如果自以为了不得，不是自觉地作工具，而以为‘我是何等人物’！那就错了。我们党要使人民胜利，就要当工具，自觉地当工具。……这是唯物主义的历史观。”① “领导工具”是一个极富辩证思维的定位，把主导与随从、主动与被动相互矛盾的关系集中于一个主体而不出现冲突、不产生对立，堪称中国共产党的创造。中国共产党“先锋队”的定位就是对工具身份的自觉担当，也很好地揭示出工具的基本行为模式，即无我、奉献和牺牲。“党除了工人阶级和最广大人民群众的利益，没有自己特殊的利益。”② 中国共产党人“随时准备为党和人民牺牲一切”③。中国共产党说到做到，知行合一。据不完全统计，近代以来，为中国革命和建设事业献出生命的烈士约有 2000 万人。他们大多数是共产党员，大多数无名无姓④。在政治实践中，奉献与牺牲是最有力的领导方式，也是最深刻的领导关系。当工具不仅能很好地体现使用者的愿望、要求、利益、权力，还能扩大、发现、明确使用者更为真实、更为期待、更为根本的愿望、要求、利益、权力的时候，主动与被动、主导与从属的关系就发生了自然而又现实的转换，一种崭新的领导关系因之确立。当人民群众离不开这样管用好用的工具，愿意让这样的工具更多地为自己服务，帮助自己维护利益、实现期待时，领导关系就更加牢不可破。

中国共产党通过教育组织与联系服务辩证统一的行为实现领导。

作为历史主体的人民群众是历史的创造者，在一定阶段特定环境中

---

① 《毛泽东文集》第 3 卷，人民出版社，1996，第 373~374 页。

② 《中国共产党章程》，人民出版社，2017，第 10 页。

③ 《中国共产党章程》，人民出版社，2017，第 14 页。

④ 参见《初心长留天地间——献给百年来奉献牺牲的中国共产党人》，《人民日报》2021 年 4 月 5 日。

人民群众需要教育与组织。中国共产党是“人民的儿子，又是人民的教师”①，用科学的理论教育群众，把群众充分组织起来，带领劳动者从自在阶级成为自为阶级，形成阶级意识，形成对其历史主体身份自觉，是中国共产党最重要的领导形式。通过教育组织，“唤起工农千百万，同心干”②，取得中国革命的胜利；通过组织教育，“六亿神州尽舜尧”③，社会主义建设朝气蓬勃；通过组织教育，“国家好，民族好，大家才会好”④，中华民族伟大复兴的目标离我们越来越近。

教育组织不是命令主义，不是强迫群众服从，而是要走到群众中去，在与群众的紧密联系中发现群众的关切与期待，通过切实有效的服务来回应群众的关切，满足群众的期待。这种服务“是要全心全意为人民服务，不要半心半意或者三分之二的心三分之二的意为人民服务”⑤。这种服务是“抓住人民最关心最直接最现实的利益问题，把人民群众的小事当作我们的大事”⑥。但是，这并不意味着不把教育引导贯穿其中，并不意味着放弃党的直接领导职能。20 世纪中叶，胡乔木曾经写过一篇文章——《党不能发号施令吗?》，特别引用了周恩来在 1957 年政府工作报告中的一句话，“党对于人民群众直接发出政治上的号召和政策性的决定”⑦，来论述党在领导过程中发号施令的必要性与必然性，阐述了发号施令与服务群众的辩证关系。中国共产党既要善于“考察群众情绪”，又要善于“影响群众情绪”。所谓“影响”就是用党的信仰、党的主张、党的意志去塑造、改变、引领、提升，只有这样才能成为“一切正直的人们所信赖的党”⑧，真正实现党的有效领导。

需要特别强调的是，中国共产党的领导不是为领导而领导，是为坚

① 《毛泽东文集》第 3 卷，人民出版社，1996，第 47 页。

② 《毛泽东诗词集》，中央文献出版社，1996，第 33 页。

③ 《毛泽东诗词集》，中央文献出版社，1996，第 105 页。

④ 《习近平谈治国理政》第 1 卷，外文出版社，2018，第 36 页。

⑤ 《毛泽东文集》第 7 卷，人民出版社，1999，第 285 页。

⑥ 《习近平谈治国理政》第 3 卷，外文出版社，2020，第 135 页。

⑦ 《胡乔木文集》第 1 卷，人民出版社，2012，第 580 页。

⑧ 《列宁全集》第 39 卷，人民出版社，2017，第 24 页。

守初心而领导，为担负使命而领导，是着眼于人民群众美好生活期待、着眼于中华民族伟大复兴的领导。科学的信仰、正确的策略、有效的行动是实现领导最大的底气。在土地革命战争时期，创建发展红军和农村革命根据地，农村包围城市、武装夺取政权，星星之火形成了燎原大势。在形成抗日民族统一战线的条件下，实施全面抗战路线和持久战的战略总方针，中国共产党成为全民族抗战的中流砥柱。在 20 世纪 70 年代末，提出以经济建设为中心，推动改革开放，中国社会大踏步赶上了时代的潮流。21 世纪第二个十年，引领世界百年未有之大变局，推动中国特色社会主义进入新时代。为什么“现在共产党说的话，比其他任何政党说的话，都易于为人民所接受”①，因为中国共产党最有远见、最富于牺牲精神，最坚定、最能真心体察民情，最有作为、最能为人民带来最真实的获得感。中国人民通过中国共产党的领导真正让自己成为国家的主人，真正发挥出历史创造者的磅礴之力。不论是领导核心还是领导工具，人民的认同、拥护、支持是中国共产党实现领导最大的资本。

五　结语：中国共产党的变与不变

毛泽东当年讲过一句话，“中国应当是辩证法发展的国家”②。“辩证法发展”不仅体现在思维层面上深刻发现认识现实世界辩证运动，在实践层面上把辩证法作为“我们最好的工具和最锐利的武器”③，更重要的是在现实的历史活动中、在事物发展变化的过程中自觉实践辩证法，发展辩证法。百年中国共产党的实践历程，为毛泽东这句话作出了很好的注脚。

中国共产党是一个与时俱进的政党。从南湖烟雨蒙蒙中的一叶红船到乘风破浪的复兴号巨轮，从井冈山上的星星之火到中国特色社会主义旗帜在世界东方高高举起，从领导中国人民从此站了起来到推动构建人

---

① 《毛泽东选集》第 1 卷，人民出版社，1991，第 185 页。

② 《毛泽东文集》第 7 卷，人民出版社，1999，第 291 页。

③ 《马克思恩格斯文集》第 4 卷，人民出版社，2009，第 298 页。

类命运共同体，从致力于中华民族伟大复兴到建设一个更加美好的世界，百年来中国共产党一直处在变化中。这变化不仅是政党本身从弱小到强大、从幼小到成熟的发展变化，还是政党历史方位、政策策略、战略目标、工作重点等全方位的深刻变化，甚至政党的身份定位也从“一个先锋队”变为了“两个先锋队”。

中国共产党又是一个不忘初心、牢记使命的政党。不会因走得远而忘记来时的路，不会因出发久而忘记当初为什么出发。共产主义信仰作为政党灵魂激励引领着一代代中国共产党人奋勇前行，标注出中国共产党崇高的政治境界；革命作为政党品格深深熔铸于中国共产党的血脉中，并且塑造着中国共产党永远奋斗的精神气质；不论是为人民谋幸福还是为民族谋复兴，不论是为世界谋大同还是为人类求解放，初心使命与担当的背后是鲜明的阶级立场与博大的人类情怀，是清醒坚定的代表自觉；不论是建立抗日民族统一战线、人民民主统一战线，还是进行新民主主义革命、社会主义革命、改革开放等，始终不变的是中国共产党的领导，是中华民族伟大复兴的追求。

变是必然。在现实世界中从来不会存在永恒不变的事物，任何事物都要在发展过程中证明其存在，事物的自我实现本身就是一个发展变化的过程。正如中国哲学中所讲的，“日新之谓盛德，生生之谓易”①。这个过程不仅是适应变化了的环境、变化了的关系、变化了的条件必然作出的改变，亦是不断赋予新内涵、不断增加新特质、不断创造新关系的生成与化育。在这一过程中，中国共产党一步步从“依照苏联共产党的榜样建立起来和发展起来的一个党”② 变为了“伟大中华民族的一部分而和这个民族血肉相联”③ 的具有中国作风和中国气派的独立自主的党；一步步在“布尔什维克化”和使马克思主义在中国具体化、作出合乎中国需要的理论性的创造中，成为“全国性的大党”④，进而成为“世界上

① 《周易·系辞上》。

② 《毛泽东选集》第4卷，人民出版社，1991，第1357页。

③ 《毛泽东选集》第2卷，人民出版社，1991，第534页。

④ 《毛泽东选集》第2卷，人民出版社，1991，第612页。

最大的政党"①。

不变是必须。一个事物之所以是这样而不是别的什么样子，来自其质的规定性。一个政党之所以区别于其他政党，同样来自其“质的规定性”，来自其特有的信仰主义、立场归属、组织方式、行为模式等。虽然在不同时期、不同领域，其实现形式会有所变化，其量的形态会有所增减，但其根本性的内涵不会变也不能变，量的变化不会也不能突破质的规定性。“质的规定性是处在一定量的限度内的规定性。”② 质的规定性一旦突破，政党就会犯颠覆性的错误而难以挽回。在主义、信仰、宗旨、立场这些事关政党本质的方面，更是来不得半点含糊，容不得丝毫动摇。如果做不到坚定、纯粹、执着，政党的纯洁性就不复存在，政党的先进性就大打折扣，政党就会名存实亡甚至最终连名字也不见得能保存下来。

“中国共产党是世界上最大的政党。大就要有大的样子。”③ 这“大的样子”是为人民谋幸福、为民族谋复兴的大抱负的样子，是为世界谋大同、为人类求解放的大担当的样子，更是遵循并践履政党建设规律、执政党执政规律，用中国共产党实践辩证法铸就的从历史走向未来、用信仰书写辉煌的马克思主义政党的样子。

---

① 《习近平谈治国理政》第3卷，外文出版社，2020，第67页。

② 陈先达：《问题中的哲学》，北京师范大学出版社，2014，第188页。

③ 《习近平谈治国理政》第3卷，外文出版社，2020，第67页。

论中国共产党的独立自主*

辛　鸣

党的十九届六中全会审议通过的《中共中央关于党的百年奋斗重大成就和历史经验的决议》（简称《决议》）把“坚持独立自主”作为十条历史经验之一明确提出来，并且作出“独立自主是中华民族精神之魂，是我们立党立国的重要原则”的论断，这是对中国共产党百年奋斗宝贵经验的科学认知，更是对中国共产党更好践行使命担当的高度自觉。中国共产党百年奋斗的历史就是一部坚持独立自主、走向辉煌、创造奇迹的历史，独立自主贯穿中国革命、建设、改革的全过程各领域。独立自主不仅有着鲜明的价值指向，更集中体现为在道路问题上的坚持坚定；不仅在现实活动中坚持自力更生，更在思想意识上保持精神独立。从价值自觉、道路自觉、实践自觉、主体自觉等方面讲清楚一百年来中国共产党坚持独立自主的历史逻辑、理论逻辑和实践逻辑，对于我们面向未来更好地坚持独立自主，全面建设社会主义现代化强国，进而实现中华民族伟大复兴意义重大。

一　价值自觉：自己的事情自己作主张

独立自主最基本的价值指向就是自己能决定自己的事情，要干什么、怎么去干自己说了算。习近平指出：“坚持独立自主，就要坚持中国的

* 国家社会科学基金重点项目“中国特色社会主义制度优越性的哲学研究”（20AZX004）的阶段性成果。本文原载于《中国特色社会主义研究》2021年第6期，收入本书时有改动。

事情必须由中国人民自己作主张、自己来处理。”① 如果一个政党、一个国家对于自己的事情没有自主权，要由别人来做决定，要听从他者的指示，就既不能说独立，也谈不上自主。独立自主不是自然而然就有的，不是从天上掉下来的，更不可能是别人赐予的。中国共产党的独立自主是在中国革命和建设的历史实践中一步一步确立起来的，是在与各种关系的交往中一点一点争取来的。

中国共产党的建立是中国先进分子因应世界大势和中国人民期待的主动作为和自觉选择，但客观上也是在共产国际指导下促成的。共产国际在中国共产党成立过程中扮演了极为重要的角色。在党的成立大会上致辞的是共产国际代表马林，在中国共产党第一个决议中明确提出“党中央委员会应每月向第三国际报告工作”②。党的二大作出了加入第三国际的决议，明确“中国共产党为国际共产党之中国支部”③。党的五大召开前夕，共产国际发来指示，要求中共五大的一切政治决议“都完全应以共产国际执委会第七次扩大全会关于中国问题的决议为依据”④。大革命失败后，国内白色恐怖异常严峻，第六次代表大会只能在莫斯科召开，共产国际关于大会的指示与要求更是直接而具体。1936 年毛泽东与斯诺谈话时讲，“看来共产国际在一九二七年提供给中国共产党的不是什么‘意见’，而是干脆发的命令，中国共产党显然甚至无权不接受”⑤。这确实是当时中国共产党的客观处境与现实状况。

共产国际对中国共产党的帮助是巨大的，从理论纲领、政治方向、组织运行到骨干人才培养、具体经费支持等都是实质性的。甚至可以讲没有共产国际的帮助，中国共产党成立的时间可能还会往后延，中国共

① 《习近平谈治国理政》第 1 卷，外文出版社，2018，第 29 页。

② 中央档案馆：《中共中央文件选集（1921~1925）》，中共中央党校出版社，1989，第 8 页。

③ 中央档案馆：《中共中央文件选集（1921~1925）》，中共中央党校出版社，1989，第 67 页。

④ 中共中央党史研究室：《中国共产党历史（1921~1949）》第 1 卷（上），中共党史出版社，2011，第 210 页。

⑤ 埃德加·斯诺：《红星照耀中国》，董乐山译，新华出版社，1984，第 144 页。

产党初期的各种活动也不可能有效展开。但是，共产国际导致的“左”倾冒险主义和“左”倾教条主义，作出的“城市中心论”和“正规阵地战”的战略策略，以及各种形式的“钦差大臣”、军事顾问的瞎指挥等，给中国共产党和中国革命造成的负面影响乃至损失也是巨大的。大革命的失败、土地革命的失败与共产国际脱离中国实际的指导与指挥有着直接的关系。毛泽东就指出：“从一九二一年党成立到一九三四年，我们就是吃了先生的亏，纲领由先生起草，中央全会的决议也由先生起草。”① 当然主要原因是“这时的党终究还是幼年的党，是在统一战线、武装斗争和党的建设三个基本问题上都没有经验的党，是对于中国的历史状况和社会状况、中国革命的特点、中国革命的规律都懂得不多的党，是对于马克思列宁主义的理论和中国革命的实践还没有完整的、统一的了解的党”②。

这种情形在 1935 年 1 月的遵义会议上得到根本性的改变。一方面严酷的军事形势迫使中国共产党必须作出决断，同时电讯故障和其他一些因素导致在遵义会议前后一段时间同共产国际一度中断联系也客观上为中国共产党自己决定自己的事务提供了一定的空间。遵义会议系统批评了博古、李德在军事指挥上的错误，改组了中央领导机构，初步确立了毛泽东的领导地位，结束了“左”倾教条主义错误在中央的统治。在中国共产党的历史上，遵义会议具有里程碑的意义，对中国共产党的成长与成熟意义很大。毛泽东指出：“真正懂得独立自主是从遵义会议开始的，这次会议批判了教条主义。”③

抗日战争全面爆发后，中国共产党因应从土地革命战争转向民族革命战争的客观形势要求，提出建立抗日民族统一战线的策略。如何既达成与国民党的合作，又能保持在统一战线中的独立性，彻底纠正“一切通过统一战线”的右倾错误，毛泽东明确提出，“在一切统一战线工作中必须密切地联系到独立自主的原则”④，这才是把抗日民族革命战争引

① 《毛泽东文集》第 8 卷，人民出版社，1999，第 338 页。

② 《毛泽东选集》第 2 卷，人民出版社，1991，第 610 页。

③ 《毛泽东文集》第 8 卷，人民出版社，1999，第 339 页。

④ 《毛泽东选集》第 2 卷，人民出版社，1991，第 394 页。

向胜利之途的中心一环。后来，毛泽东在党的扩大的六届六中全会作的政治报告中专门阐述了“坚持统一战线和坚持党的独立性”① 的问题，在结论报告中又继续讲“统一战线中的独立自主问题”②，真正解决了统一战线中中国共产党事实上的领导权的问题。

20 世纪 50 年代中后期到 60 年代前半期，中国共产党与苏联共产党进行了激烈的论战，虽然 30 多年后邓小平讲“双方都讲了许多空话”“这些方面现在我们也不认为自己当时说的都是对的”，但是“真正的实质问题是不平等，中国人感到受屈辱”③。世界各国的马克思主义政党当然要团结起来，社会主义国家是一个大家庭。但是马克思主义政党是平等的，没有什么“老子党”；社会主义国家是平等的，大家庭不需要“大家长”。中苏论战根本上还是中国共产党在政党关系中坚持独立自主原则的具体体现。

中国共产党坚持独立自主不是不要马克思主义的指导。指导中国共产党的当然是马克思主义，但必须是“创造性的马克思主义”，不是“教条式的马克思主义”④，不能把马克思主义书本上的某些个别字句当作现成的灵丹妙药，用它来包治百病，不能只知诵记马克思主义书本上的个别结论和个别原理。毛泽东后来用“公式的马克思主义者”⑤ 这个说法表达的也是同样的意思。只会用马克思主义的大本本唬人，事实上离马克思主义最远。正像毛泽东 1963 年 6 月 12 日给苏共中央的复信中加写的一段话：“如果不是自己能够思索、能够自己动脑筋，经过认真的调查研究工作，深知本国各阶级的准确动向，善于应用马列主义的普遍真理同本国革命的具体实践结合起来，而只是人云亦云，不加分析地照抄外国经验，跟着外国某些人的指挥棒团团打转，那就是修正主义和

① 《毛泽东选集》第 2 卷，人民出版社，1991，第 524 页。
② 《毛泽东选集》第 2 卷，人民出版社，1991，第 537 页。
③ 《邓小平文选》第 3 卷，人民出版社，1993，第 294~295 页。
④ 《毛泽东文集》第 2 卷，人民出版社，1993，第 373 页。
⑤ 《毛泽东选集》第 2 卷，人民出版社，1991，第 707 页。

教条主义样样都有，成为一个大杂烩，而单单没有马列主义原则性的党。”①

而创造性的马克思主义第一要义就是要把马克思主义基本原理与各国的具体实际结合起来，这就要先了解自己国家的具体实际。而最了解自己国家具体实际的肯定是我们自己。“中国这个客观世界，整个地说来，是由中国人认识的，不是在共产国际管中国问题的同志们认识的。”② 毛泽东讲到也不能苛求共产国际的那些同志，因为“对于中国这个客观世界，我们自己在很长时间内都认识不清楚，何况外国同志呢”③，所以结论就是“俄国的问题只能由列宁解决，中国的问题只能由中国人解决”④。

1956年9月23日，毛泽东会见参加中共八大的德国统一社会党代表团时讲，“共产国际很长时期犯了很大错误，把我们的革命搞掉了百分之九十。共产国际解散了，就搞出了一个新中国来。我们不是不相信马列主义，而是更相信了。共产国际搞教条主义，情报局又搞教条主义，教条主义就不是马列主义”⑤。如何做到真正的马克思主义，邓小平作了明确回答，“我们历来主张世界各国共产党根据自己的特点去继承和发展马克思主义，离开自己国家的实际谈马克思主义，没有意义。所以我们认为国际共产主义运动没有中心，不可能有中心。我们也不赞成搞什么‘大家庭’，独立自主才真正体现了马克思主义”⑥。百年来中国共产党之所以坚持独立自主，真正做到自己的事情自己作主，核心在于真正坚持马克思主义，坚持真正的马克思主义。

---

① 《毛泽东年谱（1949～1976）》第5卷，中央文献出版社，2013，第231～232页。

② 《毛泽东文集》第8卷，人民出版社，1999，第299页。

③ 《毛泽东文集》第8卷，人民出版社，1999，第300页。

④ 《毛泽东文集》第8卷，人民出版社，1999，第5页。

⑤ 《毛泽东年谱（1949～1976）》第2卷，中央文献出版社，2013，第632页。

⑥ 《邓小平文选》第3卷，人民出版社，1993，第191页。

二 道路自觉：走自己的路

道路决定命运。道路选择既是独立自主的前提，又是独立自主的结果。如果不能走自己的路，根本谈不上独立自主；如果做不到独立自主，也不可能走出自己的路。习近平指出："走自己的路，是党的全部理论和实践立足点，更是党百年奋斗得出的历史结论。"① 中国共产党的独立自主不仅体现在在具体事务上自己作主，更体现在从我国国情出发，以战略的眼光、独立的思考、坚定的意志、艰辛的探索走出一条来自自己、属于自己的路。新民主主义革命道路是如此，社会主义改造和社会主义建设道路是如此，中国特色社会主义道路更是如此。

开辟新民主主义革命道路，独立自主进行中国革命。俄国十月革命的胜利是通过发动城市工人阶级举行起义而夺取政权的，这就使得"城市中心论"有了最真实、最有说服力的实践背书，共产国际也把它作为经验普遍推行。但是，中国共产党在大革命时期组织了上百次的城市暴动和以夺取城市为目的的军事行动，但都失败了，反倒是毛泽东从实际出发，在敌人统治力量较弱的井冈山建立革命根据地站住了脚。毛泽东深刻分析中国社会形态和阶级状况，通过《中国的红色政权为什么能够存在?》《星星之火，可以燎原》《论联合政府》《论人民民主专政》等中国化的马克思主义的理论创造，弄清了中国革命的性质、对象、任务、动力，提出通过新民主主义革命走向社会主义的两步走战略，制定了新民主主义革命总路线，开辟了以农村包围城市、最后夺取全国胜利的革命道路。

探索社会主义改造和社会主义建设道路，独立自主建设社会主义。新中国成立了，但如何建设社会主义？毛泽东在 1956 年写作《论十大关系》，1959 年底至 1960 年初组织研读苏联《政治经济学教科书》，就是以苏联经验为借鉴，对适合中国情况的社会主义建设道路进行探索。

① 习近平：《在庆祝中国共产党成立 100 周年大会上的讲话》，人民出版社，2021，第 13 页。

毛泽东指出："现在是社会主义革命和建设时期，我们要进行第二次结合，找出在中国怎样建设社会主义的道路。这个问题，我几年前就开始考虑。先在农业合作化问题上考虑怎样把合作社办得又多又快又好，后来又在建设上考虑能否不用或少用苏联的拐杖，不像第一个五年计划那样搬苏联的一套，自己根据中国的国情，建设得又多又快又好又省。现在感谢赫鲁晓夫揭开了盖子，我们应该从各方面考虑如何按照中国的情况办事，不要再像过去那样迷信了。其实，我们过去也不是完全迷信，有自己的独创。现在更要努力找到中国建设社会主义的具体道路。"①

中国共产党在社会主义道路探索中提出了很多创造性的认识，比如关于社会主义阶段论，毛泽东说："社会主义这个阶段，又可能分为两个阶段，第一个阶段是不发达的社会主义，第二个阶段是比较发达的社会主义。后一阶段可能比前一阶段需要更长的时间。"② "要赶上和超过世界上最先进的资本主义国家，没有一百多年的时间，我看是不行的。……我劝同志们宁肯把困难想得多一点，因而把时间设想得长一点。"③ 关于多种经济成分的问题，毛泽东认为，中国"可以搞国营，也可以搞私营。可以消灭了资本主义，又搞资本主义"④。这些探索为中国特色社会主义道路的开辟提供了宝贵的理论准备。

毛泽东在对中共八大政治报告进行修改的时候，特别加了一段话："不可能设想，社会主义制度在各国的具体发展过程和表现形式，只能有一个千篇一律的格式。我国是一个东方国家，又是一个大国。因此，我国不但在民主革命过程中有自己的许多特点，在社会主义改造和社会主义建设的过程中也带有自己的许多特点，而且在将来建成社会主义社会以后还会继续存在自己的许多特点。"⑤ 这可以看作中国共产党独立自主走社会主义改造和社会主义建设道路的政治宣言。邓小平在 1979 年与外宾谈话回顾这段历史的时候说："中国的社会主义道路与苏联不完全

① 《毛泽东年谱（1949~1976）》第 2 卷，中央文献出版社，2013，第 557 页。

② 《毛泽东文集》第 8 卷，人民出版社，1999，第 116 页。

③ 《毛泽东文集》第 8 卷，人民出版社，1999，第 302 页。

④ 《毛泽东文集》第 7 卷，人民出版社，1999，第 170 页。

⑤ 《建国以来毛泽东文稿》第 6 册，中央文献出版社，1992，第 143 页。

一样，一开始就有区别，中国建国以来就有自己的特点。”①

坚持和发展中国特色社会主义道路，开辟了实现中华民族伟大复兴的正确道路。在党的十二大开幕词中，邓小平开宗明义地提出：“把马克思主义的普遍真理同我国的具体实际结合起来，走自己的道路，建设有中国特色的社会主义，这就是我们总结长期历史经验得出的基本结论。”② 我国改革从农村实行家庭联产承包责任制率先突破，逐步转向城市经济体制改革并全面铺开，确立起社会主义市场经济的改革方向。“说市场经济只存在于资本主义社会，只有资本主义的市场经济，这肯定是不正确的。社会主义为什么不可以搞市场经济，这个不能说是资本主义。我们是计划经济为主，也结合市场经济，但这是社会主义的市场经济。”③ 1997 年，党的十五大进一步明确：公有制为主体、多种所有制经济共同发展，是我国社会主义初级阶段的一项基本经济制度。中国共产党坚持经济、政治、文化、社会、党的建设等各领域体制改革，不断形成和发展符合当代中国国情、充满生机活力的体制机制；把对外开放确立为基本国策，实现了从高度集中的计划经济体制到充满活力的社会主义市场经济体制的转变。

随着中国特色社会主义进入新时代，中国特色社会主义道路越走越宽广。党的十八大以来，国家经济实力、科技实力、综合国力跃上新台阶，经济迈上更高质量、更有效率、更加公平、更可持续、更为安全的发展之路；中国特色社会主义制度更加成熟、更加定型，国家治理体系和治理能力现代化水平不断提高。

中国共产党独立自主走自己的路是对马克思主义最忠实的坚持。马克思主义认为，“我们自己创造着我们的历史，但是……是在十分确定的前提和条件下创造的”④。列宁更是明确提出：“一切民族都将走向社会主义，这是不可避免的，但是一切民族的走法却不会完全一样，在

① 《邓小平文选》第 2 卷，人民出版社，1994，第 235 页。

② 《邓小平文选》第 3 卷，人民出版社，1993，第 3 页。

③ 《邓小平文选》第 2 卷，人民出版社，1994，第 236 页。

④ 《马克思恩格斯文集》第 10 卷，人民出版社，2009，第 592 页。

民主的这种或那种形式上，在无产阶级专政的这种或那种形态上，在社会生活各方面的社会主义改造的速度上，每个民族都会有自己的特点。”① 世界上没有放之四海而皆准的具体发展模式，也没有一成不变的发展道路。历史条件的多样性，决定了各国选择发展道路的多样性。习近平指出：“中国有 960 多万平方公里土地、56 个民族，我们能照谁的模式办？谁又能指手画脚告诉我们该怎么办？对丰富多彩的世界，我们应该秉持兼容并蓄的态度，虚心学习他人的好东西，在独立自主的立场上把他人的好东西加以消化吸收，化成我们自己的好东西，但决不能囫囵吞枣、决不能邯郸学步。照抄照搬他国的政治制度行不通，会水土不服，会画虎不成反类犬，甚至会把国家前途命运葬送掉。只有扎根本国土壤、汲取充沛养分的制度，才最可靠、也最管用。”② 百年来中国共产党是这样认识的，也是这样实践的。实现中华民族伟大复兴的人间正道就是这样走出来的，我们还将继续走下去。

三　实践自觉：把国家和民族发展放在自己力量的基点上

要化独立自主的意愿为现实的行动，依托自己的力量自力更生是基础、是根本。“把国家和民族发展放在自己力量的基点上”，这是《决议》作出的一个十分重要的论断。纵观人类历史长河，没有一个民族、没有一个国家可以通过依赖外部力量、对他人亦步亦趋实现强大和振兴。那样做只会有两个结果，不是必然遭遇失败，就是成为他人的附庸，这本身其实是更大的失败。只有自力更生，才会牢牢掌握生存、发展、繁荣、壮大的主动性和自主权。

革命时期是如此。全面抗战进入相持阶段后，由于日伪封锁和国民党反共摩擦，陕甘宁边区和敌后各抗日根据地财政经济日益困难。在毛泽东“自己动手”的号召下，陕甘宁边区开展大生产运动，发展经

① 《列宁专题文集——论社会主义》，人民出版社，2009，第 398 页。

② 《习近平谈治国理政》第 2 卷，外文出版社，2017，第 286 页。

济，保障自己。毛泽东等中央领导同志带头参加生产劳动，周恩来还被评为“纺线能手”。八路军三五九旅开赴南泥湾开荒种地，使得南泥湾变成了“陕北的好江南”。其他敌后抗日根据地也纷纷开展“劳动与武力结合”“战斗与生产结合”的各种生产自救活动，为战胜严重困难打败日本侵略者奠定了物质基础。实事求是讲，要求军队和机关、学校这样的单位发展自给经济，自己保障自己，“在其他历史条件下是不合理的和不可理解的”①，但却是中国共产党当年自力更生最真实的写照。

建设时期同样如此。我国原子弹、导弹研制初期，苏联确实表示提供有限援助。但是，1959 年苏联撕毁技术协定，撤走全部在华专家，迫使我国原子弹、导弹研究进入全面自力更生阶段。于是一大批科学家隐姓埋名，在戈壁沙漠、深山峡谷进行艰苦创业，从设计、试验到制造全部自己做。1964 年 10 月 16 日，原子弹成功爆炸，中国成为继美国、苏联、英国、法国之后世界上第五个掌握核武器的国家。1967 年 6 月 17 日，氢弹成功爆炸，中国成为继美国、苏联、英国之后世界上第四个掌握氢弹的国家。1970 年 4 月 24 日，人造卫星“东方红一号”升空，中国成为继苏联、美国、法国、日本之后世界上第五个发射卫星的国家。等等。中国不仅顶住了西方国家的完全封锁甚至恶意打击，而且掌握核武器技术所用时间比西方国家还要短很多。邓小平提出：“如果六十年代以来中国没有原子弹、氢弹，没有发射卫星，中国就不能叫有重要影响的大国，就没有现在这样的国际地位，这些东西反映一个民族的能力，也是一个民族、一个国家兴旺发达的标志。”②

“两弹一星”的研发不仅是中国科技领域的自主突破，也带动了工业体系的建设。在配合“两弹一星”制造的“大协作”过程中，包括相应三线建设，逐步形成了独立完整的社会主义工业体系。经过改革开放以来的进一步发展，新中国已经拥有联合国产业分类中所列举的包括 41 个工业大类、207 个工业中类、666 个工业小类在内的全部工业门类，是

---

① 中共中央党史研究室：《中国共产党历史（1921～1949）》第 1 卷（下），中共党史出版社，2011，第 598 页。

② 《邓小平文选》第 3 卷，人民出版社，1993，第 279 页。

当今世界唯一的工业门类最为齐全、有着具有完整性和内生力的工业体系的国家。这一体系不仅是发展国防军事力量、确保国家安全的必需，亦是提高对外竞争与合作的保障。为什么在20世纪70年代末中国提出对外开放迅速得到域外或国外企业与资本的响应，并且迅速成为“世界工厂”，就在于中国社会有完整的工业生产体系；为什么在新冠肺炎疫情深度影响、全球产业链供应链严重受挫的情形下，中国经济能迅速企稳回暖，同样在于独立完整的工业体系能够迅速适应环境变化作出自主调整。

新中国刚刚成立的时候，经济是十分落后的。毛泽东曾说过：“现在我们能造什么？能造桌子椅子，能造茶碗茶壶，能种粮食，还能磨成面粉，还能造纸，但是，一辆汽车、一架飞机、一辆坦克、一辆拖拉机都不能造。”① 70多年后，中国共产党领导中国社会创造了发展的“中国奇迹”。仅以经济总量为例，2020年中国经济总量101万亿元，占比超过世界经济总量的17%。这一切的背后，是独立自主、自力更生撑起了中国经济发展的脊梁，给予了中国道路自信的底气。邓小平向第三世界朋友介绍的首要经验就是自力更生，“你们想了解中国的经验，中国的经验第一条就是自力更生为主。我们很多东西是靠自己搞出来的”②。因为这样做，可以振奋起整个国家奋发图强的精神，把人民团结起来，克服困难。

坚持独立自主、自力更生，把国家和民族发展放在自己力量的基点上，体现在科技上就是自主创新。科学技术是现代社会发展的第一动力。而科技发展不能总是跟在别人后面跑，如果不能自主创新锻造一些“杀手锏”技术，形成对他者的强有力反制和威慑能力，我们就会被别人“卡脖子”。这样的现象已然发生。如何在关系国家安全的领域和节点构建自主可控、安全可靠的国内生产供应体系，在关键时刻可以做到自我循环，确保在极端情况下经济正常运转，自力更生是根本，自主创新是必由之路。习近平多次强调，“关键核心技术是要不来、买不来、讨不

① 《毛泽东文集》第6卷，人民出版社，1999，第329页。

② 《邓小平文选》第2卷，人民出版社，1994，第406页。

来的。只有把关键核心技术掌握在自己手中，才能从根本上保障国家经济安全、国防安全和其他安全”①。一个企业即便规模再大、市值再高，如果核心元器件严重依赖外国，供应链的“命门”掌握在别人手里，那就好比在别人的墙基上砌房子，再大再漂亮也可能经不起风雨，甚至会不堪一击。自力更生不是另起炉灶，彻底与外国技术脱钩，只有跟高手过招才知道差距，才能进步。只是我们要在技术合作中强化中国自己的技术体系，而不是在外国技术框架下跟跑，这也是我们高度重视基础领域创新的道理所在。

坚持独立自主、自力更生，把国家和民族发展放在自己力量的基点上，不是不要对外开放，不是关起门来搞建设，而是强调对外合作中的主动性与主导权。经济全球化是世界历史发展大趋势，全方位深层次合作是经济发展的客观要求，但是这种合作一定要建立在合作方独立自主的前提下。如果在合作中出现了单向依赖，就丧失了发展的主动权。我国在新发展阶段提出构建新发展格局正是基于这样的考虑。习近平指出，“构建新发展格局最本质的特征是实现高水平的自立自强”②。建立以国内大循环为主体、国内国际双循环相互促进的新发展格局，是把握未来发展主动权的战略性布局和先手棋。

“中国的事情要按照中国的情况来办，要依靠中国人自己的力量来办。独立自主，自力更生，无论过去、现在和将来，都是我们的立足点。”③ 这是中国共产党的历史结论，亦是中国共产党的实践自觉。

四　主体自觉：保持精神独立性

独立自主行为的背后是独立自主精神的支持。习近平指出：“如果没有自己的精神独立性，那政治、思想、文化、制度等方面的独立性就

① 《习近平谈治国理政》第 3 卷，人民出版社，2020，第 248 页。

② 习近平：《论把握新发展阶段、贯彻新发展理念、构建新发展格局》，中央文献出版社，2021，第 485 页。

③ 《邓小平文选》第 3 卷，人民出版社，1993，第 3 页。

会被釜底抽薪。”① 当一个社会在如何认识世界上有自己独特的思维方式，在如何评价世界上有自己独特的价值立场，在如何应对世界上有自己独特的方法路径，我们就可以讲这个社会保有了它的“精神独立性”②。

中国共产党最根本的精神独立性来自马克思主义。毛泽东指出：“自从中国人学会了马克思列宁主义以后，中国人在精神上就由被动转入主动。”③ 党的十九大报告指出：“一九二一年中国共产党应运而生。从此，中国人民谋求民族独立、人民解放和国家富强、人民幸福的斗争就有了主心骨，中国人民就从精神上由被动转为主动。”④ 一百年来，马克思主义，特别是马克思主义中国化的历史飞跃赋予造就了中国社会强大的精神独立性。作为马克思主义中国化第一次历史飞跃的毛泽东思想，指导中国共产党和中国人民摆脱了俄国经验、苏联模式的束缚，摆脱了教条主义、本本主义的束缚，开始独立自主开辟和探索中国革命和社会主义建设道路。中国特色社会主义理论体系作为马克思主义中国化新的飞跃，指导中国共产党和中国人民摆脱社会主义建设初期对马克思主义的僵化教条理解，极大地解放了整个社会的思想，开启了改革开放的伟大实践，开辟了中国特色社会主义道路。作为“当代中国马克思主义、21世纪马克思主义”的习近平新时代中国特色社会主义思想深刻洞察了世界趋势，引领了时代潮流，实现了21世纪马克思主义中国化新的飞跃，指导党和国家事业取得历史性成就、发生历史性变革，为中华民族伟大复兴提供了更为主动的精神力量。

何为“更为主动的精神力量”？新时代的中国共产党、中国人民、中华民族充分彰显出了精神独立性。在习近平新时代中国特色社会主义思想指引下，面对一些重大的理论与实践问题，我们有了自己的主张、标准与话语权，呈现出了明确的精神主动。比如，关于民主问题，中国

① 《习近平关于社会主义文化建设论述摘编》，中央文献出版社，2017，第139页。

② 辛鸣：《伟大复兴中的“精神独立性”》，《人民论坛》2014年第16期。

③ 《毛泽东选集》第4卷，人民出版社，1991，第1516页。

④ 《习近平谈治国理政》第3卷，外文出版社，2020，第10~11页。

共产党提出“全过程人民民主”，使选举民主和协商民主这两种重要民主形式更好地结合起来，实现了最广大人民的广泛持续参与；关于政党制度，中国共产党提出的“新型政党制度”，有效避免了旧式政党制度代表少数人、少数利益集团的弊端和一党缺乏监督或者多党轮流坐庄、恶性竞争的弊端等；作为中国社会伟大创造的“社会主义市场经济”，既有“有效市场”又有“有为政府”，“看不见的手”和“看得见的手”两手都很硬；正在进行中的“中国式现代化”，融共同富裕与生态文明、和平发展等于一体，走出了一条与西方现代化全然不同的崭新的现代化道路，创造了人类文明新形态；等等。所有这一切，可以让中国社会豪迈自信地站上人类社会道义制高点。

中华文化是中国共产党保持精神独立性的源头。中华文化源远流长，积淀着中华民族最深层的精神追求，代表着中华民族独特的精神标识，有着独特的看待世界、看待社会、看待人生的价值体系，为中华民族生生不息、发展壮大提供了丰厚滋养。中华优秀传统文化已经成为中华民族的基因，植根在中国人内心，潜移默化地影响着中国人的思想方式和行为方式，形成了中国人独特而悠久的精神世界。习近平新时代中国特色社会主义思想在把马克思主义基本原理与当代中国进入中国特色社会主义新时代的实际紧密结合，与决胜全面小康社会、实现全面现代化、迈向中华民族伟大复兴中国梦的实际紧密结合的同时，更加自觉、更加坚定地将其与中国五千多年灿烂文明相结合，与中华优秀传统文化相结合，让马克思主义中国化的这一历史新飞跃有了更加坚实的文化基础与文明支撑，马克思主义中国化的这一最新成果更具中国风格，更有中国气派，成为中华文化和中国精神的时代精华。“生生不息”“和而不同”“天下为公”“民为邦本”等中华优秀传统文化的丰富哲学思想、人文精神、教化思想、道德理念经过创造性转化和创新性发展，已经成为21世纪马克思主义的有机组成，让新时代中国共产党不仅可以超越西方文明、西方价值、西方思维进行伟大的思想创造，亦可以超越西方道路、西方模式、西方规则进行伟大的实践创造。从全面小康到共同富裕，从以人民为中心到人民至上，从“一带一路”到人类命运共同体，其既具鲜明特色又具共同价值的思想、理念、战略，不仅展现出强大的实践伟力，并且焕发出持久的精神魅力与文化光辉。

思想引领实践，实践铸就自觉。中国共产党独立自主的精神激发出独立自主的实践，独立自主的成功实践又进一步坚定了中国共产党独立自主的政党自觉。2018 年 1 月 5 日，习近平总书记在学习贯彻党的十九大精神研讨班开班式上的讲话中指出，“中国形成了统一的多民族、拥有 13 亿多人口而又精神上文化上高度团结统一的国家，这在世界上是独一无二的。中国连绵几千年发展至今的历史从未中断，形成了独具特色、博大精深的价值观念和文明体系，这在世界上是独一无二的。中国形成了适合我国实际、符合时代特点的中国特色社会主义并取得了巨大成功，这在世界上是独一无二的。中国形成了全心全意为人民服务、拥有 8900 多万名党员、紧密组织起来的中国共产党并在中国长期执政，这在世界上是独一无二的”①。这既是中国共产党独立自主的文明文化渊源、制度组织保障，又是中国共产党独立自主的历史必然和客观现实，充分彰显出中国共产党坚持独立自主的政党自觉。

① 习近平：《推进党的建设新的伟大工程要一以贯之》，《求是》2019 年第 19 期。

第六编　全球治理

人类命运与超国家政治共同体*

陈曙光

自有民族国家以来，人类的命运就与超国家政治共同体（也即“国群共同体”）捆绑在一起。超国家政治共同体的演变是一个自然历史过程，单子共同体、依附共同体、交互共同体是超国家政治共同体的主要形态。不同的共同体形态，决定着不同的国际交往秩序和国际关系格局，决定着共同体成员的不同境遇，决定着人类的前途和命运。

一　超国家政治共同体：民族国家间基于生命意志而结成的“有机生命体”

共同体（community），意指由某种共同的纽带联结起来的生活有机体①。共同体的生成与人的生命意志相关，“是人的意志完善的统一体”②，是一个充满想象的精神家园。第一个对共同体进行专门探讨的是德国学者腾尼斯，不过，他的研究对象主要定位于人群共同体，即共同体所指涉的乃是拥有相同身份、特质、本能、职业、地域、习惯和记忆的人群，是人与人结合而成的“现实的有机的生命”③。本文的研究对象

---

* 国家社会科学基金重大项目（15ZDA003）、国家社会科学基金重点项目（15AKS004）的研究成果。本文原载于《政治学研究》2016 年第 6 期，收入本书时有改动。

① 参见威廉斯《关键词》，刘建基译，生活·读书·新知三联书店，2005，第 79 页。

② 腾尼斯：《共同体与社会：纯粹社会学的基本概念》，林荣远译，商务印书馆，1999，第 58 页。

③ 腾尼斯：《共同体与社会：纯粹社会学的基本概念》，林荣远译，商务印书馆，第 52 页。

不是一般的人群共同体，而是定位于国群共同体，或者说超国家政治共同体。

所谓超国家政治共同体，是指民族国家基于生存发展的内在需求和强烈意志，以国家的名义结合而成的“有机生命体”。

“共同性”是标识共同体的身份密码。超国家政治共同体乃是具有“共同性”的国家群体。“共同性”也许是一个方面，也许包含多个方面；“也许是‘淡薄的’，也许是‘深厚的’”①。“共同性”可以是共同的地域、血统，共同的宗教、信仰，共同的民族、种族，共同的语言、文字，共同的历史、文化，共同的意识形态、价值观念，共同的目标、愿景，等等。简而言之，共同体是“对一种特殊的文化的一定程度的承诺”②。其中，最深厚的“共同性”乃是某种共同的信念、价值或目标，它表征着成员国的生存方式，规范着成员间的相处之道，规定着共同体的未来走向和前途命运。这些信念、价值和目标，常常是让一些国家成其为共同体，让一个个国家成其为共同体成员的最本质的东西。缺乏共同的目标、信念和价值支撑，这样的共同体是没有生命力和号召力的。

“共同利益”是结成共同体的内生动力，也是维系共同体稳定的纽带。超国家政治共同体是一个有组织的利益群体，离开某种程度上的共同利益，离开各成员国的生命意志，就不会有结成共同体的强烈冲动。特别是进入经济全球化时代以后，“资本”作为真正的主体在冲破国界走向全球的同时，需要超国家政治共同体为资本的全球扩张扫清障碍，而共同体组织则代表资本实施权力，打破可能危及资本扩张的种种限制。美国学者克雷格·卡尔霍恩指出：“许多集体利益，尤其是长期的集体利益，只有可能是由共同体——那些成员之间联系紧密、足以约束其为整体利益而行动的集体——提供的。”③ 众所周知，16 世纪至 20 世纪初都是欧洲的世纪，从葡萄牙、西班牙到荷兰，再到法国、英国，你方唱罢我登场，各领风骚一百年。然而，20 世纪风云突变，美苏独步世界企

① Gerard Delanty, *Community*, London: Routeledge, 2003, p. 2.

② Amitai Etzioni, *The New Golden Rule*, New York: Basic Books, 1996, p. 127.

③ 克雷格·卡尔霍恩：《共同体：为了比较研究而趋向多变的概念》，载李义天主编《共同体与政治团结》，社会科学文献出版社，2011，第 13 页。

图称霸，欧洲传统大国从世界舞台上的绝对主角沦为依附的角色。欧洲各国清醒地意识到唯有联合自强才能在未来世界中占有一席之地，基于强烈的生存意志和利益要求，欧共体应运而生。随着欧洲经济一体化向政治一体化的拓展，欧盟诞生，欧洲一体化进程迎来了质的飞跃。欧盟的成立不仅有利于欧洲各国的联合自强，也必将深刻地影响世界经济政治的版图。可见，欧洲国家结成共同体，关键不是基于地缘因素的考虑，而是基于利益考量的结果。

“归属感”是共同体的心灵和灵魂。超国家政治共同体存在的合法性还在于它给相关成员国带来的“确定性、安全性和归属感”①，至少在表面上是如此。腾尼斯指出：“在一起（being together），可以说，是共同体富有生命力的心灵和灵魂——共同体的存在取决于共同归属的意识以及对相互依赖状况的确认。”② 全球化在推动世界普遍交往的同时，也导致了不确定性和不安全性的增长。今天，面对纷扰不堪、不可预测的世界，面对充满风险和不确定性的未来，如果没有了共同体的“呵护”，原子式的国家往往表现得心神不宁，缺乏安全感、归属感，似乎是一个被抛于荒野的“弃儿”。正如西方学者所言，“政治生活的两个伟大推动因素——恐惧和希望”③，如果说全球化给民族国家带来了“恐惧”的话，那么超国家政治共同体的出现则代表了“希望”。在一些原始的、过气的共同体纷纷瓦解的同时，全世界的文明国家对共同体的青睐却有增无减，共同体概念不断被嵌入新的语境中而获得重构。各文明国家需要共同体，是因为它们需要安全感。“安全感对幸福生活是至关重要的品质，但是我们栖息的这个世界几乎不可能提供这种安全感。”④ 这种不

---

① 贺来：《“关系理性”与真实的“共同体”》，《中国社会科学》2015 年第 6 期。

② F. Tonnies, “The Concept of Gemeinschaft”, in W. J. Cahnman and R. Heberle (eds. and trans.), *Fedinand Toennies on Sociology: Pure, Applied, and Empirical*, Chicago: The University of Chicago Press, 1971, p. 69.

③ 斯蒂文·伯恩斯坦、威廉·科尔曼主编《不确定的合法性——全球化时代的政治共同体、权力和权威》，丁开杰等译，社会科学文献出版社，2011，第 4 页。

④ 齐格蒙特·鲍曼：《共同体》，欧阳景根译，江苏人民出版社，2003，第 179 页。

安全感投射到了置身于其中的每一个国家，传递出“不确定性”的强烈信号。共同体之所以今天在全球遍地开花，正是因为“共同体”传递的感觉总是很美妙的，它所表达的是“对意义、团结和集体行动的寻求”①。正如鲍曼所说，“共同体是一个温暖而舒适的场所，一个温馨的‘家’，在这个家中，我们彼此信任、互相依赖”②。也许正是基于如此美妙的憧憬，现在很多国家纷纷谋求加入欧盟、北约、上海合作组织、WTO 等各类共同体，首要的目的可能就是增强自身抵御风险的能力，在不确定性增加的国际背景下提升自身的“确定性”，在缺乏安全保障的国际环境中为自己撑开一把“保护伞”，在无所依归的国际秩序中营造一种“归属感”。然而，鲍曼又指出，“‘共同体’不是一个已经获得和享受的世界，而是一种我们热切希望栖息、希望重新拥有的世界。这是一个失去了的天堂，或者说是一个人们还希望能找到的天堂”③。也就是说，理想很美好，现实很骨感。“共同体”的蓝图设计往往无法转化为一种“实然”的状态，而仅仅是一种“应然”的状态。“应然”与“实然”之间，“事实”与“规范”之间，“现实”与“理想”之间，依然存在着或大或小的落差与间距。

“集体主体性”是共同体的在场方式。超国家政治共同体是一个集体性主体，说到底，是成员国之间的合作。“超国家政治共同体”是一个描述群体而非个体的概念。共同体不仅指一群人、一群国家，本质上“它是一个整体”④。共同体的规模可大可小，民族国家基于某种“共同性”，结成大小不一的共同体。杰拉德·德兰蒂指出：共同体“也许是大型的，也许是小型的；也许以地方为基础，也许是在全球层面上被组织起来”⑤。比如，美日、美菲、美韩军事同盟等，属于较小的共同体形式；欧盟、非盟、东盟、北约、亚太经合组织、上海合作组织、金砖国

① Gerard Delanty, *Community*, London: Routeledge, 2003, p. 3.

② 齐格蒙特·鲍曼：《共同体》，欧阳景根译，江苏人民出版社，2003，第 179 页。

③ 齐格蒙特·鲍曼：《共同体》，欧阳景根译，江苏人民出版社，2003，第 4 页。

④ 俞可平：《从权利政治学到公益政治学》，载刘军宁等编《自由与社群》，生活·读书·新知三联书店，1998，第 75 页。

⑤ Gerard Delanty, *Community*, London: Routeledge, 2003, p. 2.

家等，属于中等规模的共同体；现今最大的共同体莫过于联合国，中国倡导的人类命运共同体则是一个覆盖全球所有国家的利益共同体。但不管是哪一种共同体，都要求在某些方面（非所有方面）传递一致的声音，采取一致的行动，追求一致的目标。

“历史性”是共同体的基本特征。超国家政治共同体是有机的生命体，有生就有灭。它不是从来就有的，而是人类社会发展到一定历史阶段的产物。它也不是恒久不变的，有的共同体会成长壮大，比如欧盟、北约等；有的共同体会削弱瓦解，比如独联体、华约等。最终，一切民族国家结成的共同体都将走向消亡，走向“自由人的联合体”。因此，对超国家政治共同体，不能静态地将其视为基于某种“共同性”而圈定的一群国家的“总和”，而应将其视为一群国家在交往过程中形成的文明成果的“总体”，换句话说，共同体所标识的与其说是“量”的维度，不如说是“质”的维度。

最后，“价值的不确定性”。超国家政治共同体是一把“双刃剑”，或助益民族国家的发展进步，或沦为民族国家的伤害力量。有共享价值的共同体并非都是好的共同体，比如，20 世纪上半叶，德意日三国基于霸权意识和扩张意志而结成的法西斯联盟，就不符合道德上的善。冷战结束以来，一系列超国家组织正在不断地分享主权国家的政治决策权，消解国家的主权，其后果常常是不确定的。比如，“世界贸易组织、国际货币基金组织以及世界银行的新自由主义政策已经削弱了很多国家控制它们本国经济的能力与解决棘手的政治问题的能力”①。杰拉德·德兰蒂在谈及共同体的价值时说道：“它们与现存秩序之间的关系也许具有积极性，也许具有颠覆性；它们也许是传统的、现代的，甚至是后现代的；它们也许趋于反动，也许趋于进步。”② 总之，对大多数超国家政治共同体，我们都难以简单地给出好或坏的价值判断。

① 梅丽莎·威廉姆斯：《命运相连的共同体内作为能动因素的公民身份》，载斯蒂文·伯恩斯坦、威廉·科尔曼主编《不确定的合法性——全球化时代的政治共同体、权力和权威》，丁开杰等译，社会科学文献出版社，2011，第 27 页。

② Gerard Delanty, *Community*, London: Routeledge, 2003, p. 2.

二　超国家政治共同体的历史嬗变：三个阶段与三种形态

自从有民族国家以来，共同体的发展经历了三个阶段，表现为三种形态。第一个阶段是中古时期（前资本主义时代），民族国家属于原子式的独立主体，国家之间仅仅由于地缘关系而松散地集合在一起，形成了以“自我中心意识”和“排他的主体性”观念为根据的单子共同体。近代伊始，伴随着民族历史转变为世界历史，资本权力深度介入国际秩序的构建，依据以资本权力为核心构成要素的综合国力的大小，民族国家间有了“中心—边缘”的明确分界线，形成了以“单一中心意识”和“独占的主体性”观念为根据的依附共同体。进入21世纪，“单极中心”的弊端逐渐显现，随着多中心的崛起，“中心—边缘”的传统分界线渐次模糊，依附格局终将被“共在”关系取代，主从结构终将被民主原则取代，民族国家间有望形成以“交互关系意识”和“为他的主体性”观念为根据的互依共同体。

（一）以“自我中心意识”和“排他的主体性”观念为根据的单子共同体

在人类社会发展的早期阶段，个体民族国家显得比较全面，那是因为它们还没有形成丰富的国际交往关系，并且没有使这种关系成为独立于国家之外、凌驾于国家之上的社会权力同它自己相对立。国家之间仅仅因为天然的邻里关系而集合在一起，这便是原子化的国家集合体（共同体）阶段，在此阶段，民族国家表现为独立的实体。

单子共同体的最初形成与地缘关系密切，“地理上的聚集”是构成此类共同体的必要条件。因此，这种共同体实质上属于地缘共同体，“共同的地域”是这类共同体的“共同性”之所在。然而，“共同的地域”只能保证各个国家在物理关系上形成紧密联系，无法保证它们在精神关系上彼此认可①。

① 参见李义天主编《共同体与政治团结》，社会科学文献出版社，2011，第8页。

在单子共同体中，各民族国家秉持“自我中心”的意识和“排他的主体性”观念，通过“自我”确证自我的存在。原子式国家因为地缘的关系“机械”地集合在一起，在如何处理与其他成员的关系这一问题上，各个国家强调“自主”而非共同体内部的秩序，这很容易丧失自我与他者之间的团聚意识，把自我抛回永久的孤独之中，这是单子共同体的局限所在。共同体成员间尽管也有某种利益的往来，但远非利益共同体，更谈不上命运共同体。

“独立性”是单子共同体的重要特征。在单子共同体中，每个民族国家都拥有相对独立的权力，国与国之间只存在强弱大小的区别，一般不存在“中心—边缘”的明确界限，也不存在“主宰—服从”的权力格局。民族国家自因自足，自我发展，无所依存。比如，汉唐盛世，中国是世界第一大强国，也是世界政治经济文化的中心，但当时的汉唐并不谋求、实质上也未拥有主宰世界的绝对权力，即使对属国也是如此。

单子共同体是超国家政治共同体的最初形态，尽管民族国家的独立性、自主性不因共同体而受到伤害，尽管这时的共同体没有成为一种异己力量与民族国家相对立，然而，“留恋那种原始的丰富，是可笑的，相信必须停留在那种完全的空虚化之中，也是可笑的”①。原子共同体抹杀了国与国之间的交往关系，随着生产和交往关系的发展，随着世界历史的展开，单子共同体必将沦为全球化交往的桎梏，必将为新的更高的共同体形态所代替。

（二）以“单一中心意识”和“独占的主体性”观念为根据的依附共同体

随着民族历史转变为世界历史，民族国家第一次结成了真正意义上的利益共同体。马克思曾指出：大工业“首次开创了世界历史，因为它使每个文明国家以及这些国家中的每一个人的需要的满足都依赖于整个世界，因为它消灭了以往自然形成的各国的孤立状态”②。大工业的发展

① 《马克思恩格斯全集》第30卷，人民出版社，1995，第112页。

② 《马克思恩格斯全集》第3卷，人民出版社，1960，第68页。

使一切都从属于资本逻辑，它使掌握资本权力的国家同时成为主宰全球命运的国家，成为在各类共同体中占据支配地位的核心国家。这时，地理上的聚集已经不再是结成共同体的必要条件，资本逻辑“驱使资产阶级奔走于全球各地。它必须到处落户，到处开发，到处建立联系”①，直至结成共同体。在资本逻辑主导的国际格局中，资本的力量直接介入共同体内部各成员间的权力分配。由于资本力量的悬殊，共同体内部握有绝对权力的一方从“自我中心意识”走向了“单一中心意识”，从“排他的主体性”走向了“独占的主体性”，谋求建构“一方主导、化多为一”的从属性世界体系；而其他各方则丧失了主体性，无法挣脱对核心国家的依赖而实现自身的独立与自主，除了被动依附、被迫服从之外，没有别的出路。这便是超国家政治共同体的第二种表现形态——依附共同体。

在依附共同体中，绝对权力掌握在少数核心成员手中，由此构成国际社会的超级主体。共同体成员恪守“中心—边缘”的分界线，在多元力量交织的国际关系网中找准属于自己的位置，在维系依附格局的前提下确立自我的存在。“从属”“依附”是工业革命以来世界体系的重要特征。马克思指出：西欧崛起后“它使未开化和半开化的国家从属于文明的国家，使农民的民族从属于资产阶级的民族，使东方从属于西方”②。在依附共同体中，握有绝对权力的核心国家掌握着共同体的命运，共同体沦为核心国家的工具，“共同体和共同体的代表按照自己的意志来行使对共同体成员的支配和统治”，共同体成员“只有在这一整体中通过整体所分配的角色和地位才能获得存在的价值和意义”③。“超级主体”是国际社会的唯一主人，也是国际舞台上的真正主角，是保证其他依附国在场地位的终极根据。“超级主体”掌握着绝对权力，信仰控制性、征服性的暴力，体现在如何对待其他共同体成员的问题上，就是将其视为仅仅具有工具性价值的客体加以压迫。支撑“超级主体”的权力依据

① 《马克思恩格斯选集》第1卷，人民出版社，1995，第276页。

② 《马克思恩格斯选集》第1卷，人民出版社，1995，第277页。

③ 参见贺来《“关系理性”与真实的“共同体”》，《中国社会科学》2015年第6期。

是：如果没有稳定的、有意义的依附，就不可能有边缘国家的安全。中心国家以“共同体”的名义对边缘国家的宰制，既是对现代国际秩序的损害，也是对主体性精神的僭越。因此，对于边缘国家来说，依附性的国际体系“不仅是完全虚幻的共同体，而且是新的桎梏”①，边缘国家无法在自己的联合中并通过这种联合获得自由。

“齐一性”是依附共同体的重要特征。在依附共同体中，核心成员作为唯一的目的而在场，作为齐一的标准而规范其他成员的发展走向。“中心”的利益拥有绝对的优先地位，“边缘”的利益只有在迎合至少不背离“中心”利益的情况下才是合理的，才是可以追求的。而边缘国家则只具有工具性价值，其使命则是服从于中心，服务于中心，消磨自身的差异性，向着“整齐划一”的标准靠拢。核心成员和边缘国家之间权力、利益和地位不对等构成了依附共同体的主要矛盾，由此必然导致“共同体的分裂和‘伦理总体性’的瓦解”②。

鉴于此，对于边缘国家来说，依附共同体是虚假的共同体。在这样的共同体中，边缘国家不是肯定自己的存在，而是质疑自己的存在；不是确证自我的价值，而是否定自我的价值；不是通过自我的发展壮大来夯实共同体的结构，而是在发展壮大中积蓄瓦解共同体的力量。边缘国家在共同体中貌似“自由”“独立”，其实不过是外在性的假象。

对于核心国家来说，依附共同体则是脆弱的共同体。一旦核心国家的权力基础动摇，一旦联结各成员间的利益纽带断裂，一旦边缘国家的羽翼丰满，建立在依附基础上的共同体秩序就会随之解体。比如，在20世纪下半叶，G7作为共同体紧密抱团，关系牢不可破。然而，进入21世纪，中国的成功崛起极大地动摇了美国主导的从属性世界体系，亚洲基础设施投资银行（简称“亚投行”）的成立就在美国主导的金融体系中投下了一颗石子，G7俱乐部中的英、德、法、意、加等不顾美国的强力劝阻，义无反顾地加入中国主导成立的亚投行，这是对美国

---

① 《马克思恩格斯选集》第1卷，人民出版社，1995，第119页。

② 贺来：《“关系理性”与真实的“共同体”》，《中国社会科学》2015年第6期。

主导下的共同体秩序的重大打击，也是标志美国绝对权力走向衰落的一个分水岭。

（三）以“交互关系意识”和“为他的主体性”观念为根据的交互共同体

进入 21 世纪，面对国际权力的大调整，依附型的国际格局已经不能适应时代发展的要求。民族国家谋求从依附的国际体系中摆脱出来，建构一种新型的共同体结构，形成与“他者”之间更为平等和开放的交往关系，以谋求更大的独立和自由发展空间，这已成为绝大多数国家的共同志向。

这一新型的共同体，它既不能停留于依附共同体的阶段，也不能退回到中古时代的单子共同体阶段，而应在充分尊重和保留传统共同体积极成果的前提下，既克服单子共同体的封闭性和孤立性，又克服依附共同体的虚假性和脆弱性，打开各民族国家之间的通道，从而为形成一种既承认各成员的独立国格，同时又能为生成自我与他者之间的“共同感”、走向各成员国的“共在”局面提供可能性。这种新型的共同体就是“交互共同体”。

在交互共同体中，民族国家秉持“为他的主体性”观念，各个民族国家之间属于“共在”的关系。交互共同体以成员间的“相互承认”为前提，“互相依靠”为基础，“共御风险”为保障，“共同发展”为目标。交互共同体不排斥民族国家的“主体性”，只不过是由“排他的主体性”提升为“为他的主体性”，由“自我/单一中心意识”提升为“交互关系意识”，每个民族国家只有“通过它的对方才是它自己”①，只有通过它的对方才能发展自己，“自我”与“他者”互为前提，不与“他者”交往互动的纯粹“独立”国家在 21 世纪已经没有立锥之地。

交互共同体是对民族国家之间交往关系的合理性建构，具有双重旨趣：第一，它要求从“交互性关系”的角度理解民族国家的存在。所谓

---

① 黑格尔：《精神现象学》（上），贺麟、王玖兴译，商务印书馆，1979，第 119 页。

交互性关系，是指每个民族国家既有共同的发展合作规划，同时又不排斥各具特色的发展目标；既谋求国际合作，又保持独立自主；既追求自身的价值，又承认他国的价值；既为实现自我价值而行动，也愿意成为实现他者价值的工具。“交互性”意味着国家之间相互承认，每个国家成为他国存在的中介，同时他国也成为自我存在的中介。交互性原则拒斥一个（一群）国家对其他国家的外在支配和控制，强调任何单方面的权力意志和控制欲望都是与“交互性”原则相违背的。第二，它要求从“互依性关系”的角度来理解民族国家的存在。所谓“互依性”，是指民族国家之间相互依赖，互为手段，互为目的。在这里，共同体不是各个国家加起来的总和，而是有机地浑然生长在一起的整体。强调只有在“自我”与“他者”的交织中，每个民族国家才能确立起自身的价值，才能实现自身的发展。离开与“他者”的相互构成关系，所谓“自我”将成为毫无内容的空无①。因此，每个国家都不应把“他者”仅仅当成实现自身目标的手段，而是同时应视彼此为成就自我的目的。在这里，“交互性关系都不再是形式性和工具性的交互性关系……因而这种关系可以被称之为互依性关系”②。

交互共同体超越了单子共同体和依附共同体的片面性，形成了与民族国家独立自主发展相适应的新型交往关系。这是一种真实的共同体，在这里，每个民族国家的自由发展是一切国家自由发展的条件。在这种交互共同体中，民族国家的自主性与社会共同体的秩序将在极大程度上达成和解，它将在承认、保存和容纳“自主性”原则这一前提下，实现共同体成员间的合作共赢。也就是说，每个国家的生存发展不是建立在共同体成员相分隔的基础上，而恰恰是以民族国家的合作为前提。它不再把“他者”当作阻碍“自我”发展的拦路虎，而是看成助推“自我”发展壮大的条件，只有在共同体中，民族国家才能获得全面发展自己的手段，才可能有真正的独立和自主。

---

① 参见贺来《“关系理性”与真实的“共同体”》，《中国社会科学》2015年第6期。

② 古尔德：《马克思的社会本体论：马克思社会实在理论中的个性和共同体》，王虎学译，北京师范大学出版社，2009，第144页。

“共在性”是交互共同体的重要特征。在交互共同体中，“主体性”与“共同感”、“自我”与“他者”的分裂得到了有效弥合。“自我”与“共同体”不再是一种外在的关系，而是一种内在的融合关系。民族国家不是抽象的蛰居于世界之外的、自因自足的、无所需求的“独立实体”，而是处在交互关系之中的“个体”。只有在交互共同体中，每个成员国才能在追寻统一性的途中保持自身的特殊性，在尊重他者权威的同时保持自我的独立性，在互相依靠的格局中提升自己的存在感。从交互关系出发，每个民族国家的价值实现不再是“私人性的活动”，而是依赖于“共在”的关系以及由此为基础所形成的共同体环境。每个民族国家的发展空间、生存环境、前途命运都受到“共在”关系的深刻影响。

最后有两点需要特别说明：

第一，三个阶段的划分只具有相对的意义。三种共同体形态首先是“历时性”的关系，单子共同体、依附共同体、交互共同体依次出现，但也不排除在特定历史阶段同时在场，表现为“共时性”的关系。比如在今天，依附型共同体还是占主导，但单子式共同体也并没有彻底退出历史舞台（朝韩同文同种、比邻而居，就属于这类共同体），交互型的共同体尽管已经展现在人类世界中，但全面取代依附共同体尚需时日。

第二，同一共同体的性质不是固化的。根据地缘相近原则而结成的单子式共同体，伴随着地区性大国的崛起以及国家间实力的此消彼长，很可能转化为依附型的共同体。而依附型共同体内部，伴随着各成员主体意识的觉醒以及实力的均衡化，也可能转化为交互型的共同体。比如欧盟大体已经呈现出这样的趋势。

总之，单子共同体、依附共同体、交互共同体，是超国家政治共同体的三种形态。如果说单子共同体中各成员是“机械地”聚合在一起，依附共同体中各成员是“强制地”捆绑在一起的话，那么交互共同体中各成员则是“自愿地”团结在一起。在单子共同体中，原子式的国家尽管有种种松散的结合，但仍然保持着实质的分离；在依附共同体中，边缘国家与核心国家尽管有种种形式的分离，但仍然保持着紧密的结合；在交互共同体中，各成员既保持着天然的独立性，也具有休戚与共的“共同感”。

三 人类命运与超国家政治共同体的深度关联

人类命运与共同体紧密相关，共同体的变迁深刻影响着人类的前途和命运。著名社会学家腾尼斯认为，“共同体”和“社会”都与人类的命运相关，都属于人类的共同生活形式，但只有“共同体”才是真正的和持久的共同生活，而“社会”不过是暂时的和表面的共同生活①。人类社会的成就与危机，均与世界格局和共同体秩序的大变迁有着深度的关联。

（一）单子共同体时代，国家之间缺乏共御风险、合作共赢的机制安排，人类命运漂浮不定，国际秩序处于“无人管”的状态

中古时期，民族国家具有天然的自主性、独立性，排斥共在性，在“秩序”和“自主”中后者的价值具有无条件的优先性，“世界”② 依然是一个尚未成就的事实。共同体内部的各个国家即使身处同一区域，也完全有可能在彼此熟知的前提下，表现出互不相干的样子，甚至走向相互对抗的局面。究其原因在于在“世界”尚未出场之前来谈世界治理和国际合作，这是不合逻辑的。原子式国家之间缺乏合作共赢的机制安排，缺乏休戚与共的生存体验，缺乏共御风险的制度设计，人类命运处于无所依归的漂浮状态。因此，在单子共同体时代，人类命运似乎由各个国家自主掌控，但实际上，各个国家不仅在自然灾祸、利益纷争面前无法通力合作、共渡难关，甚至还常常上演“同室操戈”“种族灭绝”的生死大戏。正如鲍曼所说，“没有共同体的自由意味着疯狂”③。事实也证明，单子共同体由于其松散的特质，国与国之间缺乏秩序的规范，缺乏共同体的有力约束，“自由”常常异化为滥用暴力的自由、掠夺的自由、

---

① 参见腾尼斯《共同体与社会：纯粹社会学的基本概念》，林荣远译，商务印书馆，1999，第 54 页。

② 民族历史转变为世界历史，“国际”“世界”才具有了经验的意义。

③ 鲍曼：《生活在碎片之中——论后现代道德》，郁建兴等译，学林出版社，2002，第 142 页。

征服的自由、战争的自由。其实，这种自由不过是消极意义上的自由，表面上各个国家可以摆脱共同体的规范和约束，“拥有做任何事情的自由，但是实际上它没有任何方向，没有任何确定的内容，这样的自由助长了空虚感和漂浮感，导致个体随波沉浮于每一个偶然的冲动”①，德国法西斯之于欧洲、日本军国主义之于东亚，不正是如此吗？

（二）从“单子共同体”向“依附共同体”的历史转折，标志着世界权力从分散走向集中，世界秩序从“无人管”走向“有人治”的新阶段，人类命运迎来确定性的同时又卷入了新的不确定性之中

在依附共同体时代，人类的命运尽管有所保障，但也仅是喜忧参半，这可以从两个层面来看。

第一，在共同体内部，核心国家与边缘国家的矛盾给人类命运带来不确定性。当今世界，各式各样的共同体被建立起来，意味着国际秩序开始有人管了，但“有人管”不等于“管得好”。一方面，核心国家与边缘国家结成利益共同体，极大地增强了抵御全球风险、化解利益纷争、谋求共同安全的能力，这是利好的一面。但另一方面，核心国家为了强化对共同体的有效控制，必然排斥边缘国家的自主性、差异性，在“秩序”和“自主”之间，“秩序”凌驾于“自主”之上，“自由”服从于共同体秩序，这导致了共同体的深刻危机和虚假性质。正如鲍曼所说，“没有自由的共同体意味着奴役”②。由于共同体本身的虚假性，人类命运脆弱地捆绑在一起，传统的风险并未消失，又增添了诸多新的风险和不确定性。英国学者布莱恩说：“共同体尽管承诺安全，却没能为人们带来安全。”③ 比如，20 世纪先后出现的协约国集团、同盟国集团、轴

① G. Simmel, *The Philosophy of Money*, London: Routledge & Kegan Paul, 1978, p. 402.

② 鲍曼：《生活在碎片之中——论后现代道德》，郁建兴等译，学林出版社，2002，第 142 页。

③ 多米尼克·布莱恩：《共同体政治》，载李义天主编《共同体与政治团结》，社会科学文献出版社，2011，第 63 页。

心国集团、北约、华约等，都辩称它们存在的目的就是保护它们的成员，以此名义将许多国家捆绑在自己的“旗下”，表面上给大家提供了一把强大的安全保护伞，实际上却将相关国家带入了更大的风险中，一战、二战不就是答案吗？最典型的莫过于最近美韩同盟达成部署萨德的协议，试问，萨德真是为了保护韩国的安全吗？萨德部署之后韩国真的更加安全吗？这些伪装的共同体，表面上提供了安全的可能性，但实际上却是在形成一种控制机制①——强化核心国家对边缘国家的控制。

第二，在共同体外部，共同体成员与非共同体成员的矛盾也给人类命运带来不确定性。依附共同体是一种“内部包容和外部排斥相结合的矛盾体”②。共同体所标榜的价值无法推广到共同体之外，导致共同体与外部发生持续的敌视与对抗。比如，以美国为首的西方国家，因为相似的发展模式、制度设计、文化传统和价值观念，彼此结成利益共同体。然而，当它们将产生于西方的东西上升为所谓普世的东西而向全球推销的时候，当它们为了共同体的利益而以伤害其他国家为代价的时候，就不可避免地将人类命运置于极大的不确定性之中。“共同体在为局部的群体生活带来团结的同时，却为更大的群体生活带来了不团结（的隐患）；共同体在内部进行自我建构和证成的各项要素，却给它在外部带来了自我解构和证伪”③，这便是依附型共同体的“内在悖论”。正如斯特鲁所言：共同体的“内在悖论长期以来一直非常明显。一方面，它具有统一和普遍的意义，强调对共同体成员的责任和归属感；但另一方面，在和外部其他群体的对抗关系中，它常常以一种绝不妥协的方式强有力地展示自身”④。比如，北约与俄罗斯的矛盾，欧盟与中亚北非国家的矛盾，美日军事同盟与中国的矛盾，都体现了对内友好、对外强硬的特征。“这一特征使得这些共同体对非成员持有潜在的敌意，或使非成员处于

① 参见 Z. Bauman, *Community*: *Seeking Safety in an Insecure World*, Cambridge: Polity Press, 2001, pp. 2-6。

② 李义天：《共同体与政治团结》，社会科学文献出版社，2011，第 24 页。

③ 李义天：《共同体与政治团结》，社会科学文献出版社，2011，第 23 页。

④ S. Stjernø , *Solidarity in Europe*: *The History of an Idea*, Cambridge: Cambridge University Press, 2004, p. 2.

危险之中。”① 然而，共同体的安全如果以外部成员的不安全为代价，最终必将伤及自身的安全。

（三）交互共同体时代，各民族国家同呼吸、共命运，国际秩序进入“有人管”“能管好”的新阶段，人类命运呈现出和谐共生的美好愿景

交互共同体扬弃了单子共同体的排他性和依附共同体的片面性，营造一种既能保持“自我”的独立性，又能在和谐秩序中发展自己的国际环境。“秩序”与“自主”是两种同等重要的价值，交互共同体“同时强调秩序与自主这两种价值，而不是仅仅扩大了其中一种价值”②。在今天，要么为了秩序而放弃自主，要么为了自主而放弃秩序，这种非此即彼的思维方式已经过时，“不存在要么支持个体自主性要么支持集体自主性的简单两分法”③。“秩序”与“自主”、“共同体”与“自由”、“个体自主性”与“集体自主性”，已经不再是对立的两极，而是互为条件的双方。共同体内部不仅要有自主，也要有秩序；不仅要关注自身的主体性，也要尊重他者的主体性；不仅要凸显自我的在场地位，也要营造成员间的“共在性”。在这一阶段，各民族国家同呼吸、共命运，既服从秩序，又高度自主；在这一阶段，共同体成员无须臣服于某种绝对权力的统治，也不存在“中心—边缘”的固化边界，大家都是共同体内部的平等成员；在这一阶段，各个国家既借助于共同体来发展自己，又通过共同体的中介成为其他国家发展的条件。

概言之，在唯我独尊的单子体系中，在资本权力主导的依附体系中，“‘共同体’意味着的并不是一种我们可以获得和享受的世界，而是当代社会失乐园的别名”；只有在交互主体性阶段，共同体才“是一种我们

① Amitai Etzioni, “The Responsive Community: A Communitarian Perspective”, *American Sociological Review*, Vol. 61, No. 1, pp. 9-10.

② Amitai Etzioni, *The New Golden Rule*, New York: Basic Books, 1996, chapter 1 & 2.

③ 斯蒂文·伯恩斯坦、威廉·科尔曼主编《不确定的合法性——全球化时代的政治共同体、权力和权威》，丁开杰等译，社会科学文献出版社，2011，第20页。

将热切希望返回其中的乐园，希望重新拥有的世界”①，才是值得托付的。

四　人类命运共同体：重建国际共同体秩序的“中国方案”

现存的国际共同体结构是由西方核心国家主导的“中心—边缘”结构，信奉的是单边主义、霸权志向的地位观，丛林法则、零和博弈的发展观，西方中心、文化殖民的文明观，抱团结盟、敌视外部的安全观。这些观念如果说在冷战时代和意识形态挂帅的国际格局下还有其片面的合理性，那么在今天则是完全荒谬的，它与多极化的发展方向背道而驰，与冷战结束后的国际关系走向格格不入。随着全球化的深入发展，随着中国、印度等新兴国家的崛起，美国主导的国际政治体系、国际经济体系、国际安全体系遭遇到了前所未有的质疑与批评。然而，过去的批评家们只是在“把脉”，而问题在于“开方”，建构什么样的国际共同体才是全球普遍期待的答案呢？

把准问题，方能“开方”。21 世纪的最大问题是团结问题，亦即，联合起来共谋和平、共同发展的问题。21 世纪，要建设持久和平、共同繁荣的和谐世界，就必须改变与民族国家的发展不相适应的国际旧秩序，创造使民族国家合作共赢成为可能的共同体环境；就必须反对霸权主义和强权政治，反对单边主义和丛林法则，将扭曲的国际关系重新扭转过来。美国之后，人类社会向何处去？“不称霸”是中国坚定不移的战略选择，它源自中华“和”文化的深厚浸染，源于对民族苦难历史的深刻记忆，源于对“好战必亡”　“霸极必衰”定律的深刻认知，源于对马克思主义价值信条和价值理想的深刻体认，源于对共产党执政理念和历史使命的深刻把握。

那么，重建国际秩序的出路何在？中国给出的方案是——“倡导人

① Z. Bauman, *Community: Seeking Safety in an Insecure World*, Cambridge: Polity Press, 2001, p. 3.

类命运共同体意识”。人类命运共同体意识缘于对现存国际秩序的批判性反思，缘于对建构国际新秩序的美好愿景，缘于对国家交往关系的合理性设计，缘于国际社会的普遍共识和共同期盼，也缘于中国的大国意识和责任担当。

“人类命运共同体”是21世纪筹划人类命运的唯一选择。人类只有一个地球，各国同处一个世界。在这个狭小的地球村里，全人类是一个“命运与共”的大家庭，国与国之间利益交汇、命运交织、休戚与共、合作共赢，越来越成为你中有我、我中有你的命运共同体。地球是人类生存的舞台，不是国家角力的竞技场。各个国家，无论大小、强弱、贫富，都是国际社会的平等成员，谁也没有理由选择对立对抗的发展道路，谁也不能为了一己之私搞乱世界，谁也无法在乱世中独善其身。

人类命运共同体本质上是交互型的共同体，是交互共同体的当代形态。人类命运共同体是一种新型的国与国之间的生命共同体，它既不同于以“自我中心意识”为根据的单子式共同体，也不同于以“单一中心意识”为根据的依附型共同体，而是以“交互关系意识”为根据的交互型共同体。民族国家结成人类命运共同体，既不是出于自我中心意识并把“他者”对象化的欲望，也不是出于对共同体中“他者”的单向依附，而是出于共同体成员间的相互合作与共同发展的良好愿望。对于民族国家而言，“命运共同体”不是与自我相对立的抽象统治物，而是“自我”与“他者”内在统一的社会结合形式；“命运共同体”既能保存民族国家的独立性，又能超越原子式国家的自闭状态；共同体成员既能向“他者”敞开自身，又能摆脱对强权国家的依附状态；共同体成员既能在世界的发展中谋求自身的发展，也能以自身的发展贡献于世界。在这样的命运共同体中，共同体成员间的利益是正相关的，即他者利益在事实上成为自我利益的一部分。在这样的命运共同体中，每一个成员国既在共同体之中，又独立于共同体；既服从共同体秩序的约束，又是自主生活的产物；既为共同体而存在，又为自己而存在。这样的共同体本质上是一种共建共享、互依互靠的新型共同体。

人类命运共同体理念为国际秩序的理性建构注入了中国元素。中国倡导的平等相待、互商互谅的地位观，公道正义、共建共享的安全观，合作共赢、包容互进的发展观，和而不同、兼收并蓄的文明观，尊崇自然、绿色发展的生态观，已经成为新时期引领国际关系发展方向的“文化隐喻”①。作为文化隐喻，这些核心概念参与了国际秩序的理性塑造，它不仅改变了对国际秩序的理解——人们离开这些隐喻来构想国际新秩序成为不可能，而且把这种新的合法性深深植入全球人民的心中，从而为构建国际新秩序开辟了道路。这些文化隐喻在确立国际共同体的规范性维度上的创造性作用是清晰可见的，它提供了一个新的视角，通过这个视角，人们被暗示——世界应该是什么样子的，不应该是什么样子的；世界应该向着什么方向发展；某些行为何以是正当的；现存国际秩序和传统的超国家共同体何以是不合理的；等等。这些文化隐喻使我们走出“通常作为固定的信条而接受的程式化的话语领域”，使我们改变“我们自己和我们的行为方式”，改变我们的生活和我们的社会成为可能②。这些文化隐喻为人类命运共同体的决定性出场奠定了基础，“通过隐喻的建构性功能，政治的‘现实’将以某种特定方式（或快或慢地）被建构出来”③，未来国际秩序的变迁有理由被看作这些隐喻的再描述过程，即隐喻的现实化过程。这些文化隐喻的构成功能使全球化进程充满了实在的意义，它不仅关乎依附型政治共同体的解构，而且关乎国际秩序的重建，即国际政治共同体之规范性的重建；它不仅关乎在物理意义上对国家边界的超越，而且关乎各个国家在精神层面的沟通。

总之，人类命运共同体作为对现存共同体秩序的反动，它向全球提供了一种崭新的思维方式和治理理念，为推动全球治理体系和治理能力

---

① 戴维森把隐喻定义为“使我们能够留意某些类似（常常是在两个或更多事情之间一种新奇的或出人意料的类似）的创造性比较”。Donald Davidson, “What Metaphors Mean”, in Sheldon Sacks (ed.), *On Metaphor*, Chicago: University of Chicago Press, 1979, p. 31.

② Richard Rorty, *Objectivity*, *Relativism*, *Truth*, Cambridge: Cambridge University Press, 1991, p. 163.

③ 尼萨·莎赫：《国际都市或者帝国——全球化的隐喻及对合法政治共同体的描述》，载斯蒂文·伯恩斯坦、威廉·科尔曼主编《不确定的合法性——全球化时代的政治共同体、权力和权威》，丁开杰等译，社会科学文献出版社，2011，第 77 页。

的现代化开辟了新的愿景。倡导人类命运共同体意识是中国对国际关系理论的重要贡献，是中国对国际秩序观和全球治理观的创新与发展，是中国为筹划人类命运和世界发展蓝图而推动的顶层设计，也是中国对完善全球治理体系而给出的“中国方案”。一句话，唯有通过人类命运共同体，才能在全球范围内真正解决人类命运问题。

超国家政治共同体：何谓与何为*

陈曙光

共同体（community），意指由某种共同的纽带联结起来的生活有机体①。共同体的生成与人的生命意志相关，“是人的意志完善的统一体”②，是一个充满想象的精神家园。第一个对共同体进行专门探讨的是德国学者腾尼斯，他将共同体分为原始的“植物生活式”的血缘共同体，“动物生活式”的地缘共同体，“心灵生活式”的精神共同体。不过，这些共同体归根结底属于人群共同体，即共同体所指涉的乃是拥有相同身份、特质、本能、职业、地域、习惯和记忆的人群，是人与人结合而成的“现实的和有机的生命”③。如果我们将国际社会也比作一个大家庭，每个国家就是这个大家庭中的成员，成员间是否也可以结成共同体，这种共同体的区分标志是什么，创生动力是什么，具有什么精神特质，服从什么样的运作机制，内含什么样的矛盾张力，具有什么样的价值功能，这是本文试图回答的问题。

一 “共同性”与超国家政治共同体的区分

何谓超国家政治共同体？它不是指民族国家之间无机的集合体，地

---

* 本文原载于《政治学研究》2017 年第 5 期，收入本书时有改动。

① 参见威廉斯《关键词》，刘建基译，生活·读书·新知三联书店，2005，第 79 页。

② 腾尼斯：《共同体与社会：纯粹社会学的基本概念》，林荣远译，商务印书馆，1999，第 58 页。

③ 腾尼斯：《共同体与社会：纯粹社会学的基本概念》，林荣远译，商务印书馆，1999，第 52 页。

缘上的邻里关系并非构成共同体的充足条件。“超国家政治共同体”本质上源于民族国家生存发展的内在需求和强烈意志，是国与国之间结合而成的“有机生命体”。超国家政治共同体也可以称为国群共同体。这里需要特别指出的是，超国家政治共同体与跨国人群共同体是两个不同的范畴，前者是国家间（政府间）结成的共同体，后者是不同国家的人群基于共同的利益和价值观念而结成的共同体，比如全球女权主义运动组织、全球环保运动组织等。

不同的国家何以结成共同体？不同的超国家政治共同体又何以区分开来？超国家政治共同体在与“他者”的比较中又何以清晰地界定“我是谁”？超国家政治共同体在对待内部成员和外部成员时何以保持内外有别？其实，这中间不是“盲目性”在起作用，而是内在的必然性，即“共同性”在主宰着共同体的生成与灭亡。所谓“共同性”是指民族国家之间在地域、民族、宗教、文化、利益、目标等方面所具有的或多或少、或强或弱、或显或隐的“一致性”特质。任何共同体，“共同性”越清晰，意味着边界越清晰，同时，凝聚力、向心力、感召力也越强。相反，“共同性”越模糊，意味着共同体的身份越模糊，凝聚力、向心力、感召力越弱，往往可能因为暂时的需要而结盟，又因为无法调和的矛盾而分崩离析。

“共同性”构成超国家政治共同体的身份密码，是维系共同体的纽带，是共同体成其为共同体的存在论依据和合法性来源。但是，维系超国家政治共同体命脉的“共同性”不是唯一的，根据不同的“共同性”，可以将超国家政治共同体分为三种类型。

一是原生共同体。基于某种与生俱来的“共同性”而结成的共同体可以称为原生共同体。与生俱来的“共同性”包括血缘、肤色、地缘、民族、种族等，这类“共同性”具有遗传性和不可重塑性。可见，原生型共同体成员的资格条件在于“‘深厚’的但非理性的继承性认同”①。因此，原生型的共同体，内部成员间的亲密度和情感认同度最强，所需

---

① 克雷格·卡尔霍恩：《想象团结：世界主义、宪法爱国主义和公共领域》，载李义天主编《共同体与政治团结》，社会科学文献出版社，2011，第262页。

要的外部引导最少，常常是自发结成共同体，“契约”是多余的。

二是次生共同体。基于某种后天习得的“共同性”而结成的共同体，我们称之为次生共同体。后天习得的“共同性”包括宗教、文化、价值观念、意识形态等，这些“共同性”尽管具有遗传性，但也具有重塑性。比如，苏东国家由于相同的意识形态结成了共同体，随着苏东剧变，原来的苏东国家有的加入了北约，有的加入了欧盟，有的划定了新的势力范围，各自又归属于不同的超国家政治共同体。次生型的共同体，内部成员间的亲密度和情感认同较强，因而所需要的外部引导相对较少，“契约”是可有可无的。

三是再生共同体。基于某种理性建构的“共同性”而结成的共同体，大致可以称为再生共同体。理性建构的“共同性”包括目标、利益、任务等，这些“共同性”既不是天生的，也不是遗传的，而是相关国家临时发掘出来的某种“特定义务”或“松散义务”。比如，基于区域合作发展的需要，欧盟、东盟、上海合作组织等一批共同体应运而生；伴随着“9·11”事件的发生，美国主导的国际反恐联盟应运而生，这些共同体都属于再生型的共同体。再生共同体的入门资格条件不是“‘深厚’的但非理性的继承性认同”，而是“‘单薄’的但是通过理性而获得的认同”①。再生型的共同体，内部成员间的亲密度和情感认同最弱，因而所需要的外部引导最多，结成共同体只能依靠自觉，“契约”是不可或缺的要素，没有契约的“绑架”很容易导致共同体的瓦解。

一般来说，构成共同体的“共同性”既可以是单一的，比如，苏联主导的社会主义阵容；也可以基于多方面的“共同性”，比如，东盟、欧盟的共同性除了“地缘”之外，还包括更为重要的“共同目标、利益和任务”。

超国家政治共同体是分层次的，每个国家都可以归属于多个不同层级的共同体。共同体之间有些是并列关系，比如欧盟、非盟、东盟；有

① 克雷格·卡尔霍恩：《想象团结：世界主义、宪法爱国主义和公共领域》，载李义天主编《共同体与政治团结》，社会科学文献出版社，2011，第262页。

些构成层级关系，处于国家之上的共同体一般称为“直接共同体”，处于超国家政治共同体之上的共同体即是“总体性的共同体”或“诸共同体的共同体”①，比如人类命运共同体。我们可以将整个国际社会“看作是由各个共同体组成的共同体，其中也包含一定数量的不属于任何共同体的个体”②。由于共同体的层级不同，共同体成员的“忠诚度”也是不同的，一般来说，共同体成员对于直接共同体的忠诚优先于对总体共同体的忠诚。总体共同体的优越性在于能够在诸共同体之间更好地保持秩序而无须过多地压制自主。

二　超国家政治共同体的生成机制

人能群，国也能群。国家间之所以结成共同体，有其特殊的生成机制和内生动力。

民族国家对于“确定性、安全性和归属感”的吁求，构成了“超国家政治共同体”的合法性支撑。全球化是一把“双刃剑”，既促进了世界的普遍交往，也塑造了一个纷扰不堪、不可预测的世界。面对全球一体化的发展趋势，面对充满风险和不确定性的未来，如果没有了共同体的“呵护”，原子式的国家往往表现得心神不宁，缺乏安全感、归属感，似乎是一个被抛于荒野的“弃儿”。正如西方学者所说，“政治生活的两个伟大推动因素——恐惧和希望”③，如果说全球化给民族国家带来了“恐惧”的话，那么超国家政治共同体的出现则代表了“希望”。国家需要共同体，也愿意让渡某些自主权，是因为国家需要安全性和归属感。如果国际社会存在某种“可怕”的东西，那么，“‘共同

---

① 参见阿米泰·伊兹欧尼《回应性共同体：一种共同体主义的视角》，载李义天主编《共同体与政治团结》，社会科学文献出版社，2011，第52~55页。

② 参见阿米泰·伊兹欧尼《回应性共同体：一种共同体主义的视角》，载李义天主编《共同体与政治团结》，社会科学文献出版社，2011，第355页。

③ 斯蒂文·伯恩斯坦、威廉·科尔曼主编《不确定的合法性——全球化时代的政治共同体、权力和权威》，丁开杰等译，社会科学文献出版社，2011，第4页。

体’则是一个安全场所”①，一个能够摆脱世界上的危险而稍微放松的地方。著名社会学家齐格蒙特·鲍曼曾出过一本书，其标题就是《共同体：在一个不安全的世界中寻求安全》②。“安全感对幸福生活是至关重要的品质，但是我们栖息的这个世界几乎不可能提供这种安全感。”③ 这种不安全感投射到了置身其中的每一个国家，传递出“不确定性”的强烈信号。共同体之所以今天在全球遍地开花，正是因为“共同体”传递的感觉总是很美妙的，它所表达的是“对意义、团结和集体行动的寻求”④。英国学者布莱恩认为，不安全环境已经主宰着21世纪的全球政治，共同体就是因应外部压力的一种反弹机制，是“在不安全环境中发展出来的一套控制机制”⑤。加拿大学者布赖登等则指出，共同体是应对全球化问题、把握全球化机遇的“核心”⑥。外部不安全因素的存在，可以强化民族国家的共同体意识即“共同感”，可以激发民族国家对共同体的归依感。正如鲍曼所说，“共同体是一个温暖而舒适的场所，一个温馨的‘家’，在这个家中，我们彼此信任、互相依赖”⑦。也许正是基于如此美妙的憧憬，美国主导结成了北约、美日韩、美菲等军事同盟，很多国家纷纷谋求加入欧盟、上海合作组织、WTO等各类共同体，首要的目的可能就是增强自身抵御风险的能力，在不确定性增加的国际背景下提升自身的“确定性”，在缺乏安全保障的国际环境中为自己撑开一把“保护伞”，在无所依归的国际秩序中营造一种“归属感”。但问题是，军事结盟真的能带来安全吗？尽管联盟的初始目标是维系自身的国

① 多米尼克·布莱恩：《共同体政治》，载李义天主编《共同体与政治团结》，社会科学文献出版社，2011，第62页。

② Zygmunt Bauman, *Community: Seeking Safety in an Insecure World*, Cambridge: Polity Press, 2001, p. 1.

③ 鲍曼：《共同体》，欧阳景根译，江苏人民出版社，2003，第179页。

④ Gerard Delanty, *Community*, London: Routeledge, 2003, p. 3.

⑤ Dominic Bryan, "The Politics of Comunity", *Critical Review of International Social and Political Philosoqhy*, Vol. 9, No. 1, 2006.

⑥ 参见黛安娜·布赖登、威廉·科尔曼主编《反思共同体——多学科视角与全球语境》，严海波译，社会科学文献出版社，2011，第195页。

⑦ 鲍曼：《共同体》，欧阳景根译，江苏人民出版社，2007，第4页。

家安全，但是从长期看，同盟同样为国际体系增加了不稳定因素，降低了国际体系中国家的整体安全水平①。一战、二战不正是发生在不同的军事同盟之间吗？

民族国家对于自身“完美性”的强烈期待，这是超国家政治共同体得以生成的又一驱动力。单一国家由于各方面的局限性，很难提出人类自我完善的整体性方案。今天，中国倡导的“人类命运共同体意识”之所以在全世界产生强烈共鸣，部分原因在于无法期待单一国家独自实现的完美性，却可能通过共同体来实现。亚里士多德认为，“所有共同体都是为着善而建立的，很显然，由于所有的共同体旨在追求某种善，因而，所有共同体中最崇高、最有权威，并且包含了一切其他共同体的共同体，所追求的一定是至善”②。当然，“完美性”“共同善”并非无条件的，由于共同体边界的存在且呈现出固化的趋势，“共同善”和“完美性”能否扩展至非共同体成员，或者说，在共同体之外是否依然有效，则是一个悬而未决的问题。尽管共同体无法担保兑现各个国家对于“完美性”的期待，但在全球化的格局中，共同体依然是无法绕过的，各个国家唯有通过更好地融入由承诺、规则搭建起来的国际网络中，才有可能实现互利共赢、共同发展，促进自身的完美性。因此，从这个意义上来说，共同体承载着各个成员国对于“善”的追求和“完美”的期待。

“共同利益”是国家间结成共同体的内生动力。超国家政治共同体本质上是一个有组织的利益共同体，离开某种程度的共同利益，离开各成员国的生命意志，就不会有结成共同体的强烈冲动。特别是进入经济全球化的新阶段以后，“资本”作为真正的主体在冲破国界走向全球的同时，需要超国家政治共同体为资本的全球扩张扫清障碍、开辟道路，而共同体组织则代表资本实施权力，打破可能危及资本扩张的种种限制。美国学者克雷格·卡尔霍恩指出：“许多集体利益，尤其是长期的集体

① 参见 Glenn Snyder, “The Security Dilemma in Alliance Politics”, *World Politics*, Vol. 36, No. 4, 1984。

② 亚里士多德：《政治学》，颜一、秦典华译，中国人民大学出版社，2003，第1页。

利益，只有可能是由共同体——那些成员之间联系紧密、足以约束其为整体利益而行动的集体——提供的。”① 众所周知，16 世纪至 20 世纪初都是欧洲的世纪，从葡萄牙、西班牙到荷兰，再到法国、英国，你方唱罢我登场，各领风骚一百年。然而，20 世纪风云突变，美苏独步世界企图称霸，欧洲各大国从世界舞台上的绝对主角沦为依附的角色。欧洲各国清醒意识到唯有联合自强才能在未来世界中占有一席之地，基于强烈的生存意志和利益要求，欧共体应运而生。随着欧洲经济一体化向政治一体化的拓展，欧盟诞生，欧洲一体化进程迎来了质的飞跃。欧洲联盟的成立不仅有利于欧洲各国的联合自强，也必将深刻地影响世界经济政治的版图。可见，欧洲国家结成共同体，关键不是基于地缘因素的考虑，而是基于利益考量的结果。

三　超国家政治共同体的精神特质

今天，超国家政治共同体如雨后春笋般地冒出来，令人目不暇接。不同的共同体尽管有不同的价值诉求、任务目标、组织规则等，但看似千差万别的共同体背后还是有一些共同的精神特质的。

“集体主体性”。超国家政治共同体是一个主体，具有主体性。但它又不是一般的国家主体，而是超国家的主体，是集体性主体，具有个体性主体所不具有的特殊性。集体性主体的出现有其深刻的时代背景，随着全球化的快速推进，出现了很多超越国界的重要问题，这些问题无法由单一国家所控制，因而也不宜对其负全权责任。各类国际政治共同体组织的建立填补了这一空白，如联合国（UN）、经合组织（OECD）、世界贸易组织（WTO）等，有助于各国在全球层面进行合作，以处理各国无法独自解决的跨国界问题②。“集体自主”“集体自治”意味着超国家

---

① 克雷格·卡尔霍恩：《共同体：为了比较研究而趋向多变的概念》，载李义天主编《共同体与政治团结》，社会科学文献出版社，2011，第 13 页。

② 参见斯蒂文·伯恩斯坦、威廉·科尔曼主编《不确定的合法性——全球化时代的政治共同体、权力和权威》，丁开杰等译，社会科学文献出版社，2011，第 143~144 页。

政治共同体具有管理国际事务的能力，意味着共同体成员可以参与决定它们共同的命运。正因为集体主体的身份和权威，超国家政治共同体对其成员来说，意味着约束、压力甚至畏惧。超国家政治共同体如果“失去了作为集体性主体的能力，几乎不能引起持久的一致行动”①，若是外部也无法对共同体施加足够的压迫感，那共同体留下的就仅仅是模糊的想象了。比如，20 世纪八九十年代，“G7” 作为一种集体性主体在国际舞台上翻云覆雨，掌控国际经济秩序，左右世界经济的发展走势。然而，时过境迁，进入 21 世纪，一批新兴经济体相继崛起，极大地改写了世界经济版图。在此情势下，西方七国集团的集体主体性意识日渐式微，曾经叱咤风云的 G7 不得不为 G20 让路。“G20” 作为新兴的集体性主体自登上历史舞台，就以其强大的号召力主导了当今世界的经济议程。今天，尽管 G7 还在，但其形式意义早已大过实质意义。

“认同感”。共同体是具有“共同性”的国家的联合体，“共同性”是国家之间相互认同的前提和基础。“认同”意味着划界，划界的标准即是内部成员坚守的“共同性”，通过“共同性”，民族国家可以清晰地界定“我是谁”，从而将自我与他者区分开来。可见，共同体成员间的“认同”有其特殊性，它是一种“区分性的认同”，具有将成员与非成员区分开来的边界意识。“这些特征使得共同体对非成员持有潜在的敌意，或使非成员处于危险之中。”② 比如，冷战时期，以意识形态为标准，世界划分为两大阵营（共同体）：以美国为首的资本主义阵营（共同体），以苏联为首的社会主义阵营（共同体）。其中，“共同性”就是意识形态，通过意识形态营造深刻的集体认同，弥合民族多样性带来的分歧，为共同体内部的成员带来强烈的归属感和家园感，也可以与外部成员构成鲜明的对比。“认同”给共同体成员规定了思考问题的框架和方向，共同体成员应该在该框架内决定自己行为，决定在重要问题上持何种主

① 鲍曼：《共同体》，欧阳景根译，江苏人民出版社，2007，第 103 页。

② 阿米泰·伊兹欧尼：《回应性共同体：一种共同体主义的视角》，载李义天主编《共同体与政治团结》，社会科学文献出版社，2011，第 52 页。

张①。但是，“认同”是有边界的，这就是不以否定“自我”为前提，不提倡“无我”的超国家认同，好的认同应该是在这种认同中发现自身。此外，“认同”不能走向极端，认同不等于同化，“同化策略既不可能产生稳定也不可能产生安全”②。一旦认同感演变为“化多为一”的同化主义政策，就有可能激发民族国家的强烈反弹，也有悖于现代政治伦理，导致共同体成员间关系的异化，最终导致共同体的瓦解。比如，苏共领导共产国际和社会主义阵营的后期，奉行大党大国沙文主义的政策，试图以“一致性”抹杀共同体成员的特殊性，最终导致了共同体成员的出走和共同体的瓦解。

“团结”。如果要用一个词来标识共同体的特征，那么“团结”可能是最佳答案。“团结是一种有意联合（willed affiliation）的经验”③，是各个国家基于残酷的经验事实而被迫作出的选择。“共同体在今天的流行，可以被看作人们对于因全球化而产生并加剧的团结和归属危机的一种回应。”④ 当然，“团结”是针对特定范围而言的，由于共同体内外有别，每个国家都是以共同体内部的成员作为首要的甚至是专门的团结对象，有时为了强化共同体内部的团结，甚至不惜通过拉大与外部的差异性、加剧与外部的紧张度来实现。所以，共同体的团结时常以不团结为代价，在实现内部团结的同时又增添了与外部环境之间的裂缝，共同体团结愈是紧密，与外部的裂缝愈是难以弥合。事实也印证了这一点，比如，北约为了维系强有力的内部团结，与俄罗斯之间维持必要的紧张度不仅是难以避免的，甚至是必不可少的。又比如，美国针对中国采取了一系列动作，大肆鼓吹“中国威胁论”“南海航行自由论”，这的确在很大程度上强化了美日、美韩间的同盟关系。

---

① 参见 Charles Taylor, *Sources of the Self : The Making of Modern Identity*, Cambridge, MA: Harverd University Press, 1989, p. 27。

② 威尔·金里卡：《多民族国家中的认同政治》，载李义天主编《共同体与政治团结》，社会科学文献出版社，2011，第 140 页。

③ 大卫·霍林格：《特殊主义义务是否合理?》，载李义天主编《共同体与政治团结》，社会科学文献出版社，2011，第 180 页。

④ Gerard Delanty, *Community*, London: Routeledge, 2003, pp. 1-2.

共同体团结有两种情况，一种是“机械团结”，一种是“有机团结”①。机械团结的要义是“绝对的认同”（categorical identity）②，其根本的特质是“同质性”，团结的纽带主要有价值理想、情感、信仰等，最典型的例子就是华约、北约等。机械团结的特征是共同体作为整体对其成员具有强大的优先性，在这类共同体中，“团结”异化为“团伙”，以同一性压制差异性，以普遍性对抗特殊性。有机团结的要义是“功能上的相互依存”（functional interdependence）③，各个国家由于高度的分工和互相依赖关系而被整合成一个有机整体，国与国之间由此获得有机团结。有机团结是异质多样性的团结，是以肯定个性为前提的功能性团结，团结的纽带主要是经济利益关系。有机团结是对机械团结的否定与超越，是对机械团结泯灭个性的拯救，是具有活力并且能在动态中保持相对稳定的高级的社会团结。在机械团结中，各个国家“已经不再是我们自己”④；只有在有机团结中，共同体成员才能找回自己；因此，机械团结往往导致强权政治和霸权秩序，有机团结则导向国际关系民主化。随着国际关系民主化的深入发展，随着国与国之间相互依赖感的强化，国际社会从机械团结向有机团结转变，是国际秩序变迁的基本规律。中国倡导的人类命运共同体就属于有机团结的共同体。人类命运共同体提倡同呼吸、共命运，提倡和平、发展、合作、共赢，提倡和而不同、兼收并蓄，这是一种新型的团结，一种在尊重差异和个性基础上的团结。

“保守性”与“稳定性”。共同体，作为一种国际组织模式，“依赖

---

① 法国社会学家埃米尔·涂尔干（又译为埃米尔·迪尔凯姆）将团结区分为“机械团结”和“有机团结”。参见埃米尔·涂尔干《社会分工论》，渠东译，生活·读书·新知三联书店，2000。

② 克雷格·卡尔霍恩：《想象团结：世界主义、宪法爱国主义和公共领域》，载李义天主编《共同体与政治团结》，社会科学文献出版社，2011，第267页。

③ 克雷格·卡尔霍恩：《想象团结：世界主义、宪法爱国主义和公共领域》，载李义天主编《共同体与政治团结》，社会科学文献出版社，2011，第267页。

④ 埃米尔·涂尔干：《社会分工论》，渠东译，生活·读书·新知三联书店，2000，第91页。

于高度的稳定性"①。共同体并没有给其成员"进退由己、来去自由"的承诺，也不可能拥有如此博大的胸襟。"共同体……并没有对其成员放任自流，或是让它们自由开拓行为方式的每一种可能性。"② 共同体为了维护自身的稳定性和持存性，必然要强化自身的边界意识，凸显与"他者"的差异性，这在原生共同体和次生共同体中表现得尤为明显。为了保持共同体的纯洁，"新的、有序的并且具有一定方向的行动，在共同体纽带的基础上是难以持久的。反过来说，共同体纽带所必然具有的保守主义性质，限制了该群体改变其行动秩序和方向的能力"③。激进的社会民主主义者迈克尔·沃尔泽从三个方面论证了共同体的保守性，一是为了捍卫共同体所共享的意义、价值和生活方式，封闭是必需的、合法的；二是为了共同的政治认同以及附属物的再生产和发展，封闭是必需的、合法的；三是为了发展根植于社会和文化中的丰富人格，封闭是必需的、合法的④。

四　超国家政治共同体的运转机制

维系国际秩序的总体和谐与稳定，超国家政治共同体是不可或缺的。在剧烈演化的国际环境中，面对一个高度分化且技术化的国际结构，保持国际社会的秩序及成员们的整合，是超国家政治共同体的重要使命，也是其合法性之所在。超国家政治共同体的有效运转取决于共同体内部的机制安排。

"合作"与"妥协"。超国家政治共同体作为一种集体主体，如何凝聚共同意志、采取一致的行动方案就成为判断其是否成熟的分水岭了。

① 克雷格·卡尔霍恩：《共同体：为了比较研究而趋向多变的概念》，载李义天主编《共同体与政治团结》，社会科学文献出版社，2011，第19页。

② Colson, *Tradition and Contract: The Problem of Order*, Heinemann, 1974, p. 52.

③ 克雷格·卡尔霍恩：《共同体：为了比较研究而趋向多变的概念》，载李义天主编《共同体与政治团结》，社会科学文献出版社，2011，第16页。

④ M. Walzer, *Speres of Justice*, New York: Basic Books, 1983, pp. 66-88.

过去，强权国家主导的共同体习惯于压服以达成一致，然而这一套在今天已经基本行不通了。那么，能否采取简单的“多数决”的方式来凝聚共同意志呢？答案也是否定的，西方很多学者明确拒绝以“票决民主”作为政治共同体的分析框架与合法性的基础①。民主是超国家政治共同体的一种运作方式，但不是唯一的运作方式，合作、协商与妥协是更为明智的选择。全球化“导致世界一分为二，但同时又迫使其作为一个共担风险的共同体而互相合作”②。在多元化的世界中，共同体成员的主体性意识抬头，这会带来双重变化：其一，对共同体来说，其节制内部成员的手段减少，最好的方式就是彼此倾听，相互妥协，寻找成员间的最大公约数和利益交集点。比如，欧盟在应对欧洲难民危机、欧债危机、英国脱欧危机等时都是以妥协求共识，有效化解危机。其二，对于共同体成员来说，没有妥协就难以维系共同体的有效运转，没有节制就难以达成妥协。共同体成员要适应共同体生活，节制和自律就上升为一种重要的品质。因为共同体对于其成员的重要性不仅在于融入一个集体以获得成员资格和归属感，更在于通过共同体以寻求发展的机遇和空间，提升应对风险和挑战的能力。当然，如果共同体内部矛盾极其尖锐，缺乏调和与妥协的空间，那么“最好的解决方案，可能最终就是从一个共同体中分裂出来”③，就像华约解散那样。

“承诺”和“契约”。“承诺”意味着共同体成员间彼此信任，这是共同体有效运转的重要条件。一个国家只有“出于对政治共同体的共同忠诚而拥有强有力的相互承诺，才能确保其合法性的稳定持久”④，才能确保共同体的良好运转。当然，“承诺”一般不能停留于口头上，有效

① 参见斯蒂文·伯恩斯坦、威廉·科尔曼主编《不确定的合法性——全球化时代的政治共同体、权力和权威》，丁开杰等译，社会科学文献出版社，2011，第7页。

② Pheng Cheah, *Inhuman Conditions: On Cosmopolitanism and Human Rights*, Cambridge, MA: Harvard University Press, 2006, p. 46.

③ David Miller, *Market, State and Community: The Foundations of Market Socialism*, Oxford: Oxford University Press, 1989, p. 288.

④ 查尔斯·泰勒：《没有共同体，就没有民主》，载李义天主编《共同体与政治团结》，社会科学文献出版社，2011，第332页。

的承诺往往以“契约”和“规则”的形式确定下来。共同体必然“按照一整套规则或者标准运作，这些规则和标准界定了各种情形下的合理行为。大体而言，规则通过界定共同体成员可以期待从伙伴那里得到的东西而消除利益纷争”①。有规则、承诺，就会有惩罚。共同体的谴责或惩罚是共同体促进其成员信奉共享价值并为共同善——共同秩序、共同价值、共同目标——作出贡献的一种主要手段。但是，必须认识到，“契约”和“承诺”不是超国家政治共同体的充分条件，不能将共同体理解为根据契约精神或某种承诺而建构的产物和结果，“共同善”“共同性”“共同感”才是共同体得以创生的本体论根源。

“集体主权”与“公共权威”。共同体能否作为一个整体而行动，取决于共同体是否具有集体自主权（或者说公共权威），“集体自主权是判断共同体是否成功的标准”②，缺乏“公共权威”的共同体只能是一盘散沙。然而，集体自主权真的是由“集体”在行使吗？公共权威真的是由大家共享吗？当然，从表面上看来是如此，集体协商、妥协是共同体运作的主要方式，但这丝毫不意味着共同体内部所有成员居于平等地位。一个基本的事实是，“集体自主权”或者说“公共权威”往往掌握在极少数核心成员国手中。核心成员国“权威”的大小关乎共同体的公共权威，核心国家不能取代集体协商，但却可以影响集体协商的结果，可以限制共同体成员的行为。在共同体中，核心国家的“权威”既清晰又模糊，它确实存在，却又无法确认，共同体内部的规范或规则既不能完全描述它，也不能完全支配它。比如，欧盟宪法并没有赋予德法特殊地位，上合组织章程也没有给予中俄特权，但是，这些核心国家的“权威”对于共同体的有效运转是必不可少的。

“回应”与“配合”。共同体的有效运转，离不开共同体成员的配合与奉献。一般来说，只有当成员国的需要和利益得到了共同体的正面回应时，共同体的权利、主张才能得到成员国的支持与配合。正如费林所

---

① Colson, *Tradition and Contract: The Problem of Order*, Heinemann, 1974, p. 52.

② 黛安娜·布赖登、威廉·科尔曼主编《反思共同体——多学科视角与全球语境》，严海波译，社会科学文献出版社，2011，第28页。

说，一个令人满意的共同体应当是一个“有能力回应广泛的成员需要，解决它们在日常生活中遇到的问题和困难的共同体”①。如何确保每一个成员都自觉地为共同体奉献，一般来说，无外乎这两种可能：其一，一个国家从共同体中获得的预期收益超过至少大致相当于它的付出，这样，它会心甘情愿地尽义务。其二，如果上述前提不存在或不明朗，那就“必须有强制性或选择性的诱惑以确保其成员给整个集体作贡献”②。从长远来看，强制性的秩序是不稳定的，共同体只有“回应”其成员国的真实需要才能得到真正的支持和配合。当然，超国家政治共同体所“回应”的需要，不是某个或某些成员国的需要，而是所有成员国的需要；不是成员国的虚假的需要，而是成员国的真实的需要。美国华盛顿大学教授伊兹欧尼指出：“那些只回应某些成员而非所有成员需要的共同体，是不完全的共同体；那些回应成员虚假而非真实需要的共同体，也不是真正的共同体。”③

五　超国家政治共同体的矛盾张力

超国家政治共同体是一个矛盾统一体，共同体组织和共同体成员作为矛盾着的两个方面，既相互联结、相互依存、相互渗透，又相互排斥、相互对立、相互否定，它们之间的矛盾运动和矛盾张力构成共同体发展的动力。具体来说，超国家政治共同体的矛盾表现为以下几个方面。

“团结”与“分离”的矛盾。超国家政治共同体是反原子个体主义的，而共同体成员则往往奉行个体中心主义的价值原则。超国家政治共同体为了谋求自身的团结，需要强化共同体的向心力；而共同体成员为了延伸自我的利益或自主的领域又会产生离心力。向心力和离心力是超国家政治共同体内部的一对矛盾，没有向心力的共同体和没有离心力的

---

① P. Fellin, *The Community and the Social Workers*, Itasca, IL: F. E. PEA COCK, 2001, p. 70.

② 参见 M. Olson, *The Logic of Collective Action*, New York: Shecken, 1951。

③ 阿米泰·伊兹欧尼：《回应性共同体：一种共同体主义的视角》，载李义天主编《共同体与政治团结》，社会科学文献出版社，2011，第 44 页。

共同体都是不可想象的，共同体总是受到扰乱秩序的离心力与破坏自主的向心力的支配。向心力和离心力之间的拉锯战是任何共同体的常态现象，它们“将共同体拉往相反的方向：向心力拉向更高程度的共同体服务、控制与动员性；而离心力则拉向更高程度的差异化、个体化、自我表现和亚群体自由”①。向心力代表团结，离心力代表自主；向心力意味着秩序，离心力常常导致混乱。向心力对于共同体来说是一种肯定性和建设性的力量，离心力则是一种否定性和破坏性的力量。向心力大于离心力，共同体才能保持稳定的状态；离心力一旦超过向心力，必然导致共同体的瓦解。苏联的解体，华约的解体不都是如此吗？但是，我们既不能简单地认为，向心力是绝对好的东西，离心力是绝对坏的东西；也不能简单地认为，向心力越大越好，离心力越小越好。向心力和离心力之间除了对抗性的一面，还有“反向共生”（inverting symbiosis）的一面：“两种力量在某种限度内相互促进，但超出该限度它们就变得相互对抗。”② 也就是说，向心力和离心力不是零和关系，适度的离心力反而有助于共同体的完善。如果向心力过于强大，就会挤压成员的自主空间，责任就会变成强加的义务和压迫的力量；相反，离心力过于强大，也会挤压共同体的活动空间，共同体提供的服务就会变得匮乏，“共同感”就会消失。

“秩序”与“自主”的矛盾。作为共同体成员的民族国家一般都建立在世界主义③（自由主义）的观点之上，强调“自主性”；共同体则建立在社群主义的观点之上，强调“秩序”。“自主性”意味着自由，“秩序”意味着自由的部分被剥夺。在一个共同体中，任何国家要想获得“特权”是要付出代价的，“代价就是牺牲所谓的‘自主性’‘自主

---

① 阿米泰·伊兹欧尼：《回应性共同体：一种共同体主义的视角》，载李义天主编《共同体与政治团结》，社会科学文献出版社，2011，第46页。

② 阿米泰·伊兹欧尼：《回应性共同体：一种共同体主义的视角》，载李义天主编《共同体与政治团结》，社会科学文献出版社，2011，第47页。

③ 国际关系理论中的世界主义—社群主义之争来源于政治理论中的自由主义—社群主义之争，而政治理论中的自由主义—社群主义之争则始于约翰·罗尔斯的正义理论。

权’‘自我权’”①。正如赫尔德所说，全球化是一张无边无际的网，“现代国家日益陷入全球互联的网络之中，这一联系网已被具有超国家性质的、政府间的、跨国的力量所渗透”②，亦即被超国家政治共同体所控制。因此，现代国家“并不能决定它自己的命运”，“不能独自作出决定、制定政策，政府也绝不能独自决定什么对它的公民有利”③。这大概也是英国多数民众选择脱欧的原因。相对于超国家政治共同体常常张开双臂拥抱每一个成员国的开放心态来说，对共同体保持“若即若离”的矛盾心态则是民族国家的普遍处境。超国家政治共同体的活力来自成员国的需求和利益，权力来自成员国的让渡，共同体的有效运转来自成员国共同遵守的价值信念和规则。任何共同体成员唯有自觉遵守共同体的规则，方能成就共同体的权威；唯有服从共同体的秩序，才能获得共同体的保障。“自主”与“秩序”之间唯有保持合理的张力，共同体才有未来。当“自主”遮蔽“秩序”时，超国家政治共同体就处于无力的状态，无法为人类的发展进步开辟更为广阔的空间；当“秩序”凌驾于“自主”时，超国家政治共同体就可能蜕变为某种霸权的工具，成为制约民族国家自我发展的异己力量。超国家政治共同体的历史变迁，就表现为“秩序”与“自主”的博弈过程。比如 WTO、WHO、EU“这些超国家的权威场所，连同它们所实行的法律体系，为国家创造着一种外部宪法”④，民族国家如何在遵守“内部宪法”的同时兼顾“外部宪法”，如何在服从“外部宪法”的同时不削弱“内部宪法”的权威，这确实是对共同体和民族国家的双重考验。

---

① Zygmunt Bauman, *Community: Seeking Safety in an Insecure World*, Cambridge: Polity Press, 2001, p. 4.

② David Held, *Democracy and the Global Order: From the Modern State to Cosmopolitan Governance*, Stanford, CA: Stanford University Press, 1995, p. 92.

③ David Held, *Democracy and the Global Order: From the Modern State to Cosmopolitan Governance*, Stanford, CA: Stanford University Press, 1995, pp. 16-17.

④ 斯蒂文·伯恩斯坦、威廉·科尔曼主编《不确定的合法性——全球化时代的政治共同体、权力和权威》，丁开杰等译，社会科学文献出版社，2011，第 12~13 页。

“安全”与“自由”的矛盾。在一个不安全的世界中寻求安全，这是民族国家拥抱共同体的主要原因之所在；在一个不安全的世界中承诺安全，这是超国家政治共同体存在的合法性之所在。正如鲍曼所说，“要成为共同体中的一员，就要付出代价。共同体体现了安全感，但同时也剥夺了我们自由。安全和自由是两个同样珍贵和令人渴望的东西，它们可以或好或坏地获得平衡，但不可能永远和谐一致。安全和自由、共同体和个体之间的冲突，永远也不可能解决”①。当然，安全和自由之间也不是非此即彼的关系，如何在两者之间保持合理的张力，既满足成员国对安全的需要，又不至于践踏成员国的基本自由，这是考验共同体能否有效运转的关键因素。

“共赢”与“利己”的矛盾。共同体内部的矛盾归根结底属于利益矛盾，即特殊利益（个别利益）与普遍利益（整体利益）之间的矛盾，这是成员国与共同体之间矛盾关系的实质。共同体有自身的整体利益、普遍利益，而每个成员国又谋求自己的特殊利益，“整体利益并不必然是部分的利益”②，整体利益与特殊利益不相一致是常态。整体利益服从互惠、共赢的原则，特殊利益服从利己的原则。今天，随着共同体成员的利益日益分化、多元，共同体内部各成员国的自主性在增强，成员国之间的认同纽带变得脆弱，民族国家总是根据利己的原则时而拥抱共同体，时而逃离共同体；时而选择结盟，时而选择对抗。比如，英国与欧盟的关系大抵就是如此。但是，若每个共同体成员都奉行个体利益至上的原则，放弃共赢的价值追求，这样的共同体是没有前途的。

“界内”和“界外”的矛盾。共同体外部成员与共同体之间也是矛盾的关系，即“界内”和“界外”的矛盾。共同体意味着划界，“共同

① Zygmunt Bauman, *Community: Seeking Safety in an Insecure World*, Cambridge: Polity Press, 2001, pp. 4-5.

② 埃米尔·涂尔干：《乱伦禁忌及其起源》，汲喆等译，上海人民出版社，2003，第245页。

体的边界确立了共同体成员身份的标准"①；边界意味着内外有别，共同体成员与非共同体成员分属两个世界，构成矛盾的关系。当然，共同体的边界既看得见又看不见，它无所不在，绝不仅仅是跨越国界、疆域的一条"地理分界线"，在更多的情形下，"它更是一个复杂的网络，……是一些复杂的准则，这些准则深入当今政治组织的核心地带，以制造差异、创造不平等，并强制所有共同体成员永久生活'在边界上'"②。可见，共同体的边界既是地理的边界，更是利益的边界、安全的边界。共同体弱化了内部边界，却也强化了自身与外部的界限。共同体与外部之间是否能够和谐相处，取决于矛盾的程度，说到底取决于彼此对对方造成的压迫感。任何一方侵犯了对方的边界和核心利益，矛盾就会加剧，乃至爆发冲突。因为共同体从来没有也不可能给予外部力量无条件的团结承诺，"共同体本身就是特殊主义的，其用于铸就团结的所有因素——共同的伦理信念、共同的利益基础、彼此的认同感——全部都以共同体的边界为界"③。共同体也不可能无限地扩容，将所有安全和利益冲突置于内部边界中解决。

总之，只有当团结与分离之间、秩序与自主之间、安全与自由之间、共赢与利己之间、界内与界外之间的矛盾张力达到平衡态时，共同体才是善的，共同体生活才是值得过的。要么牺牲自我而成全共同体，要么出走共同体以保全自我，在现实世界中是玩不转的。

---

① 梅丽莎·威廉姆斯：《命运相连的共同体内作为能动因素的公民身份》，载斯蒂文·伯恩斯坦、威廉·科尔曼主编《不确定的合法性——全球化时代的政治共同体、权力和权威》，丁开杰等译，社会科学文献出版社，2011，第43页。

② 黛安娜·布赖登、威廉·科尔曼主编《反思共同体——多学科视角与全球语境》，严海波译，社会科学文献出版社，2011，第103页。

③ 李义天主编《共同体与政治团结》，社会科学文献出版社，2011，第28页。

第二次世界大战后德国经济转型的经验与借鉴意义*

王海燕　汪善荣

2008 年世界金融危机及其导致的欧债危机爆发以来，德国经济的不俗表现引人注目。第二次世界大战结束至今，除少数年份外，德国经济一直保持稳健发展，同时物价稳定，劳资关系和谐，收入平等，地区间发展平衡等，始终是世界发达经济体的一个典型。探究德国第二次世界大战后经济转型发展的历程和经验，对于推动经济顺利实现转型升级，推进我国经济持续健康发展，有着非常重要的借鉴意义。

一　第二次世界大战后德国的经济转型

第二次世界大战后，德国在经济体制方面有两次转型，在经济发展战略方面有三次转型。当前，面临世界金融危机、欧债危机的挑战，为了在新的工业革命中赢得先机，探寻新的经济发展引擎，德国实施了工业 4.0 计划。

---

* 经济转型的概念是个“舶来品”，一般来说包括三层含义：一是指发展转型，比如从粗放型转向集约型，从农业社会转向工业社会；二是指体制转型，比如从计划经济转向市场经济；三是指发展和体制的双转型，这综合了上述两个方面。这里讲的转型类似于第三层含义，主要指的是发展理念、发展方式以及体制机制的转型。本文原载于《经济研究参考》2016 年第 49 期，收入本书时有改动。

（一）经济体制上的两次转型

第一次经济转型（1945 年至 20 世纪 70 年代末）。第二次世界大战后，德国（联邦）从战争废墟中迅速恢复过来，并建立和巩固了“社会市场经济”的德国模式。

社会市场经济模式也被称为莱茵模式，这种模式的重点在于“为了全体国民的富裕，不能让富人变穷，而是让穷人变富！”将市场竞争和社会利益均衡相结合，确保市场的自由竞争以及市场的有序发展，协调个人进取心与社会进步，以贯彻国民福利制为基础的市场经济体制。简单来说，德国模式主要有三点：市场经济、国民福利和宏观调控。市场经济是基础，国民福利是发展的目的，而政府的宏观调控则是确保市场经济活力和国民福利的手段。第二次世界大战后，为充分发挥市场机制的活力，在第一届政府出现之前，当时德国（联邦）经济管理的最高机构“法兰克福经济顾问团”就明确了经济发展的方针：大幅弱化政府干预，极力激发市场活力。1949 年第一届政府产生后，艾哈德出任经济部部长，延续了顾问团的方针，进一步明确当时的总体方针是：取消战后占领当局实施的配给制，减少经济管制，最大可能地使市场自由化。垄断是自由竞争的对立物，为了鼓励国内市场竞争，德国政府努力反对垄断，并建立了负责反对垄断的卡特尔局。同时，建立专门的政府机构对市场进行监督，尽可能地保持各企业之间的竞争，防止垄断的产生。在努力激发市场活力的同时，政府不断加强社会建设，提高国民福利待遇。第二次世界大战后，德国政府先后出台了一系列保障国民福利的法律，比如 1949 年的《社会保障均衡法》《应急救助法》；1950 年的《第一套住宅建设资助法》、《家庭手工作业者援助法》和《联邦生活救济法》；1952 年的《员工参与和解雇保护法》、《保护母亲法》和《最低限工作条件认定法》；1954 年的《养育儿童资助法》；1969 年的《劳动促进法》；1983 年的《文艺工作者社会保险法》；1988 年的《健康改革法》；1989 年的《1992 年养老金改革法》等。众多旨在保障国民权利、福利的法律的出台，确保了劳动者合法权益，均衡了社会矛盾，弱化了劳资冲突，对德国经济的持续健康发展起到了保护作用。社会市场经济体制的确立，为德国的发展找到一条既不同于美国、英国市场经济模式，又不同于苏联、东欧社会主义国家计划经济的发展道路，既保持了德国经济发展的活力，又避免了贫富悬殊、劳资矛盾过大，为德国第二次世界大战后70多年的繁荣、稳定奠定了坚实的基础。

第二次经济转型（20世纪90年代初期）。1990年10月3日《统一条约》正式生效后，两德实现统一。为了有效融合两德经济，东德的计划经济体制开始全方位向社会市场经济体制转型。

1990年两德统一时，东德、西德经济发展存在较大的差距。1990年东德的GDP只有2443亿西德马克，而西德高达25200亿西德马克，在生产技术方面的差距则更大。当时，西德经济保持着较快的发展势头，而东德经济却步履维艰，大批人员失业，就业形势十分严峻。东德的计划经济体制和西德的社会市场经济体制差异很大，统一后，西德的社会市场经济体制成为东德的转型目标。因此，统一后，西德的社会市场经济体制被全部移植到东部（东德），包括建立货币联盟、经济联盟、社会联盟和统一财政与法律制度等。政府专门组建公法机构托管局以改造东部企业，除保留少数对经济发展影响较大的大型核心企业外，经济效益较差的近4000家企业被关闭，剩余的企业全部私有化，或退还原资产所有者，或公开出售。同时，启动投资计划，以平均每年约1500亿马克的力度向东部地区注入资金，采取一系列措施，努力降低投资成本，改善企业财务状况。另外，采取多种措施鼓励私人资本到东部地区投资。在政府的大力支持下，东部经济转型顺利，在统一后的近十年内，东部保持了较快的发展速度。到20世纪末，东德经济转型完成，两德经济基本实现完全融合。

（二）经济发展战略的三次转型

第一次经济发展战略转型（1945~1970年），从粗放型向集约型增长方式转型。在20世纪60年代中后期，德国经济增长方式实现了突破性的跨越，越来越表现为资本和技术密集型。

第二次世界大战后，德国在一片废墟上开始了其战后的经济恢复、起飞。在马歇尔计划的扶持下，德国（联邦）得到了大量的资金，为德国经济解决了启动资金难题。1950 年朝鲜战争爆发，为德国提供了重要的机会。一方面，美国和其他联盟国家需要西德参加欧洲防务，美国修改了对德国工业和技术的限制政策；另一方面，也刺激了德国的出口需求。此外，德法关系的和解与欧洲一体化的发展，为德国提供了良好的周边环境和广阔的市场。在上述诸因素的合力下，德国开始高速发展，1950~1970 年，德国的经济年平均增长速度接近 7%。在实现经济奇迹的同时，经济增长方式也实现了跨越，向资本和技术密集型转变。产业结构比重顺序从“二三一”变为“三二一”，第二产业中，技术含量和集约化程度高的电子、化工等部门在 GDP 中的排名均有所攀升。汽车行业上升到了首位，生产处于较为粗放状态的钢铁业和采煤业的排名则大幅下跌。

第二次转型（20 世纪 90 年代中期），从传统工业生产为主导向以计算机、信息技术等新经济产业为核心转型。

20 世纪 90 年代前后，美国的信息技术、微电子技术和集成电路技术迅猛发展，特别是 1993 年克林顿总统正式推出“国家信息基础设施”工程计划后，美国微软等新兴产业公司迅速崛起，大幅领先于以传统工业生产为主导的德国。为了缩小同美国等信息技术发达国家的差距，德国开始重视计算机、信息技术等新兴产业的发展，实施快速赶超战略。1990~1994 年，德国政府几大与信息技术相关部门对信息技术领域的投资年均增长超过 800%，大大提升了德国的信息技术实力。到 20 世纪末德国有近 2000 万名计算机用户，25%以上的人拥有个人电脑。到 21 世纪初，德国的因特网及电子商务发展在欧洲遥遥领先，欧盟 10 个重点高科技地区有 6 个在德国。

第三次转型（21 世纪初至今），为了应对能源、资源约束和世界环境恶化的挑战，德国经济发展开始向循环经济、绿色经济转型。

德国地处欧洲中部，面积与中国云南省接近，能源、资源严重匮乏，严重依赖进口。作为一个工业化高度发达的外向型经济大国，随着经济的不断发展，资源消耗量大、自身能源和资源不足等问题日渐突出，严重制约了德国经济社会的发展。为了减少对国外能源、资源的依赖，提高经济可持续发展能力，同时，为了应对全球气候变暖等环境恶化带来的影响，德国工业开始走上绿色发展道路，将重点放在可再生能源领域和新能源发展领域，主要包括风能、生物质能、地热能和太阳能等。

（三）寻求新动力引擎——工业 4.0 计划

当前，信息通信、新能源、新材料、生物等领域的多点突破，机器人技术、人工智能、3D 打印和新型材料等技术的迅速发展，正孕育和催生新一轮科技和产业变革。为了积极应对新科技产业革命，在国际竞争中赢得主动权，美国、日本、中国等发达或新兴经济体纷纷把重振制造业作为近年来最优先的战略议程。美国 2009 年 12 月公布了《重振美国制造业框架》，2012 年 2 月启动了《先进制造业国家战略计划》，鼓励制造企业重返美国。中国也发布了《中国制造 2025》，旨在提高制造业水平，同时提出了“互联网+”战略。为应对新的挑战，在未来国际竞争中赢得主动权，寻找未来经济发展新引擎，德国提出了工业 4.0 计划，开始新的转型升级发展。

与美国流行的第三次工业革命的说法不同，德国将制造业领域技术的渐进性进步描述为工业革命的四个阶段，即工业 4.0 的进化历程。“工业 1.0”即 18 世纪 60 年代开始的以蒸汽动力为主的第一次工业革命；“工业 2.0”为 19 世纪后半期至 20 世纪初以电气为主的第二次工业革命；“工业 3.0”为 20 世纪 70 年代至今的以信息技术为主的第三次工业革命；“工业 4.0”是德国认为未来十年内将产生的第四次工业革命。“工业 4.0”为我们展现了一幅全新的工业蓝图：在一个“智能、网络化的世界”里，物联网和务联网（服务互联网技术）将渗透到所有的关键领域，创造新价值的过程逐步发生改变，产业链分工将重组，传统的行业界限将消失，并会产生各种新的活动领域和合作形式。

二　德国经济转型的主要做法和经验

了解德国经济转型的历史，我们可以发现德国经济转型既有外部冲击造成的被动转型，也有自身经验总结、探索未来发展之路的主动转型。

总结其转型经验，我们不难发现既有其长期坚持的因素，也有针对世界变革作出的应变之策。

（一）社会市场经济模式是德国经济转型的基石

二战后，德国选择并确立了社会市场经济体制。社会市场经济理论认为资本主义经济发展问题的症结是市场缺乏秩序，市场的失灵是缺乏秩序造成的。但社会市场经济理论不否认市场经济，强调自由竞争是经济发展的基础，国家来维护秩序，进行适当调节，并以社会安全为保障。社会市场经济抛弃了自由市场经济的放任政策，在一定程度上驯化了资本主义，给野蛮的资本主义“戴上笼头”。同时，通过国家干预和福利国家建设避免了市场经济优胜劣汰的消极后果，抑制了社会的贫富分化。社会市场经济体制着力构建完善的社会保障体系。政府不仅在劳资双方有关工资的谈判中居中协调，更是积极参与社会保障体制的完善和改造工作，营造适宜环境。1957 年，德国对养老金进行了和生活水平及物价挂钩的指数化改革，确立了现收现付的筹资机制。德国社会保障体系完善，保障项目繁多，在 20 世纪 70 年代后期，德国的社会福利开支相当于国民生产总值的 30%，这是其他国家所无法比拟的。完善的社会保障体系，充分保障了德国劳动者的生活水平，为德国战后长期的社会稳定奠定了基础，为历次经济转型提供了稳定的发展环境。德国人认为，他们的社会市场经济模式是对资本主义文明的重大贡献。这种经济模式的确立，奠定了第二次世界大战后德国历次经济发展转型的制度基础，既为经济发展转型提供了市场经济的活力，又大大缓解了资本主义社会固有的劳资矛盾严重、收入差距过大等问题。

（二）重视科技创新为德国经济转型提供了技术支撑

第二次世界大战后德国依靠科技创新顺利实现多次转型。20 世纪 60 年代以后，联邦德国的科研投入和科研人员迅速增加，全国研究和发展支出费用占国民生产总值的比重由 1962 年的 1.2%，迅速增加到 1970 年的 2.1%和 1985 年的 2.8%。1962 年联邦德国专门设立“科学研究部”，用来加强对科研的集中领导并协调联邦政府和各州政府之间的科研规划。

据经济学家丹尼森的测算，1950~1962年联邦德国科技进步对经济增长的贡献率为55.66%；根据世界银行《1991年世界发展报告》，1960~1985年的贡献率为87%。科技创新能力的增强为德国20世纪50~80年代由粗放型经济增长方式向集约型转变提供了重要支撑。科技创新能力保证了德国产品的质量，使得德国产品长期占据世界中高端产品市场。同时，高质量也保证了德国产品的高利润，经受得住市场上的价格冲击，在激烈的商品竞争中立于不败之地。

（三）重视教育为德国经济转型提供了人才保障

德国能够顺利实现经济体制和经济发展方式的转型，拥有众多高质量的人才是根本因素。为了培养高素质的劳动力队伍，德国建立了全面综合的教育培训机制。首先，提倡终身学习。德国历来重视教育，国家、党派基金会、教会、行会和企业及私人都积极参与和投资教育。教育几乎覆盖了每个公民的一生。从学前教育一直到老年大学，能满足各种层次和各个年龄段的各种需求。其次，德国建立了教学与实践相结合的培训和教育体系。与其他国家一样，德国也有高中、大学等教育体制，但德国注重人才的定向培养，中学就分成三种班，向三个不同方向发展：学术、管理和技术。其中，双轨制职业教育是德国经济后来居上的“秘密武器”。在高中阶段，约有70%的学生在中学毕业后参加双轨制职业教育。德国的双轨制教育由企业和职校合作进行，学生在职校接受相关职业理论和普通学习的同时，在相关企业作为学徒进行实用职业技术实习。这大大缩短了学生从学校到就业的距离，为德国经济提供了大量懂技术、能动手的熟练合格的技术工人。最后，除了重视学生的在校培训外，德国也高度重视社会成员和在职人员的职业培训。社会、在职人员的培训由政府与企业共同完成，德国开办了大量职业培训学校，社会、在职人员一周可以有2~3天的时间在职业培训学校接受培训，其余时间可以在企业边干边学。这一模式很好地将学用结合了起来，培训有的放矢，在德国取得较大成功。大量高素质人才的存在，解决了经济发展在转型、结构调整、产业升级时期可能导致新产业、新行业中人才缺乏的问题，避免了经济在转型期间的动荡。

（四）强大的宏观调控能力使得德国经济能够及时转型

社会市场经济模式强调政府的调控能力，政府在确保市场秩序的同时，要能够应对各种冲击，及时调整国家战略，适时进行经济发展转型。德国两次经济体制转型都是在政府主导下完成的。第二次世界大战后，德国政府主动选择了社会市场经济模式，历史证明这种选择是恰当的。东德经济体制转型同样也是在政府主导下完成的。20 世纪 50~70 年代，德国政府不断加大对教育、科技创新等方面的投入，加大对汽车、电子等资本、技术密集型产业的投入，使得汽车、电子等行业在 GDP 中的地位不断攀升，顺利实现经济由粗放型向集约型转变。20 世纪 90 年代，面对美国信息技术等新科技带来的冲击，德国及时调整产业重点，迅速推进以信息技术和生物技术为代表的新经济产业的兴起、发展。21 世纪初以来，扩大利用可再生能源，发展企业化可持续农业，开发“无污染”技术等。当前，又提出了工业 4.0 计划，提早布局未来科技发展。德国政府强大的宏观调控能力，使德国能够比较准确地把握时代变动的脉搏，适时推动经济转型发展。虽然有时未能准确判断经济、产业未来的发展方向、领域，但一旦认识到就能够及时调整并迅速赶上。

（五）实体经济始终是德国经济转型发展的努力方向

除了两次经济体制转型外，德国历次经济发展战略转型都牢牢盯着实体经济，以促进实体发展为主要目标。西方发达国家进入以服务业主导的后工业社会以后，金融等现代服务业在经济发展中占据十分重要的地位，许多国家高度重视资本市场，重点促进金融等行业的发展，而忽略了制造业的发展。德国是个例外，发展到今天，德国的制造业依然占有十分重要的地位。当前，以汽车、机械、化工和电气为代表的四大支柱产业占德国全部制造业产值的 40%以上，将近占全德出口比重的一半，占国内生产总值的比重超过 20%。德国在几次经济转型中都牢牢盯着实体经济，比如由粗放型向集约型发展方式转变时，紧盯汽车、机械、电气等行业；在发展新经济时，确立了计算机、信息技术、航空等产业；21 世纪初，又把新能源等作为发展目标。

三　德国经济转型的借鉴意义

我国的经济发展转型与德国的经济转型有一定的相似之处。从经济体制转型看，中国在改革开放后完成了由计划经济体制向市场经济体制的转型，类似于东德20世纪90年代的情况。而中国对中国特色社会主义道路模式的探索，类似于西德在第二次世界大战后确立社会市场经济模式时的情况。在具体经济发展战略转型上，也有不少相似之处。学习借鉴德国经验，对顺利推进我国经济转型升级具有较强的现实意义。

（一）坚持探索适合中国国情的经济发展转型之路

德国经济体制和经济发展战略转型的成功启示我们，在经济体制改革和经济转型发展上，要立足于本国国情，探索适合自己的发展道路和发展战略。改革开放以来，中国发展取得了举世瞩目的成就，其最重要的因素在于成功地进行了经济体制转型，在经济体制上实现了由计划经济体制向社会主义市场经济体制的重大转型，以经济改革转型带动社会、政治变革，实现了社会主义与市场经济的有效融合，开辟了中国特色社会主义道路。当前，中国经济已进入新常态，为适应和引领新常态，中国经济必须针对国际国内形势的变化，进行发展战略转型，实现产业转型升级。但究竟怎样实现转型升级，并没有现成的道路可以遵循，我们可以借鉴德国等发达国家的经验，但最重要的是要坚持道路自信、理论自信、制度自信，一方面要总结中国发展的经验、教训，发展中国经济学理论，从历史和理论中不断探寻中国经济发展道路和战略；另一方面，我们要把市场经济的根本原则与中国的历史、文化、人口、资源和政治制度等结合起来，在实践中不断摸索出适合中国国情的发展模式和转型之路。

（二）要发挥好市场和政府两只手的作用

德国经济保持活力，及时实现转型的重要经验在于对市场机制和宏观调控都高度重视。党的十八届三中全会指出，要使市场在资源配置中起决定性作用和更好发挥政府作用。中国经济顺利实现转型升级，必须发挥好市场和政府这两只手的作用。要使市场在资源配置中起决定性作用，就必须尊重市场规律。当前，我国社会主义市场经济体制已经初步建立，但仍存在不少问题，影响了经济发展活力和资源配置效率。我们必须不失时机地加大改革力度，推动资源配置依据市场规则、市场价格、市场竞争，切实转变经济发展方式，努力实现资源配置效率最优化和效益最大化。同时，全面实行科学管理，更好发挥政府作用。要善于底线思维，注重宏观思考，深入研究全局性、战略性、前瞻性的重大举措和问题。特别是提供更多优质公共服务，通过保障和改善民生，使广大群众共享改革发展成果，促进共同富裕。

（三）坚定不移地走科教兴国之路

创新是一个民族的灵魂，德国经济优势和竞争力的一个重要来源是其强大的科技创新能力。推动中国经济转型升级，必须坚定不移走创新驱动、科技兴国之路。要极力营造激励创新的公平竞争环境。实行严格的知识产权保护制度，打破制约创新的行业垄断和市场分割，改进新技术新产品新商业模式的准入管理，健全产业技术政策和管理制度。要加强对科技创新的资金投入。加大国家财政对科技创新的投入，加强金融、资本市场对创新的资助，壮大创业投资规模。要构建更加高效的科研体系。发挥科学技术研究对创新驱动的引领和支撑作用，加大对科研工作的绩效激励力度，改革高等学校和科研院所科研评价制度，深化转制科研院所改革。

（四）要大力加强人才队伍建设

独具特色的人才教育培训机制，为德国培养了大量各种层次的人才。推动中国经济转型升级，必须创新教育培训方式，培养大量学以致用的各种层次的人才。一是要创新教育培训方式，构建终身教育体系。要以社会需求为导向，大力推进教育创新，提高教育质量和管理水平。加强高等教育与经济社会的紧密结合，建立教育培养与人才需求结构相适应的有效机制。鼓励人们通过多种形式和渠道参与终身学习。二是要加快构建现代职业培训体系，培养大量实用型人才。要巩固提高中等职业教育发展水平，创新发展高等职业教育，建立以职业需求为导向、以实践能力培养为重点、以产学结合为途径的专业学位研究生培养模式。引导普通本科高等学校转型发展，向应用技术类型高等学校转型。完善职业教育人才多样化成长渠道，积极发展多种形式的继续教育，利用职业院校资源广泛开展职工教育培训。

（五）加大对实体经济发展的支持

经济发展转型的主体是实体经济，德国在经济转型中紧紧盯住相关产业，不断促进产业结构升级，在世界竞争中占据优势地位。实体经济在我国同样占据重要地位，要通过解决实体经济发展困难，推动中国实体经济转型升级，使中国制造迈向中高端。要深入推进制造业结构调整，推动传统产业向中高端迈进。要利用当前国际市场仍处于低迷状态的倒逼机制，促使企业抓紧淘汰落后产能。要采取更加有利于促进传统产业转型升级和创新发展的政策措施，引导企业调整发展战略，创新管理模式。要利用“互联网+”促进传统产业转型升级。要着眼长远，大力推动重点领域突破发展，发展大国制造业。要瞄准新一代信息技术、高端装备、新材料、生物医药等战略重点，引导社会各类资源集聚，推动优势和战略产业快速发展。同时，开发一批标志性、带动性强的重点产品和重大装备，提高创新发展能力和国际竞争力，抢占竞争制高点，在新一轮科技革命和产业变革中占领制高点，掌握主动权。

参考文献

[1] 盛朝迅、姜江：《德国的“工业 4.0 计划”》，《宏观经济管理》2015 年第 5 期。

[2] 黄阳华：《德国“工业 4.0”计划及其对我国产业创新的启示》，《经济社会体制比较》2015 年第 2 期。

[3] 丁纯、李君扬：《德国“工业 4.0”：内容、动因与前景及其启示》，

《德国研究》2014 年第 4 期。
[4] 周建明、顾光青：《社会市场经济与社会的重建——战后联邦德国的经验及启示》，《世界经济研究》2006 年第 4 期。
[5] 谢汪送：《社会市场经济：德国模式的解读与借鉴》，《经济社会体制比较》2007 年第 2 期。
[6] 孙敬水、张品修：《德国经济增长方式转变的经验及借鉴》，《世界经济与政治》1998 年第 8 期。
[7] 徐占忱、刘向东：《借鉴德国经验做大做强我国实体经济》，《宏观经济管理》2012 年第 11 期。
[8] 李根：《对德国经济发展的研究及其启示》，《经济研究导刊》2015 年第 27 期。
[9] 李德章：《德国经济发展与体制转换的启示》，《财政研究》1994 年第 2 期。
[10] 张谷：《德国经济开放与产业转型特点》，《欧洲》1997 年第 3 期。
[11] 李稻葵：《德国经济模式的五个支柱及借鉴意义》，《中国中小企业》2013 年第 5 期。

后　记

为了展示中共中央党校（国家行政学院）马克思主义学院政治过硬、理论自觉、学术精进的学术风范，展示马克思主义学院人学习研究习近平新时代中国特色社会主义思想的最新成果，不断扩大马克思主义学院在国内乃至国际上的政治影响力、学术影响力和社会影响力，自2019年以来，我们先后编辑出版了三批“马克思主义理论研究丛书”，共29册。丛书出版后，得到中共中央党校（国家行政学院）校（院）委会领导和科研部、教务部的重视，并在社会上产生了较大影响，第一批丛书入选中央宣传部“庆祝中华人民共和国成立70周年大型成就展”。

2022年是中国共产党第二十次全国代表大会召开之年。为了向党的二十大献礼，集中展示马克思主义学院标志性研究成果，我们编辑出版《马克思主义研究前沿》（全六卷）学术丛书。各卷分别为《当代中国马克思主义研究》《马克思主义基本原理及经典著作研究》《马克思主义发展史研究》《马克思主义中国化研究》《中国特色社会主义政治经济学研究》《中国道路研究》，主要收录党的十八大以来马克思主义学院学者发表的体现党校特色、代表马克思主义学院学术水准、立足思想前沿的重要研究成果。

本套丛书的编辑出版得到中共中央党校（国家行政学院）领导的大力支持。社会科学文献出版社社长王利民、社会科学文献出版社政法传媒分社总编辑曹义恒及各卷编辑也为本书编辑出版做出了重要贡献，在此一并感谢。由于我们的水平有限，错误之处在所难免，请广大读者批评指正。

丛书编委会

2022年9月10日

图书在版编目（CIP）数据

马克思主义研究前沿：全六卷 / 中共中央党校（国家行政学院）马克思主义学院主编．--北京：社会科学文献出版社，2022.11（2023.12 重印）

ISBN 978-7-5228-0930-4

Ⅰ．①马… Ⅱ．①中… Ⅲ．①马克思主义-发展-中国-文集 Ⅳ．①D61-53

中国版本图书馆 CIP 数据核字（2022）第 192709 号

马克思主义研究前沿（第六卷）

主　　编 / 中共中央党校（国家行政学院）马克思主义学院

出 版 人 / 冀祥德
责任编辑 / 曹义恒
文稿编辑 / 汝硕硕
责任印制 / 王京美

出　　版 / 社会科学文献出版社·政法传媒分社（010）59367126
地址：北京市北三环中路甲 29 号院华龙大厦　邮编：100029
网址：www.ssap.com.cn
发　　行 / 社会科学文献出版社（010）59367028
印　　装 / 三河市东方印刷有限公司

规　　格 / 开　本：787mm × 1092mm　1/16
印　张：27　字　数：409 千字
版　　次 / 2022 年 11 月第 1 版　2023 年 12 月第 2 次印刷
书　　号 / ISBN 978-7-5228-0930-4
定　　价 / 980.00 元（全六卷）

读者服务电话：4008918866